삶과 기

天氣, 地氣, 人氣, 合氣

최 상 헌 저

사단법인 대한무림합기도협회 출판부

◆ 최 상 헌

충남 공주 출생

학력

동국대학교 사범대학부속중 고등학교 졸업(봉사상 수상)
한국방송통신대학교 농학과 졸업 농학사
한국체육대학교 사회체육 대학원 졸업 체육학 석사
한국체육대학교 대학원 졸업(우수상 수상) 이학박사
한국체육대학교 스포츠최고경영자 과정 수료

경력

합기도 범무관 중앙본관장
제1회 전국화랑도 대회 시범단장
제1회 국제합기도 대회 기획조정실장
제1회 세계합기도 대회 조직위원장
제2회 세계합기도 대회 대회장
계간합기도 발행인
중앙대, 신구대 강사
동원대 레저스포츠과 겸임교수
국민생활체육협의회 자문위원
한국스포츠학회 부회장
현) 사회단체 세계합기도 중앙본부 총재
현) 사단법인 대한무림 합기도 협회장

저서

- 합기도 술기교본 초단편,
- 합기도 술기교본 2단편,
- 합기도 술기교본 3단편
- 성폭력 · 학교폭력예방,
- 근육통증과 경락경혈
- 활 인,
- 학대 · 폭력 범죄

기(氣) 탐구 여행을 준비하면서…

오늘날 서울은 25개 구에 1030여 만 명의 시민이 거주하고 있는 세계적인 도시로 성장・발전되었지만 1970년도에는 9개 구에 550여 만 명의 시민이 살고 있었던 도시였다.

당시 서울 시내에는 20여 개 정도의 합기도장이 운영되고 있었으며 합기도에 대한 인지도는 그리 높지 않았던 때라 입관 문의시에는 합기도가 뭐냐, 어떻게 하는 것이냐, 다른 무술과 싸우면 누가 이기느냐는 등의 질문이 주를 이루었었다.

질문에 대해 짧은 지식이지만 천기・지기・인기가 어떻고 설명을 하게 되면 뜬구름 잡는 소리로 들리는지 입관 문의자는 시선을 돌리거나 딴짓을 하여 당황 하기도 하였다.

우리나라의 의무교육제도는 1952년 교육법 시행령이 제정 공포되었으나 전쟁 등으로 실행이 지연되었다가 1953년 의무교육 완성 6개년 계획이 수립되었다.

따라서 피치못할 사정이 있는 소수의 국민을 제외한 대부분의 학령기에 접어든 어린이들은 최소한 국민(초등)학교를 다니게 되었다.

학교를 다니면서 조회 때마다 제창하던 교가를 떠올려 보면 대부분의 학교 교가에는 무슨 산 정기를 받아 또는 무슨 강 유유히 흐르는(감도는) 곳에, 무슨 벌에 아니면 새하늘이 열려서 등의 천기나 지기를 의미하는 가사를 담고 있었던 것을 알 수가 있을 것이다.

그리고 우리들은 일상생활 속에서 알게 모르게 기(氣)에 관련된 용어들을 구사하고 있음을 알 수가 있을 것이다. 우리는 형제간을 같은 부모로부터 기(氣)를 이어 받았다하여 동기(同氣)간이라 하며 온 몸에 기가 충만하고 원활하게 순환을 하게 되면 기의 분배가 좋다하여 기분(氣分)이 좋다 하고 몸에 기가 약해졌을 때 감기(感氣)를 조심하라 한다.

그리고 정신이 헤이해지고 기가 흐트러져 있을 때 선배나 선생님 또는 어른들에게 정신이 바짝 나도록 기를 합하여 받는 즉 기합(氣合)을 받게 되기도 한다.

또한 젊은 사람이 기세(氣勢)가 꺾여 기(氣)가 죽어있으면 어떡하냐면서 기를 펴고 활발하고 자신감을 가지라고 용기(勇氣)를 불어 넣어 주기도 하며, 오랜만에 친지를 만나면 얼굴의 기색(氣色)이 좋아보인다거나 나빠보인다 하며 지난 안부를 묻게 된다.

사람에 대한 평을 할 때에도 그 사람 기골(氣骨 혈기 넘치는 체격)이 장대하다거나 기개(氣槪 강한 의지)가 있다. 기백(氣魄 씩씩한 기상과 정신)이 있다. 기질(氣質 특유의 성질)이 있다 하고 사업이 잘 되는지 기세(氣勢 힘찬 기운)가 등등하다거나 기승(氣勝 굳세고 억척스러움)을 부리고 기고만장(氣高萬丈)하다는 표현을 한다. 그리고 요즈음 젊은이들은 활력(活力 생기있는 힘)이 넘쳐나고 사기(士氣 씩씩한 기개)가 하늘을 찌를 것 같다고 하며 나이가 들다보니 요즈음 기운(氣運)이 없어 보약을 먹어야겠다거나 병문안을 가서는 하루 빨리 기력(氣力 근력)을 회복하시라는 덕담을 하기도하며 기진맥진(氣盡脈盡 기력이 다하고 맥이 풀림)하고 기(氣)가 막힌다거나 기절(氣絶 기가 끊어짐)하겠다는 표현을 한다.

또한 그 여자는 사람을 홀리는 요사스러운 기운 즉 요기(妖氣)가 넘친다 하고 우리 민족은 백두산의 정기(精氣)를 받고 민족의 정기(正氣 올바른 기운)를 이어간다거나 기지개를 활짝 펴라는 말을 하고 이외에도 아래와 같이 기와 관련된 많은 용어들을 생활속에서 알게 모르게 밀접하게 쓰고 있으면서도 기가 무엇이냐고 질문을 받게 된다면 아마도 많은 사람들이 쭈빗거리거나 망설이게 될 것이다. 기의 용어들을 살펴보면,

기와 관련된 용어

용어	의미	용어	의미
객기(客氣)	객적게부리는 혈기나 용기	기가 차다	하도 어이가 없어 말이 나오지 않는다
검기(劍氣)	검의 날카로운 칼날에서 풍기는 기운	기개(氣槪)	씩씩한 기상과 꿋꿋한 절개
고기(高氣)	고상한 기상	기겁(氣怯)	숨이 막힐 듯이 갑작스럽게 겁을 내며 놀람
곡기(穀氣)	곡식으로 만든 음식의 총칭	기결(氣結)	기가 소통이 되지 않고 인체의 한 부분에 모여 있어 여러 가지 질환을 일으키는 병리현상
공기(空氣)	대기의 하층부를 구성하는 무색 무취의 투명한 기체	기고만장(氣高萬丈)	기운이 펄펄 나는 모양
광기(狂氣)	미친듯한 기운	기골(氣骨)	기혈과 골격
군기(軍氣)	군대의 사기	기관지(氣管支)	숨 쉴 때에 공기가 통하는 기둥꼴의 관
궁기(窮氣)	궁상이 낀 모양	기력(氣力)	정신과 육체의 힘
귀기(鬼氣)	귀신이 나올 듯 오싹하고 무서운 기운	기를 쓰다	있는 힘을 다하다
근기(根氣)	근본이 되는 힘	기를 펴다	억눌림이나 어려운 지경에서 벗어나 마음을 자유롭게 가지다
기가 살다	기세가 오르다	기백(氣魄)	씩씩한 기상과 진취성이 있는 정신

용어	의미	용어	의미
기분(氣分)	감정	사기(邪氣)	요망스럽고 간악한 기운
기상(氣象)	타고난 성질과 겉으로 드러난 의용	사기충천(士氣衝天)	사기가 하늘을 찌를 듯이 높음
기색(氣色)	얼굴에 나타난 기분과 얼굴 색	살기(殺氣)	살벌한 기상
기세(氣勢)	의기가 장한 형세	생기(生氣)	활발하고 생생한 기운
기압(氣壓)	대기의 압력	서기(暑氣)	더운 기운
기염(氣焰)	대단한 기세	신기(神氣)	신비롭고 불가사의한 기운
기온(氣溫)	대기의 온도	심기(心氣)	마음으로 느끼는 기분
기운(氣運)	하늘과 땅 사이에 가득히 차서 온갖 물건이 나고 자라는 힘	악기(惡氣)	고약한 기운
기절(氣絶)	한 때 정신을 잃음	양기(陽氣)	남자 몸 안의 정기
기지(氣志)	의기와 의지	열기(熱氣)	뜨거운 기운, 흥분된 분위기
기진맥진(氣盡脈盡)	기운과 정력이 다함	오기(傲氣)	남에게 지기 싫어하는 마음
기질(氣質)	기력과 체질	온기(溫氣)	따뜻한 기운
기층(氣層)	대기의 층	요기(妖氣)	요사스럽고 간사한 기운
기품(氣品)	인격이나 작품 따위에서 드러나는 고상한 품격	용기(勇氣)	씩씩한 의기
기풍(氣風)	기상과 풍채, 기질	원기(元氣)	타고난 기운
기합(氣合)	정신을 신체에 나타내어 어떤 일을 하는 기세	음기(陰氣)	음침한 기운 성적인 욕망
기해(氣海)	배꼽 및 1촌(약 3cm) 되는 부분 단전	의기(義氣)	정의로운 마음에서 일어나는 기개
냉기(冷氣)	찬 기운	의기(意氣)	장한 마음
노기(怒氣)	성이난 얼굴 빛	인기(人氣)	사람의 기개
대기(大氣)	지구를 둘러 싸고 있는 기체의 층	일기(日氣)	기상상태, 날씨
독기(毒氣)	사납고 모진 기운	자기(磁氣)	자석과 전류의 작용
동기(同氣)	형제와 자매	전기(電氣)	물체의 마찰에서 일어나는 현상
분기(憤氣)	원통하여 일어나는 분한 기운	정기(精氣)	만물의 생성하는 원기(생명의 원천이 되는 원기)
사기(使氣)	기세를 부림	지기(地氣)	대지의 정기

용어	의미	용어	의미
진기(眞氣)	가장 근원적인 힘	혈기(血氣)	왕성한 의기와 기운
천기(天氣)	하늘에 나타난 조짐	호기(呼氣)	내쉬는 숨
패기(覇氣)	패권을 잡으려는 기상	호기(豪氣)	씩씩하고 호방한 기상
한기(寒氣)	추위	화기(火氣)	불의 기운
행기(行氣)	몸을 움직임	활기(活氣)	활발한 기개나 기운
허기(虛氣)	속이 비어 허전한 기운		

자료: 1. 국어대사전, 이희승, 2018.
2. 겨레말 용례사전, 박용수, 1998.

또한 기의 어원을 살펴보면 기(氣)는 이미 갑골문자에서부터 나타났는데 원래 운기(雲氣), 수증기, 연기, 바람과 같은 기체 상태의 존재물을 가르켰다.

「설문해자 說文解字」에서는 기는 기운이니 모습을 본 떠 만든 상형자이다(기운기야 상형 氣雲氣也 象形) 라고 하며 기는 손님에게 대접하는 꼴과 쌀이다. 미(米)를 따르고 발음은 기다(기궤객지추미야. 종미, 기성. 氣饋客之芻米也. 從米, 氣聲)라고 했는데 이것이 기(氣)의 본래 글자이며 곡물을 증정하는 것을 의미한다고 보고 있다.

음양오행에서는 북쪽을 음(陰)으로 남쪽을 양(陽)으로 보고 있는데 남쪽을 가르키는 철이라는 의미의 지남철과 나침반의 N극은 항상 북쪽을 가르키고 있다.

이는 지구의 핵에 전기를 통하는 물질이 지구의 자전 등으로 대류하면서 생기는 지구자기장의 영향에 의한 것이지만 말이다.

우리는 태양이 동쪽에서 뜨고 서쪽으로 진다고 말을 한다. 태양이 도는 것이 아닌 지구가 서쪽에서 동쪽으로 자전을 하기 때문에 그렇게 보이는 것일 뿐이다.

이러한 지구의 자전으로 일어나는 전향력(코올리)으로 허리케인과 태풍 그리고 물의 소용돌이의 회전 방향이 북반구에서는 시계 반대 방향(왼쪽에서 오른쪽)으로, 남반구에서는 시게 방향(오른쪽에서 왼쪽)으로 돌게 된다.

또한 위도 60도에서 80도의 고위지역에서 많이 발생하는 오로라(Ourora)는 태양에서 방출된 대전입자(양성자와 전자)의 일부가 지구 자기장에 끌려 대기중의 산소와 질소 등의 입자와 부딪쳐 빛을 발하는 것으로 극지방의 상층 대기에서 일어나는 대규모의 방전

현상이라 할 수 있다. 또한 달의 인력에 의한 밀물과 썰물, 만조와 간조의 현상들 그리고 병원에서의 심전도(ECG: Electrocardiogram)검사는 심장의 전기신호를 피부에 부착한 전극을 통해 기록하는 것으로 각 부위의 전극에서 검출된 신호의 크기 즉 전압을 시간에 대한 그래프로 나타낸 것으로 심장의 상태를 알아보기 위한 검사이다.

그리고 1970년도 이전만 해도 집에 전화가 있는 집은 소위 상류층이라 할 정도로 전화가 귀했던 시절이었다. 그래서 웬만한 집 한 채 값이라 할 정도로 매매가 가능한 백색 전화가 존재 하였었는데 오늘날에는 오히려 집에 전화가 없는 것이 이상하다 할 정도가 되었으며 무선 전화인 핸드폰 또한 2016년 말 총인구수와 맞먹는 5330만 대가 보급되어 사용되고 있다.

이러한 핸드폰들은 전파를 통해 수시로 해당 기지국 교환기에 자신의 위치를 등록하여 전화가 올 경우 해당 위치 기지국을 통하여 전화를 연결하게 된다.

이렇듯 오늘날 우리들은 알게 모르게 자연계에 존재하고 있는 기(氣)는 물론 인위적으로 만들어진 기(전파, 전기 등) 속에 파묻혀 살아가고 있다고 해도 과언이 아닐 것이다.

따라서 옛 선인들은 물론 현대과학에서는 이러한 기(氣)에 대해 어떻게 생각을 하고 설명을 하였는지 좀 더 살펴보기 위하여 기를 탐구하는 여행을 떠나고자 한다.

2020년 9월

저자 최 상 헌

목 차

제 1 부 제분야의 기론 / 19

제 2 부 천기(天氣) / 153

제 3 부 지기(地氣) / 177

제 4 부 인 기(人 氣) / 219

제5부 합기(合氣) / 304

제 1 부

제분야의 기론

제1장 유교(儒敎)와 기(氣)

제1절 중국의 유교

Ⅰ. 유가(儒家)의 기원

허신(許愼, 30년~124년)의 설문해자(說文解字)에는 은나라(BC 1600년~BC 1046)의 민간사회에는 장례의식을 전문적으로 관장하는 제사장들이 있었는데 이들을 일컬어 유자 또는 술사라고 하였다고 기록 돼 있다. (유무야 술사지 칭 종인유성 儒務也 術士之 稱 從人儒聲)

그리고 대부분의 유자들은 신분이 낮은 천민이었지만 각종 의례를 주관하면서 기존 의례의 수준을 높이고 규범화 하였으며 국가의 중대한 전례(典禮)와 민간의 문화 행사에 적극적으로 참여 함으로써 사회 문화의 주도권을 장악하고 지위 또한 성장하였다.

호적(胡適)은 논문 설유(說儒)에서 여러나라의 자제들이 그들에게 배움을 청하였으며 권신들 뿐만 아니라 제(齊) 노(魯) 위(衛) 나라의 군왕들도 그들에게 예를 물었다고 하고 있다. (남상호 육경과 공자인학)

은나라는 하(夏)나라 걸왕이 포악무도하여 민심을 잃자 탕왕이 이를 정벌하고 상(商)나라를 건국(BC 1751)하였으며 19대 반경이 은(殷)으로 천도를 한 후 국호를 은(殷)으로 변경을 하였다.

그리고 주나라는 주(周) 문왕(文王)의 아들이며 무왕(武王)의 동생인 주공(周公)은 무왕을 도와 은나라 상주왕의 폭정에 이를 정벌하고 주(周)나라를 건국하였으며 이후 유왕 때 북방민족의 침입으로 수도를 호(鎬)에서 낙읍(洛邑)으로 천도를 하게 된다. 이때까지를 서주라 하고 이후를 동주라하며 이 시대를 춘추(BC770~ BC403) 전국(BC403~BC221)시대라 하고 있다.

주공은 무왕이 죽은 뒤 성왕(成王)이 유약하여 국정을 대행하다 7년 뒤 성왕에게 정권을 이양하였다. 또한 주공은 은나라의 예악을 빌려쓰던 건국초기에 새로운 예악의 필요성으로 예악(禮樂)을 제정하였다.

사료에 따르면 주공의 동쪽 정벌이 성공한 후 은나라 유민들은 위(衛) 노(魯) 제(齊) 등의 나라에 정착하면서 은나라와 상나라의 선진 문화가 전파되는 계기가 되었으며 은나라와 상나라의 유자들은 주공의 예악 제정 과정에서 큰 역할을 함으로써 상층 계층으로 편입되는 결과와 함께 중국 유교의 형성 과정에서 뜻깊은 첫 발을 내디딘 것이다.

유교(儒教)는 춘추전국시대(BC 770년~BC 221년) 말기에 공자가 체계화한 것이며 유가(儒家)는 공자의 가르침을 전승시키는 학파를 말한다.

그리고 유학(儒學)은 유교를 배운다는 뜻으로 과거제도의 확립과 더불어 학교가 늘어나고 유교가 학문적으로 체계를 이루게 되면서 많이 사용되었다.

「맹자」에서는 인륜을 가르치는 것을 교라 하였다. 따라서 유교는 선왕과 공자의 가르침 자체를 가르켰으며 19세기 말 이후에는 종교적인 관점에서 유교라 하기도 하고 있다. (김승혜 1997, 정진일 2000)

Ⅱ. 주(周)나라(BC 1,046년~BC 771년)

1. 공자(孔子, BC 551년~BC 479년)

공자의 이름은 구(丘)이며 자(字)는 중니(仲尼)로 춘추시대 말기의 사상가이며 교육자이다.

공자는 3세 때 아버지 숙량흘(叔梁紇)을 여읜 탓에 가정환경이 빈곤하여 어릴 때부터 유자를 계승하여 상장례를 도왔다.

춘추전국시대 주례는 사회를 통제하는 힘을 상실하고 있었으며 학교 또한 관학 위주의 독점 교육이 무너져 폐지 되었으며 사학이 일어나기 시작하였다.

공자는 30세 즈음에 학생들을 모아 육례(六禮)를 가르쳤으며 결국 그의 제자들은 유가 학파를 이루게 된다.

그리고 육례(六禮)는 시(詩), 서(書), 예(禮)), 악(樂), 역(易), 춘추(春秋) 이었으나 진시황의 분서로 악이 없어지고 나머지 오경만 남게 되으며, 한나라 건원(健元) 5년 태학(太學)이 창설되고 오경박사제(五經博士制)를 채택하면서 제도화 되었다.

오경(시경, 서경, 예경, 역경, 춘추경) 중

시경(詩經)은 서주 초기부터 춘추 중기에 이르기까지 약 500여 년에 걸쳐 모은 305편의 시가를 편집한 것이며,

서경(書經)은 요순시대부터 춘추 중기 동주까지 약 1500여 년에 이르는 역사서이다.

예경(禮經)은 진나라와 한나라 이전의 각종 의례를 모아놓은 책으로 주로 주나라 왕실

의 관제와 춘추전국시대의 의례 제도를 기록한 것이며,

역경(易經)은 음양의 변화를 통해 우주 만물의 모든 현상을 설명하고 있으며

춘추경(春秋經)은 서주 말엽이후 각 제후국의 사건을 노나라를 중심으로 기록하고 있다.

그리고 사서(四書)는 송(宋)나라 때 이정(二程)형제 즉 정호(程顥)와 정이(程頤)형제로부터 시작되어 남송(南宋)의 주희가 논어를 비롯해 「예기」에서 추려낸 중용과 대학(大學)에 주석을 달고 「맹자」를 합해서 「사서장구집주 四書章句集注」를 펴내면서 널리 퍼지게 되었다.

논어(論語)는 공자의 제자와 후학들이 공자의 말씀과 제자들의 물음에 대한 대답. 그리고 제자들 간에 벌어진 토론 등이 주된 내용으로 20장(章)으로 이루어졌으며

대학(大學)은 수신제가치국평천하(修身齊家治國平天下)에 대한 유가의 논설로 인간 본연의 덕성을 밝히고(明明德) 나날이 새롭게 하여(親民) 지고지선의 경지(止於至善)에 이르게 하는 삼강(三綱)과 팔목 즉 격물(格物) 치지(致知) 성의(誠意) 정심(正心) 수신(修身) 제가(齊家) 치국(治國) 평천하(平天下)이다. 그리고

중용(中庸)은 맹자의 스승이기도 한 공자의 손자인 자사(BC 483~BC 402)가 공자가 말한 중용의 도를 설명하였으며 맹자(孟子)는 맹자의 말씀을 제자들이 편집해서 만든 것이다.

공자는 네 가지를 근절하였는데(자절사 子絶四)

자신의 사사로운 생각 사견을 없애고(무의 毋意), 기필코 해야 한다는 집착을 없앴으며(무필 毋必), 고집부리는 일도 없애고(무고 毋固), 자신을 내세우거나 자신이 아니면 안된다는 생각을 없앴다(무아 毋我). 「논어 자한 子罕」

또한 공자는 자사상의 핵심이라 할 수 있는 인에 대한 자장(子張)의 물음에 천하에 그 다섯 가지를 실천할 수 있으면 그것이 인이다 하였다(능행오자어천하위인의 能行五者於天下爲仁矣).

다섯 가지란 공손함(공 恭), 너그러움(관 寬), 미더움(신 信), 민첩함(민 敏), 은혜로움(혜 惠)으로 공손하면 업신여김을 받지 않고(공즉불모 恭則不侮), 너그러우면 많은 사람들의 마음을 얻으며(관즉득중 寬則得衆), 미더우면 사람들이 신임을 하게 되고(신즉인임언 信則人任焉), 민첩하면 공이 있게되고(민즉유공 敏則有功), 은혜로우면 사람들을 부릴 수 있게 된다(혜즉족이사인 惠則足以使人)고 하였다. 「논어 양화(陽貨)」

2. 주역(周易)

주역(周易)은 주(周)나라 때에 지어졌다고 하여 주나라의 역이란 뜻으로 불리우고 있으며, 역(易)의 의미에 관해서는 몇 가지 설이 상존하고 있다.

일예로 해(日)와 달(月)의 두 글자를 합성해서 만들었다는 견해로써 해는 낮(양 陽)을 달은 밤(음 陰)을 주관하여 사시사철과 만물을 변화시키기도 하는데 이러한 변화를 나타내기 위하여 역(易)자를 썼다는 견해가 있으며 한편으로는 도마뱀을 옆에서 본 상형문자(象形文字)로서 상부의 日자는 머리 부분이고 하부의 勿자는 발과 꼬리를 나타낸다고 하며 도마뱀(카멜레온)은 주위의 환경에 따라 하루에도 열두번씩 몸의 빛깔이 변화하며 적응한다는 데서 역의 글자는 변화의 의미를 지닌다는 견해이다.

그리고 주역(周易)은 기원전 2800년경 복희(伏羲)씨가 중국의 황하(黃河)에서 용마가 지고나온 그림의 상징을 보고 그 무늬에 따라 선천팔괘(先天八卦)를 만들었다고 전해지고 있다.

복희씨에 대해서는 출생부터 삶의 과정에 대하여 여러 설이 있다. 중국에서는 삼황(三皇)의 한사람으로 또는 중국민족의 시조로 보기도 하며 환단고기(桓檀古記)에서는 배달국(倍達國)의 5대 천황인 태우의 환웅(太虞儀 桓雄) 막내아들인 태호(太皞 또는 伏羲)가 복희씨라고 하고 있다.

주역은 이후 오랫동안 구전되어 오다가 은(殷)나라의 주왕(紂王)에 의해 서쪽 땅의 제후인 창(昌)이 유리(羑里)에 수감되었을 때 주역의 64괘 마다 괘사(卦辭)를 지으므로써 후천팔괘(後天八卦)가 성립되었다.

창(昌)이 서거한 후 은나라 상 주왕(紂王)의 폭정이 계속됨에 창의 둘째 아들 발(發)은 은나라를 멸망시키고 주(周)나라를 세워 무왕(武王)이 되었으며 아버지 창(昌)을 문왕(文王)으로 추존하였다.

당시 고죽군(孤竹君)의 아들 백이(伯夷)와 숙제(叔齊)는 은나라에 대한 의리 때문에 주나라의 녹을 먹을 수 없다며 수양산(首陽山)에 들어가 고사리로 연명하다가 굶어 죽었다는 이야기가 전해지고 있다.

문왕의 셋째 아들 주공(周公)은 아버지 문왕(文王)이 지은 괘사(卦辭)를 토대로 주역의 384개 효(爻)마다 설명을 붙인 효사(爻辭)를 지었으며, 괘사와 효사를 합하여 주역의 경문이라 하고 이를 주역 또는 역경(易經)이라 이르고 있다.

공자는 역경을 이해하기 쉽도록 해설한 10편의 전(傳)을 지었는데 이를 역전이라고 하며, 또한 역경을 쉽게 이해하도록 돕는다는 의미에서 십익(十翼)이라고도 한다.

경(經)이란 우리가 배우고 따를 만한 도리(道)를 담고 있는 책을 의미한다. 따라서 공자의 글을 경(經)이라 하지만 공자는 「주역」을 알기 쉽도록 기술은 하였지만 창작을 한 것은 아니다라고 하여 이를 전(傳)이라 하고 있다.

십전(十傳) 또는 십익(十翼)은,

괘명(卦名)과 괘상(卦象) 및 괘사(卦事)를 설명한 「단전(彖傳) 상・하」와

괘상(卦象)과 효상(爻象)을 해석한 「상전(象傳) 상・하」 그리고 건괘(乾卦)와 곤괘(坤卦)를 설명한 「문언전(文言傳)」이 있으며 또한 역리(易理)를 해석한 「계사전(繫辭傳) 상・하」와 중괘(重卦)의 유래 등을 해석한 「설괘전(說卦傳)」 및 또한 64괘의 배열 순서를 설명한 「서괘전(序卦傳)」과 각 괘간의 뒤섞이고 종합되는 관계를 설명한 「잡괘전(雜卦傳)」을 말한다.

「주역」은 한나라 때 의리역과 상수역으로 나뉘어 발전하게 되고 송(宋)나라 때 정자(程子)는 주역을 의리역으로 해석한 「이천역전(伊川易傳)」을 완성하였으며 주자(朱子)는 주역을 점풀이 쪽으로 간단명료하게 해석한 「주역본의(周易本義)」를 지었다.

주역의 사상은 고대의 천문(天文) 및 역법(曆法) 지리(地理) 병법(兵法) 의학(醫學) 수학(數學) 건축(建築) 등 다양한 분야에 많은 영향을 주었다.

「계사전」에 역에는 태극이 있는데(역유태극 易有太極) 이것이 양의(兩儀: 陰儀 ,陽儀)를 낳고(시생양의 是生兩儀) 양의가 사상을 낳으며(양의생사상 兩儀生四象) 사상이 팔괘를 낳는다(사상생팔괘 四象生八卦)고 하고 있으며,

태극은 우주만물이 생기기 이전의 공허하고 혼돈된 상태(무극이태극 無極而太極)를 말하며 태극이 하나에서 둘이 될 때 가볍고 맑은 기운은 위로 올라 하늘(天)이 되고 무겁고 탁한 기운은 아래로 가라앉아 땅(地)이 되었다고 하고 있다.

따라서 하늘을 양(-) 땅을 음(--)으로 삼았으며 일양일음(一陽一陰)을 이의(二儀)라 하고,

이의(二儀)는 양(-)과 음(--) 두 가지 부호로 표시하며 이의(二儀) 부호를 일러 효(爻)라고 했다. 이러한 이효(양효)가 중첩되어 생겨나는 것이 사상(四象)이다.

사상(四象)은

양효(-)와 양효(-)가 중첩되면(⚌) 태양(太陽)이고

음효(--)와 양효(-)가 중첩되면(⚎) 소양(少陽) 이다.

그리고 음효(--)와 음효(--)가 중첩되면(==) 태음(太陰)이며

양효(-)와 음효(--)가 중첩되면(☱) 소음(少陰)이 된다.

이러한 사상(四象)이 거듭되어 팔괘(八卦)가 생겨나는 것이다. 그리고

팔괘에 자연현상을 적용한 것을 상(象)이라 하며 건(乾☰)은 하늘(天)을 태(兌☱)는 못(澤)을 리(離☲)는 불(火)을 진(震☳)은 우뢰(雷)를 손(巽☴)은 바람(風)을 감(坎☵)은 물(水)을 간(艮☶)은 산(山)을 곤(坤☷)은 땅(地)을 의미한다.

팔괘(八卦)는 「표 1-1」과 같이

- 태양(太陽⚌)에 양효(-)가 붙여진 것은 건괘(乾卦☰)이며 일건천(一乾天)이라 한다. 이는 괘의 순서가 첫 번째이며 괘명은 건이고 괘의 형상은 하늘(天)이란 뜻이다.
- 태양(太陽⚌)에 음효(--)가 덧붙여진 것은 태괘(兌卦☱)이며 이태택(二兌澤)이라 한다.
- 소음(少陰⚍)에 양효(-)가 덧붙여진 것은 이괘(離卦☲)이며 삼리화(三離火)라 한다.
- 소음(少陰⚍)에 음효(--)가 덧붙여진 것은 진괘(震卦☳)이며 사진뢰(四震雷)라 한다.
- 소양(少陽⚎)에 양효(-)가 덧붙여진 것은 손괘(巽卦☴)이며 오손풍(五巽風)이라 한다.
- 소양(少陽⚎)에 음효(--)가 덧붙여진 것은 감괘(坎卦☵)이며 육감수(六坎水)라 한다.
- 태음(太陰⚏)에 양효(-)가 덧붙여진 것은 간괘(艮卦☶)이며 칠간산(七艮山)이라 한다.
- 태음(太陰⚏)에 음효(--)가 덧붙여진 것은 곤괘(坤卦☷)이며 팔곤지(八坤地)라 한다 「심규호 2011」.

「표 1-1」 팔괘의 요약표

태극(太極)								
양의	양(陽 -)				음(陰 --)			
사상	태양(太陽)		소음(少陰)		소양(少陽)		태음(太陰)	
괘명	건(乾 ☰)	태(兌 ☱)	리(離 ☲)	진(震 ☳)	손(巽 ☴)	감(坎 ☵)	간(艮 ☶)	곤(坤 ☷)
괘상	하늘(天)	연못(澤)	불(火)	우뢰(雷)	바람(風)	물(水)	산(山)	땅(地)
성질	강건	기쁨	걸림	움직임	들어감	험난	그침	유순
수	1	2	3	4	5	6	7	8

그리고 팔괘를 두 개씩 겹쳐 64괘 즉 역괘(易卦)를 이룬다.

64괘는 아래에서 위로 건(☰) 태(☱) 리(☲) 진(☳) 손(☴) 감(☵) 간(☶) 곤(☷)의 순서로 「표 1-2」와 같이 배열한 후 가로로 8괘를 배열한다.

「표 1-2」 팔괘의 배열

곤 ☷ ⇒	☷	☷	☷	☷	☷	☷	☷
간 ☶ ⇒	☶	☶	☶	☶	☶	☶	☶
감 ☵ ⇒	☵	☵	☵	☵	☵	☵	☵
손 ☴ ⇒	☴	☴	☴	☴	☴	☴	☴
진 ☳ ⇒	☳	☳	☳	☳	☳	☳	☳
리 ☲ ⇒	☲	☲	☲	☲	☲	☲	☲
태 ☱ ⇒	☱	☱	☱	☱	☱	☱	☱
건 ☰ ⇒	☰	☰	☰	☰	☰	☰	☰

위와 같이 배열한 후 오른쪽에서 왼쪽으로 건(☰) 태(☱) 리(☲) 진(☳) 손(☴) 감(☵) 간(☶) 곤(☷)의 팔괘를 차례로 올려놓은 후 세로의 각 줄마다 똑같이 올려 놓으므로 64괘가 이루어진다.

「표 1-3」 64괘도

	곤(지)	간(산)	감(수)	손(풍)	진(뢰)	리(화)	태(택)	건(천)
곤 (지)	☷ ☷ 중지곤 (重地坤)	☶ ☷ 산지박 (山地剝)	☵ ☷ 수지비 (水地比)	☴ ☷ 풍지관 (風地觀)	☳ ☷ 뇌지예 (雷地豫)	☲ ☷ 화지진 (火地晉)	☱ ☷ 택지취 (澤地萃)	☰ ☷ 천지비 (天地否)
간 (산)	☷ ☶ 지산겸 (地山謙)	☶ ☶ 중산간 (重山艮)	☵ ☶ 수산건 (水山蹇)	☴ ☶ 풍산점 (風山漸)	☳ ☶ 뇌산소과 (雷山小過)	☲ ☶ 화산려 (火山旅)	☱ ☶ 택산함 (澤山咸)	☰ ☶ 천산돈 (天山豚)
감 (수)	☷ ☵ 지수사 (地水師)	☶ ☵ 산수몽 (山水蒙)	☵ ☵ 중수감 (重水坎)	☴ ☵ 풍수환 (風水渙)	☳ ☵ 뇌수해 (雷水解)	☲ ☵ 화수미제 (火水未濟)	☱ ☵ 택수곤 (澤水困)	☰ ☵ 천수송 (天水訟)
손 (풍)	☷ ☴ 지풍승 (地風升)	☶ ☴ 산풍고 (山風蠱)	☵ ☴ 수풍정 (水風井)	☴ ☴ 중풍손 (重風巽)	☳ ☴ 뇌풍항 (雷風恒)	☲ ☴ 화풍정 (火風鼎)	☱ ☴ 택풍대과 (澤風大過)	☰ ☴ 천풍구 (天風姤)
진 (뢰)	☷ ☳ 지뢰복 (地雷復)	☶ ☳ 산뢰이 (山雷頤)	☵ ☳ 수뢰둔 (水雷屯)	☴ ☳ 풍뢰익 (風雷益)	☳ ☳ 중뢰진 (重雷震)	☲ ☳ 화뢰서합 (火雷噬嗑)	☱ ☳ 택뢰수 (澤雷隨)	☰ ☳ 천뢰무망 (天雷无妄)

리 (화)	☷ ☲	☶ ☲	☵ ☲	☴ ☲	☳ ☲	☲ ☲	☱ ☲	☰ ☲
	지화명이 (地火明夷)	산화비 (山火賁)	수화기제 (水火旣濟)	풍화가인 (風火家人)	뇌화풍 (雷火豊)	중화리 (重火離)	택화혁 (澤火革)	천화동인 (天火同人)
태 (택)	☷ ☱	☶ ☱	☵ ☱	☴ ☱	☳ ☱	☲ ☱	☱ ☱	☰ ☱
	지택림 (地澤臨)	산택손 (山澤損)	수택절 (水澤節)	풍택중부 (風澤中孚)	뇌택귀매 (雷澤歸妹)	화택규 (火澤睽)	중택태 (重澤兌)	천택리 (天澤履)
건 (천)	☷ ☰	☶ ☰	☵ ☰	☴ ☰	☳ ☰	☲ ☰	☱ ☰	☰ ☰
	지천태 (地天泰)	산천대축 (山川大畜)	수천수 (水天需)	풍천소축 (風天小畜)	뇌천대장 (雷天大壯)	화천대유 (火天大有)	택천쾌 (澤天夬)	중천건 (重天乾)

주 : 김수길, 윤상철 주역입문 상경·하경을 참고하여 재구성함.

64괘의 효명은 위에 있는 괘의 상(상괘)을 먼저 붙이고 아래에 있는 괘의 상(하괘)을 붙이게 된다.

즉 천택리(☰☱)를 예로 보면 위에 위치하고 있는 건(乾: ☰)괘의 상(象)은 하늘천(天)이며 아래에 있는 태(兌: ☱)괘의 상(象)은 연못택(澤)이다. 따라서 효명은 천택리라 하는 것이다. 또한 리(離: ☲)괘의 상(象)은 불화(火)가 되며 진(震: ☳)괘의 상(象)은 우레(雷)가 된다. 그리고 손(巽: ☴)괘의 상(象)은 바람풍(風)이며 감(坎: ☵)괘의 상(象)은 물수(水)이다. 또한 간(艮: ☶)괘의 상(象)은 산(山)이며 곤(坤: ☷)괘의 상(象)은 땅지(地)이다.

이렇듯 주역은 64괘가 지니고 있는 괘상의 의미와 성질 등을 종합하여 해석하는 점서라고 할 수 있을 것이다.

이렇듯 천체의 운행규율을 숫자나 부호로 표현한 것이 역(曆)이고 역을 추산하는 법을 역법(曆法)이라고 할 수 있다.

그리고 「역경」의 괘상은 일월의 운행에 의한 1년 사시 360일 윤달 5년 재윤 등의 역수로 추산해낸 상징물이라 할 수가 있으며

하늘의 모습을 관측하여 얻어낸 천체의 운행규율을 담은 책이 「주역」인 것이다.

Ⅲ. 춘추전국(春秋戰國)시대

(춘추; BC 770년~BC 403년, 전국; BC 403년~BC 221년)

1. 맹자(孟子, BC 372년~BC 289년)

맹자의 이름은 가(軻)이며 자는 자여(子輿) 자거(子車)로 추나라 사람이다.

춘추전국시대 유가학파는 자사와 맹자로 대표되는 사맹학파라 할 수 있으며 이는 공자(孔子) 증삼(曾參) 자사(子思) 맹자(孟子)등으로 이어진다고 하겠다.

맹자의 어린시절 이야기로 한영(韓嬰)의 한시외전(韓詩外傳)과 열녀전(列女傳) 등에 그의 모친에 관한 고사가 실려있는데 우리가 알고 있는 맹모삼천지교(孟母三遷之教)로 어려서 아버지를 여읜 맹자는 집이 묘지 근처에 있다보니 장례 행렬과 장례식을 자주 접하게 되어 동네 아이들은 물론 맹자 또한 그 모습을 흉내내는 등 장례식 놀이를 주로 하였다. 이를 염려한 어머니는 묘지 근처에서 시장 근처로 이사를 하였으나 맹자는 시장 상인들의 물건 파는 언행에 관심을 갖고 이를 따라하게 되자 어머니는 고심 끝에 학교 근처로 다시 이사를 하게 된다. 학교 근처에서 살게된 맹자는 학교에서 가르치는 지식뿐 아니라 제사놀이나 예절 등을 흉내내는 등 규범에 맞는 행동을 하게 되었다.

세 번의 이사 끝에 아들을 가르치는데 이상적인 환경을 찾아낸 것이다. 이를 일컬어 맹모삼천지교라 한다.

「맹자」는 남송의 주희에 의해 「논어」「대학」「중용」과 함께 사서(四書)의 하나로 채택되면서 경전의 지위를 얻게 되었다.

또한 「맹자」는 양혜왕(梁惠王) 공손추(公孫丑) 등문공(滕文公) 이루(離婁) 만장(萬章) 고자(告子) 진심(盡心)으로 이루어졌으나 후한말 조기(趙岐)가 각편을 상・하로 나뉘어 14편으로 만든 뒤 전해져오고 있다.

성선설(性善說)을 주장한 맹자는 인간은 착하게 태어나지만 환경으로 인하여 악한 일을 하기도 하기 때문에 착한 본성을 채우고 넓히기 위하여 수양을 해야 한다고 한다.

또한 도덕 수양의 표준으로 제기한 인・의・예・지 네 덕목의 단초를 사단(四端)이라 하며 사단은

측은하게 여기는 마음은 인(仁)의 발로이고(측은지심인야 惻隱之心仁也)

부드럽게 여기는 마음은 의(義)의 발로이며(수오지심의야 羞惡之心義也)

공경하는 마음은 예(禮)의 발로이며(공경지심예야 恭敬之心禮也)

옳고 그름을 판단하는 마음은 지(智)이다(시비지심지야 是非之心智也).

이러한 인의예지(仁義禮智)는 밖으로부터 나에게 주어진 것이 아니라(비유외삭아야 非由外鑠我也)

본래 가지고 있는 것인데 사람들이 생각하지 않을 뿐이다(아고유지야 불사이의 我固有之也 弗思耳矣) 「맹자고자상」

라고 말하고 이러한 인(仁)의(義)예(禮)지(智)의 사단(四端)과 중용의 성(誠)이 발휘된 신(信)을 중시하였다. 그리고

증자(曾子)는 용맹에 대하여 제자 자양(子襄)에게 스승 공자(孔子)에게서 큰 용맹에 대해 들었다며 스스로를 돌이켜보아 정직하다면 수천만 명이라도 나가서 대적하리라 하였다. (자반이축 수천만인 오왕의 自反而縮 雖千萬人 吾往矣)

1) 호연지기

기(氣)는 생명체가 숨을 쉴 때의 공기(空氣)와 사람의 몸 안에서 순환을 하는 에너지로 생리기능으로서의 혈기(血氣)와 모든 존재를 생성케 하는 질료로서의 형기(形氣) 및 우주 공간에 풍만해 있는 물질적인 매개와 빛과 소리가 전파되는 전기(電氣) 그리고 우주만물의 근거가 되는 존재로서의 태허(太虛)의 원기(元氣) 등을 포괄하는 용어로써

맹자는 지(志)와 기(氣)의 관계에 있어 의지는 기의 장수요 기는 몸에 가득차있는 것으로 지(志)가 가장 높고 다음으로 기(氣)라고 하며 의지를 잘 잡고 지키면서 기를 포악하게 하지 말라고 하였다. 그리고 호연지기(浩然之氣)는 그 기가 지극히 크고 강하니 정직으로써 기르고 해침이 없으면 기가 천지사이에 가득차게 된다.

이러한 호연지기를 기르는데 있어 반드시 평소에 의로운 일을 일삼으면서 그 효과를 기대하지 말고 마음에 잊지도 말며 인위적으로 조장해서는 안 된다.

하여 호연지기는 어느날 갑자기 이루어지는 것이 아니라 오랜 수양과 도덕을 실천함으로 어떠한 두려움도 갖지 않는 마음의 상태를 이룰 수 있는데 천지간에 충만한 이러한 정기를 호연지기라 하였다[1].

---

1) 부지 기지수야 기체지충야 부지지언 기차언 고왈 지기지 무폭기기 호연지기 기위기야 지대지강 이직양이
夫志 氣之帥 也 氣體之充也 夫志至焉 氣次焉 故曰 持其志 無暴其氣 浩然之氣 其爲氣也 至大至剛 以直 養而
무해 즉새어천지지간 필유사언 이물정 심물망 물조장야
無害 則塞於天地之間 必有事焉 而勿正 心勿忘 勿助長也

「맹자 공손추 장구상」

그리고 주자(朱子)는「맹자」호연장의 핵심은 부동심(不動心)에 있고 부동심의 핵심은 용기(勇氣)에 있으며 용기의 핵심은 기(氣)에 있다고 하였다[2].

또한 호연지기에 대하여 호연은 성대하게 흘러가는 모양으로 기는 내 몸에 가득찬 것이며 천지의 정기로 생명을 받은 인간에게 똑같이 주어진 것이라 말하고 있다[3].

2) 용기

공자는 용기에 대하여「논어」위정에서 의를 보고 행하지 않음은 용기가 없는 것이다(견의불위무용야 見義不爲無勇也) 라고 하였으나 맹자는 호연장에서 용기에 대하여 혈기(血氣)의 단련을 통해서 이루어지는 혈기지용(血氣之勇)과 진실과 정의의 도덕성을 기반으로 한 의리지용(義理之勇)으로 나누어 예를 들어 설명을 하였다.

혈기지용의 예로서 북궁유는 상대를 이기는 것을 부동심을 이루는 요체로 삼았으며 맹시사는 승패에 상관없이 오직 내면의 두려움이 없는 것으로 부동심을 이루는 요체로 삼았다.

또한 의리지용의 예로 증자(曾子, BC 505~BC 436)는 스스로 돌이켜 정직하다면 비록 천 만 명이라도 나가 대적할 수 있다는 예로 들면서 의리지용을 지향하는 증자의 대용(大勇)에 미치지 못하는 것이라 평가를 하였으며 맹자는 나는 다른 사람의 말을 알며 나의 호연지기를 잘 기른다고 말하였다[4].

이에 주자는 남의 말을 알아듣는 지언(知言)이 되면 도(道)와 의(義)에 밝아서 천하의 일에 의심스러운 바가 없게 되고 호연지기를 길러 직접 몸으로 체득하는 양기(養氣)가 되면 도와 의에 배합되어서 천하의 일에 두려운 바가 없으니 이 때문에 큰 책임을 담당하여도 마음이 동요되지 않는 것이라 하였다.

이에 맹자는 지언(知言)의 내용에 대하여 한쪽에 가려져서 전체를 보지 못하는 편벽된 말 피사(詖辭)에 그 가려진 바 폐(蔽)를 알며 사막 한 곳에 빠져서 바른 도리를 보지 못하는 과장된 말 음사(淫辭)에 그 빠진 바 (함 陷)를 알며 도리에 어긋나 정도에서 크게 벗어

---

2) 양기일장재불동심 부동심재용 용재기
養氣一章在不動心 不動心在勇 勇在氣 「주자어류」

3) 호연 성대유행지모 기즉 체소위지충자 개천지지정기 이인득이생자 기체단본여시야
浩然 盛大流行之貌 氣即 體所謂之充者 蓋天地之正氣 而人得以生者 其體段本如是也 맹자 공손추상」

4) 흑유개자용지류 이필승위주 이불동심자야 사개력전지사 이무구위주
黑黝蓋刺客之流 以必勝爲主 而不動心者也 舍蓋力戰之士 以無懼爲主
자반이축 수천만인 오왕의 감간부자 악호장 왈 아지언 아선양오호연지기
自反而縮 雖千萬人 吾往矣 敢問夫子惡乎長 曰 我知言 我善養吾浩然之氣 「맹자 공손추상」

난 부정한 말 사사(邪辭)에 그 떠난 바 리(離)를 알며 잘못을 감추고 얼버무려서 이론의 한계를 드러내는 변명의 말 둔사(遁辭)에 그 궁한바 (궁 窮)를 알 수 있다고 말하였다. 또한 맹자는 말(피사, 음사, 사사, 둔사)을 통하여 그 사람의 마음(폐, 함, 리, 궁)을 읽고 마음의 뿌리인 도(道) 의(義) 이(理)를 안다며 올바른 수양을 위해서는 남의 말을 알아듣는 지언(知言)을 통하여 말하는 사람의 마음과 본성을 올바르게 알아 그 이치를 궁구하여 시비(是非)와 득실(得失)의 소이연(所以然: 그렇게 될 수밖에 없는 이유나 까닭)을 알아야 하며 상대방의 마음을 올바르게 판단하기 위해서는 무엇보다 먼저 자신의 주체가 확립되고 마음이 도에 통달한 뒤에야 가능할 것이라고 할 수 있다고 말하고 있다[5].

그리고 맹자는 호연지기(浩然之氣)를 함양하는 기반으로 직(直)으로 길러서 해침이 없으면 천지사이에 꽉 차게 된다고 하였으며 호연지기는 의(義)를 많이 축적하여 생기는 것이고 의(義)는 하루 아침에 갑자기 연습하여 취해지는 것은 아니다. 행하고서 마음에 부족하게 여기는 바가 있으면 굶주리게 된다고 하며,

호연지기의 함양을 위해 지(志)를 함양하는 양지(養志)와 기(氣)를 배양하는 양기(養氣)가 동시에 이루어져야 개기내외본말 교상배양 蓋其內外本末 交相培養 한다고 하였다.

또한 양지(養志)의 방법으로 물욕이 일어나지 않는 야간의 청명한 기운인 야기(夜氣)를 보완하는 존야기(存夜氣)와 새벽의 청명한 평단지기(平旦之氣)를 유지하는 방법을 제시하였으며 호연지기의 함양에 경(敬)의 자세로 미리 효과를 기대하지 말고 지속적으로 힘 쓸 것을 요청하였다[6].

---

5) 개유지언 즉유이명부도의 이어천하지사 무소의
蓋惟知言 則有以明夫道義 而於天下之事 無所疑
양기즉유이유부도의 이어천하지사 무소구 차기소이당대임 이부동심야
養氣則有以酉夫道義 而於天下之事 無所懼 此其所以當大任 而不動心也
하위지언 왈 피사 지기소폐
何謂知言 曰 詖辭 知其所蔽
음사지기소함 淫辭知其所陷
사사지기소리 邪辭知其所離
둔사지기소궁 遁辭知其所窮
피음사둔 사자상인 언지병야 폐함리궁 사자역상인 즉심지실야 지언자 진심지성 어범천하지언 무불유이궁
詖淫邪遁 四者相因 言之病也 蔽陷離窮 四者亦相因 則心之失也 知言者 盡心知性 於凡天下之言 無不有以究
극기 식기시비득실지소이연 심통호도 연후 능변시비 여지권형 이교경중 맹자소위지언시야
極其 識其是非得失之所以然 心通乎道 然後 能辨是非 如持權衡 以較輕重 孟子所謂知言是也
「맹자 공손추상」

6) 기위기야 지대지강 이직양이무해 즉새간천지지간
基爲氣也 至大至剛 以直養而無害 則塞于天地之間

2. 순자(荀子, BC 298년~BC 238년)

순자는 맹자가 사람은 타고난 선한 마음이 성의 본질이라는 성선설(性善說)을 주장한 것과는 달리 사람의 생리적 욕구본능을 성의 본질로 보고 성악설(性惡說)을 주장하면서 인위적 노력을 기울여 본성을 변화시켜야 한다고 하였다. 그리고 기론적 우주론은 노자와 장자에 의해 체계적으로 주창되고 발전하였으며, 이것이 순자에게 수용되고 발전되어 유교의 우주론으로 확립되었다.

순자는 도가의 우주론을 받아들여 우주만물은 음과 양의 두기가 결합하여 생성하고 변화 한다 보았다.

즉 음과 양은 크게 변화하며 비바람은 널리 내리고 불어, 만물은 각각 그러한 조화를 얻어 생겨나고, 각각 그런 양육을 얻어 성장한다[7].

또한 이러한 우주만물의 변화는 일정불변의 법칙에 의해 운행된다고 보았으며 물과 불에는 기는 있지만 생명이 없으며 초목에는 생명은 있으나 지각이 없고 금수는 지각은 있으나 의(義)가 없다. 그러나 인간에게는 기도 있고 지각도 있고 의도 있다고 하였다.

순자는 기를 다스리고 마음을 수양하는 방법으로

- 혈기가 굳세고 강하면 곧 조화시켜 부드럽게 하고
- 용감하고 사나우면 곧 순하게 인도하여 도우며
- 너무 잽싸고 서두르면 곧 행동을 절제케 하고
- 마음이 좁고 옹절하면 곧 넓고 크게 틔워주며
- 비굴하고 느슨하며 이익을 탐하면 높은 뜻으로 드높여 준다고 하며, 무릇 기를 다스리고 마음을 기르는 방법으로 예를 따르는 것보다 빠른 길은 없고 스승을 얻는 것보다 더 중요한 것은 없으며 좋아하는 것을 한결같이 하는 것보다 더 신통한 것은 없다고 말하고 있다[8].

시집의소생자 비의습이취지야 행유불겸어 심즉뇌의
是集義所生者 非義襲而取之也 行有不慊於 心則餒矣
개기내외본말 교상배양
蓋其內外本末 交相培養 「맹자 공손추상」

7) 음양대화 陰陽大化
풍우박시 風雨博施
만물각득기화이생 萬物各得其和以生
각득기양이성 各得其養以成 「천론 天論」

8) 혈기강강 즉유지이조화 血氣剛强 則柔之以調和
용담맹려 즉보지이도순 勇膽猛戾 則輔之以道順

Ⅳ. 한(漢)나라(206년 ~ BC 220년)

1. 동중서(董仲舒, BC 176~9년 ~ BC 104년)

기원전 206년 고조(高祖) 유방(劉邦)이 세운 한 나라는 유학의 제2도약기라고 할 수가 있다.

한무제는 백가를 몰아내고 육예(六藝)를 포상하라는 동중서(董仲舒, BC 176~9년 ~ BC 104년)의 건의를 받아들이고 수도 장안에 유학을 가르치는 태학(太學)을 세웠으며 건원 5년(BC 136)에 시 · 서 · 예 · 역 · 춘추에 능통한 오경박사를 설치하고 오경박사가 유가 경전을 전담해 학생을 가르치도록 하였다.

동중서는 공양춘추(公羊春秋)를 근거로 주나라 이후 전해지는 천도관(天道觀)과 음양오행설을 결합하고 여기에 법가 도가 음양가 등의 사상을 흡수해서 새로운 사상체계를 세웠다. 또한 천지간에 가장 큰 것은 음양이며 양은 덕(德)이고 음은 형(形)이라며 군왕은 반드시 음과 양을 조화롭게 하고 덕과 형을 겸비해야 한다고 주장하였다. 또한 동중서(董仲舒)는 순자의 기론을 받아들여 하나의 원기를 우주 만물의 근원으로 보고 그 원기가 음양과 사시와 오행으로 분화하여 다양한 세계를 형성하는 것이라 하였다. 그리고 천지 사이에는 음과 양의 두 기가 있어 하늘의 기와 땅의 기는 합하여 하나가 되고 나뉘어져서 음과 양이 되며 벌려져서 오행이 된다고 하고 음과 양은 서로 상반된 성질을 가지고 따뜻함과 추움, 삶과 죽음 등의 여러 가지 현상을 일으킨다고 하였다.

그리고 만물은 각기 그 시원이 있으며 그 시원을 원(元)이라 하고 원이란 만물의 근본으로서 천지가 생기기 이전에 존재하였으며,

음양의 기는 하늘과 땅 사이는 텅 빈 듯 하지만 기로 꽉 차있다고 하고

사람은 늘 이 고요한 기 속에 젖어 있으면서 치란(治亂)의 기를 바탕으로 그것과 교섭하고 서로 섞인다고 하였다.

또한 동중서는 자연에 오행이 있으니 목(木) 화(火) 토(土) 금(金) 수(水)라 하고 나무(木)는 동쪽에서 춘기(春氣)를 주관하고 불을 낳으며(木生火) 불(火)은 남쪽에서 하기(夏

제급편리 즉절지이동지 齊給便利 則節之以動止
협애편소 즉곽지이광대 狹隘褊小 則廓之以廣大
비습중지탐리 즉항지이고지 卑溼重遲貪利 則抗之以高志
범치기양심지술 막경유례 막요득사 막신일호
凡治氣養心之術 莫徑由禮 莫要得師 莫神一好 「순자 수신편」

氣)를 주관하고 흙을 낳으며(火生土) 흙(土)은 중앙에서(木) 쇠를 낳고(土生金) 쇠(金)는 서쪽에서 추기(秋氣)를 주관하고 물을 낳으며(金生水) 물(水)은 북쪽에서 동기(冬氣)를 주관하며 나무를 낳는다(水生木)고 하여 부자관계(차기부자야 此其父子也)로써 또는 서로 돕는 상생(相生)관계와 상승(相勝)관계 즉,

쇠(金)는 나무(木)를 이기고(金勝木) 물(水)은 불(火)을 이기고(水勝火)

나무(木)는 흙(土)을 이기고(木勝土) 불(火)은 쇠(金)를 이기고(火勝金)

흙(土)은 물(水)을 이긴다(土勝水)는 상극관계를 말하였다.

그리고 소양(少陽)은 나무에 근거하여 나무를 보조하는 것에

봄의 산생이고 태양(太陽)이 불에 근거하여 불을 보조하는 것이 여름의 양육이고

소음(少陰)이 쇠에 근기하여 쇠를 보조하는 것이 가을의 성취이고

태음(太陰)이 물에 근거하여 물을 보조하는 것이 겨울의 저장이다라고 하였으며

음양이 증감하고 유동함으로써 사계의 변화가 빚어지게 된다. 즉 양이 성하면 나무와 물을 보조하여 봄과 여름을 이루고 반대로 음이 성하게 되면 쇠와 물을 보조하여 가을과 겨울을 이루고 만물은 가두고 저장한다. 따라서 양은 하늘의 덕이고 음은 하늘의 형벌이라 말하고 천 · 지 · 인(天地人)은 만물의 근본이며,

하늘은 만물을 산생하고 땅은 만물을 양육하고 사람은 만물을 완성한다라고 하였다[9].

---

9) 고원자 위만물지본 이인지원재언 내재호천지지전 시천지지간 약허이실
故元者 爲萬物之本 而人之元在焉 乃在乎天地之前 是天地之間 若虛而實
인상점시담담지중 이이치란지기 여지유통상효야
人常漸是澹澹之中 而以治亂之氣 輿之流通相淆也
고소양인이기조 춘지생야 태양인화이기조 하지양야
故少陽因梄起助 春之生也 太陽因火而起助 夏之養也
소음인금이기조 추지성야 태음인수이기조 동지장야
少陰因金而起助 秋之成也 太陰因水而起助 冬之藏也
천지지상일음일양 양자천지덕야 음자천지형야
天地之常一陰一陽 陽者天之德也 陰者天之形也
천지인 만물지본야 천생지 지양지 인성지
天地人 萬物之本也 天生之 地養之 人成之 「번로」

2. 왕충(王充, 27년~100년?)

왕충(자:중임 仲任)은 중국의 동한시대 사람으로 기론적 우주론을 체계적으로 주장을 하였다. 그는 기가 물질적인 것으로써 기계적으로 운동하는 것에 불과하다는 기론을 수립하였다.

또한 우주 본체인 하나의 기(氣) 곧 원기가 분화를 해서 하늘과 땅 (음陰 양陽)의 두 기(氣)가 되고 이들 음과 양의 두 기가 스스로 교합을 해서 만물을 생성한다고 하였다.

즉 하늘이 움직여 기를 베풀고 땅이 움직여서 기가 나옴으로써 만물이 생겨났으며 하늘을 양기(陽氣)로 땅을 음기(陰氣)로 보았다.

그리고 인간은 생을 품수한 처음부터 이미 일생의 운명이 정해져서 사람의 힘으로 움직일 수가 없다고 하였으며 음기는 주로 골육을 만들고 양기는 주로 정신이 된다고 하였다. 또한 왕충은 사람의 영혼이란 혈맥 가운데 있는 정기(精氣)의 작용으로 죽으면 혈맥이 고갈되고 정기는 멸한다고 하며 사람이 태어나기 전에는 영혼은 원기를 이루고 태어나면서 인체에 들어가 있다가 죽으면 다시 원기로 돌아간다고 말하였다.

3. 음양오행론(陰陽五行論)

음양오행설은 춘추시대에 이미 각기 형성되었던 음양설(陰陽說)과 오행설(五行說)을 제나라 사람으로 음양가(陰陽家)의 대표적 인물이었던 추연(騶衍, BC 305년~ BC 240년)이 오행사상(五行思想)과 음양이원론(陰陽二元論)을 결합하여 음양오행사상(陰陽五行思想)을 구축하였다.

이후 한(漢)나라 때 동중서(董仲舒, BC 176-9년~BC 104년)가 이것을 발전시켰으며 송(宋)나라 때 주돈이(周敦頤, 1017~1073)가 이것을 채용하여 유교의 이론으로 편입되었다.

음(陰) 양(陽)의 의미에 있어 음은 해를 등짐을 나타내며 양은 해를 향함을 나타내는 것으로 「설문해자」에는 음(陰)은 어둡다는 의미로 양(陽)은 밝다는 의미라고 하였다. 따라서 음은 달(月), 어두움, 대지(土), 여자(女) 등을 양은 해(日), 밝음, 하늘(天), 남자(男) 등을 의미한다고 볼 수가 있을 것이다.

「주역 周易」에 태극(太極)이 양의(兩儀: 음.양)을 낳고 양의(음.양)가 사상(四象: 노양 老陽, 소양 少陽, 노음 老陰, 소음 少陰)을 낳으며 사상(四象)이 팔괘(八卦: 건 乾 ☰, 곤 坤 ☷, 진 震☳, 손 巽 ☴, 감 坎 ☵, 리 離 ☲, 간 艮 ☶, 태 兌 ☱)를 낳는다고 하였다.

주돈이는 「태극도설」에서 무극이면 태극이다(無極而太極) 태극의 동정(動靜)을 통해 음

양이 생겨나고 음양의 혼합으로 오행(五行)이 생겨나고 이들이 교차하여 만물이 생성된다고 하였으며,

동중서(董仲舒)는 음(陰) 양(陽)에 대하여,

하늘과 땅 사이에 존재하는 음양의 기가 항상 사람을 적시고 있는 것은 물이 항상 고기를 적시고 있는 것과 같다면서, 다만 기가 물과 다른 점은 물은 눈에 보이지만 기는 눈에 보이지 않고 고요하다는 점이다.

사람은 늘 이 고요한 것 속에 젖어있으면서, 치란의 기를 바탕으로 그것과 교섭하고 서로 뒤섞인다라 하여 천지간에는 기(음, 양)가 가득하며 인간은 언제나 기 속에 젖어 살고 있다. 이러한 천지의 기는 합하여 한 몸이지만 음양으로 나누어지고 사계절로 갈리고 오행으로 배열 분화하여 만물을 생성한다고 보았다[10].

1) 오행의 성질

오행(五行)의 오(五)는 만물의 기본 요소라 할 수 있는 목(木) 화(火) 토(土) 금(金) 수(水)의 다섯 가지 기운을 의미하며 행(行)은 갈행, 행위행으로 가다와 행위를 의미하고 있으나 추연(騶衍)은 행(行)을 기(氣)로 보고 토기(土氣) 목기(木氣)라 하였으며 반고는 행을 하늘의 유행하는 기(氣)라는 뜻이라 하였다. 그리고 동중서는 행이란 운행한다는 의미로서 저마다 운행이 같지 않으므로 오행이라고 일컫는 것이라 하였으며 또한 오행의 운행은 그 자체의 순서에 따르고 오행의 기능은 각각의 역량을 발휘한다고 하고 목(木, 나무)은 동쪽에서 춘기(春氣, 봄)를 화(火, 불)는 남쪽에서 하기(夏氣, 여름)를 토(土, 흙)는 중앙에서 늦여름을 금(金, 쇠)은 서쪽에서 추기(秋氣, 가을)를 수(水, 물)는 북쪽에서 동기(冬氣, 겨울)를 주관한다고 하였다「번로」.

「홍범」의 구주에는 목(木)의 맛은 시고(酸) 화의 맛은 쓰고(苦) 토의 맛은 달며(甘) 금의 맛은 맵고(辛) 수의 맛은 짜다(鹽)고 하였다「표 1-4」.

음양(陰陽) 오행(五行)에 관한「묵자(墨子)」의「귀의편 貴義篇」에는 갑을(甲乙)은 청(靑)색과 동쪽을 병정(丙丁)은 적(赤)색과 남쪽을 무기(戊己)는 황(黃)색과 중앙을 경신(庚辛)은 백(白)색과 서쪽을 임계(壬癸)는 흑(黑)색과 북쪽으로 배당을 하였다.

---

10) 천지지간 유음양지기 天地之間 有陰陽之氣)
상점인자 약수상점어야 소이이어수자가견여불가견이기담담야
常漸人者 若水常漸魚也 所以異於水者可見與不可見耳其澹澹也
인상점시담지중 이이치란지기 여지류 통상효야
常漸是澹澹之中 而以治亂之氣 與之流 通相淆也 「번로」

또한 「여씨춘추 呂氏春秋」와 「예기 禮記」의 「월령 月令」 그리고 「관자 管子」와 「황제내경 黃帝內經」 등에 나타내고 있는 오행을 사계(四季)와 사방(四方) 및 오색(五色)과 오미(五味) 그리고 십모(十母)등과의 배합을(표 1-4) 살펴보면,

「표 1-4」 오행배당표

오행 (行)	계절 (時)	방위 (方)	색 (色)	맛 (味)	감관 (竅)	오장 (臟)	육부 (腑)
목 (木)	봄 (春)	동쪽 (東)	파랑 (靑)	신맛 (酸)	눈 (目)	간 (肝)	담 (膽)
화 (火)	여름 (夏)	남쪽 (南)	빨강 (赤)	쓴맛 (苦)	귀 (耳)	심장 (心)	소장 (小腸)
토 (土)	늦여름 (長夏)	중앙 (中央)	노랑 (黃)	단맛 (甘)	입 (口)	비장 (脾)	위 (胃)
금 (金)	가을 (秋)	서쪽 (西)	흰색 (白)	매운맛 (辛)	코 (鼻)	폐 (肺)	대장 (大腸)
수 (水)	겨울 (冬)	북쪽 (北)	검정 (黑)	짠맛 (鹽)	혀 (舌)	신장 (腎)	방광 (膀胱)

(1) 목(木 나무)

목은 생겨나게 하는 것을 주관한다.

목기(木氣)가 발하는 시기를 봄(春)이라 하며 방위는 동쪽이다. 또한 오색중 청(靑)색을 나타내며 맛은 신(酸)맛이다. 그리고 십모(십간) 중 갑을(甲乙)에 해당하고 오장(五臟)과 육부(六腑)중 간(肝)과 담(膽)에 해당한다.

(2) 화(火 불)

화는 성장하는 것을 관장한다.

화기(火氣)가 발하는 시기를 여름(夏)이라 하며 방위는 남쪽이다. 또한 오색중 적(赤)색에 해당하며 맛은 쓴(苦)맛이다. 그리고 병정(丙丁)에 해당하고 오장과 육부 중 심장(心腸)과 소장(小腸)에 해당한다.

(3) 토(土 흙)

토는 조화를 주관한다.

토는 만물을 생(生)하며 생한 만물을 다시 간직하기도 한다. 사계로는 늦여름에 해당되

며 방위는 중앙이다. 오색중 황(黃)색에 해당하고 맛은 단(甘)맛이다. 그리고 십모 중 무기(戊己)에 해당하고 오장과 육부 중 비장(脾臟)과 위(胃)에 해당한다.

(4) 금(金 쇠)

금은 거두는 것을 주관한다.

방위는 서쪽이며 계절은 가을(秋)에 해당한다. 오색중 흰(白)색을 나타내며 맛은 매운(辛) 맛이다. 그리고 십모 중 경신(庚辛)에 해당하고 오장과 육부 중 폐(肺)와 대장(大腸)에 해당된다.

(5) 수(水 물)

수(水)는 만물을 숨겨 간직하는 역할을 한다.

수기(水氣)가 발하는 시기를 겨울(冬)이라하며 방위는 북쪽이다. 또한 오색중 검정(黑)색을 나타내며 맛은 짠(鹹)맛이다. 십모중 임계(壬癸)에 해당하고 오장과 육부중 신장(腎臟)과 방광(膀胱)에 해당한다.

2) 오행의 상생과 상극

(1) 상생관계

모든 사물은 오행에 의해 변화 운행되고 상생(相生)과 상극(相剋)의 관계에 의해 움직이고 있다. 상생은 상호생성(生成)과 조장(助長)의 관계를 말한다.

오행의 상생관계(그림 1-1) 즉 나무(木)는 불(火)를 낳고(木生火) 불(火)은 흙(土)을 낳고(火生土) 흙(土)은 쇠(金)를 낳고(土生金) 쇠(金)는 물(水)을 낳고(金生水) 물(水)은 나무(木)를 낳는다(水生木).

이는 오행의 부자(父子) 또는 모자(母子) 관계라고 한다.

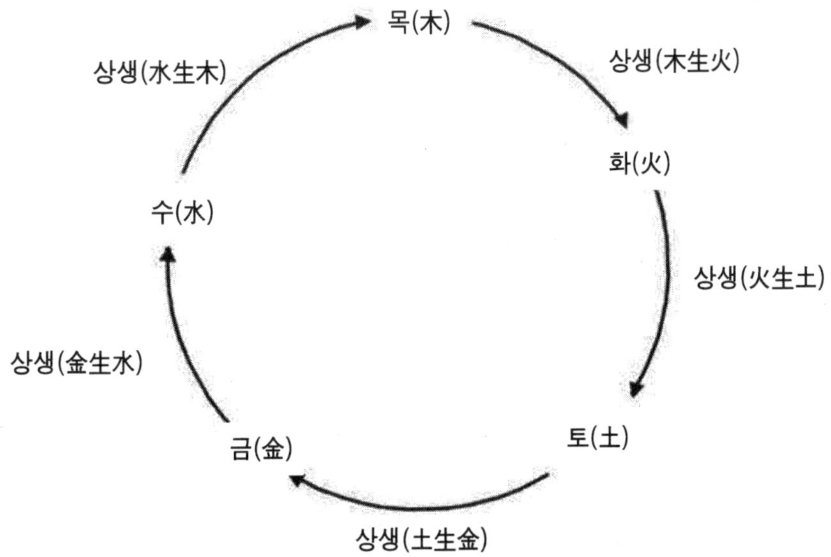

「그림 1-1」 오행의 상생관계

(2) 상극관계

상극(相克)은 상호제약과 제지의 관계를 말한다. 오행의 상극관계(그림 1-2)는 쇠(金)는 나무(木)을 이기고(금승목 金勝木), 나무(木)는 흙(土)을 이기고(목승토 木勝土), 흙(土)은 물(水)을 이기고(토승수 土勝水), 물(水)은 불(火)을 이기며(수승화 水勝火), 불(火)은 쇠(金)를 이긴다(화승금 火勝金).

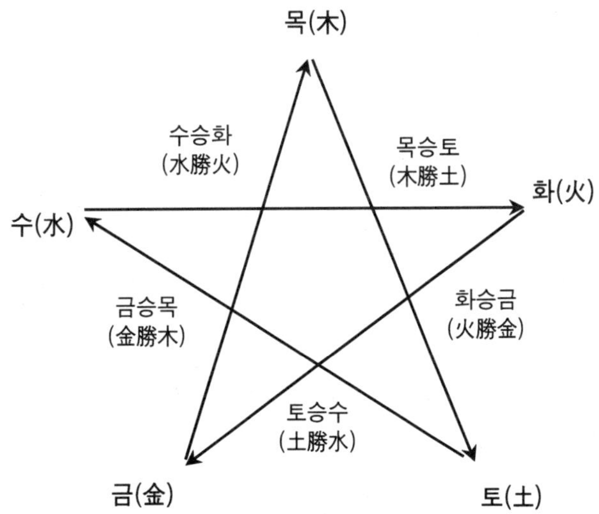

「그림 1-2」 오행의 상극관계

V. 위진남북조(魏晉南北朝 : 220년~589년)

위진시대(220년~420년)는 삼국시대의 위 나라로부터 서진을 거쳐 동진에 이르기까지의 약 200년간의 시기이며 남북조시대(439년~589년)는 한족이 세운 남조와 한족을 장강 이남으로 밀어낸 유목민족이 세운 북조가 대립을 하다가 수나라에 의해 통일이 될 때까지의 시기를 말하며 분쟁과 전란이 끊이지 않았던 혼란기였다.

기원전 221년부터 200여년간 지속되었던 전국 칠웅의 분쟁을 종식하고 중국 최초의 통일국가를 건설한 진나라의 진시황(BC 259~BC 210)은 법과 사상을 토대로한 부국강병 정책과 강력한 법치주의 정책을 펼치면서 만리장성을 축조하였다.

진시황은 진나라에 대한 저항의식을 뿌리 뽑기위해 기원전 213년 분서령(焚書令)을 반포하여 사관이 기록한 책 중에 「진기:秦紀」를 빼고 모두 불태웠으며 2년 뒤 BC 215년에는 후생(候生)과 노생(盧生)이 사석에서 진시황을 비판하고 고향으로 도주하자 이에 크게 노한 진시황은 함양에 있는 모든 유생들을 조사하여 유언비어를 퍼뜨린 자를 모두 참수에 처하라(진시황본기: 秦始皇本紀) 명하여 460여 명을 참수에 처하는 갱유(坑儒) 즉 이른바 분서갱유(焚書坑儒) 사건이 일어난다.

이후 진 왕조는 오래되지 않아 진승(陳勝)과 오광(吳廣)이 일으킨 농민 반란이 단초가 되어 멸망하게 되었으며 노나라 출신의 많은 유학자들은 예기(禮器)를 가지고 진승에게 투항하였다.

유학은 이러한 시대적 상황에 있어 현실적인 문제를 해결할 수 있는 역량을 상실하여 쇠퇴하게 되고 현학(玄學)이 새롭게 일어나게 된다.

VI. 수(隋)나라 (581년~618년)

수(隋)나라는 581년 북주의 양견(楊堅)이 주의 정제(静帝)를 폐위하고 수백년(270년) 동안 지속되던 위진남북조의 분열을 종식시키고 건국하였지만 37년 동안 존립하다 618년 부하들의 반란으로 살해되면서 멸망하게 된다. 수나라의 황제 문제는 601년 학생들이 너무 많고 실력이 모자란다는 이유로 경사(京師)와 군현의 크고 작은 학교를 닫게 하고 경사의 국자학(國子學) 한 곳만을 남김으로써 학생 수는 70명에 지나지 않게 되었다.

이는 수나라 말기에 유생들이 농민 반란에 가담하게 되는 빌미가 되기도 하였다.

Ⅶ. 당(唐)나라 (618년~907년)

당나라(唐 618년~907년)는 고조 이연(李淵)에 의해 세워졌으며 건국 초기 학교를 다시 열고 국자(國子) 태학(太學) 사문(四問) 등을 설치하여 관료의 자제들을 공부하게 하였다.

또한 공영달은 황제의 명으로 유교를 중심으로 불교와 도교를 융합하여 「오경정의」를 집필했다.

Ⅷ. 송(宋)나라 (960년~1279년)

송(宋)나라는 오대십국시대 후주(後周)의 전전도점검(殿前都点檢 근위군대장)이었던 조광윤(趙匡胤)이 후주 최후의 황제로부터 선양을 받아 개봉에 도읍을하여 나라를 세웠다. 조광윤은 중국의 분열 상태 종식을 목표로 삼았으나 도중에 병사를 하고 동생 조광의(태종)가 뒤를 이어 중국의 통일을 이루었다. 송나라는 1127년 금나라의 확장에 밀려 장강이남으로 옮기기 전을 북송으로 이후 임안에 도읍을 옮긴 것을 남송이라고 구분하고 있다.

태조(조광윤)와 태종(조광의)은 과거 시험제도를 통하여 문인 관료들을 선발함으로써 권력의 중앙집권화를 자연스럽게 이루게 되었다.

1. 범중엄(范仲淹 989년~1052년)

범중엄(范仲淹, 자: 희문 希文)은 음양의 두기를 세계와 만물의 근원이라 하였고 건양강건(乾陽剛建)의 기가 조화의 진재(眞宰)로 조물주가 된다고 하였다. 즉 건양의 기(氣)는 멈추지 않는 운동 과정에서 만물을 창조하고 사시(四時)를 형성한다는 것이다.

그리고 만물의 변화와 사시의 운행에 있어 일정한 법칙을 따르게 되는데 이것이 바로 리(理)이다 라고 말하였다.

2. 구양수(歐陽脩 1007년~1072년)

구양수(歐陽脩, 호: 취옹 醉翁)는 원기(元氣)가 만물의 근원이며 이것이 자연계의 생물과 무생물을 창조하고 사람은 그 사이에서 살아간다고 하여 천지만물과 사람은 모두 원기에 의해 생겨난 것이라고 여겼다.

3. 소옹(邵雍 1011년~1077년)

소옹은 자가 요부(堯夫)이며 시호는 강절(康節)이다. 북송의 학자로 도가(道家)에서 도서선천상수학(圖書先天象數學)을 상수를 원리로 하는 관념론적 철학을 수립하였다.

소옹이 하남성 근처의 백원(百源)에 살 때 그곳의 관리였던 이지재(李之才, ?~1045)가 그의 재능을 알아보고 「역경」의 비밀을 전해주었다고 한다.

남송의 주진(朱震, 1072년~1138년)은 「한상역해 漢上易解」에서 진단이 선천도(先天圖)를 충방(沖放)에게 전하고 충방은 목수(穆修)에게 목수는 이지재(李之才)와 주돈이(周敦頤)에게 이지재는 소옹에게 전했다고 한다.

소옹은 세상 만물을 생겨나게 하고 모든 것이 뒤돌아오게 되는 최고의 세계 원칙을 태극(太極)으로 보고 태극은 마음이기도 하고 도이기도 하다.

태극은 뒤섞여 있는 일체요 움직이지 않는 본체로서 발동하여 두신(神)을 낳고 신은 수(數)를 낳고 수는 상(象)을 낳고 상은 만물을 낳는다고 하고 태극이 나뉘어져서 양의(음양)가 세워진다고 하였다.

이러한 소옹의 우주론은 나무꾼과 어부의 대화에서 그 일면을 엿볼 수가 있다. 성리대전에는 나무꾼의 질문에 대해 어부는 태극이란 무위(無爲)의 근본으로 양의(음陰과 양陽)를 생성한다하고 양의는 하늘과 땅의 조상으로 태극이 나뉘어 둘이(양의) 된다고 말하고 있다.

그리고 양의는 먼저 하나를 얻어서 1로 삼고 뒤에 하나를 얻어서 2로 삼으니 1과 2가 양의가 되며 양의는 사상을 낳고 사상은 음(陰)과 양(陽) 그리고 강(剛)과 유(柔)로 나뉜다 하며 음양이 있고 나서야 하늘이 생겨날 수 있고 강유가 있고 나서야 땅이 생겨날 수 있다고 말한다[11].

또한 「성리대전 권 11」에는 무극(無極)의 이전에는 음(陰)이 양(陽)을 포함하고 있으며

---

11) 심위태극 우왈 도위태극
心爲太極 又曰 道爲太極
오감문역유태극 태극하물야 왈 무위지본야 태극생양의 양의천지위호
吾敢問易有太極 太極何勿也 曰 無爲之本也 太極生兩儀 兩儀天地謂乎
왈 양의천지지조야 비지위천지이사야 태극분이위이 선득일위일 후득일위이
曰 兩儀天地之祖也 非止爲天地而巳也 太極分而爲二 先得一爲一 後得一爲二
일이위양의 양의생사상 사가하물야 대상위음양강유 유음양연후가이생천 유강유연후가이생지
一二謂兩儀 兩儀生四象 四象何物也 大象謂陰陽剛柔 有陰陽然後可以生天 有剛柔然後可以生地
「성리대전 性理大全」

형상이 있게 된 후에는 양(陽)이 음(陰)에서 분리 되는데 음(陰)은 양(陽)의 어머니이고 양(陽)은 음(陰)의 아버지로, 양(陽)은 도(道)의 작용이며 음(陰)은 도(道)의 본체라 하고 있다. 그리고 하나의 기(氣)가 나뉘어 음(陰)과 양(陽)이 되는데, 양(陽)이 더 많은 것은 하늘이 되고, 음(陰)이 더 많은 것은 땅이 된다 하고 음(陰)과 양(陽)이 반으로 나뉘어 형태와 기질이 갖추어지고 음과 양이 치우쳐져서 성(性)과 정(情)이 나누어 진다하고 있다. 그리고 형태와 기질은 또다시 나뉘어 양(陽)이 많은 것은 강(剛)이 되고 음(陰)이 많은 것은 유(柔)가 되며 성(性)과 정(情) 또한 나뉘어 양(陽)이 많은 것은 양(陽)의 극단이고 음(陰)이 많은 것은 음(陰)의 극단이라 하고 있다.

그리고 양(陽)과 음(陰)이 화합하고 음(陰)이 양(陽)과 화합하니 이로부터 사상(태양太陽, 소음少陰, 소양少陽, 태음太陰)이 생겨나고 강(剛)과 유(柔)가 화합하고 유(柔)와 강(剛)이 화합하니 이로부터 땅의 사상(태강太剛, 소유少柔, 소강少剛, 태유太柔)가 생겨나고 이에 팔괘(八)가 이루어진다고 하고 있으며[12],

「성리대전 권 9」에서는 하늘은 움직임(動)으로써 생겨나고 땅은 고요함(靜)으로서 생겨나는데 움직임과 고요함이 서로 교유하여 하늘과 땅의 도(道)를 다하며 움직임이 시작되면 양(陽)이 생겨나고 움직임이 극에 달하면 음(陰)이 생겨난다 하고 한번 음(陰)이 되고 한번 양(陽)이 됨이 서로 교류하여 하늘의 작용을 다한다고 하고 있다.

그리고 고유함이 시작되면 유(柔)가 생겨나고 고유함이 극에 달하면 강(剛)이 생겨나는데 한번 강(剛)이 되고 한번 유(柔)가 됨이 서로 교류하여 땅의 작용을 다한다고 하고 있다[13]. 그리고 「성리대전 권 12」에서는

---

12)무극지전음함양야 유상지후양분음야
無極之前陰含陽也 有象之後陽分陰也
음위양지모 양위음지부 양자도지용 음자도지체
陰爲陽之母 陽爲陰之父 陽者道之用 陰者道之體
일기분이 위음양 판득양지다자위천 판득음지다자위지
一氣分而 爲陰陽 判得陽之多者爲天 判得陰之多者爲地
시고음양반이형질구언 음양편이성정분언
是故陰陽半而形質具焉 陰陽偏而性情分焉
형질우분칙다양자위책야 다음자위유야 성정우분 칙다양자양지극야 다음자음지극야
形質又分則多陽者爲剛也 多陰者爲柔也 性情又分 則多陽者陽之極也 多陰者陰之極也
양교어음, 음교어양, 이생천지사상 강교어유 유교어강 이생지지사상 어시팔괘성의
陽交於陰 陰交於陽, 而生天之四象 剛交於柔 柔交於剛 而生地之四象 於是八卦成矣
「성리대전 性理大全 권 11」

13) 천생간동자야 지생간정자야 일동일정 교이천지 지도진지의
天生干動者也, 也生干靜者也 一動一靜 交而天地之道盡之矣

양(陽)이 오면 삶이 되고 양(陽)이 가면 죽음이 되며 천지 만물의 삶과 죽음은 모두 양에 의해 주도되고 이들은 항상 하나로 돌아간다고 하고 있다[14].

4. 주돈이(周敦頤 1017년~1073년)

이학은 유학의 내용을 중심으로 불교 철학과 도가사상을 흡수하여 성립된 유가 학파로써 송나라 때 태동하여 700여 년간 중국사회 전반에 걸쳐 큰 영향을 미친 학파이다. 송학의 시조로 불리는 주돈이의 호는 염계(濂溪)이며 자는 무숙(茂叔)이다.

주돈이는 도학자로서 도교사상을 도학에 도입한 사람 가운데 소옹(邵雍)과 같이 대표적이다.

주돈이는 태극이 음과 양을 낳고 음과 양이 결합하여 오행을 낳고 이것이 묘합하여 만물을 생성한다고 하였다. 그리고 사람의 성은 원래 순수하고 지극히 선하지만 바깥사물에 감응하여 악하게 되는 것이므로 주정(主靜)과 무욕(無欲)으로 본성을 보존하여야 한다고 하였다. 그리고

그는 「주역(周易)」과 음양오행설에 입각해서 당시 성행하였던 도가와 불교의 우주론을 받아들여 기론적 우주론을 제시하였다. 주돈이(주염계)는 우주생성의 원리를 태극도라고 이름붙인 도(圖)로써 나타내고 이것을 설명한 태극도설(太極圖說)과 통서(通書)를 지었다.

주희는 태극도설로부터 철학의 많은 부분을 발전시켰으며 또한 이 글은 성리학파의 근간이 되었다.

태극도설과 통서는 그의 사후에 이정형제(정호와 정이)를 중심으로한 제자들에 의해 편찬되었으며 이후 「성리대전」과 「성리정의」에 주석과 함께 수록되었다.

동지시칙양생언 동지극직음생언 일음일양 교이천지용진지의
動之始則陽生焉, 動之極則陰生焉 一陰一陽 交而天之用盡之矣
정지시칙유생언 정지극칙강생언 일강일유 교이지지용진지의
靜之始則柔生焉 靜之極則剛生焉 一剛一柔 交而地之用盡之矣 「성리대전 권9」

14) 양래즉생 양거즉사 천지만물생사주간양 칙귀지간일야
陽來則生 陽去則死 天地萬物生死主干陽 則歸之干一也 「성리대전 性理大全 권 12」

1) 태극도설

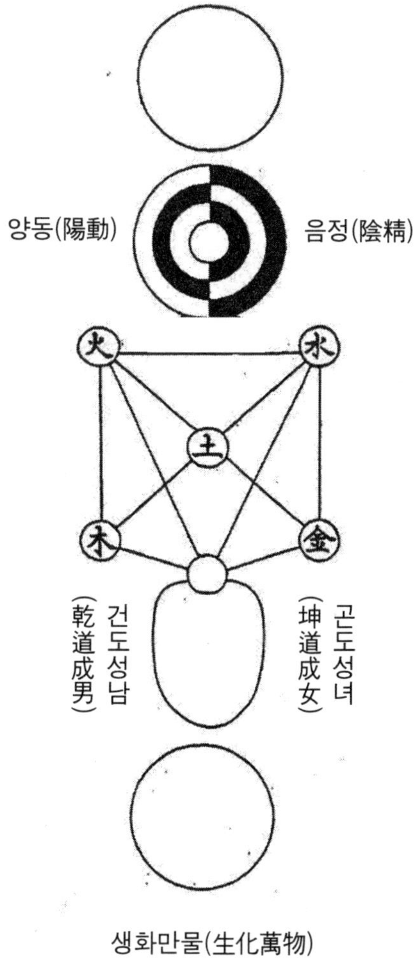

「그림 1-3」 太極圖

태극도(「그림 1-3」)에서

첫 번째로 그린 원(○)은 무극이면서 태극임을 나타낸다 (무극이태극 無極而太極)

두 번째의 그림  은 가운데 원(○)은 태극이 동(動) 정(靜)에 의해 음양(陰陽)이 되는 상태를 나타낸 것이다.

즉 태극이 움직여 양을 생성하고 움직임이 극에 이르면 고요해지고
(태극동이생양 동극이정 太極動而生陽 動極而靜)
고요해지면 음이 생성된다 그리고 고요함이 극에 이르면 다시 움직인다.

(정이생음 정극복동 靜而生陰 靜極復動)
한번 움직이고 한번 고요해지는 것이 서로 뿌리가 되어
(일동일정 호위기근 一動一靜 互爲其根)
음으로 갈라지고 양으로 갈라지니 이에 양의가 수립된다
(분음분양 양의입언 分陰分陽 兩儀立焉)

가운데 ○(태극)은 본체이며 그림 는 양의 움직임으로 ○(태극)의 작용이 행해지게 된다. 그리고 그림 는 음의 고요함으로 ○(태극)의 본체가 서게 된다. 따라서 그림 는 그림 의 뿌리이고 그림 는 그림 의 뿌리이다.

그림 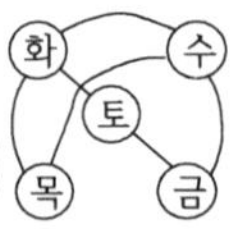

은 (양)이 변하고 (음)이 합하여 수화목금토를 생성하니
(양변음합 양생수화목금토 陽變陰合 陽生水火木金土)
다섯기가(오행) 순서대로 펼쳐져서 사계절이 운행된다
(오기순포 사시행언 五氣順布 四時行焉)
水는 음이 성하므로 오른쪽에 있고 (음성고거우 陰盛故居右)
火는 양이 성하므로 왼쪽에 있다 (양성고거좌 陽盛故居左)
木은 양이 약하므로 화 아래에 있고 (양치고차화 陽稚故次火)
金은 음이 약하므로 수 아래에 있다 (음치고차수 陰稚故次水)
土는 융화의 기운 충기(冲氣)이므로 가운데 있고 (충기고거중 冲氣故居中)

수화의 그림 는 위로 연결되어 음은 양에 뿌리를 내리고 양은 음에 뿌리를 내리는 것이다(이수화지교계평상 而水火之交系平上).

수에서 목, 목에서 화, 화에서 토, 토에서 금, 금에서 수가 되는데 끝이 없이 오기(五氣)가 펴지고 사시(四時: 춘하추동)가 행해진다.

오행은 하나의 음양이고 음양은 하나의 태극이며 태극은 본래 무극이다
오행이 생겨나면 각기 하나씩 그 성을 갖는다.

그리고 「그림 1-3」의 가장 밑에 있는 작은 원(○)두 개는 무극의 참됨과 음양오행의 정기가 신묘하게 합쳐져서 응결하니

하늘의 도는 남자가 되고 땅의 도는 여자가 된다

건과 곤 혹은 남자와 여자의 두 기가 서로 감응하며 만물을 화생 시킨다.

만물이 생겨나고 생겨나니 변화가 끝이 없다

또한 그는 오직 인간만이 빼어난 기를 품부받아 가장 신령하고

형체가 이미 생겨나면 신이 발하여 지각능력이 갖추어지고

오성이 감응하여 선과 악이 나뉘고 모든 일들이 나타난다고 하였다[15].

5. 장재(張載, 1020년~1077년)

장재의 자는 자후(子厚)이며 호는 횡거(橫渠)이다.

그의 저서로는 서명(西銘), 동명(東銘), 정몽(正蒙) 등이 있다.

장재는 만물의 생생(生生)을 일기(一氣)가 모이고 흩어지는 취산(聚散)으로 설명을 하였다.

그는 태허(太虛)는 형체가 없는 기(氣)의 본체로 순수(淸)하여 응어리(礙)가 없으며 신(神)이 되고 순수하지 못하여 탁하게 된 것은 응어리가 지게 되고 응어리가 진 것은 형체가 된다고 하며 기가 사물이 되고 흩어져 형체가 없음으로 돌아감에 그 본체에 알맞게 되고 모여서 형상을 이루게 됨에 그 일정한 법칙을 잃지 않는다 하고 있다.

그리고 장재는 태허는 기가 없을 수 없으며 기가 모여 만물이 되고 만물은 흩어져 태허가 될 수밖에 없으며 이러한 것은 모두 부득이하게 이루어진다고[16]

---

15) 수이목 목이화 화이토 토이금 금이복수 여환무단 오기포 사시행야
水而木 木而火 火而土 土而金 金而復水 如環無端 五氣布 四時行也
오행일음양야 음양일태극야 태극본무극야 오행지생야 각일기성
五行一陰陽也 陰陽一太極也 太極本無極也 五行之生也 各一其性
무극지진이오지정 묘합이응 건도성남 곤도성녀
無極之眞二五之精 妙合而凝 乾道成男 坤道成女
이기교감 화생만물 만물생생 이변화무궁
二氣交感 化生萬物 萬物生生 而變化無窮焉
유인야득기수이최영 형기생의 신발지의
惟人也得其秀而最靈 形旣生矣 神發知矣
오성감동 이선악분 만사출의
五性感動 而善惡分 萬事出矣 「주자 태극도설」

16) 태허무형 기지본체 태허위청 청칙무애 무애고신

하여 기가 모여서 만물이 되고 만물이 흩어져 형체도 없이 드러나지 않는 원시 상태를 태허(太虛)라 하며 태허는 기의 본체이며 또는 기는 태허에서 모였다 흩어졌다 한다고 보았으며, 이러한 기의 모이고 흩어짐은 현상계의 일에 지나지 않고 기 자체가 변하는 것은 아니라고 말하고, 취산 운동은 일정한 질서에 따라 만물이 생성되고 소멸하며 이를 도(道)또는 이(理)라 하였다.

또한 음양이 모여서 충만하고 나누어지지 않는 기(氣)를 태화(太和)라 하며 도(道)는 태화의 기(氣)가 변화하여 흘러 작용하는 큰 과정이라고 하였다.

장재는 태허로부터 만물이 생겨나기 때문에 만물의 본성은 같다고 보았으며 만물이 각기 다르고 차이가 있는 것은 기의 소통 유무와 두텁고 엷음 등의 차이 때문이라고 하고, 사람은 누구나가 가지고 있는 보편적인 성으로써 천지의성(天地之性)과 사람마다 각기 다른 기질의성(氣質之性)을 가지고 있다고 하며 기질지성은 사람이 기(氣)를 품수함에 있어 기의 맑음(청淸)과 혼탁(濁) 그리고 두터움(후厚)과 넓은(박薄)의 차이가 있으므로 현명하고 어리석음 역시 고르지 않기 때문에 학문(學問)과 사변(思辨)의 힘에 의해 기질을 변화시켜 그 근본으로 돌아가지 않으면 안된다고 하였다.

그리고 장재는 천지의 현상은 모두 음양의 활동인데, 음(陰)의 성(性)은 응취(凝聚)에 있고 양(陽)의 성(性)은 발산(發散)에 있다고 하였으며 또한

동물의 호흡은 곧 취산(聚散)의 점(漸)으로 기가 모이면 생겨나고 흩어지면 죽게 되면서 사람에게 있어 혼백은 기가 일생동안 떨어지지 않다가 죽은 뒤에 떠돌아 흩어지는 것을 혼(魂)이라 하고 모여서 형질(形質)이 되어 흩어지지 않는 것을 백(魄)이라고 하였다.

6. 정호(程顥 1032년~1085년)

정호의 자는 백순(伯淳)이며 호는 명도(明道)이다. 동생 정이와 함께 이정(二程)이라고도 불렸다.

이들 형제는 어린 나이에 주돈이의 학교에 보내졌으며 후에는 장재에게로 가서 배웠다.

太虛無形 氣之本體 太虛爲淸 淸則無礙 無礙故神
반청위탁 탁칙애 애칙형 기지위물 산입무형 적득오체
反淸爲濁 濁則礙 礙則形 氣之爲物 散入無形 適得吾體
취위유상 태허불능무기 기불능불취 이위만물
聚爲有象 太虛不能無氣 氣不能不聚 而爲萬物
만물불능불산 이위태허 순시출입 시개불득 사이연야
萬物不能不散 而爲太虛 循是出入 是皆不得 巳而然也 「장횡거집張橫渠集」

이정은 이정수언(二程粹言)에서 이(理)가 우주의 본질이라고 보고 이세상에 리(理)가 아닌 것은 없다. 단지 리(理)만이 실이다라고 (무비리야 유리위실 無非理也 惟理爲實)

하였으며 또한 하늘이라는 것은 곧 리를 말한다 (천자리야 신자묘만물이위언자야 天者理也 神者妙萬物而爲言者也) 라고 하여 만물이 곧 천리라고 주장을 하고 신이라는 것은 신묘한 방식으로 만물에 작용하는 것을 말한다면서

정호는 천지의 큰 덕은 생이라 하고 천지가 상호작용을 하여 만물을 낳는것 또한 만물은 음이나 양 어느 하나만으로는 낳지 못하며 일음일양(一陰一陽), 일선일악(一善一惡)이며 양(陽)이 자라면 음(陰)이 소멸한다고 하여, 음양의 소장(消長)을 한가지로 보고 음양의 소장에 의해 만물이 화생하는 것을 천리(天理) 또는 단순히 리(理)라고 하여 이가 우주의 본질이라고 생각했다.

그리고 인간 도덕도 음양생생(生生)의 천리를 벗어나지 않는다고 보았으며 인간과 만물의 관계에 대해 유독 사람만이 지극히 영명한 것이 아니고 다만 사람은 천지의 중(中)을 받아 태어났을 뿐이며 사람과 만물에는 기의 편정(偏正)에 의해 나누어지는 것이고 편벽을 버리고 중정(中正)으로 나아감으로써 본성회복이 가능하다는 것이다.「이정유서二程遺書 권2」

즉 본성 회복에 있어 사심(私心)과 사지(私智)가 방해가 되므로 이것을 버리고 확연대공(廓然大公)하여 물래순응(物來順應) 하도록 노력해야 한다는 것이다.

또한 정호는 건원(乾元)의 기(氣)를 우주만물의 근원이라고 하고 사람은 누구나 이러한 기를 받아서 태어난 것이므로 본래 선하지만 후천적인 기질의 성으로 말미암아 악이 있게되므로 경(敬)과 성(誠)을 통해서 인(仁)을 체득하여 본연의 성을 회복하여야 한다고 하였다.

그리고 이정은 기가 태허의 본체와 무형도 아니고 다만 유형의 사물이라고 보았으며 정이는 장재의 이론을 반박한다. 그는 기화가 만물을 생성한다는 것에 대하여 기는 태허로 돌아가는 것이 아니라 소멸한다고 주장하며 기는 자연계의 조화속에서 자연히 생성하고 소멸하는 것이지 장재의 학설처럼 태허에 근원하거나 태허로 돌아가서 만물을 생성하지는 않는다고 말하였다.

7. 정이(程頤 1033년-1107년)

정이의 자는 정숙(正叔)이며 호는 이천(伊川)이다.

이기이원론(理氣二元論)을 처음 주장한 정이는 이(理)가 우주의 본질이라고 생각하고 만물이 곧 천리(天理)라고 주장했다. 그리고

정이는 온갖 사물은 모두가 하나의 이치를 가지고 있으며 한번 음(陰)하고 한번 양(陽)하는 것을 도(道)라고 하고 한번 음(陰)하고 한번 양(陽)하는 원인이 도(道)이며 음양(陰陽)을 떠나서 결코 도(道)는 없으며 음양의 원인이 되는 것이 도(道)라 하였다. 그리고 음양은 기(氣)이고 기(氣)는 형체를 지니는 것이며 도(道)는 형체를 넘어서는 것이다 라고 하였다[17].

또한 정이는 이정유서에 모든 만물은 음양오행의 기가 모여 생성되며 흩어져서 소멸된다고 하였다. 그리고 생성시에는 기의 맑음과 흐림, 치우침과 올바름 정도에 의해 수만가지의 다른 물건이 된다고 하고 사람은 사물과 달리 우수한 진원(眞元)의 기를 받았다고 하였으며 기가 흩어지므로 개개의 사물이 소멸되고 소멸된 기는 태허에 복귀한다는 장재의 주장과는 달리 기(氣)가 흩어지면 기(氣)는 생생불궁(生生不窮)하다고 하였다.

그리고 도는 대대하지 않는 것이 없다(道無無對) 하고 음이 있으면 양이 있고 선이 있으면 악 또한 있다

옳은 것이 있으면 그른 것이 있고, 하나가 없으면 둘 또한 없다고 하여 모든 사물은 대대하는 방식으로 나타나며 사물과 사물의 구조 사이에는 극단적인 대립이 있다고 가르쳤다[18].

또한 정자는 형체가 있는 것은 모두 기(氣)이며 형체가 없는 것은 도(道)일 따름이라 하였다[19].

---

17) 만물개시일리 일음일양지위도 소이일음일양도야
萬物皆是一理 一陰一陽之謂道 所以一陰一陽道也
이료음양갱무도 소이음양자시도야 음양기야
離了陰陽更無道 所以陰陽者是道也 陰陽氣也
기시형이하자 도시형이상자
氣是形而下者 道是形而上者 「이정어록二程語錄 15. 3」

18) 유음칙유양 유선칙유악
有陰則有陽 有善則有惡
유시칙유비 무일역무이
是則有非 無一亦無二 「이정전서二程全書 권 16」

19) 유형총시기 무형지시도
有形總是氣 無形只是道 「성리정의 性理精義 권 10」

이러한 기와 도는 음양으로부터 분리된 도는 존재하지 않으며 음과 양은 기이며 형이하의 것이고 도는 태허이며 형이 상의 것이라 하였다[20].

정이는 인성(人性)에 대하여 장재가 천지의 성과 기질의 성으로 나눈 것과 같이 성(性)과 재(才) 즉 인간의 본성과 기품으로 나누어 대비하고 성(性)은 모든 사람에게 다 평등하지만 재(才)는 사람마다 품수한 기와 편정에 의해 정해지므로 모두 다르다고 하였다. 또한 재(才)는 기질의 성(性)으로 함양(涵養)과 진학(進學)에 의해 그 편벽을 교정하면 리(理)의 성(性)으로 돌아갈 수 있다고 보고 함양에는 경(敬)을 사용하고 진학에는 치지(致知)를 하는 것이 필요하다고 하였다.「이정유서二程遺書」

그리고 정이는 만물의 근원을 이(理)라 하여 처음으로 이기이원론(理氣二元論)을 주장하였다. 그는 우주만물은 기(氣) 곧 음(陰)과 양(陽)의 기(氣)가 움직이고(動) 머무름(靜)으로 생겨나는 것으로 음과 양의 기가 움직이고 머무르는 이유(까닭所以)를 도(道) 곧 이(理)라 하고 이(理)와 기(氣)는 분리될 수 없다고 하였다.

또한 그는 만물은 음양오행의 기(氣)가 모여서 생성되고 흩어져서 소멸된다고 하였으나 소멸되는 기는 태허(太虛)에 복귀한다는 장재와는 달리 소멸되는 기(氣)는 본원에 복귀할 수 없다고 하였다.

정이는 우주만물이 생성될 때에 기의 맑음과 흐림 등에 따라 수만가지의 사물이 된다고 하며 사람은 우수한 진원(眞元)의 기를 사물은 혼잡한 기를 받았다고 하였다.

그리고 이(理)는 천하에 오직 하나만 있으며 그것이 개개의 사물에 각기 투입되어 있다고 하고(이일분수 理 一分殊) 이는 일정분별 하여 차별이 없으며 자연스럽게 성립된 것으로 이를 천리(天理)라 하였다.

이일분수(理 一分殊)는 정이가 장재의「서명西銘」에 관한 양시(楊時)의 의문에 답변하던 과정에서 제기된 명제로써「이정전서二程全書」

정이는 장재의「서명西銘」이 기에 의하여 우주만물이 인간이 서로 통한다는 소위 만물일체설을 강조한 것이지만 개별적인 사물 각각의 직분이 달라지는 점을「서명西銘」이 결코 부정하지 않았다고 옹호한 것이다.

---

20) 리음양칙무도
離陰陽則無道
음양기야형이하야
陰陽氣也 形而下也
도태허야 형이상야
道太虛也 形而上也 「이정수언 二程粹言 권 1」

주자 역시 장재의 서명을 해석하기를 건(乾:하늘)으로 아버지를 삼고 곤(坤:땅)으로 어머니를 삼는 것은 생명이 있는 것으로서 그렇지 않음이 없으니 이른바 리일(理一)이다. 그러나 사람과 사물이 생길 때 혈맥이 있는 무리들이 각각 그 어버이를 어버이로 하고 그 자식을 자식으로 하면 또한 그 분(分)이 다르지 않을 수 있겠는가 라고 하여 정이의 설을 부연하였다.「주자대전유집朱子大全 遺集 권 2」

주자는 배(선船) 하나하나의 리와 배(船) 일반의 리가 있고 사람의 경우는 개인적인 리로서의 본성이 있고 사람이라는 보편적인 본성이 있다. 이 관계를 이일분수라 하여 보편리의 개별 사물에의 온전한 분유(分有)를 말하고 있다. 즉 개별리는 보편리의 쪼개짐이 아니라 온전한 상태를 개별 사물에 깃든다는 것이다.

개별 사물에서 말하면 개별 사물의 리는 보편리도 있지만 개별 사물 사이의 차이도 있으므로 결국은 다른 리를 갖고 있다. 이것이 개별 리이다.

8. 주희(朱熹 1130년-1200년)

주희는 중국 남송(南宋)의 유학자로서 자는 원회(元晦)·중회(仲晦)이고 호는 회암(晦庵)이다. 이학은 송나라의 주요 유학파로 도학, 송학, 신유학 등으로 불리운다. 유생들이 의(義)와 이(理)를 규명하는데 몰두하고 성(性)과 명(命)을 더불어 연구했기 때문에 붙여진 이름으로써 창시자로 알려진 주돈이(周敦頤)와 소옹(邵雍)과 장재(張載)와 정호(程顥)와 정이(程頤) 등의 설을 계승하고 총합하여 성리학(송학)을 집대성 하였다.

주희(朱熹)는 정이(程頤)의 이기론(理氣論)을 받아들이고 주돈이(周敦頤)가 말한 무극(無極)이면서 태극(太極)을 형이상자(形而上者)로서의 도(道) 또는 이(理)로 보고 음(陰)과 양(陽)의 두 기(氣)를 형이하자(形而下者)로서의 기물(器) 또는 기(氣)로 보아 이기이원론(理氣二元論)을 수집하였다.

그는 인간과 만물은 생성될 때에 반드시 이(理)를 받은 후에 성(性)을 갖게 되고 기(氣)를 받은 후에야 형체(形)를 갖게 된다고 하여 이(理)의 총화를 천리(天理) 혹은 태극(太極)이라 하였다.

또한 주희(朱熹)는 기(氣)는 감정과 의지를 가지고 스스로 동정 응결, 조작하여 만물을 생성한다는 것이다.

그는 기가 움직이고(動) 머물면서(靜) 음과 양의 두기를 낳고 두기가 화합하여 오행의 질(質)을 낳고 이들에 의해 만물이 생성되고 변화한다고 하였다.

그리고 만물이 똑같은 기를 품부받아 생성되었지만 서로 다른 것은 부여 받은 기의 정밀함과 조잡함 등에 따라 구별된다며 사람은 바르고 통하는 맑은 기를 얻었으며 오상의 성을 갖추고 있어 가장 영특하지만 사물은 치우치고 막힌 기를 얻었으며 짐승들은 흐린 기를 얻고 오상을 갖추지 못하여 어둡다고 하였다.

주희는 하늘과 땅사이에 리가 있고 기가 있다면서 리는 형이상의 도이며 사물을 생성하는 근본이다. 그리고 기는 형의 하의 그릇이며 사물을 생성하는 도구(재료)이다.

그러므로 인간과 다른 사물이 생성될 때에 반드시 이러한 리를 받은(품부한) 연후에 형체가 있게 된다고 하였다[21].

또한 먼저 하늘의 이(理)가 있고 기(氣)가 있다 하며 기(氣)가 쌓여 물질이 되면 성(性)이 갖추어지는데 기(氣)는 오행(五行) 즉, 금(金), 목(木), 수(水), 화(火)를 이루며 이(理)는 인(仁), 의(義), 예(禮), 지(智)를 이룬다고 말하였으며, 기가 모이면 형체가 이루어지는데 기는 한번 가면 사라질 뿐이며 흩어졌다가 다시 모이는 기는 없다고 하였다[22].

주희는 하늘과 땅은 처음에는 단지 음과 양의 기였다며 이 하나의 기는 마치 연자방아와 같이 갈며 돌고 돌아가는데 그 회전이 매우 빠르게 되면 많은 찌꺼기가 생겨나게 되어 중앙에 있는 것들은 벗어날 수가 없기 때문에 뭉쳐서 땅이 되고 기의 순수한 부분은 하늘이 되고 해와 달과 별과 대기가 된다고 하며 이들은 단지 바깥에 있으면서 돌면서 회전한다. 땅은 한가운데 있으면서 움직이지 않는 것이지 아래에 있는 것이 아니라 하였다. 그리고 주희는 음과 양은 단지 하나의 기이며 음기가 유행하면 양기가 되고 양기가 응축하여 모이면 음이 되는데 이들의 서로 대립하는 두가지 사물이 아니라고 말한다.

주희는 하늘은 기로 이루어져 있지만 기는 회전하고 있으며 그 상층은 견고하다는 도가로부터 이론을 수용하였다.

---

21) 천지지간 유리유기
天地之間 有理有氣
리야자 형이상지도야 생물지본야
理也者 形而上之道也 生物之本也
기야자 형이하지기야 생물지구야
氣也者 形而下之器也 生物之具也
시이인물 지생 필품비리 연후유형
是以人物 之生 必稟此理 然後有形 「주자전서 朱子全書 권 49」

22) 선유개천리료 각유기 기적위질 이성구언 기칙위금목수화 이칙위인의예지
先有箇天理了 却有氣 氣積爲質 而性具焉 氣則爲金木水火 理則爲仁義禮智
기취성형 일거편휴이 개유산이복취지기
氣聚成形 一去便休耳 豈有散而復聚之氣 「주자전서

주희는 태극(太極)은 단지 하나의 리(理)라고 하고 천하에 리(理) 없는 기(氣)가 없으며 또한 기(氣) 없는 리(理)가 없다고 하였다[23].

또한 기(氣)는 하나이며 마음을 주도하는 것은 지기(志氣)이고 신체를 주도하는 것을 혈기(血氣)라 하였으며(「주자전서 朱子全書 권 45」) 기로 말미암아 인간은 생겨나게 되며 이로써 기는 인간에게 분배되고 인간의 삶과 죽음, 단명과 장수는 기에 의존하는 것이라 하였다[24].

이와같이 송나라 학자들의 논리들을 살펴보면

소옹은 마음이 태극이며 또한 도(道)가 태극(太極)이라 하고 태극이 천지를 창조하고 천지가 만물을 창조한다고 하였으며[25],

주돈이는 무극(無極)이 태극(太極)이며 태극이 동정(動靜)을 통해 양의(음양)이 생겨나며 음양의 혼합으로 오행(五行)이 생겨나고 양의가 교차하여 모든 만물이 생성된다고 하였다. 「주자태극도설」

장재는 태허(太虛)는 형체가 없으며 기(氣)의 본체라하며 기(氣)는 항상 태허와 더불어 있다고 보았다. 또한 기가 태허에서 모였다 흩어졌다(취산 聚散)하는 것은 마치 얼음이 얼었다 녹았다 하는 것과 같다고 하고 태허가 곧 기이며 무(無)라는 것은 있을 수 없으며 허와 기의 하나의 사물을 태극이라고 하였다[26].

---

23) 천지초한 지시음양지기 저일개기운행 마래마거
天地初閒 只是陰陽之氣 這一箇氣運行 磨來磨去
마득급료 편찰허다사재 리면무처출 편결성개지재중앙
磨得急了 便拶許多渣滓 裏面無處出 便結成箇地在中央
기지청자편위천 위일월 위성진 지재외 상주환운전
氣之清者便為天 為日月 為星辰 只在外 常周環運轉
지편재중앙부동 불시재하
地便在中央不動 不是在下
음양지시일기 음기유행 즉위양 양기응취 즉위음 비직유이물상대야
陰陽只是一氣 陰氣流行 卽爲陽 陰氣凝聚 卽爲陰 非直有二 物相對也 「주자전서 朱子全書 권 49」

24) 태극지시 일개리자 천하미유무리지기 역미유무기지리
太極只是 一箇理字 天下未有無理之氣 亦未有無氣之理 「주자전서 朱子全書 권 49」
기일야 주어심자 칙위지기 주어형체자 즉위혈기
氣一也 主於心者 則爲志氣 主於形體者 卽爲血氣) 「주자전서 朱子全書 권 43. 45」

25) 심위태극 우왈 도위태극 수능조만물자 천지야 능조천지자 태극야
心爲太極 又曰 道爲太極 誰能造萬物者 天地也 能造天地者 太極也 「성리대전 性理大全 권 11. 13」

26) 태극무형 기지본체 기지취산어태허 유빙응석어수
太極無形 氣之本體 氣之聚散於太虛 猶氷凝釋於水
지태화측기 칙무무 일물이양체 기태극지위여
知太和卽氣 則無無 一物而兩體 其太極之謂與 「장횡거집 長橫渠集」

이렇듯 장재는 우주의 시원을 기(氣)라 보고 또 기의 근원을 일기(一氣)의 태허(太虛)라고 하였으며 모든 만물은 기의 이합집산을 통하여 생멸한다고 보았다. 그리고

정호는 세상에 리(理)가 아닌 것은 없으며 단지 리(理)만이 실(實)이다. 그리고 하늘이라는 것은 리(理)를 말한다고 하였으며[27],

정자는 형체가 있는 것은 모두 기(氣)이며 형체가 없는 것은 도(道)일 따름이라 하고 음과 양은 기이며 형이 하의 것이고 도(道)는 태허(太虛)이며 형이 상의 것이라 하고 도(道)의 마음은 하늘의 리(理)라고 하였다[28].

이에 주희는 태극은 단지 하나의 리(理)이며 천지만물의 리(理)일 뿐이고 천지 가운데 태극이 있고 만물은 각기 태극을 가지고 있으며 천지가 있기 전에 리(理)가 먼저 있었다[29].

라고 태극을 해석 함으로써 송학의 우주론이 체계화 되었다고 볼 수가 있을 것이다.

또한 주자는 성과 기를 논하면서 아직 기가 있기 전에 이미 성은 있다 성즉리(性卽理)라고 하였고(주자어류권4) 리기를 논하면서도 천지가 다 없어져도 리는 있다고 하였다. 「주자어류권 1」

성즉리라는 명제는 원래 정이천의 말로

이 천은 성은 리이다 천하의 리는 그 시원을 더듬어보면 아직 불선이 없다 하고 또 성은 불선이 없다. 불선이 있는 것은 재(才)이다. 성은 곧바로 리이다.

리는 요순에서 길가는 사람에 이르기까지 하나이다 라고 하였다.「이정전서」「이정유서」

주자는 성은 리인데 심에서 말하면 성이고 사(事)에서 말하면 리이다. 즉 성은 심에 내재한 리라는 것이다.「주자어류 권93」

주자나 이천은 이 성이 불선이 없다. 즉 선하다는 것을 강조한다.

---

27) 무비리야 유리위실 천자리야
無非理也 惟理爲實 天者理也 「이정유서」

28) 유형총시기무 형지시도 음양기야 형이하야 도태허야 형이상야
有形總是氣無 形只是道 陰陽氣也 形而下也 道太虛也 形而上也 「성리정의 性理精義」
도심천리 道心天理 「이정유서 二程遺書 권 24」

29) 태극지시 일개이자
太極只是 一箇理字
태극지시천지만물지리 칙천지중유태극 칙만물중 각유태극
太極只是天地萬物之理 則天地中有太極 則萬物中 各有太極
미유천지지선 필경시선유차리
未有天地之先 畢竟是先有此理 「주자전서 권 49」

9. 육구연(陸九淵 1139년~1192년)

육구연의 호는 상산(象山)이며 주자와 같은 시대의 사람으로 주자에 반대하여 하나의 학파(금계학파 金谿學派)를 세웠다.

주자가 이기이원론을 세워 음양(陰陽)을 형기(刑器)또는 기(氣)라 하고 음양하는 까닭을 리(理)라 하였으나 상산은 기일원론(氣一元論)을 주장하였다.

그는 리(理)를 우주의 원칙이라 하고 또한 리(理)를 사람이 받았으므로 이를 본심이라 하며 우주가 곧 내 마음이요 내 마음이 곧 우주라 하였으며 만물은 이 마음속에 있다 이 마음에 가득찬 것이 발현되면 우주에 가득찬 것은 理가 아닌 것이 없게 된다.

사람의 마음은 모두가 같으며 이(理) 또한 같다고 말하였다[30]. 그리고 상산은 만물은 모두 자기에게 갖추어져 있어 내 마음의 본체만 밝아지면 효(孝)와 제(悌)를 하여 지선(至善)함을 얻을 수 있으므로 별도로 이들을 하는 방법을 연구할 필요가 없다고 하였다.

Ⅸ. 원(元)나라(1271년~1368년)

조광윤이 세운 송나라(宋 960년~1279년)를 멸망시키고 쿠빌라이가 세운 원나라(元)는 1386년 주원장(朱元璋)에 의해 멸망하게 되었다.

원나라는 송나라에 비하여 유학의 침체기로 볼 수가 있다. 원대의 유학은 송대의 유학을 계승한 가운데 정주학(程朱學)을 위주로 허형(許衡)과 유인(劉因) 등을 중심으로 한 북파와 주자와 육구연(상산)의 조화를 모색한 오징(吳澄)과 정옥(鄭玉) 등을 중심으로 한 남파로 구분이 된다.

1. 오징(吳澄 1249년~1333년)

원대의 오징의 자는 유청(幼淸)이며 리선기후설(理先氣後設)을 부정하였다.

오징은 천지가 있기 전후에 다만 음양의 기가 있었을 뿐이며 이는 리가 기를 주재하고 있지만 리는 따로 존재하지 않고 기에 원래부터 있는 것이라 말하고 있다[31].

---

30) 우주즉오심 오심즉우주
宇宙卽吾心 吾心卽宇宙
만물삼연어방촌지간 만심이발 충새우주 무비사리
萬物森然於方寸之間 滿心而發 充塞宇宙 無非此理 「상산어록」

31) 자말유천지지전지기유천지후 지시음양이기이기 기지소이능여차자하야
自末有天地之前至旣有天地後 只是陰陽二氣而己 氣之所以能如此者何也

이러한 오징의 리 사상은 심본론을 확립하기 위한 것으로 이는 진헌장(陳獻章) 등을 거쳐 왕수인(王守仁)에 이르러 완성되었다.

X. 명(明)나라(1368년~1644년

주원장은 명(明) 나라를 건국하고 유학의 여러 분파중 정주이학을 정통으로 규정하고 주희가 해석한 사서오경을 시험의 기준으로 삼았다.

관학이 된 정주이학은 정치적 위상이 높아지게 되고 통치자들의 조력자 역할을 하게 되었지만 유가사상이 정치적 학문으로 변질되면서 여러 가지 폐단들이 생겨났다.

명나라의 유학은 원대와 마찬가지로 주자학이 공인학문으로써 과거시험의 기초로 시행되었다.

명대의 주자학이 이론적 측면으로 기울게되자 양명(陽明 왕수인)이 송대 육구연(상산)의 심즉리(心卽理)설을 확대 발전하여 심즉리(心卽理) 지행합일(知行合一) 치양지(致良知) 등의 학설을 기반으로 육왕학(陸王學) 또는 양명학(陽明學)의 정립을 하였다.

1. 설선(薛宣 1389년~1464년)

설선의 호는 경헌이며 일기(一氣)가 유행하는 것은 하나의 근본이라 하며 기가 근본이 된다 하고 있다. 그리고 천하에는 모두가 기로 가득차 있는데 리(理)는 그속에 깃들여있으며 리(理)라는 것은 만사 만물이 저절로 그러한 맥락이자 조리(條里)라고 하여 리와 기에 선후가 없다는 리기무선후설(理氣無先後說)을 주장하였다[32].

이리위지주재야 리자비별유일물재기중
以理爲之主宰也 理者非別有一物在其中
지시위기지주재자즉시 무리외지기 역무기외지리
只是爲氣之主宰者卽是 無理外之氣 亦無氣外之理 「답인간성리 答人間性理」

32) 일기유행일본야
一氣流行一本也
천하개기지충새 이리우기중
天下皆氣之充塞 而理禹其中
소위이자 만사만물자연지 맥락조리야
所謂理者 萬事萬物自然之 脈絡條理也 「독서록 권 1, 2, 4」

2. 왕수인(王守仁 1427년~1528년)

왕수인의 호는 양명(陽明)이며 송·명 유학에서 심학을 집대성한 인물로 송나라 육구연의 심학을 계승하여 마음이 곧 리(心卽理)라고 하였으며 마음의 본체인 양지(良知)에 이르는 것을 수련의 목표로 삼고 지행합일을 내세워 실천을 중시하였다. 왕수인은 우선 알고 나서 그 다음에 행하는 것을 강조한 정주학파의 지행(知行) 학설과는 달리 아는 것과 행동하는 것을 일치하여야(知行合一)하며 또한 올바른 앎에 도달하여야 한다(치양지 致良知)고 주장하였다.

그의 학문은 육왕학 양명학 심학 등으로 불리워졌다.

왕수인은 기(氣)의 조리(條理)있음을 리(理)라 하고 리의 운용함을 기라 하였다.

주자는 이(理)와 기(氣)의 이원(二元)을 주장하였지만 일반 왕학가(王學家)는 기일원(氣一元)을 주장한 것으로 보여진다.

왕수인은 선악이 없는 것은 리(理)의 정(靜)이고 선악이 있는 것은 기(氣)의 발동이며 기에 의하며 동요되지 않으면 선악이 없는 절대적인 선으로 이것이 바로 지선(至善)이라고 말하였다. 또한 지선(至善)이란 곧 내 마음의 본체이지 나 외의 사물이 있는 것이 아니다. 다만 명덕(明德)을 밝혀서 지극히 순수하고 지극히 하나된 경지에 이르는 것이 바로 지선이며 마음에 추호의 사욕이 가리움이 없는 상태 이외의 아무것도 아니다 라고 말하였다.

왕양명은 천지 만물은 하나의 기가 유통된 것이며 사람과 천지 만물은 이 하나의 기를 같이 지니고 있으므로 서로 통한다고 하였지만 주재처는 마음에 있다고 보았다.

그는 주자가 내 마음과 객관적으로 존재하는 사물의 리(理)로 나누었던 것에 반하여 마음 밖에 리가 없고 마음 밖에 사물이 없다(심외무리 심외무물 心外無理 心外無物)라고 하고 심(心)의 본체가 리(理)이고 심(心)의 작용이 기(氣)라고 하였다.

또한 양지(良知)는 천리(天理)의 자연명각(自然明覺)을 발견하는 곳일 뿐이며 또한 진성측달(眞誠惻怛)의 마음뿐인데 이 진성측달(공경심과 측은지심)의 마음이 바로 양지의 본체이며, 또한 양지는 천리를 발현하는 곳이므로 양지는 곧 천리라고 하였다[33].

---

33) 양지지시일개천리 자연명각발견처 지시일개진성측달 편시타본체
良知只是一個天理 自然明覺發見處 只是一個眞誠惻怛 便是他本體
양지시천리지 소명영각처 고양지즉시천리
良知是天理之 昭明靈覺處 故良知卽是天理 「전습록」

3. 나흠순(羅欽順 1465년~1547년)

나흠순은 자가 윤승(允升)이고 호는 정암(整庵)이다.

그는 리와 기는 하나(理氣爲一)라며 기본론(氣本論)의 철학을 세웠으며 그는 기가 세계의 진정한 근원이며 리는 다만 기가 그렇게 되는 까닭이므로 기를 떠날 수 없다고 주장하였다.

나흠순은 기는 움직이고 고요하며 오고가며 열리고 닫히며 올라가고 내려가며 순환하여 끊임없이 운행한다. 또한 기온과 계절을 생성하며 사물과 인간을 생성하고 예의 규정과 수많은 관례를 생성한다 하고 비롯 수없이 이리저리 이어져 있어도 혼란스럽지 않으며 그 혼란스럽지 않은 법칙이 리(理)라고 하였다.

나흠순은 리는 기(氣)의 리(理)이며 리(理)는 기(氣)안에 들어 있으면서 기의 본질이 된다. 그러므로 리(理)는 기(氣)에서 분리되지 않는다. 또한 기(氣)의 움직임에서 리(理)를 인식할 수 있다. (황종희 黃宗羲 명유학안 明儒學案 권 47)

그리고 나흠순은 음과 양을 말하면 태극이 그 가운데에 있고 태극을 말하면 음과 양이 그 가운데 있다 이것은 하나이면서 둘이고 둘이면서 하나인 것이라 하여 리(理)와 기(氣)를 하나의 존재로 융합한다[34].

4. 왕정상(王廷相 1474년~1544년)

왕정상(호: 준천 浚川)은 장재의 기학을 계승하여 천지가 생기기 이전에는 원기만 있었으므로 원기(元氣)가 도(道)의 근본이라고 하였다. 따라서 만물의 리(理)는 모두 기에서 나온 것이므로 허공에 떠있는 독립된 리는 없다고 하였다.

또한 우주 사이에는 다만 하나의 본원과 하나의 실체만 있는데 이것이 바로 기라고 하였으며 기에는 비록 본기와 생기의 구별은 있지만 리와 기에 대한 구별은 결코 없다하고

본체의 기는 형상이 없이 존재하지만 음양으로 나누어지고 만물을 화생하는 생기가 바뀌게 된다고 하였다.

생기는 형상을 지닌 만물을 생성하며 기는 사물의 근원이며 리는 기에 갖추어져 있는 것이라는 것이다.

---

34) 언음양 칙태극재기중의 언태극 칙음양재기중의 일이이 이이일자야
言陰陽 則太極在其中矣 言太極 則陰陽在其中矣 一而二 二而一者也
「인지기 因知記 권 1」

왕정상은 성리학자들이 생각하는 변화하는 리는 있지만 리 자체는 변화하지 않는다는 관념에서 벗어나 기가 변하면 리도 변한다(氣變而理變 기변이리변)고 주장하였다.

5. 유종주(劉宗周 1578년~1645년)

유종주(호: 염태 念臺)는 송대 장재(張載)의 기론(奇論)을 받아들여 기즉리(氣卽理)의 명제를 제시하였으며 육구연과 왕양명의 심학체계를 이은 것이나 그들과는 달리 도는 기와 떨어지지 않으며 양지는 보고 듣는 것과 떨어지지 않는다.

(도불리기 양지불리 문견 道不離氣 良知不離 聞見)

그리고 인간의 욕망은 생리적인 것으로 자연스러운 것이라 주장하였다. 유종주는 명나라 말엽에 환관들이 권력을 잡아 정치가 혼미해지자 양명우파(동림학파)가 형성되어 좌파의 반유교적 경향에 반대하고 왕수인이 사족에 불과하다고 했던 경(敬)을 적극적으로 주장하였다.

우파의 중심적 인물이었던 유종주는 기(氣) 밖에 따로 이(理)가 있는 것이 아니고 기(氣)가 곧 이(理)라고 하였다. 그리고 기질의 성과 본연의 성이 따로 없다고 하였다. 또한 주희의 이재기선설(理在氣先說)에 반대하여 기(氣)를 천지만물의 근원으로 보았다.

6. 황종희(黃宗羲 1610년~1695년)

황종희(자: 태충 太沖)는 기는 무릇 한사물에 대해 두가지로 이름을 붙인 것이지 원래 두가지 사물을 하나로 뭉친 것은 아니다.

라고 하였으며 그는 주희를 리기이원론자라고 비판하고 천지간에는 다만 기만이 있을 따름이지 리라고 하는 것은 기 스스로가 지니고 있는 조리이므로 이러한 이름이 있게 된 것일 따름이다 라고 말하였다[35].

35) 개일물이양명 비양물이일체야
蓋一物而兩名 非兩物而一體也
천지지간지유기 갱무리 소위리자이기자유조리 고립차명이
天地之間只有氣 更無理 所謂理者 以氣自有條理 故立此名耳 「명유학안 明儒學案」

XI. 청(淸)나라(1636년~1912년)

청나라는 여진족(만주족)을 통일한 누르하치가 금(후금 1616)나라를 세운 뒤 아들 홍타이지가 집권하여 명나라를 몰아내고 국호를 청(淸 1636년 - 1912년)으로 바꾸어 중국 대륙을 지배하였다.

청나라는 송명이학(宋明理學)의 관념적 문제점을 극복하기 위하여 기철학(氣哲學)의 세계관을 정립하고 경세치용(經世致用)의 학문을 구축해 나아갔다.

그리고 청나라 초에 유종주의 제자인 황종희(黃宗羲)는 이가 기에 앞선다는 송명이학의 학설을 비판하고 천하고금을 막론하고 자연계에는 오직 기(氣)만 존재할 뿐이라고 주장하였다.

1. 방이지(方以智 1611년~1671년)

방이지의 호는 만공(曼公)이며 청나라 때 가장 먼저 기학을 선양한 사람으로 그는 사물을 떠나서 이를 얻을 수 없는 것이라 하고 사물은 모두 기(氣)가 응집하여 이루어진 것이라는 기일원론을 주장하였다.

2. 왕부지(王夫之 1619년~1692년)

왕부지, 호는 강재(薑齋)이며 장재의 기론을 받아들여 기일원론 체계를 수집하였다. 그는 실제로 존재하는 것은 하나의 기뿐이요 그 외에 다른 것은 존재하지 않는다고 하였다. 또한 기의 본체는 텅 비어있는 하나의 큰것으로써 일물이면서 양체라고 하였다. 이러한 기는 볼수는 없지만 천지간에 가득차있으며 기의 작용으로 음양과 오행이 생성되고 이 음양과 오행이 만물을 생성한다고 하였다. 그리고

리(理)라는 것은 기(氣)에 의해서 존재하는 것이므로 기를 떠나서는 따로 존재할 수 없는 것이라 하였다.

이는 어디까지나 기의 조리요 법칙으로서 기물 곧 가물 속에 있는 것이지 결코 따로 존재하는 것이 아니라는 것이다. 그리고 그는 장재가 머무름(靜)을 기의 본성으로 보는 것과는 달리 움직임(動)이 태허 곧 기의 본성이라고 하였다. 따라서 우주만물은 끊임없이 생성되고 영원히 변화하고 있다는 것이다.

왕부지는 기가 본체가 되며 리는 기능과 모식(模式)이 된다는 리기일원론을 주장하였다.

그는 리(理)는 곧 기(氣)의 리이고 기가 마땅히 이와 같이 되는 것이 곧 리이며 리(理)라고 먼저 있고 기(氣)라고 나중에 있는 것이 아니라고 하였다[36].

3. 대진(戴震 1723년~1777년)

대진(자: 동원 東原)은 의리지학을 논한 원선(原善)과 맹자자의소증(孟子字義疏證)을 지었다.

대진은 왕부자와 마찬가지로 장재의 기론을 받아들여 우주론을 전개하였다. 도를 기이면서 리(理)라 하였다. 즉 그는 천지의 기는 변화한다. 사람과 물건은 이것에 근본하여 생성하고 생성한다. 기의 변화는 구분하면 음과 양이 되며 또 구분하면 오행이 되며, 이 음양오행이 한데 어울어져 수많은 변화를 일으킨다고 하고 음양오행은 도의 실체이다라고 말하였다. 도(道) 곧 기(氣)를 객관적 실체로 보고 그것의 그림없는 운동으로 음양오행이 되고, 음양오행이 어우러져서 만물이 생성된다는 것이다. 그는 도, 곧 기가 끊임없이 변화하여 만물을 생성하는 원리를 리(理)라고 하였다. 천지간에 기가 변화하고 유행하여 생성하고 생성함(生生)이 그침이 없는 것을 일컬어서 도라 하였으며 생성하면 소멸하고 소멸하면 생성한다. 이것이 천지 만물이 생성하고 변화하는 리(理)법이라 하였다. 그리고 대진은 음양의 기를 천지와 만물의 유일한 본원이자 실체로 여겼으며 기가 변화하고 유행하여 끊임없이 낳고 낳는다 하여 모든 것이 기화에서 온 것이며 그 이외에 어떠한 사물도 실체라고 칭할만한 것이 없다고 하였다. 또한 그는 천지간에 만물이 낳고 낳아지는 그 근본을 미루어보면 음양일 따름이며 음양과 오행이 도의 실체이다 라고 하여 기일원성을 강조하였다[37].

대진은 주자가 천지간에는 리도 있고 기도 있다. 리는 형의 상의 도로서 사물을 낳는 근본이며 기는 형이하의 기(器)로서 사물을 낳는 도구라고 한 것에 대하여 리학가는 리가 사물을 초월하여 존재한다(기상유리 氣上有理)고 생각하고 이를 논박하여 도(道)는 운동

---

36) 이즉시기지리 기당득여차편시리
理卽是氣之理 氣當得如此便是理
리불선이기불후
理不先而氣不後 「맹자, 고자 상」

37) 천지간만물생생 무비추본음양
天地間萬物生生 無非推本陰陽
음양오행도지 실체야
陰陽五行道之 實體也

(行)과 같다. 기화(氣化)가 유행하여 부단히 낳고 낳는다. 그래서 도이다.

「역」에 한번 음이면 한번 양이 되는 것이 도이다라고 했고 「홍범」에 오행(五行)은,

첫째 물, 둘째 불, 셋째 나무, 넷째 쇠, 다섯 째 흙이다라고 했으니 행(行) 또한 도의 통칭이다[38] 라고 하여 음양오행이 도라고 주장하였다.

또한 대진은 음양오행의 기(氣)가 도(道)이며 만물은 기를 부여 받은 다음에 형질을 가지는데(기화: 氣和) 기 자체는 형질이 없다고 하였다.

그리고 대진은 도(道)에서 분배된 것이 명(命)이고 한 개체에 형성된 것이 성(性)이다. 즉 음양오행에서 분배되어 사람과 사물이 생기고 사람과 사물은 각기 분배된 바에 한하여 자기 본성을 이룬다 하고 음양오행이 도의 실체이며 혈기(血氣)와 심지(心知)가 성(性)의 실체라면서, 실체가 있기 때문에 분배가 될 수 있고 분배가 되기 때문에 만물은 각양각색이다라고 말하였으며 사람은 태어날 때 욕망(欲)과 감정(情)과 지성(知)이 있으며, 이 세 가지는 혈기와 심지의 자연적 기능이라고 하고 있다[39].

---

38) 도유행야 기화유행 생생불식 시고위지도
道猶行也 氣化流行 生生不息 是故謂之道
왈일음일양지위도 「易」, 曰一陰一陽之謂道」
「홍범」, 오행 일일수, 이일화, 삼일목, 사일금, 오일토, 행역도지통칭
「洪範」, 五行 一日水, 二日火, 三日木, 四日金, 五日土 行亦道之通稱

39) 분어도위지명 형어일위지성
分於道謂之命 形於一謂之性
언분어음양오행 이유인물 이인물명한어 소분 이성기성
言分於陰陽五行 以有人物 而人物各限於 所分 以成其性
음양오행 도지실체야 혈기심지 성지실체야
陰陽五行 道之實體也 血氣心知 性之實體也
유실체고하분 유분야고불체
有實體故可分 惟分也故不齊
인생이후유욕 유정 유지 삼자혈기심지지자연야
人生而後有欲 有情 有知 三者血氣心知之自然也 「맹자자의소중」

제2절 태극(太極)과 음양(陰陽)

선진시기의 「장자」를 포함해서 한당(漢唐) 시기의 유가들은 태극을 천지가 아직 나누어지기 전의 원기(元氣)라고 해석하였다.

Ⅰ. 북송(北宋)시대

1. 이구(李覯)

이구는 천지이전을 억지로 이름 하여 태극이라 한다.

태극이란 형체 있는 것을 말하는 것이 아니라고 하였다.

(천지지선 강명대극 비위태극편유형야 天地之先 强名大極 非謂太極便有形也)

「이구집」

2. 왕안석(王安石 1021년~1086년)

왕안석(호: 반산 半山)은 오행설(五行說)을 제창하였는데, 그는 무릇 태극이란 오행을 생하는 바이지만 오행이 태극은 아니라고 하였다.

(부태극자 오행지소유생 이오행비태극야 夫太極者 五行之所由生 而五行非太極也)

「왕안공문집」

3. 주돈이(周敦頤 1017년~1073년)

주돈이는 태극도설(太極圖說)에 무극이면서 태극이다(無極而太極)라고 하였는데 이는 무극이 있으면 곧 태극이 있다는 것으로 무극이란 용어는 도가(道家)의 무극도(無極圖)에 그 연원이 있으며 태극은 음양이 나누어지지 않은 상태의 기(氣)로써 이는 유가의 「주역」에 근거한 것이다.

또한 주돈이는 태극도설에 오행은 하나의 음양이고 음양은 하나의 태극이며 태극은 무극에 근본한다고 하였다.

(오행일음양야 음양일태극야 태극본무극야 五行一陰陽也 陰陽一太極也 太極本無極也)

4. 소옹(邵雍 1011년~1077년)

소옹은 태극은 도(道)이자 하나(一)라고 하였으며, 그는 마음이 태극이며(심위태극 心爲太極) 태극은 선천상수학(先天象數學)의 근본적인 개념이라고 하였다.

또한 태극에서 양의(음, 양)가 나뉘어지고 다시 사상(四象)과 팔괘(八卦)가 생겨나며 팔괘가 섞인 후 만물이 생성하고 사물은 소멸되며 세계가 소진된 후에는 또다시 시작된다고 하여 우주가 무한한 대순환이라고 보았다.

5. 장재(張載 1020년~1077년)

장재는 하나의 사물에 두가지 체(體)가 있으니 그것은 태극을 말하는 것이 아니겠는가?

음양은 천도인데 상(象)을 이루는 것이며 강유(剛柔)는 지도(地道)인데 그것을 본받는 것이며 인의(仁義)는 인도(人道)인데 성(性)을 확립하는 것이다

삼재(三才)를 두변 겹치니 건곤(乾坤)의 도가 아닌 것이 없다. 역(易)은 하나의 사물이지만 삼재이고, 천·지·인은 하나이다

라 하여 태극이란 천(天)·지(地)·인(人) 삼재가 합일(合一)된 도(道)라 하고 하나의 사물에 두 가지 체가 있다고 말하였다[40].

6. 정이(程頤 1033년~1107년)

정이는 리(理)가 있은 후에 상(象)이 있으며 상이 있은 후에 수(數)가 있다

「주역」은 상을 통해 리를 밝히는 것이며 상에서부터 수를 알 수 있는 것이다. 그 뜻을 얻었다면 상수는 그 속에 있는 것이다.

상은 은미함을 궁구하고 수의 단위를 극진히 하고자 하는 것은 세류(世流)를 찾아 말단이나 쫓는 것으로 방술가들이나 숭상하는 것이지 유학자가 힘쓸 것은 아니다[41] 라고 하여 주돈이의 태극이나 장재의 태허 등을 부정하였다.

---

40) 일물이양체자 기태극지위여흠
一物而兩體者 其太極之謂與欠
음양천도 상지성야 강유지도 법지효야 인의지도 성지립야
陰陽天道 象之成也 剛柔地道 法之效也 仁義之道 性之立也
삼재양지 막불유건곤지도야 역일물이삼재 천지인일
三才兩之 莫不有乾坤之道也 易一物而三才 天地人一 「횡거역설 橫渠易說」

41) 유리이후유상 유상이후유수
有理而後有象 有象而後有數
역인상이명리 유상이지수 득기의 즉상수재기중의
易因象以明理 由象而知數 得其義 則象數在其中矣
필욕궁상지은미 진수지호홀 내심류수말 술가지소상 비유자지소무야
必欲窮象之隱微 盡數之毫忽 乃尋流逐末 術家之所尙 非儒者之所務也 「이정집」

Ⅱ. 남송(南宋)시대

1. 주희(朱熹 1130년~1200년)

주희는 「주자어류」에 천지만물의 리를 총괄하는 것이 태극이다

라고 하였으며 또한 태극은 음양을 떠나 있는 것이 아니다.

음양과 함께 있으면서 그 본체를 가리키는 것으로 음양을 섞어서 말하는 것은 아니다 라고 하고, 「태극도 설해」에는 태극은 사물과 대응하지 않는 지극한 리(理)이므로 만화(萬花)의 근원이 되는 것이자 온갖 품물의 지도리(추유樞紐)이다 라고 하였다. 또한 주희는 만물·사시·오행이 되는 것은 다만 저 태극에서 온 것이다.

태극은 다만 하나의 기인데 연달아 이어진 기가 두 개의 기로 나뉘고 이 안에 움직이는 것은 양이 되고 멈춘 것은 음이 되었다.

이것이 또 다섯 기운으로 나뉘어 만물에 흩어지게 되었다[42]고 하였다.

주희가 천지만물의 리(理)를 총괄하는 것이 태극이다 라고 하여 태극을 리(理)라고 할 때 태극은 음양을 생하며 리는 기를 생한다는 우주본체론을 제시하였다. 그러나 한편으로는 태극은 다만 하나의 기(氣)이다 라고 하고 기가 양의(음양)와 오행으로 나뉘어 만물을 생성한다는 우주생성론을 말하였다.

이러한 주희의 우주론에 있는 모순은 후대의 기학자들이 이를 이용하거나 발전시키게 되었다.

주희는 주돈이가 말한 무극이태극(無極而太極)을 형체는 없으나 리는 있다(無刑而有理)라고 해석을 하였다.

이에 육구연은 무극이태극은 도가의 학설이며 태극 위에 무극이라는 것을 다시 올려놓

42) 총천지만물지리 편시태극
總天地萬物之理 便是太極
태극 비유이호음양야 즉음양이지기본체 불잡호음양이위언야
太極 非有離乎陰陽也 卽陰陽而指其本體 不雜乎陰陽而爲言也
만화지근저 품휘지추유
萬花之根底 品彙之樞紐
주저만물사시오행 지시종나태극중래
做這萬物四時五行 只是從那太極中來
태극지시일개기 이리분저양개기 리면동저시양 정저시음
太極只是一個氣 迤邐分做兩個氣 裏面動底是陽 靜底是陰
우분주오기 우산위만물
又分做五氣 又散爲萬物 「주자어류」

을 수 없다고 하였으며 그는「상산전집」에

태극이 나누어져 음양이 되니 음양이 곧 태극이다
음양이 베풀어져서 오행이 되니 오행이 곧 음양이다
이것이 온 우주를 가득채우고 있는데 어디로 간들 오행이 아니겠는가
라고 하였다[43].

Ⅲ. 원(元)·명(明)시대

1. 허형(許衡)

원대의 허형은 태극에는 상대가 없다고 하였으며 태극의 리를 절대적 본체로 여겼다.

그는 태극이 일원(一元)의 기이며 나누어져 음양이 되고 음양은 천지만물의 근본이 된다고 생각하였다.

2. 왕수인(王守仁 1427년~1528년)

왕수인은「전습록」에 양지의 허가 곧 하늘의 태허이며 양지의 무가 태허의 무형이다

해와 달, 바람과 천둥, 산과 하천, 백성과 사물이 모양과 형색을 지니고 있는데 이는 모두 태허의 무형 가운데에서 유행하여 나온 것이다.

천지 만물은 모두 내 양지의 발육과 유행(流行) 속에 갖추어진 것이다.

라고 말하여 태극을 양지로 대체하여 양지가 절대적 본체로서 태극의 성질과 작용을 모두 지니고 있는 것으로 보았다. 또한 그는 태극의 생생지리(生生之理)는 쉼없는 묘용(妙用)이며 변함이 없는 향상된 체이다. 태극의 생생이 곧 음양이 생생인데 음양은 하나의 기이며 하나의 기가 움츠리고 펼쳐져 음양이 되는 것이다. 동정은 하나의 리이다 일리(理)의 은미함과 드러남이 동정이 된다[44] 라고 말하였으며

---

43) 태극판이위음양 음양즉태극야
太極判而爲陰陽 陰陽卽太極也
음양파이위오행 오행즉음양야
陰陽播而爲五行 五行卽陰陽也
새우주지간 하왕이비오행
塞宇宙之間 何往而非五行 「상산전집」

44) 양지지허즉천지태허 양지지무편시태허지무형 일월풍뇌산천민물 범유모상형색 개재태허무형 중발용유형
良知之虛卽天之太虛 良知之無便是太虛之無形 日月風雷山川民物 凡有貌象形色 皆在太虛無形 中發用流行

양지와 기의 관계에 대해, 무릇 양지는 하나이다 그 묘용으로 말하자면 신(神)이라 일컫고
그 유행으로 말하자면 기라하며 그 응취하는 것으로 말하자면 정이라하니
어찌 형상과 방소로 구할 수 있겠는가[45] 라고 말하였다.

3. 나흠순(羅欽順 1465년~1547년)

나흠순은 리기위일(理氣爲一)의 일원론적 관점을 제시하였으며 태극은 천지만물의 총체적 규율이며 음양의 기가 우주의 실체이며 음양과 태극의 관계는 실체와 그 작용의 관계라고 하였다.

4. 왕정상(王廷相 1474년~1544년)

왕정상은 태극이란 조화의 지극함을 아름한 것이다
상(象)도 없고 수(數)도 없으나 만물은 그것으로 말미암아 생겨나지 않는 것이 없다.
실제로 이것은 혼돈되어 아직 나누어지지 않은 기이므로 원기(元氣)라고 한다[46] 라고 하여 태극이 기이며 또한 나누어지기 전의 원기(元氣)로 대시(大始)의 혼돈(混沌), 청허(淸虛)의 기라고 말하였다.

천지만물구재아 양지적발육유행중 태극생생지리 묘용무식이상체불역 태극지생생
음양일기야 일기굴신이위음양 동정일리야 일리은현이위동정
天地萬物俱在我 良知的發育流行中 太極生生之理 妙用無息而常體不易 太極之生生
陰陽一氣也 一氣屈伸而爲陰陽 動靜一理也 一理隱顯而為動靜 「전습록」

45) 부양지일야 이기묘용이언위지신
夫良知一也 以其妙用而言謂之神
이기유행이언위지기
이기응취이언위지정
以其流行而言謂之氣 以其凝聚而言謂之精
안가이형상방소구재?
安可以形象方所求哉 「전습록」

46) 태극자조화지극지명
太極者造花至極之名
무상무수 이만물막불유지이생
無象無數 而萬物莫不由之以生
실혼돈미판지기야 고왈원기
實混沌未判之氣也 故曰元氣 「추영」

Ⅳ. 명(明)말청(淸)초

1. 유종주(劉宗周 1578년~1645년)

유종주는 음양의 기를 실체로 삼고 태극은 일기가 유행하는 기능의 모식(模式)이라 하였다. 그는

한번 음이 되고 한번 양이 되는 것을 도라 한다는 것이 바로 태극이다

천지 간에는 일기가 있을 따름인데 리가 있은 후에 기가 있는 것은 아니며 기가 세워진 후에 리가 그것에 의탁하고 있는 것이다.

형이하 가운데 형이하 자를 가리켜 할 수 없이 한 차원을 높여 지존(至尊)의 위치에 두니 이를 태극이라 일컫는다.

그러나 실제로는 태극이라고 말할만한 것이 본래 없는데 이것이 이른바 무극이면서 태극이라는 것이라고 하였다[47].

2. 왕부지(王夫之 1619년~1692년)

왕부지는 「계사상」에 음양이 천지간에 충만해 있으니 천지 사이를 가득 채우고 있는 것은 오직 음양일 따름이다

또한 무릇 천지간에 있는 것은 형이고 상이며 정이고 기이며 청이고 탁이다

라고 하였으며 태극은 우주의 본체로서 음·양이 서로 결합한 것으로 음양 그 자체가 실체이고 음양과 태극은 대립과 통일의 관계라고 말하였다[48].

3. 대진(戴震 1723년~1777년)

대진은 음양의 기를 우주의 실체로 여겼으며 후세 유학자들이 양의를 음양으로 삼고 음양이 생겨나는 근원을 태극으로 본 것을 잘못된 것이라 비판하였다.

---

47) 일음일양지위도 즉태극야 천지지간일기이기 비유리이후유기 내기립이리인지우야
一陰一陽之謂道 卽太極也 天地之間一氣而已 非有理而後有氣 乃氣立而理因之寓也
취형이하지중지기 형이하자부득불 추고일층이립 지존지위 고위지태극
就形而下之中指其 形而下者不得不 推高一层以立 至尊之位 故謂之太極
이실본무태극지가언 소위무극이태극야
而實本無太極之可言 所謂無極而太極也 「유자전서」 「성학종요·염계주자」

48) 음양충만호양간 이영천지지간 유음양이사의
陰陽充滿乎兩間 而盈天地之間 唯陰陽而已矣
범양간지소유 위형위상 위정위기 위청위탁
凡兩間之所有 爲形爲象 爲精爲氣 爲淸爲濁 「계사상」

제3절 한국의 유교

Ⅰ. 삼국과 고려시대의 유교

기원전 3세기전 위만조선과 한사군 시대에 부분적으로 유교사상이 전래된 것으로 보여지며 삼국시대에 한문과 함께 전래된 유학은 한 대(漢代)에 성립된 경학사상이었다.

고구려는 소수림왕 2년(372년)에 대학을 세워 경(經)과 사(史) 제자백가(諸子百家), 문장(文章) 등을 귀족층의 자녀들을 교육하였으며 일반 서민들에게는 공회당과 같은 학원을 세워서 경서와 무술을 익히도록 하였다.

백제는 고이왕 27년(260년)에 중왕관제를 주례(周禮)의 6관제(六官制)에 상응하는 육좌평(六佐平) 16관제(十六官制)로 제정하였으며 근초고왕시대(346년~375년)에는 왕자 아직기(阿直岐)와 박사 왕인(王仁)을 일본에 보내 「논어」와 「천자문」을 비롯한 다양한 문화를 전하였다.

신라는 삼국통일 후인 신문왕 2년(682년) 예부(禮部)에 국학을 설치하여 오경을 중심으로 교육하였다.

신라 후기에는 경술과 문장을 익히기 위해 당나라에 유학을 하는 일이 잦아지고 수많은 문인 학자들이 나오게 되었다.

화랑도는 원래 풍류 또는 풍월도라 하였으며 대표자를 국선(國仙)이라 하였다.

진흥왕은 나라를 중흥시키려면 풍월도를 먼저 하여야 한다고 하였으며(삼국유사) 최치원은 난랑비서(鸞郎碑序)에 풍류 속에는 유 · 불 · 도 3교가 포함되어 있으므로 화랑도는 오랜 세월에 걸쳐 발전되어 오면서 유 · 불 · 도의 내용을 흡수해 현묘지도(玄妙之道)로 이루어졌다고 하였다.

고려는 태조 왕건(918년~943년)에 의해 창건되어 14세기 말 공양왕(1389년~1392년)까지 475년간 지속되었다.

이 시기에는 당나라의 멸망(907년)과 북방 거란족의 요나라 건국(916년~1125년) 그리고 송나라의 건국(960년)과 북송(1127년) 및 남송(1279년)의 멸망, 몽고제국인 원(元)나라의 건국(1206년~1368년) 및 멸망, 명나라의 건국(1368년)등 복잡한 시기였다.

고려 말 안향에 의해 주자학이 들어와 기능을 하기 이전의 유교는 불교와 도교 및 토속신앙과 공존을 하였으나 송대의 성리학이 들어오면서 신진 사류들의 현실 의식과 유 ·

불 · 도 관은 비판적으로 변하였다.

태조는 서경(西京)에 학교를 세웠으며 성종 6년(987년)에는 경학박사 1인과 의학박사 1인을 12목에 두도록 하고 11년(992년)에는 국자감(國子監)을 창설하였다.

이는 일종의 종합대학으로 국자학(國子學), 태학(太學), 사문학(四門學) 등으로 조직되었으며 품계가 높은 자제가 배우는 국자학, 태학, 사문학에서는 대 · 중 · 소 경으로 나누어 가르치고 「논어」와 「효경」을 필수로 하였다.

그리고 8품 이하의 자제와 서민층에게는 율학, 산학, 서학을 가르쳤다.

고려시대 말기에 불교가 타락하자 이를 극복하는 방법으로 신진 학자들은 신유학을 수용하였다.

신유학은 송(宋)나라 때 완성된 것으로 성리학(性理學), 주자학(朱子學), 정주학(程朱學), 이학(理學), 도학(道學) 등으로 불리운다.

안향(安珦, 1243년~1306년)은 원(元)나라 연경에 가서 주자전서(朱子全書)를 가지고 돌아와 유교를 중흥시키고자 하였다. 안향에 의해 도입된 신유학을 정착시킨 것은 목은이색(牧隱李穡, 1328년~1396년)이다. 이색은 하늘과 사람이 사이가 없어 하나라고 하는 천인무간설(天人無間說)을 주장하였다.

Ⅱ. 조선시대의 유교

고려가 멸망한 후 이성계에 의해 건국된 조선은(1392년~1897년 고종이 대한제국 선포) 유교입국으로 태조 7년 국도(國都)의 동북쪽에 성균관을 낙성하고 문묘 북쪽에 명륜당(明倫堂)을 세워 성균관제조 정도전(1342년~1398년)과 권근(1352년~1409년)으로 하여금 4품 이하의 유사(儒士)들에게 경사(經史)를 강습토록 하였다.

성균관은 고려시대의 국자감을 계승하였으며 세종 2년(1420년) 왕립 연구소인 집현전을 설치하여 인재를 선발하고 책을 간행하였다. 유교는 국가의 조직과 법령의 제정 그리고 국사의 편찬과 교육제도의 설립, 미풍양속과 윤리도덕 등 나라의 건국과 발전에 기여한 역할은 절대적이라 할 수가 있겠으나 이에 반하여 중국을 자국보다 높이보고 대국(大國)이라 일컫는 등 자주정신과 독립사상을 약화시켰으며 관존민비(官尊民卑)의 사상과 반상(양반과 평민)의 구별 등 신분계급 사상이 고착화되고 문(文)을 숭상하고 무(武)를 경시하게 되었다.

특히 유학자가 권력을 잡게 되자 유학자들 사이에서 권력 쟁탈의 수단으로 유학에 대한 이론 투쟁이 일어나게 되고 결국 정권 쟁탈의 도구로 전락하게 되어 당파 싸움이 본격적으로 대두 되었다.

중용장구(中庸章句)에서는 하늘이 인간에게 명령하여 가지도록 한 것이 성(本性)이오 부여된 성(本性)에 따르는 것을 도(道)라 하고 도를 닦는 것을 가르침이라 하고 있다

또한 희 · 노 · 애 · 락이 일어나지 않은 상태를 중이라 하고 드러나서 모두 절도에 맞는 것을 화라 한다.

중(中)이라는 것은 천하의 큰 근본이요 화(和)라는 것은 천하의 달통(達通)한 도이다

천하의 근본인 중과 달통한 도인 화를 이루면 하늘과 땅은 제자리에 위치하며 모든 사물은 생을 영위하게 되는 것이다라고 하고 있다.

그리고 장구주에는 명은 명령과 같다 성이란 이치이다

하늘이 음양과 오행으로써 만물을 화생함에 있어 기로써 형체를 이루어주고 이치 또한 부여해주니 이것이 바로 명령과 같다.

이에 사람과 만물이 태어나면서 각기 부여 받은 이치에 따라 건순(음, 양)과 오상(인, 의, 예, 지, 신)의 덕을 갖추게 되니 이것이 이른바 본성이다[49] 라고 하고 있다.

1. 사단칠정

사단칠정리기논변(四端七情理氣論辯) 즉 사단은 「맹자 孟子」의 공손추(公孫丑)에 나오는

측은지심(惻隱之心 : 남을 불쌍히 여기는 마음)

수오지심(羞惡之心 : 자신의 옳지 못함을 부끄러워하고 남의 옳지 못함을 미워하는 마음)

사양지심(辭讓之心 : 겸손하여 남에게 양보하는 마음)

시비지심(是非之心 : 잘잘못을 분별하여 가리는 마음)

등 인간의 본성에서 우러나오는 마음씨를 말하며 칠정은 「예기 禮記 」의 예운(禮運)과

---

49) 천명지위성 솔성지위도 수도지위교 희노애락지미발 위지중
天命之謂性 率性之謂道 修道之謂敎 喜怒哀樂之未發 謂之中
발이개중절 위지화 중야자 천하지대본야 화야자 천하지달도야 치중화 천지위언 만물유언
發而皆中節 謂之和 中也者 天下之大本也 和也者 天下之達道也 致中和 天地位焉 萬物育焉
명 유영야 성은 즉리야
命 猶令也 性 卽理也
천이음양오행 화생만물 기이성형이리역부언 유명령야
天以陰陽五行 化生萬物 氣以成形而理亦賦焉 猶命令也
어시 인물지생 인명득기소부지리하 이위건순오상지덕 소위성야
於是 人物之生 因各得其所賦之理 以爲健順五常之德 所謂性也 「중용장구」

「중용 中庸」에 나오는 희(喜: 기쁨), 노(怒: 노여움), 애(哀: 슬픔), 구(懼: 두려움), 애(愛: 사랑), 오(惡: 미움), 욕(欲: 욕망) 등 인간의 자연적인 감정을 말한다.

추만 정지운(秋巒 鄭之雲, 1509년~1561년)이 1537년 모재 김안국(慕齋 金安國, 1478년~1543년)과 사재 김정국(思齋 金正國, 1485년~154년) 형제의 설을 따르고 주돈이의 「태극도」와 소강절의 「선천도」 정자의 심학 등에 의거 주자학의 핵심 이론을 도식화 해서 그린 그림 천명도(天命圖)와 설명을 붙인 천명도설(天命圖說)을 처음 만든 후 1543년 잘못된 곳을 수정하고 서문을 붙인 천명도해(天命圖解)를 만들었다.

1553년 퇴계 이황(退溪 李滉, 1501년~1570년)이 이를 보게된 후 정지운과 만나 의견을 교환하고 수정된 천명도설을 검토(교정)한 후 천명도설후서(天命圖說後敍)를 써주었다. 정지운은 1554년 1월에 천명도설을 완성하게 되었다.

사단칠정이기논변(四端七情理氣論辯)은 사단이 이(理)에 속하는가 기(氣)에 속하는가의 문제와 이(理)가 발동(發)할 수 있는가의 문제로 사단은 이에서 발하고(사단발어리 四端發於理) 칠정은 기에서 발한다(칠정발어기 七情發於氣)라는 추만 정지운의 천명도의 문구를 퇴계 이황은 사단과 칠정이 본질적으로 별개의 정으로 보아 사단은 이의 발이고(사단이지발 四端理之發) 칠정은 기에서 발한다(칠정기지발 七情氣之發)라고 (이기호발설 理氣互發說) 정정(訂正)을 하였다. 이에 고봉 기대승(高峯 奇大升, 1527년~1572년)은 이황에게 의문을 제기하여 사단(四端)을 이발(理發)로 칠정(七情)을 기발(氣發)로 대립시키는 것이 불가하며 사단과 칠정이 모두 이기(理氣)의 결합에 의해 이루어지는 것인 만큼 이발(理發)과 기발(氣發)을 대거(對擧)한 것은 이기가 일물(一物)을 이루어 서로 다른 이물(二物)이 되는 병폐를 안고 주희의 어떤 존재를 구성하는 요소인 기(氣)와 존재를 존재이게 하는 원리로서 이(理)는 하나이면서 물(一而二)이요 둘이면서 하나(二而一)라는 불상리(不相離) 불상잡(不相雜)의 관계에 있다는 불상리의 원칙에 벗어날 위험이 있다고 이의를 제기하여 8년여에 걸친 논변이 시작되었다.

이후 퇴계 이황은 사단은 이가 발하여 기가 따르는 것이요(이발이기수지 理發而氣隨之) 칠정은 기가 발하여 이가 타는 것(기발이리승지 氣發而理乘之)이라고 주장을 완화하였지만 이기불상잡(理氣不相雜)의 관점에서 전개한 이기호발설(理氣互發說)의 주장을 굽히지 않았다.

이후 율곡 이이(栗谷 李珥 1536~1584년)는 우계 성혼(牛溪 成渾 1535년~1598년)과의 논변에서 퇴계 이황의 사단은 이(理)의 직접적인 발함이다(四端理之發 사단이지발) 이는 발동하지 않고 소이연(所以然)의 원리이며 모든 발동하는 것은 기의 작품이라 하여 기가 발동하고 이는 타고가는 한 가지 길이 있다면서 기발이승일도설(氣發理乘一途說)을 주장하고 또한 우주의 본체인 태극일리(太極一理)가 모든 사물에 편만하고 개개 사물에 내재한 분수리(分殊理)가 태극일리와 상통함으로써 이(理)는 모든 사물과 관통(貫通)하며 기의 본연인 담일청허지기가 유행을 통해 형상화되면 기재(器材)로서의 기는 그 형상에 의해 제한된다는 이통기국설(理通氣局說)을 주장하였다.

이이는 사단이란 칠정 가운데 선한 부분만을 가려 뽑아 말한 것으로 사단(四端)이 칠정(七情) 속에 포함되는 이른바 칠정포사단(七情包四端)의 논리로 사단도 역시 기(氣)의 발함이라고 주장한다. 이후 율곡 이이(栗谷 李珥)와 우계 성혼(牛溪 成渾)의 논변 및 후대 이황의 영남학파와 이이의 기호학파 사이의 논쟁으로 이어져 남인은 이황의 리발기수설(理發氣隨說)을 좇아 받들고 주리설(主理說)을 주장하는 학자가 많았으며 서인의 주류인 노론(老論)은 이이의 기발리승설(氣發理乘說)을 좇아 받들게 되어 주기설(主氣說)을 주장하는 학자가 많게 되었다.

연산군 이후 명종대에 이르는 4대사화(무오, 갑자, 기묘, 을사)와 훈구(勳舊) 사림(士林) 세력 간에 계속된 정쟁으로 인한 중앙정계의 혼란과 사림세력이 득세한 선조 즉위(1567년~1608년)이후 격양된 당쟁 등으로 정치의 정상적인 운영을 수행하기 어려운 지경이었다.

1590년 선조는 일본의 정세를 파악하고 정탐하기 위해 서인의 황윤길(黃允吉, 1536년~?)을 정사(正使)로 하고 동인의 김성일(金成一, 1538년~1593년)을 부사(副使)로 또한 동인으로 허균의 형이자 허난설헌의 오빠인 허성(許筬, 1548년~1612년)을 종사관(從事官)으로하여 통신사를 파견하였으나 1591년 돌아온 이들은 보고하기를 정사 황윤길은 반드시 병화(兵禍)가 있을 것이라하고 부사 김성일은 황윤길이 장황하게 아뢰어 민심을 동요시킨다고 주장하였으며 종사관 허성은 정사 황윤길의 의견에 동조를 하였으나 동인이 주도권을 주도하던 조정은 김성일의 의견을 좇았다.

결국 이듬해인 1592년 선조 25년 임진왜란(1592년~1598년)의 참혹한 전란에 휩싸이게 된다.

선조의 뒤를 이은 광해군(1608년~1623년)은 사고의정비와 사적의 간행, 그리고 호패의 실시, 병기수리 및 군사훈련 등을 실시하는 등 국방에 힘을 썼으나 임해군, 영창대군 등 많은 왕족을 숙청하고 인목대비를 페위하는 등 도덕적 결함으로 결국 1623년 인조 반정을 주도한 서인에 의해 폐위되고 인조가 즉위(1623년~1649년)하여 친명배금(親明排金)정책을 내세우게 된다.

그러나 1624년 인조반정의 논공행상에 불만을 품은 이괄의 난이 일어나고 이괄과 함께 난을 일으켰던 한명윤의 아들 한윤이 후금으로 도망가 광해군의 폐위와 인조 즉위의 부당함을 호소하고 조선을 침략할 것을 종용하게 된다.

여진적의 누르하치(태조 1616년~1626년)는 임진왜란으로 명나라의 견제가 약화된 틈을 타서 세력을 확장하여 1616년(광해군 8년) 흥경에 도읍을 정하고 후금을 세웠다. 그리고 홍타이지는 이어서(청태종 1626년~1643년) 나라의 명칭을 청으로 개명을 한다.

정묘호란(丁卯胡亂, 1627년)은 인조5년(1627년) 1월 중순부터 3월 초순까지 약 2개월 동안 3만명이 침입하여 소현세자는 전주로, 인조는 강화도로 피해가고 결국 서인의 친명배금정책과 후금 태종의 조선에 대한 주전(主戰) 정책의 충돌에 기인한 싸움으로 교역의 타개책을 조선에서 얻게 되었다.

조선 곳곳에서 의병이 일어나고 이립과 정봉수의 의병이 전투에서 승리하자 후금은 조선이 배후를 공격할 것을 염려하여 강화를 제의 1627년 강화가 성립되었다.

1627년 후금의 1차 침입으로 형제의 맹약을 맺게 되었으나 이후 식량과 병선(兵船)을 요구하고 황금과 백금 1만량과 전마(戰馬) 3000필과 정병 3만 명과 관계를 군신(君臣)의 의(義)로 개약(改約)하자는 등 압박을 가해왔다.

1636년 4월 청으로 개명한 후 11월 심양에 간 조선 사신에게 왕자와 대신 및 척화론을 주장하는 자를 압송하라는 최후통첩을 묵살하자 청태종은 1936년 12월 12만 대군을 이끌고 침입함으로써 일명 병자호란(丙子胡亂, 1636년)이 일어난다.

결국 인조 14년 12월부터~인조 15년 1월 사이에 일어난 병자호란으로 원임대신(原任大臣) 윤방(尹昉)과 김상용(金尙容)에게 명해 종묘사직의 신주를 받들고 세자빈 강씨(姜氏) 원손(元孫) 봉림대군(鳳林大君) 셋째 아들 인평대군(麟坪大君)을 강화도로 피하도록 했다.

그리고 그날밤 인조도 강화도로 향하였으나 여의치 않게 되자 이조판서 최명길(崔鳴吉, 1586년~1647년)이 홍제원 청군진영에 나가 술과 고기를 먹이며 출병의 이유를 물으면서 시간을 지연시키는 사이 인조는 세자와 백관을 대동하고 남한산성으로 들어갔다.

그러나 성 안에는 양곡 1만 4300석(石) 장(醬) 220 항아리가 있어 겨우 50여일을 견딜 수 있는 식량에 불과하였다. 청군의 선봉 부대는 12월 16일에 이미 남한산성에 이르고 후속 부대도 아무런 저항을 받지 않고 남한산성을 포위하게 되었다.

지원을 하기 위한 의병이나 관군은 중도에서 패배해 좌절하게 되고 강화도마저 함락하게 되자 결국 1637년 1월 3일 최명길이 작성한 국서를 가지고 화호(和好)를 청하여 1월 30일 삼전도(三田渡)에서 군신관계로 전락하는 치욕을 치르게 된다. 그리고 청국은 소현세자와 빈궁, 봉림대군(뒤에 효종)과 최명길의 아들 최후량(崔後亮) 등을 볼모로 잡아 심양으로 돌아갔다.

최명길은 1637년 좌의정이 된 직후 청나라에 사은사로 심양으로 가서 조선인 포로의 석방과 송환을 성사시켰으나 영의정이 된 후 명나라와 비공식 외교관계가 발각되어 1643년 청나라로 끌려가 억류되었다가 1645년 소현세자 등과 함께 풀려나 귀국하였다.

불과 한 달여의 전쟁기간 이었으나 굴욕같은 관계는 1895년 청일전쟁으로 청나라가 일본에 패할 때까지 계속되었다.

주자학은 임진왜란과 병자호란 이후 인구의 감소와 국가재정이 악화되고 상품화폐 경제가 확산 되면서 서민 지주의 등장, 민간의 수·상공업의 발달로 봉건적 신분제도의 동요와 지배 이념의 위기가 초래되었으나 이에 대한 주자학계의 대응은 주희의 학설에 대한 배타적인 신봉과 정본화 작업 등 주자 주의의 교조화였다. 이와는 달리 실학자들은 주자 교주 주의의 관념성과 허구성을 비판하고 민생안정과 부국 강경을 위한 구체적인 개혁 방안을 모색하였다.

실학은 17세기 중엽에 시작되어 19세기 초반까지 이어졌던 현실 중심의 새로운 학문경향이다.

실학은 유형원(柳馨遠, 1622~1673) 등에서 시작되어 성호학파(경세치용학파), 북학파(이용후생학파)를 형성하였으며 정약용(丁若鏞), 최한기(崔漢綺, 1803~1879)와 같은 걸출한 이론가를 배출하였다.

옛날 어느 고을에 짚신 장수가 살고 있었는데 짚신을 만들어 장날 장에 팔러 가면은 아버지가 만든 짚신은 불티나게 팔렸는데 아들이 만든 짚신은 아버지 것이 팔리고 난 후에야 팔리기 시작하였단다.

이에 아들은 같은 재료와 장소에서 아버지에게 배운 같은 기술로 만들었는데 하도 이상하여 아버지에게 물어보면 아버지는 웃기만 하고 나중에 알려준다고만 하였다.

그러던 어느날 아들 혼자 장에 가게 되어 짚신을 팔고 있던 중 마을 사람으로부터 아버지가 위독한데 짚신만 팔고 있으면 어떡하느냐는 말을 듣고 아들은 정신없이 집으로 달려가 죽어가는 아버지에게 짚신의 비밀을 알려달라고 재촉하게 되었다. 이에 아버지는 털, 털 하면서 숨을 거두고 말았단다.

아들은 털이라는 말이 냉큼 이해가 되지 않아 하는수 없이 아버지가 만든 짚신과 자신이 만든 짚신을 놓고 꼼꼼히 비교 하던 중 아버지가 만든 짚신은 마무리를 하여 깔끔한 반면에 자신이 만든 짚신은 마무리를 하지 않아 털처럼 짚의 부스러기가 튀어 나와 깔끔하지가 않았단다.

이와 비슷한 이야기들은 우리들 주변에 어렵지 않게 들을수 있을 것이다.

음식 장사가 그 비법을 알려주지 않는다거나, 심마니들은 산삼이 자라는 곳을 죽을 때가 되어서야 자식에게 알려준다고 하지 않는가.

하물며 권력은 어떠하겠는가. 부자지간이라도 함께 하지 않는다고 하지 않는가.

아무리 권불십년(權不十年)이요 화무십일홍(花無十日紅)이라 권세가 10년을 못가고 꽃이 열흘이 못간다 할지라도 권력을 잡기위해 당을 만들고 유망주에게 줄을 서 계보를 이루고 주류니, 비주류니 하며 코피 터지게 싸우지 않는가.

마치 사촌이 땅을 사면 배가 아프다는 속담처럼 남의 실수는 나의 둘도 없는 기회가 되고 남의 불행은 나의 행복이라며 상대의 실수나 꼬투리를 잡아 국민이야 어찌되든 부화뇌동하다가 권력이라도 잡게 되면 때는 이때다 하고 자자손손 부귀를 누리며 살게할 천문학적인 비자금을 만들다 발각되어 죄인이 된 전직 대통령은 물론 그 자식들. 우리가 남이가를 외치며 상생을 말하던 이들이 나 먹을 것도 없는데 너 줄 것이 있겠는가라며 죄를 짓고 매관매직(賣官賣職)하다가 들통나게 되어 죄인이 되면 몸통은 놔두고 깃털만 건든다는 여론의 질타 속에서 유전무죄(有錢無罪) 무전유죄(無錢有罪)라는 유행어가 회자되는 현실이다보니 과거 당쟁만 일삼던 그들과 별반 다르다고 하겠는가.

Ⅲ. 당쟁(黨爭)과 사화(士禍)

1. 당쟁

명종(재위 1545년~1567년) 때 심의겸(沈義謙)이 공무로 윤원형(尹元衡)의 집에 방문하였다가 김효원(金孝元)의 침구가 있는 것을 알고 비루(鄙陋)하게 여겨 분개하였었는데 그 후 김효원이 과거에 합격하여 인사권이 있는 이조전랑으로 추천이 되자 이조참의로 있던 심의겸이 반대를 하였다.

그 후 김효원이 전랑(銓郞)으로 있을 때 심의겸이 동생 심충겸(沈忠謙, 명종비 인순왕후심씨의 친족)을 전랑으로 추천을 하는자가 있자 김효원이 전랑이 어찌 외척의 사유물이냐고 반대를 하였다. 이러한 일들로 인하여 심의겸의 무리는 김효원을 소인이라 지목하고 반대로 김효원의 무리는 심의겸을 소인이라 지목하는 등 방분되어 심의겸의 무리는 서인으로, 김효원의 무리는 동인이 되었다.「연려실기술 燃藜室記述 권 13」

동인은 영남의 이황, 조식의 문하인 김효원, 유성룡, 이산해 등과 서경덕의 문인들이 가담하였으며 서인은 기호지방의 고관들이 주류를 이루었으며 이이, 기대승, 김인후, 성혼 등이 합류를 하였다.

1589년(선조22년)의 기축옥사(己丑獄事)는 서인세력이었던 정여립이 집권세력이었던 동인세력으로 넘어가 이이를 배반하고 성혼과 박순을 비판하였으나 선조가 그의 이당을 불쾌하게 여기자 벼슬을 버리고 낙향하여 호남지역에 대동계(大同契)를 조직 무술을 연마하며 조직이 황해도까지 진출하자 황해도 관찰사가 정여립이 모반을 꾸미고 있다는 고변으로 일어난 사건이다.

이를 계기로 서인은 동인을 배제하고 정권을 잡는데 성공을 하였으나 2년 뒤인 1591년(선조 24년) 서인 정철이 세자책봉을 왕에게 건의한 사실을 문제삼아 정철 일파를 몰아내게 되고 이로써 동인은 세력을 회복하게 된다. 그러나 동인은 정철의 처벌 문제로 강경파인 이산해 중심의 조식 서경덕계인 북인(北人)과 온건파인 유성룡 중심의 이황계인 남인(南人)으로 갈라지게 된다.

1590년 조선통신사로 정사 황윤길(正使 黃允吉)과 부사 김성일(副使 金誠一)을 일본에 파견하여 도요토미히데요시(豊臣秀吉)을 접견하고 이듬해 귀국하여 조정에 보고하기를 서인이었던 정사 황윤길은 장차 일본이 내침(來侵)할 것이므로 대비하여야 할 것이라 하였으나 반대로 동인이었던 부사 김성일은 상반되는 보고를 하였다.

마침 서인이었던 이이가 10만의 병력을 양성하여 국가의 긴급한 때에 대비하여야 한다는 주장을 동인 출신의 부제학 유성룡은 일이 없을 때에 군사를 기르는 것은 화를 기르는 것이라 반대하였던 주장과 별반 다르지 않은 것이다.

결국 귀국 보고한 이듬해인 1592년 임진왜란이 일어나 온 나라가 피바다가 되고 말았다.

정철 일파의 실각으로 동인 특히 북인이 우세한 가운데 임진왜란이 일어나 혼란한 가운데 정권을 잡은 남인은 일시적으로 서인과 북인과의 공존체제를 취하였으나 일본과의 화의 계획이 실패하면서 다시 강경책을 취했던 북인이 득세를 한다.

북인은 다시 광해군을 내세운 대북(大北)과 영창 대군을 내세운 소북(小北)으로 분열되어 광해군의 즉위와 함께 대북이 정권을 잡았으나 북인의 탄압을 받던 서인과 남인이 연합하여 1623년 인조반정을 일으키면서 북인은 이후 정계에서 숙청되고 서인은 효종이 즉위하면서 입지가 더욱 커져갔다.

예송(禮訟) 논쟁은 효종(1659년 승하)과 효종비 인선왕후(仁宣王后, 1674년 승하)에 대한 인조의 계비이며 효종의 계모인 자의대비(慈懿大妃)인 조대비(趙大妃)가 무슨 복(服)을 입어야 하는가의 문제로 약 20년에 걸쳐 계속되었다.

인조는 큰아들 소현세자(昭顯世子)가 죽은 뒤 소현세자의 아들이 있었음에도 둘째 아들인 봉림대군(鳳林大君)을 세자로 책봉하여 왕위를 계승케(효종) 하였다.

예론(禮論)에 자식이 부모에 앞서 죽었을 때 그 부모는 그 자식이 적장자(嫡長子: 큰아들)인 경우에는 삼년상을 그렇지 않은 경우에는 1년 상을 입도록 규정하였다.

따라서 효종은 왕통상으로는 인조의 적통을 이었지만 종법상으로는 둘째 아들이므로 효종의 계모인 자의대비는 1년 상을 입어야 했다.

따라서 송시열을 중심으로 한 서인 계열에서는 1년 상을 주장하였으나 남인 계열의 허목(許穆), 윤휴(尹鑴), 윤선도(尹善道) 등은 차자로 출생하였더라도 왕위에 오르면 장자가 될 수 있다며 천리(天理)인 종법이 왕가의 의례에서는 변칙적으로 적용될 수 있다며 3년의복을 입어야 한다고 주장하였다(조선왕조실록).

이러한 논쟁의 1차 예송은 「경국대전」에 장자와 차자의 구분 없이 1년 복을 입게한 규정에 의거하는 것으로 결론이 지어져 결과적으로 서인의 주장이 이루어져 서인 정권은 계속 유지될 수 있었다.

2차 예송은 효종의 비인 인선왕후가 죽자 자의대비가 어떤 복을 입어야 하는가라는 문제가 불거지게 되었다.

효종을 장자로 인정을 하게 되면 인선대비는 장자의 부인이므로 대왕대비는 기년복(1년)을 입어야 하지만 효종을 차자로 볼 경우에는 대공복(9개월)을 입어야 하기 때문이다.

이에 예조에서는 처음에 기년복(1년)으로 정하였다가 다시 대공복(9개월)으로 바꾸어 올렸으나 현종은 이를 잘못 적용된 예제로 판정하였다.

이후 송시열계의 서인세력이 정계에서 축출되면서 남인 세력이 들어서는 계기를 이루었다.

남인은 1674년(현종15년) 갑인예송(甲寅禮訟)에서 정권을 잡았으나 그 해 즉위한 숙종은 남인을 견제하는 태도를 보인다.

1680년 남인의 영수인 영의정 허적(許積)이 할아버지 잠(潛)의 시호(諡號)를 맞이하는 잔칫날에 비가 내리자 숙종은 유약(왕실에서 사용하는 기름칠을 한 천막)을 보내려고 하였으나 이미 가져간 것을 알고 크게 노하여 군권의 책임자들을 불러 군권을 서인에게 넘기는 인사조치를 단행한다.

이러한 상황에서 정원로(鄭元老)는 허적의 서자 견(堅)이 인조의 손자이며 인평대군의 세 아들(복창군, 복선군, 복평군)과 함께 역모를 도모하였다는 것을 고변한다.

이후 서인은 장희빈을 죽이자는 송시열계의 노론과 처벌을 완화시켜주자는 윤증 등의 소론으로 양분되어 노론은 영잉군(영조)을 소론은 장희빈의 아들 세자(경종)을 지지하다 경종 즉위 후 소론이 집권하여 노론의 대신을 처형하였으나 경종이 일찍 죽자 영잉군(영조)이 즉위하면서 반대로 소론의 대신들이 제거되었다. 이에 소론은 남인과 손을 잡고 이인좌의 난을 일으켰다가 도리어 밀려나게 되었다. 영조와 정조는 탕평책으로 소론 일부를 등용하는 등 당파 싸움이 완화되는 경향을 보였으나 노론은 사도세자를 죽이는데 가담하고 그의 죽음을 동정하는 시파와 당연시하는 벽파로 다시 갈라지게 된다.

2. 사화

1) 무오사화(戊午史禍, 1498년)

조선의 창업에 참여한 사공파(事功派)와 고려에 충절을 지켰던 의리파(義理派)가 맥을 달리한 후 수양대군(세조)의 왕위 찬달로 인한 한명회(韓明澮, 1415~1456), 이극감(李克堪, 1427~1465), 노사신(盧思愼, 1427~1498), 신숙주(申叔舟, 1417~1475), 정인지(鄭麟趾, 1396~1478), 정창손(鄭昌孫, 1402~1487) 등의 공신들을 중심으로 정치적 실권을 장악하고 중앙집권을 강조한 훈구파(勳舊派)와 사육신을 비롯한 남효온(南孝溫, 1454~1492), 김시습(金時習, 1435~1493) 등의 절의파(節義派)로 그 맥을 달리하게 된다.

무오사화는(1498) 연산군 재위시 훈구파와 의리를 주장하였던 사림파의 대립에서 발생하였다.

성종 때 김종직(金宗直, 1431~1491)이 조의제문(弔義帝文)을 지어 중국 초나라의 회왕(懷王)을 단종에, 의제를 죽인 서초패왕(西楚霸王) 항우를 세조에 비유하여 비방한 일이 있었는데 제자 김일손(金馹孫, 1464~1498)이 사관(史官)이 되어 조의제문을 성종실록(成宗實錄)에 편입하였다.

이극돈(李克墩, 1435~1503)은 사국당상(史局堂上)이 되어 김일손의 사초에 자기의 죄악이 쓰여 있는 것을 보고 유자광(柳子光, ?~1512)에게 의논을 하니 유자광 역시 김종직에게 묵은 원한이 있었던 터라 두 사람이 공모하여 김종직의 조의제문을 자료로하여 좌평부원군 윤필상(尹弼商, 1427~1504), 우의정 한치형(韓致亨, 1434~1502) 무령균 유자광 등이 비밀스러운 일을 아뢰기를 청하여 김종직과 김일손의 일파를 일망타진하게 된 사건이다「연려실기술 권 6」.

2) 갑자사화(甲子士禍, 1504년)

갑자사화는 1504년 무오사화(1498)이후 폭정과 음행의 탐닉 등 일탈 행위를 자행하던 연산군이(1504) 자행한 사화이다.

사화의 발단은 국왕의 하사주를 엎지른 예조판서 이세좌(李世佐)와 손녀를 입궐시키라는 왕명을 즉시 따르지 않은 홍귀달(洪貴達)을 무엄한 능상으로 여기고 이를 비판하지 않는 삼사를 질책하였다. 능상에서 촉발된 사건은 급기야 폐모사건의 보복으로 번졌다.

연산군의 어머니 폐비윤씨는 성종4년(1473) 후궁으로 간택되면서 숙의(淑儀)에 봉해지고 1476년 왕비에 책봉되어 연산군(융)을 낳았다.

왕비 윤씨는 투기가 심하여 1479년에는 왕의 얼굴을 할퀸 일로 왕과 인수대비(仁粹大妃)의 진노를 사서 폐비가 되었다.

이후 세자(연산군)가 장성함에 따라 성종은 삼정승과 6조의 판서 및 대간을 모아 폐비 윤씨의 문제를 논의하여 사약을 내리기로 결정하고 좌승지 이세좌로 하여금 사사하게 하였다.

연산군은 성종에게 참소해 어머니(폐비)를 죽음에 이르게 하였다고 판단한 후궁 정씨의 아들 안양군(安陽君)과 봉안군(鳳安君)을 창덕궁으로 압송해 폭행하고 사건의 전말을 조사하였는데 공교롭게도 갑자사화의 발단을 제공한 이세좌와 홍귀달(폐비할 때 승지) 모두 연루되어 있었다.

결국 많은 정승과 대신은 물론 전대의 훈신들이 사형되거나 부관참시(剖棺斬屍: 관을 부수고 시신을 꺼내어 목을 베는 형벌)와 쇄골표풍(碎骨飄風: 뼈를 분쇄하여 바람에 날리는 형벌)을 하고 파가저택(破家瀦宅: 집을 파괴하고 그 터에 연못을 만듦)을 하는 등 피해를 입게 되었다.

3) 기묘사화(己卯士禍, 1519년)

기묘사화는 중종14년(1519)에 발생한 사화이다.

연산군의 폭정으로 인한 중종반정(1506)으로 많은 정국공신이 책봉 되었으며 박원종

(朴元宗), 성희안(成希顔), 유순정(柳順汀) 등 삼대장을 중심으로 한 공신들은 중종 초반의 국정을 주도했다. 또한 삼사의 발언권은 강화되어 중종 9년(1514)에는 영의정 송질(宋軼), 우참찬 홍숙(洪淑), 형조판서 윤순(尹淳), 병조판서 강징(姜澂) 등 주요 대신을 능력 부족과 탐욕 등의 혐의로 탄핵하여 결국 송질 등은 체직(遞職)되었다.

당시 사관은 대간이 조정의 중요한 일은 거론하지 않고 사람을 공격하는 것만 일삼아 작은 잘못을 용서하지 않으니 조정에 온전한 사람이 없었다고 비판했다. 즉 그들은 본질이 아니라 지엽에 치중하는 탄핵으로 물의를 일으키고 있었다.

조광조(趙光祖, ~1519)와 기묘사림의 등용은 새로운 인물로 삼사를 구성해 개혁을 하려는 중종의 정치적 구상이었다.

조광조는 등용된지 얼마 안되어 부제학(副提學)과 대사헌(大司憲)에 오르는 등 중종의 두터운 신임 아래 공·맹사상과 도를 실현시키고자 하였다.

그러나 과거제도의 폐단을 극복한다는 취지에서 학문과 덕행이 뛰어난 인재를 천거한 뒤 대책(對策)만을 시험해 선발하는 현량과(賢良科)로 기묘사림이 대거 진출하고 이들은 기존의 유력 가문 출신과 기호(畿湖)출신이 많았다.

기묘사림의 핵심 인물들은 젊고 경험이 많지 않았으며 기존 대신들과의 관계 또한 원만하지 못하였다. 더구나 대사헌 조광조와 대사간 이성동(李成童)을 중심으로 제기되어 이루어진 정국공신의 삭훈으로 불안과 분노가 고조되는 가운데 남곤(南袞, 1471~1527)과 심정(沈貞, 1471~1531) 등은 청류(淸流: 조광조 일파들이 사심을 갖지 않고 공심의 차원에서 정치에 참여한 것을 이르는 말)에 섞이기를 노력하였으나 마음이 간특하다고 하여 배척을 받고 종신토록 허락하지 않자 분함을 품게 되었다.「연려실기술 燃藜室記述 上권」

이들은 홍희빈(洪熙嬪)의 아버지 홍경주(洪景舟)와 결탁하여 희빈으로 하여금 나라 내의 인심이 모두 조광조에게 돌아갔다는 말을 임금에게 말하게 하고 또 궁녀들을 매수하여 궁궐 내 나뭇잎에 감즙(甘汁)으로 주초위왕(走肖爲王)이란 글자를 써서 산충(山蟲)으로 하여금 갉아 먹어 흔적을 있게 하여 임금의 마음을 위구(危懼)하도록 만들고 홍경주로 하여금 밤을 틈타 내전에 들어가 조광조 등이 모반을 한다는 뜻을 밀고하도록 하여 중종은 밀지를 내려 홍경주 남론 정광필 등을 불러 기묘사림의 인물들을 체포하게 된다「정암집 靜庵集」.

4) 을사사화(乙巳士禍 1545년)

을사사화(1545년)는 명종 재위시 왕위계승 문제를 둘러싼 외척(대윤과 소윤)의 갈등에서 비롯되었다.

중종의 첫 정비 단경(端敬)왕후 신씨(愼氏, 1487~1557)는 아버지 신수근(愼守勤)이 연산군 때 주요 대신이었기 때문에 반정 직후에 폐위 되었다.

그리고 첫 계비 장경(章敬)왕후 윤씨(尹氏, 1491~1515)는 윤여필(본관파평)의 딸로 중종 10년(1515년) 인종을 낳은 후 세상을 떠났다.

두 번째 계비 문정(文定)왕후는(1501~1561) 윤지임의 딸로(본관 파평) 중종29년(1534년) 경원대군(慶原大君 명종)을 출산하였다. 또한 중종의 후궁 경빈박씨(敬嬪朴氏)는 박수림(朴秀林)의 딸로 중종 반정의 정국공신 박원종의 수양딸이 되어 중종의 후궁이 되었다. 경빈 박씨는 1509년 숙의(淑儀)시절에 중종의 장자 서성군(瑞城君, 후에 복성군 福城君이 됨)을 낳았으나 1515년 장경왕후가 원자(인종)을 낳고 세상을 떠나고 1527년 동궁전 후원에 쥐와 방서를 매달아 세자를 저주한 이른바 작서(灼鼠)의 변(變)에 누명을 쓰고 아들 복성군과 서인(庶人)이 되어 고향 상주에 유배되어 사사된다(1532년 이종익(李宗翼)의 상소에 의해 김안로의 아들 희(禧)가 벌인 것으로 밝혀짐).

김안로(金安老, 1481~1537)는 심정(沈貞)등이 유배 중인 경빈 박씨를 왕비로 책립할 음모를 꾸몄다고 탄핵하여 반대파를 제거한다. 또한 김안로 일파는 허항(許沆), 채무택(蔡無擇) 등과 결탁하여 권세를 누리면서 뜻에 맞지 않는 사람들은 지위고하를 막론하고 몰아내겠다고 위협을 하여 조정을 공포에 떨게했다.

김안로는 세상을 떠난 세자(인종)의 어머니 장경왕후의 동생 윤임(尹任, 1487~1545)과 연합하여 세자를 보호하는데 앞장섰으며 중종 33년(1537년)에 세자를 보호한다는 명분 아래 문정왕후의 폐위를 시도하다 문정왕후의 숙부 윤안임(尹安任)의 밀고로 귀양간 뒤 사사되고 말았다.

인종의 즉위와 함께 류관(柳灌), 이언적(李彦迪)등이 중용되고 이조판서 류인숙(柳仁淑)에 의해 그 파의 사류(士類)가 많이 등용되었으나 정권에 참여하지 못한 일부 사람들은 소윤인 윤원형 일파에 가담함으로써 대윤과 소윤의 양세력으로 갈라지게 되었다.

이러는 동안 소윤 측의 공조참판 윤원형이 대윤 측의 대사헌 송인수(宋麟壽)등으로부터 탄핵을 받아 계자(階資)를 박탈당하고 윤원로 역시 파직을 당하는 일이 일어났다.

문제는 중종이 붕어하고 즉위한 인종(1544년)이 8개월여 만에 젊은 나이로 붕어하자 문정왕후의 아들 경원대군이 11세의 어린 나이로 즉위 함으로써(명종) 문정왕후의 수렴청정이 시작되고 명종 즉위 직후 군기시(軍器寺) 첨정(僉正)으로 재등용된 윤원로는 윤임

일파의 세력을 숙청하기 위해 그들이 경원대군을 해치려고 했다고 무고(誣告)를 했으나 영의정 윤인경(尹仁鏡)과 좌의정 류관에 의해 망언(妄言)을 조작하고 천친(天親)을 이간한다고 탄핵을 받음으로써 오히려 파직당하고 해남으로 유배되었다. 그러나 문정대비의 세력을 배경으로 한 소윤 측의 음모는 끈질기게 진행되었다.

예조참으로 재등용된 윤원형은 형인 윤원로의 책동이 실패하자 대윤일파와 감정이 있었던 지중추부사 정순붕(鄭順朋), 병조판서 이기(李芑), 호조판서 임박령, 공조판서 허자(許磁)등으로하여 윤임이 조카인 봉성군(鳳城君)에게 왕위를 옮기도록 획책하고 있다고 무고케하는 한편 인종이 승하할 당시 윤임이 경원대군의 추대를 원치않아서 계림군(桂林君)을 옹립하려 하였는데 류관, 류인숙 등이 이에 동조하였다는 소문을 퍼트렸다. 이 결과 윤임, 류관, 유인숙 등은 반역죄로 유배되어 사사되고 계림군도 이 음모에 관련되었다는 경기감사 김명윤(金明胤)의 밀고로 주살되었다. 그 외 윤임의 사위인 이덕응(李德應)의 무고로 이휘(李煇), 나숙(羅淑) 등이 유배 또는 사형을 당하고 무고한 이덕응도 결국 사형을 당하였다.

5) 정미사화(丁未士禍, 1547년)

1546년 윤원로, 윤원형 형제의 권력 싸움 끝에 윤원로가 유배되어 사사된데 이어 1547년(명종 2년) 부제학 정언각(鄭彦慤)과 선전관 이로가 경기도 과천 양재역(良才驛)의 벽에 여왕이 집권하고 간신 이기 등이 권서를 농락하여 나라가 망하려 하니 이것을 보고만 있을 수 있는가

(여주집정간상 간신이기등롱권어하 가립이대개불한심재

女主執政干上 奸臣李芑等弄權於下 可立而待豈不寒心哉)

라는 벽서를 발견하여 임금에게 보고 윤임의 일파로 지목된 봉성군(중종의 서자)과 송인수, 이약빙(李若氷), 임형수(林亨秀) 등을 죽이고 권발(權撥), 이언적(李彦迪), 정자(鄭滋), 노수신(盧守愼) 등을 유배시켰다.

제4절 기론

1. 서경덕(徐敬德 1489년~1546년)

서경덕(호: 화담 花潭)은 성종20년(1489년)에 태어나 명종1년(1546년)에 58세의 나이로 생을 마치었다.

그는 중국 장재(張載)의 영향을 받은 듯 우주의 본질을 기(氣)라 하고 기(氣)속에 리(理)는 내재하고 있으며 별도로 존재하지 않는다고 하였다.

또한 원리기(原理氣)에서 태허는 맑고 형체가 없는데 이를 선천이라고 하며

그 크기는 밖이 없고 그 처음은 시작이 없으며 그 유래는 알 수가 없다

그 깊은 물처럼 허하고 고요한 것이 기의 근원이다

또한 널리 퍼져있어 한계의 멀고 가까움이 없으며 꽉 차있어 조금도 빈틈이 없으며 한 가닥의 터럭조차 용납될 남은 공간마저도 없다

담연하여 텅 비고 고요한 본체를 일기라 하고 그 혼연한 둘레를 태일이라 한다.

화담은 이러한 선천의 세계에서 갑자기 약동이 생기고 또한 개벽이 생긴다고 하였는데 이것은 누가 시키는 것인가 하면,

스스로 그렇게 할 수 있었던 것이고 또한 스스로 그렇게 아니 될 수가 없었던 것이니 이때 이것을 가리켜 리(理)라 한다.

「주역」의 이른바 느껴 마침내 통한다와 중용의 이른바 도는 저절로 도이다와 주돈이가 말한 태극이 움직여 양을 낳는다는 것이 그것이다.

그런데 이미 하나의기(一氣)라 하였으니 하나에는 스스로 둘을 포함하고 있으며 또한 이미 태일(太一)이라 하였으니 일은 이미 둘을 지니고 있는 것이다.

그리하여 일(一)은 이(二)를 낳지 않을 수가 없으며 둘은 스스로 낳거나 극하게 되는 것이다.

즉 이와같이 생하면 극하고 극하면 생하는 것은 기의 미세함으로부터 고동하는데 이르기까지 생과 극함이 그렇게 만드는 것이다.

그리고 하나가 둘을 생하는데 있어서 둘이라는 것은 무엇인가하면,

음과 양을 뜻하며 움직임과 고요함을 또한 감과 리를 뜻한다.

또 하나라는 것은 무엇인가하면 음과 양의 시작이며 감과 리의 본체로써 맑게 하나로

되어 있는 것을 말한다.

이와 같이 하나의 기가 음과 양으로 나뉘어지고 양의 움직임이 극하게 하여서는 천이 되며 음이 모임을 극하게 하여서는 땅이 되었다.

양의 움직임 끝에 그 정기가 결합하여 해가 되었으며 음이 모인 끝에 그 정기가 결합하여 달이되고 나머지 정기가 흩어져 별들이 되고 땅에 있어서는 물과 불이 되니 이것이 곧 후천이라하며 이로써 쓰임이 생겨난 것이라 하고 있다[50].

또한 서경덕은 이기설(理氣說)에서,

한이 없는 것을 태허(太虛)라 하고 시작이 없는 것을 기(氣)라 하는데 허는 곧 기(氣)인 것이다. 허공은 본시 끝이 없으며 기도 역시 끝이 없다 그리고 기의 근원은 그 처음이 일이다.

이미 기라 한다면 하나는 곧 둘을 품고 있게 되며 태허도 일이 되니 그 가운데에는 둘을 품고 있는 것이다.

이미 둘이 되면은 이제는 열림과 닫힘이 없을 수가 없고 움직임과 고요함이 없을 수가 없으며 낳음과 극함이 없을 수가 없게 되는 것이다.

그처럼 열리고 닫힐 수 있고 움직이고 고요할 수 있고 낳고 극할 수 있게 하는 근원을 가리켜 태극이라 한다.

기의 밖에는 리가 없는데 리는 기의 주재자인 것이다.

---

50) 태허담연무형 호지왈선천 기대무외 기선무시 기래불가구 기담연허정 기지원야
太虛湛然無形 號之曰先天 其大無外 其先無始 其來不可究 其湛然虛精 氣之原也
미만무외지원 핍색충실 무유공궐 무일호가용간야 어기담연지체왈일기 어기혼연지주왈태일
彌漫無外之遠 逼塞充實 無有空闕 無一毫可容間也 語其湛然之體曰一氣 語其混然之周曰太一
유이약 홀이벽 숙사지호? 자능이야 역자불득불이 시위리지시야
悠爾躍 忽爾闢 孰使之乎? 自能爾也 亦自不得不爾 是謂理之時也
역소위감이수통 용소위도자도 주소위태극동이생양자야
易所謂感而遂通 庸所謂道自道 周所謂太極動而生陽者也
기왈일기 일자함이 기왈태일 일편함이 일불득불생이 이자능생극
旣曰一氣 一自含二 旣曰太一 一便涵二 一不得不生二 二自能生克
생즉극 극즉생 기지자미 이지고 탕기생극사지야 일생이 이자하위야
生則克 克則生 氣之自微 以至鼓盪 其生克使之也 一生二 二者何謂也
음양야 동정야 역왈감리야 일자하위야 음양지시 감리지체 담연위일자야
陰陽也 動靜也 亦曰坎離也 一者何謂也 陰陽之始 坎離之體 湛然爲一者也
일기지분위음양 양극기고이위천 음극기취이위지 양고지극 결기정자위일
一氣之分爲陰陽 陽極其鼓而爲天 陰極其聚而爲地 陽鼓之極 結其精者爲日
음취지극 결기정자위월 여정지산위성진 기재지위수화언 시위지후천 내용사자야
陰聚之極 結其精者爲月 餘精之散爲星辰 其在地爲水火焉 是謂之後天 乃用事者也 「원리기」

이른바 주재자라는 것은 밖으로부터 오는 것이 아니며 그 기의 작용을 지시하여 바르게 저절로 그렇게 될 근거를 잃지 않게 하기 때문에 그것을 주재라고 말하는 것이다라고 하였으며[51],

리선기후(理先氣後)에 대하여서는

리는 기보다 먼저하지 않으니 기는 처음이 없고 리도 본래 처음이 없다며

만약에 리가 기보다 먼저라고 한다면 이것은 기가 처음이 있는 것이라 하고 있다[52].

또한 태허설(太虛說)에서는

기는 처음이 없고 또 생하는 것이 없다. 이미 처음이 없으니 어찌 그 마침이 있을 수 있으며 이미 생하는 것이 없으니 또한 어찌 사라지는 것이 있을 수 있느냐고 하여 기는 영원히 소멸하지 않는다고 하였다[53].

또한 인간의 삶과 죽음, 음양의 원리가 기의 움직임으로 보고 그는,

귀신사생론(鬼神死生論)에서는 나 또한 말하기를 죽음과 삶 및 사람과 귀신은 다만 기가 모인 것과 흩어진 것의 차이일 뿐이다.

왜냐하면 모임과 흩어짐이 있고 있음과 없음이 없는 것은 기의 본체가 본래 그러한 까닭이다.

기는 맑게 한데 어울리고 맑게 텅비어 있으며 한없는 허공 속에 가득 차 있는데 그것이 크게 모인 것이 하늘과 땅이 되었고 작게 모인 것이 만물이 되었다.

---

51) 무외왈태허 무시자왈기 허즉기야 허본무궁 기역무궁 기지원 기초일야
無外曰太虛 無始者曰氣 虛卽氣也 虛本無窮 氣亦無窮 氣之源 其初一也
기왈기 일편함이 태어위일 기중함이 기이야 사불능무합벽 무동정 무생극야
旣曰氣 一便涵二 太虛爲一 其中涵二 旣二也 斯不能無闔闢 無動靜 無生克也
원기소이능함벽 능생극자 이명지왈태극 기외무리 이자기지재야
原其所以能闔闢 能生克者 而名之曰太極 氣外無理 理者氣之宰也
소위재자 비자외래이재지 지기기지용사 능불실기소이연지정자 이위지재
所謂宰者 非者外來而宰之 指其氣之用事 能不失其所以然之正者 而謂之宰 「이기설」

52) 리불선어지 기무시리고무시
理不先於氣 氣無始理固無始
약왈리선어기 즉시기유시야
若曰理先於氣 則是氣有始也

53) 기무시야무생야 기무시하소종 기무생 하소멸
氣無始也無生也 旣無始何所終 旣無生何所滅

기가 모이고 흩어지는 형세에는 미약하며 드러나고 오래되며 빠른 것이 있을 따름이다.

크고 작은 것이 태허에 모이고 흩어지고 하는데 크고 작은 차이는 있지만은 비록 한포기의 풀이나 한그루의 나무 같은 미소한 것이라 할지라도 그 기는 끝내 흩어져 버리지 않는다.

하물며 사람의 정신지각 같이 크고 또 오래 모인 것이야 말할게 있겠는가?

기의 맑게 한데 어울리어 맑고 텅 비어있는 것은 태허가 움직이어서는 양을 낳고 고요히 있어서는 음을 낳는 시초에 근원을 두고 있다. 그것이 모인 것이 점점 쌓이어 넓고 두텁게 됨에 이르러서는 하늘과 땅이 되었고 우리 인간이 된 것이다.

사람이 흩어질 때에 흩어지는 것은 형(形)과 백(魄)이지만 본질인 담일청허한 기는 끝내 흩어지지 않는 것이다. 태허의 맑게한데 어울려있는 가운데로 흩어지려해도 모두 똑같은 기인 것이다 .

그 지각의 모임과 흩어짐에는 다만 느리고 빠름이 있을 뿐이다.

비록 가장 빨리 흩어지는 것으로는 하루나 한달이 걸리는 것들이 있는데 그것은 물건 가운데에서도 미소한 것들이지만은 그 기는 역시 끝내 흩어지지 않는다.

왜 그런가 하면 담일청허한기는 그 시작도 없으려니와 그 끝도 없기 때문이다. 이러한 이치야말로 기가 지극히 오묘한 까닭인 것이다.

그러므로 비록 한조각 향촉(촛불)의 기라도 눈앞에서 흩어지는 듯하나 실상 기는 또한 마침내 흩어지지 않나니 어찌 멸하여 없음으로 돌아간다고 말할 수 있겠느냐고 하였다[54].

---

54) 오역왈 사생인귀 지시기지취산이이 유취산이무유 무기지본체연의
吾亦曰 死生人鬼 只是氣之聚散而已 有聚散而無有 無氣之本體然矣
기지담일청허자 미만무외지허 취지대자위천지 취지소자위만물 취산지세 유미저구속이
氣之淡一淸虛者 瀰漫無外之虛 聚之大者爲天地 聚之小者爲萬物 聚散之勢 有微著久速耳
대소지취산어태허 이대소유수 수일초일목지미자 기기종불역산
大小之聚散於太虛 以大小有殊 雖一草一木之微者 其氣終赤不散
황인지정신지각 취지대차구자재
況人之精神知覺 聚之大且久者哉
기지담일청허 원어태허지동이생양 정이생음지시 취지유점 이지박후위천지 위오인
氣之湛一淸虛 原於太虛之動而生陽 靜而生陰之始 聚之有漸 以至博厚爲天地 爲吾人
인지산야 형백산이 취지담일청허자 종역불산 산어태허담일지중 동일기야
人之散也 形魄散耳 聚之湛一淸虛者 終亦不散 散於太虛湛一之中 同一氣也
기지각지취산 지유구속이
其知覺之聚散 只有久速耳
수산지최속 유일월기자 내물지미자이 기기종역불산
雖散之最速 有日月期者 乃物之微者爾 其氣終亦不散

이러한 서경덕의 주장에 대하여 율곡은 「율곡전서」에서 서경덕이 「주역」의 계선성성의 이치는 사물마다 있지 않은 데가 없지만 담일청허 한 기는 많이 있지 않음을 알지 못하였다면서,

리는 변화가 없으나 기는 변화가 있으니 원기가 생생하여 그만두지 않아 가는 것은 지나가고 오는 것은 계속되어 이미 지나간 기는 소재가 없는데 화담은 곧 하나의 기가 장존하여 가는 것은 지나가지 아니하고 오는 것은 계속하지 아니한다는 것으로 여겼다고 하고 있다[55].

2. 최한기(崔漢綺 1803년~1879년)

최한기(호 혜강: 惠岡)는 대저 기(氣)의 본성(性)은 본래가 활동운화(活動運化)하는 물건이라 하고,

이것이 우주 안에 가득차서 털끝만큼의 빈틈이 없는 것이며, 이러한 기가 모든 천체를 운행하게 하여서 만물을 창조하는 무궁함을 드러내지만,

그 맑고 투명한 형질(形質)을 보지 못하는 자는 공허하다고 하고,

오직 그 생성의 변함없는 법칙을 깨달은 자만이 도(道)라 하고 성(性)이라 한다.

그리고 그 까닭을 궁구하고자 하는 자는 리(理)라 하고 신(神)이라 한다.

또한 우주에는 오직 기만 있을 뿐 완비되어 결함이 없는 다른 것은 있지 않다는 사실을 바야흐로 믿게 되었다[56].

하자 기지담일청허자 기무기시 우무기종 차리기소이극묘저
何者 氣之湛一淸虛者 旣無其始 又無其終 此理氣所以極妙底
수일편향촉지기 견기유산어목전 기여기종역불산 조득기지진어무야
雖一片香燭之氣 見其有散於目前 其餘氣終亦不散 烏得氣之盡於無耶

55) 계선성성지리 즉무물부재 이 담일청허지기 다유부재자야
繼善成性之理 則無物不在 而湛一淸虛之氣 多有不在者也
리무변이기유변 원기생생불식 왕자과 래자속 이이왕지기 이무소재 이화담즉이위일기장존 왕자불과 래자
理無變而氣有變 元氣生生不息 往者過 來者續 而已往之氣 已無所在 而花潭則以爲一氣長存 往者不過 來者
불속 차화담소이유인기위리지병야
不續 此花潭所以有認氣爲理之病也 「율곡전서 권 10」

56) 부기지성원시활동운화지물
夫氣之性元是活動運化之物
충만우내 무사호지공극
充滿宇內 無絲毫之空隙
추전제요 현조물지무궁
推轉諸曜 顯造物之無窮

라고 말하였다. 그리고 이곳 상하사방의 무한공간 안(宇內)에서 지금 현재 펼쳐지고 있는 방금운화(方今運化)야 말로 인간의 삶에 있어서 도움을 의뢰(資賴 자뢰)해야 할 근본 바탕이요 과거와 미래의 표준이 된다 하고 있다.

따라서 동정(動靜) 및 일의 처리에 있어 반드시 이 현재의 기에 의거하고 이것을 본받아야 하며 이것에 어긋나고 거스리는 일이 있어서는 안 될 것이라고 말하였다.

그리고 우주에 가득 차 있는 천지의 기(氣) 즉 천기(天氣)는 인간을 비롯한 모든 만물에 똑같이 품부되어서 생명체의 모태가 되며 모든 존재는 이 모태로부터 생명 에너지를 제공받아서 삶을 영위하게 된다.

이러한 천기(운화지기 運化之氣=大氣)가 운화함에 있어 인기(人氣: 몸의 기인 혈기와 마음의 기인 심기)가 천기(天氣)를 승순(承順)하여 천인(天人)의 기(氣)가 일통(一統)을 이루어야 한다고 말하고, 그 방법으로 운화(運化)의 기(氣)를 몸소 살펴 이것을 미루어 몸과 마음의 기에 도달하고 모름지기 이 몸과 마음의 기로써 기를 받들어 섬겨야 한다고 말하였다.

인기(人氣)중 몸의 기인 혈기는 그 조리가 천리(天理) 즉 유행지리(流行之理)이고 마음의 기인 심기는 추측의 능력(推測之能)을 지녀서 견문추측(見聞推測)을 하므로 그 조리가 추측지리(推測之理)이다.

혈기는 바꿀 수 없지만 심기에 습염된 추측지리의 영향을 받아 천기에 어긋나게 운화(運化)하기도 하고 바르게 운화하기도 한다. 그리고

천기는 만물(萬物)을 모두 포함하여 운화가 무궁하니,

지구, 달, 태양, 별이 이것으로 인하여 운행하고 풍우한서(風雨寒暑)가 이로 말미암아 일어난다고 말하였다.

그리고 사람의 심기는 곧바로 천기와 통한다.

인지심기직통천기 人之心氣直通天氣

불견기형철지형질자 위공위허
不見其瀅澈之形質者 爲空爲虛
추각기도주지상행자 위도위성
惟覺其陶鑄之常行者 謂道謂性
욕구기소이연자 일리일신
欲求其所以然者 曰理曰神
방신우주유유차기 경무타완비무차 가비가의자
方信宇宙惟有此氣 更無他完備無欠 可比可擬者

코의 호흡이 일신을 풀무질 함에 따라 천기를 몸 구석 구석에 도달하게 하는 것이다. 따라서 사람 몸의 오장육부 및 신체 피부는 하나의 기계인 셈이다. 라고 하였다.

그리고 활동운화(活動運化)를 살펴보면 살아있는 생명의 기운이 항상 움직여서 두루 운행하여 변화한다.

어리고, 장성하고 노쇠함에 따른 품부 받은 기의 운화에 있어서 모습도 따라서 바뀌며 표정과 태도가 그에 따라서 변한다.

목소리 또한 강약, 청탁, 완급, 성김 총총함의 구분이 있는데 이것은 내장기관이 기의 성쇠하는 운화에 말미암아 따라서 변화한다고 하였다[57].

그리고 인간(人氣)이 천(天氣)과 하나의 생명체가 되어서 삶을 영위해 가는 것을 천인우화라 한다. 그러기 위해서는 인간이 우주의 유일한 본체이자 대체 전체인 운화의기(運化之氣=天)를 정확히 인식하여야 천인운화에 도달하게 된다.

또한 운화의 기를 정확하게 인식하기 위해서는 지금 여기에서 현재의 기가 드러나는 방금운화를 인식하는 것이다.

현재의기, 방금운화야말로 감각기관에 의해서 운화의 기를 감수(感受)하고 감각(感覺)할 수 있는 유일한 통로이다.

그리고 천기의 운화를 인기가 천기를 승순(어기지 않고 통섭된다는 것)하여 천인의 기가 일통을 이루어야 한다는 것이다.

또한 기를 배양함에 있어서(합성천인지함기 合成天人之養氣) 육체적인 氣力의 배양으

---

57) 체찰운화지기 추달신심지기 수장신심지기 승사운화지기
體察運化之氣 推達身心之氣 須將身心之氣 承事運化之氣
총포만유 운화무궁
總包萬有 運化無窮
지월일성차알선 풍우한서유차발작
地月日星此斡旋 風雨寒暑由此發作
종비호흡탁약일신 인신지장부구곡 기계야
從鼻呼吸橐籥一身 人身之臟腑軀穀 器械也
활동운화 통이관지 생기상동이주운대화야
活動運化 統而觀之 生氣常動而周運大化也
연대즉유소장애노 품기지운화 이상모수변
然大則有少壯哀老 稟氣之運化 而像貌隨變
차즉유부귀빈천고락지이지운화 이색태수변
次則有富貴貧賤苦樂遷 移之運化而色態隨變
성음유강약청탁완급희조지분 유어장부기지성애운화이수변
聲音有强弱淸濁緩急稀稠之分 由於臟腑氣之盛衰運化而隨變

로 정기와 혈기(精血)가 보충되고 기화를 배양함으로 활동운화의 견문추측이 깊고 우등해진다는 것이다.

따라서 기력은 인간의 육체적인 생명에너지를 왕성하게 해주고 기화는 인간의 정신적인 생명에너지를 신장시켜 주게 되므로 이 둘을 같이 배양해야 천인운화에 통달할 수 있음을 강조하는 것이다.

최한기는 기의 무한 공덕을 포함해서 신(神)이라고 부른다고 밝히고 그래서 신(神)과 기(氣)를 합쳐서 신기(神氣)라고 부른다고 하였으며,

또한 인간의 형질을 결정하는 요소로 하늘(天), 기후풍토(토의 土宜), 부모의 정혈(精血), 견문에의 물듦(습염 習染)을 들고 있다.

자식의 형질은 아버지의 정(精)과 어머니의 혈(血)이 뒤섞여서 형성이 되고 반드시 같은 유가 되고 서로 닮는다고 하였으며 기후풍토 또한 기의 질은 가볍고 미세하기 때문에 쉽게 사람이나 물체에 들어가 훈염(薰染)해 버린다. 그래서 사람이 땅위에 있으면 지기(地氣)가 몸에 스며들고 몸에 익히게 된다.

고 하였으며 거주 환경 또한 풍속이나 사는 집의 주인어른의 용모의 기 또한 영향을 미친다고 하였다. 태아는 기가 처음 모이는 것이고 성장은 기가 모여 이루어지는 것이며 쇠하는 것은 기가 흩어져 가는 것이며 죽음이란 기가 흩어진 것이라고 하였다[58].

58) 무한공용지덕 총괄지일신 습산진벌
無限功用之德 總括之日神 習算津筏
이기기지질경이차미 역입인물지체이훈염지 인재지면 소염소습 내시지기
以其氣之質輕而且微 易入人物之體而薰染之 人在地面 所染所習 乃是地氣
태자기지시취야 장자기지성취야 애자기지장산야 사자기지시산야
胎者氣之始聚也 長者氣之成聚也 哀者氣之將散也 死者氣之澌散也 「추측록 推測錄」

제5절 심론(心論)

이기혼일의 심론은 멀리 거슬러 올라가면 맹자에서 그 연원을 찾아볼 수 있고 가까이는 정호에서 그 싹을 찾아볼 수가 있다. 육구연은 이들의 심론을 수용하여 마음이 곧이(心卽理)라는 심론을 체계화하였고 그 후 왕수인이 이것을 계승하여 이기혼일의 심론체계를 완성하였다.

공자는 칠십에 이르러서 내 마음이 하고자 하는 대로 하여도 법도에 어긋남이 없게 되었다고 하였으며,

맹자도 대인이란 그 어릴 때의 마음을 잃지 않고 그대로 간직하고 있는 사람이다. 학문은 그 잃어버린 마음을 구하는데 있다고 하였다.

주희는 마음은 사람의 몸을 주재하고 있는 것이다 라며 마음은 성과 정을 다스린다고 하고 마음은 성과 정을 거느리는 자이다 라고 하였다.

소옹은 마음은 태극이다라고 하고 모든 사물과 변화는 마음에서 생겨난다고 하여 마음이 우주 만물의 근원이다 하였다.

육구연은 우주가 곧 나의 마음이라는 심론을 제창하였다. 심론은 원나라의 오징(吳澄)과 정옥(鄭玉)에 의하여 이기합일론으로 발전하였으며 이후 명나라의 왕수인에 이르러서 종합집대성 되었다.

1. 심즉리설

육구연은 주희의 이기이원론을 반대하고 마음이 곧이라는 심즉리설의 입장을 주장하였다. 즉 주희가 태극을 도로 보아 이것을 형이상자라 하고 음양을 기물로 보아 이것을 형이하자라 한 것을 반대하였다. 이리하여 태극만이 형이상자가 아니라 음양역시 형이상자인 만큼 태극과 음양이 별개의 것이 아니라고 하였다. 태극도 곧 도를 떠나서 우주만물이 존재하는 것이 아니며 만물을 떠나서 도가 있는 것이 아니기 때문에 도 역시 비물이고 기물 역시 도이며 태극이 곧 음양이고 음양이 곧 태극이라는 것이다.

2. 이기혼일의 심론

왕수인은 주희의 이기이원론을 반대하고 육구연의 심즉리설을 받아들였다. 그리하여 이는 기에 구비된 조리이고 기는 이의 운용이라 하여 이와 기는 일체이고 한 사물의 양면

에 지나지 않는다고 하였다. 그는 기(태극)의 생성 곧 음과 양의 움직임과 머무름으로 인하여 만물이 생겨나는데 그 음과 양의 움직이고 머무르는 조리가 이라는 것이다.

그는 이와 기를 한 사물의 양면에 지나지 않는다고 하고 마음과 성도 구분하지 않고 마음이 곧이요 성이 곧 기라고 하였다.

그는 천지만물은 모두 이를 가지고 있는 것으로 보았으며 그러한 천지만물이 다 가지고 있는 보편적인 이를 천리라고 하였다. 천리는 사람의 마음에서 완전히 나타날 수 있고 사람의 마음에 나타나는 천리가 바로 만물의 본체이며 동시에 사람의 마음의 본체이므로 인간과 천지만물은 곧 본질적으로 동일한 것이다. 그리하여 그는 대체로 천지만물과 사람은 본래 한 몸이다 라고 하였다.

제2장 도교(道敎)와 기(氣)

제1절 중국의 도교

Ⅰ. 도가(道家)의 기원

도가(道家)와 도교(道敎)는 세상으로부터 초현하려는 태도와 유교와 대립적이었다는 점 등이 서로 상통하다고는 할 수 있겠으나 사상면에 있어서나 종교로서의 성격면에 있어서는 크게 다르다고 할 수가 있을 것이다.

도가(道家)또는 도덕가(道德家)는 노자(老子)가 우주 본체론을 설명하면서 사용한 도(道)와 덕(德)의 개념에서 비롯되어 이를 논하는 일련의 학자들을 일컬었던 말로써 춘추시대에 발생한 노자의 사상은 전국시대(BC453년~BC221년)에 이르러 장자를 비롯한 수많은 사상가들이 나와 그의 사상을 계승 발전시킴으로써 도가를 이룩(형성)하였으며 한(漢 BC202년~AD220년)나라 초기에 걸쳐 성행하였다.

춘추전국시대(BC722년~BC247년)에는 주(周)나라 왕조가 쇠약해지자 각 지방의 제후들이 서로 다투어 나라를 세웠다가 망해가는 약육강식의 시대였다.

이러한 혼돈의 시대적 상황속에서 수많은 지식인들이 저마다 세상을 바로 잡을 경륜을 들고 나와 주장을 펴기에 이르렀다. 후세에 이들을 제자 백가라고 불렀는데 도가는 물론 유가와 묵가, 명가(名家), 법가, 병가, 농가(農家), 음양가(陰陽家) 등 수많은 유파들이 있었다.

유가는 기존 권력의 지배 관계를 기초로 하는 봉건제도를 올바른 도덕으로 바로 잡아 보려고 애쓴데 비하여 도가는 무위자연 함으로써 인간의 모든 불행의 요소로부터 해방하여 완전한 자유로운 경지를 추구하려 하였다.

그리고 도가는 참된 길 즉 도(道)는 인위(人爲)를 초월한 곳에 있으며 그것은 직관에 의하여 체득되는 것으로 사람은 그 참된 길로 돌아가지 않으면 안된다고 가르쳤다.

또한 유가에서 말하는 인(仁)이나 예(禮) 등의 인위(人爲)적인 것을 배제하고 저절로 원래의 모습으로 되돌아가는 성질을 가지고 있는 자연처럼 본능 이외의 인위적인 일체의 행위를 반대하며 인위적인 힘을 가하지 않는 무위자연(無爲自然)의 사태로 돌아가 자연의 법칙에 따를 것을 권하였으며 본능 이외의 아무런 행위도 하지 않는 무위(無爲)와 부귀영화 등에 연연하지 않는 무욕(無慾)을 통하여 자연대도(自然大道)에 순응하는 삶을 이상적으로 제시하였고 도가 사상은 사람들의 이성은 불완전한 것이고 사람들의 판단은 상대적인 것이어서 절대적인 값을 매길 수가 없는 것이라는 인식으로부터 출발한 것이다.

사람들은 그처럼 상대적인 판단에서 얻어진 불안정한 가치를 평생을 두고 추구하기 때문에 불행해진다는 것이다. 따라서 사람이란 이성이나 감정 또는 욕망을 초월하여 아무런 의식적인 행동을 하지 말고 있는 그대로 지내야만 한다는 무위자연의 이론을 주장하게 된 것이다.

그리고 지식과 가치의 문제에서는 물(物)을 여러 가지로 구별하고 대립시켜 파악하는 개념적 인식과 가치판단은 불가능하기도 하며 무의미하기도 하다는 상대주의(相對主義)와 무지야말로 올바르다고 하는 반지주의(反知主義)를 주장하게 되었다.

또한 '세계의 존재와 그 생멸(生滅)의 운동은 도에 의해 지탱되고 있다고 하는 존재론이나 태초의 혼돈(混沌)스러운 도(道)로부터 세계가 유출됐다고 하는 우주 생성론이나 음양오행설에 의한 자연론 등으로 전개 되어 갔다.

나아가 전국(戰國)시대 말에서 진 · 한 시대에는 이러한 것들을 근거로 하면서 인민을 무위자연에 의해 지배하여야 한다는 정치사상과 무위무욕하고 타인에의 겸손을 통해 성공 보신(保身)하라고 하는 처세술이 주장되었다. 그리고 양생설(養生說)이 신선사상(神仙思想)의 장생불사(長生不死)의 주장과 유사하기 때문에 도가사상과 신선사상이 결합하여 후한(後漢) 말까지 민간신앙이 도가사상을 이용하고 육조시대(六朝時代 4~6세기)에 도교로 대성하였다.

유가사상이 현실적이며 긍정적인 군주의 통치권을 합리화하여 역대 왕조의 통치 이념으로써 사회의 기본사상으로 자리잡아 지배자의 사상을 대변하는 것에 반하여 도가사상은 현실부정적이고 도피적인 성향이 강하여 하층민을 중심으로 뿌리를 내려 후에 도교로 발전하였고 지배층에 대항하는 피지배자의 사상으로 대변되었다.

전국시대 이후 「노자」학은 한 대 초엽에 성행했고 「장자」학은 한 대 말엽에 성행하였다.

진례(陳澧, 1810~1882)는 동숙독서기(東塾讀書記)에서 홍량길(洪亮吉, 1746~1809, 자치존 稚存)은 한(漢)이 흥기하면서 황로의 학설(黃老之學)이 성행했다. 황로학(黃老學)은 황제(黃帝)와 노자(老子)를 숭배한데서 비롯되었다고 볼 수가 있다.

전국시대(BC403년~BC221년)에는 중국의 시조이자 최초의 제왕으로 여겨지는 황제를 숭상하는 황학(黃學)이 성행하였는데 한나라(한(漢) BC 202년~AD 220년) 초기에 황학과 노자의 학설을 하나로 합쳐 황로학이라고 불리우며 황로학파라는 명칭 또한 얻게 되었다.

황로학파(黃老學派)는 노자사상을 기반으로 묵가, 명가, 법가 등의 사상을 흡수하여 마음을 비우고 순리에 따른다는 청정무위(淸淨無爲)로 백성을 편안케 하고 어지럽히지 않아야 천하가 안정되고 잘 다스려진다고 주장하고 노자의 도(道) 개념을 발전시켰으며 도를 물질적인 기(氣)의 개념으로 파악하여 기일원론(氣一元論)의 기초를 형성하였다. 이러한 황로학파의 사상은 한나라 건국 초기에 역대 제왕들이 이를 기반으로 국가를 다스렸다.

문제(文帝 재위 BC 179-BC 157)와 경제(景帝 재위 BC 156-BC 141)는 이 학설을 기반으로 태평성대를 이룩했다. 그러나 무제(武帝)가 유학을 통치 이념으로 확립한 뒤 황로학파의 정치적 영향력은 위축되었고 후한 말에 이르러 현허(玄虛=無爲 虛無 등의 심오한 진리)를 숭상하게 되자 황로는 일변하여 노장으로 일컬어졌다. 반고(班固)의 「한서」 예문지(藝文志)에 도가에 속하는 사람들의 저서를 읽어보면 그들은 모두 사람이 속마음의 수양을 통하여 인간의 안녕과 행복을 얻으려고 한다.

그들은 인위적인 일체의 행위를 반대하며 이러한 인위에 의하여 발전한 모든 문화제도를 무시한다. 이러한 문화제도는 모두가 허망한 실속 없는 것들이어서 사람들에게 아무런 이익도 가져다 주지 못한다는 것이며 뿐만 아니라 그것은 오히려 사람들의 불행과 고통의 원인이 되고 있다는 것이다. 따라서 사람들은 모두 무위함으로써 완전한 자연으로 돌아가야만 한다는 것으로, 어떠한 것에도 저해 받지 않는 자유를 얻어 초연하게 노는 것으로 이것을 실현한 사람을 진인(眞人)이라 하였다.

유가에서는 사람이 마땅히 걸어가야 할 길 즉 도덕 법칙을 도라하고 공자는 아침에 도를 들으면 저녁에 죽어도 좋다고 하였으나, 도가에서는 그렇게 되지 않을 수 없는 자연법칙을 도라 하고 있다. 도가 철학자인 장자(莊子,남화진인 南華眞人), 열자(列子, 충허진인 冲虛眞人), 문자(文子, 통현진인 通玄眞人), 항상자(亢桑子, 동영진인 洞靈眞人)등은 도고의 조사(祖師)와 신선으로 받들어졌다.

이러한 도가는 노자(老子)가 황제(黃帝)의 도를 창시하여 장자(莊子)가 승계하였다고 하며 그 사상을 황로(黃老)의 술(術) 또는 노장철학(老莊哲學)이라 하기도 한다.

그리고 도가는 노자와 장자를 비롯하여 열자(列子)와 관윤(關尹) 등의 선진도가(先秦道家)와 왕필(王弼)과 향수(向秀) 및 곽상(郭象) 등을 주로 하는 현학파(玄學派) 그리고 명리학파(名理學派) 등이 도가에 속한다.

1. 노자(老子)

노자의 생물연대는 정확하게 알 수는 없으나 대체로 춘추시대(BC 770년~BC 476년)말 중기에서 전국시대(BC 475년~BC 221년)초의 인물로 사마천(司馬遷, BC 145년~BC 86년?)이 지은 사기(史記)의 노자(老子), 장자(莊子), 신불해(申不害), 한비(韓非)의 노장신한열전(老莊申韓列傳)에 노자는 초(楚)나라 고현(苦縣, 하남성 녹읍) 여향(厲鄕) 곡인리(曲仁里) 사람으로 성은 이(李)이고 이름은 이(耳)이며 자는 담(聃)이라 하고 있다.

그리고 노자는 주(周)나라 왕실의 수장실(守藏室, 도서관과 같은 장서실)의 사(史, 관리, 수장실을 관장하는)를 지냈으며 장자(莊子) 천운편(天運篇)에는 노자는 주(周)나라가 기울어져 가는 것을 보고 나라를 떠나던 중에 변방을 지키던 윤희(尹喜)가 노자를 알아보고 글을 청하였으며 이에 노자는 상ㆍ하(上下) 편으로 나누어 도와 덕의 뜻을 논한 5,000여 자의 글을 써주고 그곳을 떠났다고 하고 있다.

「노자」는 81장으로 이루어졌으며 상편을 도경(道經) 하편을 덕경(德經)이라고 구분하기 때문에 후세에 도덕경(道德經)이라고도 불리게 되었으며 이후 그가 어디로 가서 일생을 마쳤는지 아무도 알지 못한다.

「노자」의 여러 판본 중 한(漢)나라 문제(文帝, BC 179년~BC 157년 재위) 때에 황하가에 초막을 짓고 살았던 하상공(河上公)이 주석을 단 하상공본(河上公本)과 위(魏)나라 왕필(王弼, 206년~249년)이 주석을 한 왕필본(王弼本, 225년~249년)이 오래된 중요 판본이며 1973년 호남성(湖南省) 장사(長沙) 지역에서 비단에 쓰여진 도덕경 두 본이 출토되었으며 그 중 갑본은 한나라(전한 BC 202년~ AD 8년, 후한 AD 22년~AD 220년) 시조 유방(劉邦)이 왕이 되기 전의 것이고 을본은 한나라 유방 이후의 필사본으로 현재 발견된 가장 오래된 도덕경이다.

반고는 한나라 문제(文帝, BC 179년~156년)가 하상공에게「노자」4책을 받았다고 적고 있다.

경제(景帝, BC 156년~140년) 때에는 도가의 연구를 위한 특별 관청이 만들어지고 궁정과 학교에서「도덕경」이 읽혀지도록 하였으나 무제(武帝)는 정통적인 방향이 아닌 다른 철학자들의 저서들의 탐구를 금지하였다.

그러나 후한 때 환제(桓帝, 146년~167년)가 151년에 관리에게 노자의 출생지에서 제사를 지내도록 하였으며 양왕조(梁, 502년~554년)의 간문제(簡文帝, 549년~551년)는 550

년 노자에 대한 책을 저술하였으며 원제(元帝, 552년~554년)는 노자를 해설하는 책을 저술하였다.

「장자」 천운편과 사마천(司馬遷)이 쓴 사기(史記)에는 공자(孔子)가 주(周)나라의 노자(老子)를 찾아가 예(禮)에 대하여 묻고 노자와 헤어진 후 제자들에게 노자는 마치 용과 같은 인물이었다는 말을 하고 있다.

그리고 노자는 도에 대하여 천지가 생겨나기 이전에 뒤섞여 이루어진 것이 있는데 홀로 우뚝서서 변하지 않으며 순화운행하면서도 위태롭지 않아 가히 천하의 어미가 된다. 나는 그 이름을 알지 못하여 그것을 도라하고 억지로 이름을 지어 대라고 한다 하며[59]

또한 도는 성질이나 모양을 가지지 않으며 변하거나 없어지지 않으며 항상 어디에나 있다. 도는 보려 해도 보이지 않고 들으려 해도 들을 수 없으며 만지려 해도 만질 수 없는 하나로 섞여있다. 또한 무어라 이름을 붙일 수 없으며 아무것도 없는 상태로 돌아가니 이를 모양이 없는 모양이며 사물이 없는 형상이라고 하며 이를 일러 황홀(恍惚)이라고 한다. 즉 우리가 눈으로 볼 수 있는 여러 가지 형태의 도가 밖으로 나타나는 모습에 지나지 않는다고 보았다[60]. 따라서

도는 말로써 설명되거나 언어로써 표현될 수 있다면 그것은 진정한 도가 아니며 또한 부를 수 있는 이름은 불변의 이름이 아니다. 그리고 무에서 유가 시작되듯이 무명은 천지만물의 근원이고 형체가 드러나고 이름이 있게(유명) 될 때에는 그것을 성장, 발육시키며 형태를 갖추어주고 완성시켜주니 만물의 어머니이다. 도가 무형과 무명으로 만물을 시작시켜주면 만물은 그것에 의해 시작하고 이루어지되 그렇게 되는 까닭을 알지 못하니 현

---

59) 유물혼성 선천지생 적혜료혜 독립불개 주행이불태 가이위천하모
有物混成 先天地生 寂兮寥兮 獨立不改 周行而不殆 可以爲天下母
오부지기명 자지왈도 강위지명왈대
吾不知其名 字之曰道 强爲之名曰大 「노자 25장」

60) 시지불견 명왈이 청지불이 명왈희 박지부득 명왈미
視之不見 名曰夷 聽之不聞 名曰希 搏之不得 名曰微
차삼자 불가치힐 고혼이위일 기상불교 기하불매 승승혜불가명
此三者 不可致詰 故混而爲一 其上不皦 其下不昧 繩繩不可名
복귀어무물 시위무상지상 무물지상 시위홀황
復歸於無物 是謂無狀之狀 無物之象 是謂恍惚 「노자 14장」

묘하고 또 현묘하다는 것이다[61].

도는 하나(태극)을 낳고 하나는 둘(음 · 양)을 낳으며 둘은 셋을 낳고 셋은 만물을 낳는다. 만물은 음을 지고 양을 품으며 충기로써 조화를 이룬다고 하고 있다는 일원론 적인 우주 생성론을 말하고 있다고 볼 수가 있다. 도는 우주 만물의 본원이며 근거라 할 수 있다. 따라서 만물은 유에서 나오고 유는 무에서 볼 수가 있다[62].

아름다움과 추함, 선과 악, 길고 짧은, 높고 낮음 등은 서로가 상대적이며 주관적일 수 밖에 없을 것이다. 「노자」 2장에는 도는 만물을 낳고도 자신의 소유로 하지 않으며 행하고도 뽐내지 않으며 공을 이루고도 그 공을 내세우지 않으니 공적을 잃지 않는다 하며[63]

노장 10장에서는 낳아주고 기르지만 낳았다고 해서 소유하지 않고 작위하지만 자랑하지 않고 길러주지만 부리지 않는 것을 현묘한(신비스러운) 덕이라 하고 있다[64].

유가에서는 하늘과 땅을 인간과 같이 의지가 있는 인격자로 보아 인간에게 은혜를 베풀고 형벌을 내릴 수 있다고 믿었으며 잡신은 믿지 않았으나 조상신과 하늘님(천제) 그리고 땅에 있는 지신을 숭배하여 왔다(천인동류설). 그러나 노자는 천지를 하나의 의지가 없는 자연으로 보아 천지는 자연적 존재이기 때문에 만물은 자연계의 법칙에 의해 운행되며 하늘이 주재하는 것이 아니다. 따라서 천지는 스스로 그러한 대로 맡기니 인위나 조작이 없으며 만물이 스스로 서로 다스리므로 천지는 인자하지 않다고 보았다.

또한 자연은 스스로 그러하다는 것으로 저절로 원래의 모습으로 되돌아가려는 성질을

---

61) 도가도 비상도 명가명 비상명 무명 천지지시 유명 만물지모
道可道 非常道 名可名 非常名 無名 天地之始 有名 萬物之母
고상무욕 이관기묘 상유욕 이관기요 차양자 동출이이명 동위지현 현지우현 중묘지문
故常無欲 以觀其妙 常有欲 以觀其徼 此兩者 同出而異名 同謂之玄 玄之又玄 衆妙之門 「노자 1장」

62) 도생일 일생이 이생삼 삼생만물 만물 부음이포양 충기이위화
道生一 一生二 二生三 三生萬物 萬物 負陰而抱陽 沖氣以爲和 「노자 42장」

63) 시이 성인 처무위지사 행불언지교 만물작언이불사 생이불유 위이부시
是以 聖人 處無爲之事 行不言之教 萬物作焉而不辭 生而不有 爲而不恃
공성이불거 부유불거 시이 불거
功成而不居 夫唯不居 是以 不去 「노자 2장」

64) 생지축지 생이불유 위이불시 장이부재 시위현덕
生之畜之 生而不有 爲而不恃 長而不宰 是謂玄德 「노자 10장」

가지고 있다고 보고 외부에서 인위적인 어떠한 힘도 가하지 않는 무위자연과 같이 사람이 우주의 근본이며 도의 길에 도달하려면 인위적인 법률이나 도덕과 같은 것에 얽매이지 말고 가장 순수한 양심에 따라 있는 그대로의 모습을 지키며 살아 갈 때 비로소 도에 이를 수 있다고 하고 있다. 그리고

도는 텅 비어 있지만 그 작용은 무궁무진하며 심오하여 마치 만물의 종주와 같으며

날카로움을 꺾고 분란을 해결하고 밝은 곳에서는 빛과 함께 하고

먼지 속에서는 먼지와 함께하며 그의 모습을 말하면 맑고 깊어서 존재하는 듯하다. 나는 그것이 누구의 아들인지 알지 못하나 상제보다 앞선 것 같다고 하고 있다[65].

노자가 기(氣)에 대해 도덕경에는 10장 현덕(玄德)과 42장 물생(物生) 그리고 55장 적자(赤子)에서 언급을 하고 있을 정도이다.

현덕(玄德)에서는 기(氣)운을 모아 부드럽게 만들어 어린아이와 같게 할 수 있겠는가[66] 하여 자연스러운 기에 맡기고 부드럽게 조화를 이루워 아무런 욕심이 없는 어린아이와 같게 되면 사물은 온전하게 존재하게 되고 타고난 본성을 얻게 된다고 하고 있으며 물생(物生)에서는 도는 하나를 낳고 하나는 둘을 낳고 둘은 셋을 낳고 셋은 만물을 낳는다 하며 만물은 음(陰)을 지고 양(陽)을 안으며 기(氣)가 혼연히 섞이어 변화를 만든다 한다[67].

그리고 적자(赤子)에서는 화(和)를 아는 것을 상(常)이라하고 상(常)을 아는 것을 명(明)이라 하며 생명에 이로운 것을 상(祥)이라 하고 마음으로 기(氣)를 다스리는 것을 강(强)이라 한다고 하고 있다[68].

---

65) 도충 이용지 혹불영 연혜 사만물지종 좌기예 해기분화기광 동기진
道沖 而用之 或不盈 淵兮 似萬物之宗 挫其銳 解其紛 和其光 同其塵
담혜 사혹존 오부지수지자 상제지선
湛兮 似或存 吾不知誰之子 象帝之先 「노자 4장」

66) 전기치유 능 영아호
專氣致柔 能 嬰兒乎 「노자 10장 현덕」

67) 도생일 일생이 이생삼 삼생만물 만물부음이포양 충기이위화
道生一 一生二 二生三 三生萬物() 萬物負陰而抱陽 沖氣以爲和 「노자 42장 물생」

68) 지화왈상 지상왈명 익생왈상 심사기왈강 물장즉로 시위부도 부도조이
知和曰常 知常曰明 益生曰祥 心使氣曰强 物壯則老 謂不道 不道早已 「노자 55장 적자」

2. 열자(列子)

열자의 자는 어구(禦寇)이며 기원전 400년경 춘추시대(BC 770년~BC 453년) 정(鄭)나라의 포(圃, 오늘날 하남의 중모현)에서 태어났으나 그의 생애는 분명치 않다.

대략 노자(老子)의 제자이며 장자(莊子)의 선배로써 공자(孔子)와 맹자(孟子)의 중간에 생존하였던 것으로 알려져 있다.

「열자 列子」는 「노자 老子」와 「장자 莊子」와 더불어 도가의 삼서로 당나라(618년~907년) 때에는 충허진경(沖虛眞經)이라 존칭되었으며 송나라(960년~1279년) 때에는 충허지덕진경(沖虛至德眞經)으로 도가의 3대 경전으로 존칭되었다.

「열자」는 진(晉)나라 때 장잠(張潛)이 주석한 8권과 당나라(唐, 618년~907년) 때 은경순(殷敬順)이 주석한 「열자석문 列子釋文」 등이 전해 내려오고 있다.

열어구는 노자의 사상을 받아 들였으나 노자가 우주본체 즉 만물의 근원적 존재를 도라 한 것에 비하여 그는 태역이라 하였다.

즉 「열자」에서 모든 형체를 지닌 것은 형체가 없는 무에서 생겨났는데 태역(太易)이란 기(氣)가 아직 나타나지 않은 상태이며 태초(太初)는 기가 나타나기 시작한 상태이고, 태시(太始)는 형체가 형성되기 시작한 상태이며 태소(太素)는 만물 특유의 성질이 갖추어지기 시작한 상태이다.

그리고 기운과 형체와 성질이 갖추어져 있으나 분리되지 않는 상태를 혼돈 상태라 하는데 이는 만물이 서로 혼동을 이루어 서로 분리되지 않은 것이다.

그것은 보려고 해도 보이지 않으며 들으려 해도 들리지 않고 잡으려고 해도 잡히지 않는다. 따라서 그것을 역(易)이라 말한다.

역에는 형체와 한계가 없으며 역이 변하여 일이 되고 일이 변하여 칠이 되며 또한 칠이 변하여 구가 되는데 구로 변화한 것은 궁극에 이른 것으로 이는 곧 다시 변하여 일이 된다고 한다.

그리고 맑고 가벼운 것은 올라가 하늘이 되고 탁하고 무거운 것은 내려와 땅이 되고 중화의 기운은 사람이 된 것으로 하늘과 땅은 정기를 품고 있고 만물은 변화하고 생성되고 있다고 한다[69].

---

[69] 부유형자, 생어무형, 즉천지안종생 고왈 유태역, 유태초, 유태시, 유태소
夫有形者, 生於無形, 則天地安從生 故曰 有太易, 有太初, 有太始, 有太素
태역자, 미견기야. 태초자, 기지시야. 태시자, 형지시야. 태소자, 질지시야.
太易者, 未見氣也, 太初者, 氣之始也. 太始者, 形之始也. 太素者, 質之始也.

열자(列子)는 그의 스승인 호자(壺子 또는 호구자림 壺丘子林) 친구인 백혼무인(伯昏瞀人)에게 생겨나는 것과 생겨나지 않는 것이 있고 변화하는 것과 변화하지 않는 것이 있으며 생겨나지 않는 것은 무한히 생겨나게 할 수가 있고 변화하지 않는 것은 무한히 변화하게 할 수가 있으며 언제나 생겨나고 변화한다고 하였으며 공허의 신인 곡신은 죽지 않으며 이것을 현묘라 하고 현묘한 암컷의 문인 현빈을 천지의 근원으로 천지만물을 생겨나게 하고 변화하게 하는데 이는 언제나 존재하는 듯하며 그것은 언제나 작용을 하고 있는데도 지치지 않는다고 하였다.

즉 「열자」천서에 곡신은 죽지 않으며 이것을 현모라 하며 현묘한 암컷의 문을 하늘과 땅의 근원이라 하고 끊임없이 언제나 존재 하는 듯하며 언제나 작용을 하고 있는데도 지치지 않는다 그러므로 만물을 생겨나게 하는 것은 생겨나지 않고 만물을 변화하게 하는 것은 변화하지 않는다 하고 스스로 생겨나고 변화하며 형성되고, 빛깔을 지니며 알게 되고 힘을 지니며 스스로 없어지고 멈추게 된다. 열자는 생장된 자는 죽게 되지만 생장을 시킨 것은 종말이 없으며 형체를 지닌자는 실존하지만 형체를 지니게 한 것은 존재한 적이 없다고 하고 있다.

그리고 형체가 있는 것은 반드시 끝이 있으며 형체가 없는 무로 돌아가며 삶이 있는 것 또한 삶이 없는(죽음)것으로 돌아간다. 정신이란 하늘의 몫으로 맑고 흩어지며 육체란 땅의 몫으로 탁하여 모이게 된다. 또한 정신은 형체를 떠나서 낳지도 변하지도 않는 만유의 근원으로 돌아가게 된다. 그것을 일컬어 귀신이라 부른다고 하고 있다[70].

기형질구이미상리, 고왈혼륜. 혼륜자, 언만물상혼륜이미상리야.
氣形質具而未相離, 故曰渾淪 渾淪者 言萬物相渾淪而未相離也
시지불견, 청지불문, 순지불득, 고왈역야 역무형날 역변이위일 일변이위칠 칠변이위구
視之不見, 聽之不聞, 循之不得, 故曰易也 易無形埒 易變而爲一 一變而爲七 七變而爲九
구변자 구야내복변이위일. 일자, 형변지시야. 청경자상위천. 탁중자하위지, 충화기자위언.
九變者 究也乃復變而爲一. 一者, 形變之始也. 淸輕者上爲天. 濁重者下爲地, 沖和氣者爲人.
고천지함정 만물화생
故天地含精 萬物化生 「열자」

70) 황제서왈 곡신불사, 시위현모, 현빈지문, 시위천지지근.
黃帝書曰 谷神不死, 是謂玄牡. 玄牝之門, 是謂天地之根.
면면약존 용지불근 고생물자불생 화물자불화 자생자화 자형자색 자지자력 자소자식
綿綿若存. 用之不勤. 故生物者不生, 化物者不化. 自生自化 自形自色 自智自力 自消自息
생지소생자사의 이생생자미상종 형지소형자실의 이형형자말상유
生之所生者死矣 而生生者未嘗終 形之所形者實矣 而形形者未嘗有
형필종자야 천지종호 여아해종 유생즉복어불생 유형즉복어무형
形必終者也. 天地終乎 與我偕終. 有生則復於不生 有形則復於無形

3 장자(莊子)

장자(莊子)의 생존 연대는 정확히 알 수가 없으나 사마천(司馬遷, 약 BC 145년~BC 86년)이 지은 사기(史記)의 노장신한열전(老莊申韓列傳)에 그의 이름은 주(周)이고 자는 자휴(子休)이며 몽현(蒙縣: 지금의 허난성 河南省 상주시 商丘市) 사람으로 한 때 몽고을의 칠원(漆園)에서 벼슬을 하였으며 양(梁)나라 혜왕(惠王, 재위 BC370년~BC319년)과 제(齊)나라 선왕(宣王, 재위 BC319년~BC301년)과 같은 시대 사람으로 맹자(孟子, BC372년~BC289년)와 비슷한 연배였으리라는 추측과 함께 대략 기원전 355년에서 기원전 275년 경에 살았던 것으로 추정을 할 뿐이다.

장자는 당나라 현종(玄宗) 천보(天寶) 9년(759년)에 남화진인(南華眞人)이라 부르며 책 「장자」는 「남화진경(南華眞經)」이라 부르도록 명을 하였다.

사마천은 장자가 10여만 언(言)을 썼다고 하였으며 한나라 때의 학자 반고(班固)가 지은 한서(漢書) 예문지(藝文志)에서는 「장자」가 내7편, 외28편, 잡14편, 해설3편 등 모두 52편으로 이루어졌다고 했으나 오늘날 통용되고 있는 것은 진(晉)나라 때 곽상(郭象)이 주석한,

내7편(內篇) : 소요유(逍遙遊), 제물론(齊物論), 양생주(養生主), 인간세(人間世), 덕충부(德充符), 대종사(大宗師), 응제왕(應帝王)과

외15편(外篇) : 변무(騈拇), 마제(馬蹄), 거협(胠篋), 재유(在宥), 천지(天地), 천도(天道), 천운(天運), 각의(刻意), 선성(繕性), 추수(秋水), 지락(至樂), 달생(達生), 산목(山木), 전자방(田子方), 지북유(知北遊) 및,

잡11편(雜篇) : 경상초(庚桑楚), 서무귀(徐無鬼), 즉양(則陽), 외물(外物), 우언(寓言), 양왕(讓王), 도척(盜跖), 설검(說劍), 어부(漁夫), 열어구(列禦寇), 천하(天下)의 33편 65,000여 자로 되어 있다.

그러나 장자 33편 가운데 장자 자신이 쓴 것은 내7편뿐이고 외편과 잡편은 후세의 장자 학파 사람들이 썼다고 보는 것이 통설이다.

「장자」는 대부분이 사람이나 사물에 의탁하여 펼치는 우언(寓言)으로 이루어졌으며 당시 존경받던 사람들에 의탁하여 자기주장을 펼치는 중언(重言)과 사람과 사물 및 때와 장소에 따라 자기주장을 펴는 치언(巵言)으로 구성되어 있다. 장자는 아내가 있었고(지락편)

정신자천지분 골해자지지분 속천 청이산 속지 탁이취 정신이형 각귀기진 고위지귀
精神者天之分 骨骸者地之分 屬天 淸而散 屬地 濁而聚 精神離形 各歸其眞 故謂之鬼 「열자 천서」

제자가 있었으며(산목편, 열어구편) 생활이 어려워 감하후에게 돈을 빌리러 갔었으며(외물편) 남루한 옷을 입고 위나라 혜왕을 만났으며(산목편) 장자를 재상으로 삼으려는 초나라 위왕이 보낸 중신에게 진흙땅에 뒹굴어도 자유롭게 살고 싶다고 거절하는 이야기(추수)등을 통하여 그 일면을 엿볼 수가 있다.

1) 도(道)

(1) 도의 실체

장자는 노자의 도(道)를 받아들여 자신의 중심사상으로 삼았다. 그는 대종사에서 노자의 도를 받아들여 도는 형체가 없어 체득할 수는 있으나 볼 수가 없으며 전할 수는 있으나 받을 수는 없으며 실재하는 것으로 우주만물의 근원이라고 하고 천지가 있기 전에 이미 존재하며 천지를 낳았다고 하였다. 그리고 도는 태극보다 먼저 있었으나 높다하지 않고 천지보다 먼저 생겨났으나 장구하지 않고 상고보다 오래되었지만 늙었다고 하지 않는다고 하였다[71].

또한 장자는 지북유에서 도는 들을 수도 볼 수도 말로 설명할 수도 없으며 들었거나 보았거나 설명하거나 말로 표현을 하였다면 그것은 도가 아니라고 하였으며 형체를 지각할 수는 있지만 그 형상은 형상이 아니라고 하고 도란 이름을 붙이는 것 또한 옳지 않다고 하였다. 그리고 도는 물을 수도 대답할 것도 없다고 하고 대답할 것이 없는 것을 대답을 한다는 것은 진한 마음이 없는 것으로 이러한 헛된 질문에 대답을 하는 자들은 밖으로 우주현상을 바르게 보지 못하고 안으로는 태초의 미묘한 이치를 알지 못하기 때문으로 이런 자들은 곤륜에 가보지 못하고 태허의 세계에 노닐어 보지도 못하는 것이라 하고 있으며, 그리고 장자는 동곽자의 물음에(지북유) 도는 존재하지 않는 곳이 없다고 하며 진실한 도(道)는 사물을 떠나 존재하지 않기 때문에 어떠한 물건이든 도(道)로부터 벗어나는 것이 없다 하고 있다[72].

---

71) 부도 유정유신 무위무형 가전이불가수 가득이불가견
夫道 有情有信 無爲無形 可傳而不可受 可得而不可見
자본자근 미유천지 자고이고존 신귀신제 생천생지 재태극지상 이불위고
自本自根 未有天地 自古以固存 神鬼神帝 生天生地 在太極之上 而不爲高
재육극지하 이불위심 선천지생 이불위구 장어상고 이불위로
在六極之下 而不爲深 先天地生 而不爲久 長於上古 而不爲老 「장자 대종사」

72) 도불가이 이이비야 도불가견 견이비야 도불가언 언이비야 지형형지불형호 도부당명
道不可聞 聞而非也 道不可見 見而非也 道不可言 言而非也 知形形之不形乎 道不當名
유문도이응지자 부지도야 수문도자도 역미문도 도무문 문무응 무문문지 시문궁야

또한 지북유에서 순(舜)임금이 스승인 승(丞)에게 도(道)를 터득하여 소유할 수가 있겠는가를 묻자 승(丞)은 임금의 몸도 임금의 소유가 아닌데 어찌 임금께서 소유할 수가 있겠습니까 라고 답을 하였다. 이에 순임금은 내 몸이 내것이 아니라하면 누구의 소유란 말이냐고 묻게 되고 승은 그것은 천지가 맡겨놓은 형체로써 생명은 천지가 맡겨놓은 음양의 화합이며 본성과 운명 또한 천지가 맡겨 놓은 순리(順理)이고 자손도 천지가 맡겨놓은 허물이다. 천지는 발양(陽)하는 기(氣)에 의하여 되는 것인데 어찌 소유할 수가 있겠습니까 라고 답을 하였다(천지지강양 기야 우호가득이유아 　地之疆陽 氣也 又胡可得而有邪?).

장자는 천지에서 태초에는 유(有)도 명칭도 없이 무(無)만 있었으며 그 무에서 형체가 없는 하나가 생겨났으며 만물은 그 하나에서 생겨났는데 그것을 덕이라 한다. 그리고 아직 형체가 없었던 것이 분열하여 끊임없이 이어지니 그것을 명(命)이라 하고 그 하나가 머물고 움직여서 사물을 낳고 그 사물이 생성되어 생리(生理)가 갖추어지는데 그것을 형체라 한다. 형체는 정신을 보존하여 각기 원칙을 지니게 되는데 그것을 본성이라고 한다. 이러한 본성을 닦으면 덕으로 돌아가며 덕이 지극해지면 태초와 같아진다고 하였다.

그리고 태초와 같아지면 허(虛)하고 허하면 크며 어리석은 듯 무지한 듯 하다.

이를 현묘한 덕(玄德)이라하며 유현한 무위의 덕을 체득했다 하며 자연에 따르는 대순과 같다고 하고 있다[73].

그리고 추수에서는 북해(北海)의 신(神)인 약(若)이 하수(河水)의 신인 하백(夏伯)의 물음에,

도는 생겨남도 소멸함도 없지만 사물에는 생겨남과 소멸함(생과 사)이 있으며 가는 세월은 잡을 수가 없으며 소멸되면 살아나고 찼다가는 텅 비고 끝나면 시작이 있는 것이니

有問道而應之者 不知道也 雖問道者 亦未聞道 　道無問 問無應 無問問之 是問窮也
무응응지 시무내야 이무내득문궁 약시자 외불관호우주 내불지호대초 시이불과호곤륜 불유호태허
無應應之 是無內也 以無內待問窮 若是者 外不觀乎宇宙 內不知乎大初 是以不過乎崑崙 不遊乎太虛
동곽자문어 소위도 오호재 장자왈 무소부재
東郭子問於 所謂道 惡乎在 莊子日 無所不在 　「장자 지북유」

73) 태초유무 무유무명 일지소기 유일이미형 물득이생 위지덕 미형자유분 차연무간 위지명
泰初有無 無有無名 一之所起 有一而未形 物得以生 謂之德 未形者有分 且然無間 謂之命
유동이생물 물성생리 위지형 형체보신 각유의칙 위지성 성수반덕 덕지동어초 동내허 허내대
留動而生物 物成生理 謂之形 形體保神 各有儀則 謂之性 性修反德 德至同於初 同乃虛 虛乃大
합훼명 훼명합 여천지위합 기합민민 약우약혼 시위현덕 동호대순
合喙鳴 喙鳴合 與天地為合 其合緡緡 若愚若昏 是謂玄德 同乎大順 　「장자 천지」

만물의 생성과 소멸함이 말이 뛰고 달리는 것과 같이 움직여 변화하지 않는 것이 없으니 스스로가 변화하게 내버려두면 그 뿐이라 하고 있다[74].

그리고 천지에서 형체는 도가 아니면 태어나지 못하며 생명은 덕이 아니면 발현되지 못한다 하고 형체를 보존하면서 생명을 다하고 덕을 세워 도를 밝히는 것이 큰 덕을 지닌 사람이라 하고 있으며,

노자는 도(道)의 크기는 끝이 없으며 규모로는 없는 것 없이 만물을 갖추고 있으며 그 넓이 또한 넓어서 포용 못할 것이 없고 그 깊이는 깊어 측량을 할 수가 없다고 하며 그 넓이는 넓어서 포용 못할 것이 없고 그 깊이는 깊은 연못처럼 측량을 할 수가 없다고 한다[75].

2) 도의 작용

하늘과 땅은 하려고 하지 않음으로 맑고 평온하며 이들이 하려고 하지 않음이 서로 합하여 만물이 생성 변화하고 천지는 하려고 하지 않음으로써 모든 일을 하고 있다고 하고 있다[76].

또한 재유편에 운장(雲將)이 홍몽(鴻濛)을 만나 천기(天氣)는 조화를 잃고 지기(地氣)는 막혀있으며 흐리고, 비오고, 바람불고, 어둡고, 맑고 밝은 육기(六氣)는 고르지 못하고 사시(四時)는 절조가 없습니다. 저는 육기의 정기를 화합시켜 무리의 생물을 기르려 하는데

---

74) 도무종시 물유사생 불시기성 일허일만 불위호기형 연불가거 시불가지
道無終始 物有死生 不恃其成 一虛一滿 不位乎其形 年不可擧 時不可止
소식영허 종즉유시 물지생야 약취치야 무동이불변 무시이불이 하위호 하불위호 부고장자화
消息盈虛 終則有始 物之生也 若驟馳也 無動而不變 無時而不移 何為乎 何不為乎 夫固將自化
「장자 추수 秋水」

75) 고형비도불생 생비덕불명 존형궁생 입덕명도 비왕덕자야
故形非道不生 生非德不明 存形窮生 立德明道 非王德者邪 「장자 천지」
노자왈 부도 어대부종 어소불유 고만물비 광광호 기무불용야 연호기불가측야
老子曰 夫道 於大不終 於小不遺 故萬物備 廣廣乎 其無不容也 淵乎其不可測也 「장자 천도」

76) 천무위이지청 지무위이지녕 고양무위상합 만물개화
망호홀호 이무종출호 홀호망호 이무유상호 만물직직 개종무위식
고왈 천지무위야 이무불위야
天無為以之淸 地無為以之寧 故兩無為相合 萬物皆化
芒乎芴乎 而無從出乎 芴乎芒乎 而無有象乎 萬物職職 皆從無為殖
故曰 天地無為也 而無不為也 「장자 지락」

어떻게 하느냐고 묻자 홍몽은 하늘의 법도를 어지럽히고 만물의 본성을 거스른다면 하늘의 현묘한 조화가 이루어지지 않는다며 인위적으로 다스리게 된다면 그 결과 짐승들은 무리로부터 흩어지고 새들은 밤에도 울며 재앙이 초목에 미치고 벌레들에게까지 화가 미친다. 네가 무위 속에 자연의 도와 하나가 되게 살면 만물은 저절로 조화될 것이다. 따라서 만물은 번성하여 각각 자기 근본으로 돌아갈 것이다. 만물은 저절로 태어나 살아가는 것이라고 말하고 있다[77].

그리고 황제는 장자 지북유에서 도와 덕은 말로써 이룰 수 없으며 인은 그대로 행하여도 좋지만 의는 잘못 될 수가 있다. 예는 인위를 따르게 하는(속이는) 것이다. 그러므로 도를 잃은 후에 덕이 생기고 덕을 잃은 후에 인이 생기며 인을 잃은 후에 의가 생기며 의를 잃은 후에 예가 생기며 예는 혼란의 시초라고 하였다. 또한 도를 닦는 사람은 매일같이 자연에 반하는 모든 것을 버려야 하며 다스림이 없는 무위에 이르러야 한다고 한다. 황제는 사람이 태어나는 것은 기(氣)가 모이는 것으로 기가 흩어지면 죽게 된다고 한다. 그러므로 만물은 하나이며 천하를 두루 통하는 것은 하나의 기(氣)일 뿐이라고 하고 있다[78].

또한 전자방에서 노담(자)이 공자의 물음에 지극한 음기는 고요하고 지극한 양기는 활발하다. 그리고 고요한 음기는 하늘로 진출하고 창성해진 양기는 땅으로 발양한다. 이러

---

77) 천기불화 지기울결 육기부조 사시부절 금아원합육기지정 이육군생 위지내하
天氣不和 地氣鬱結 六氣不調 四時不節 今我願合六氣之精 以育群生 為之奈何
홍몽(鴻濛)은 난천지경 역물지정 현천불성 해수지군 이조개야명 재급초목 화급지충 의 치인지과야
亂天之經 逆物之情 玄天弗成 解獸之群 而鳥皆夜鳴 災及草木 禍及止蟲 意 治人之過也
의 심양 여도처무위 이물자화 만물운운 각복기근 무문기명 무규기정 물고자생
意 心養 汝徒處無為 而物自化 萬物云云 各復其根 無問其名 無闚其情 物故自生 「장자 재유」

78) 도불가치 덕불가지 인가휴야 의가휴야 예상위야
道不可致 德不可至 仁可為也 義可虧也 禮相偽也
고왈 실도이후덕 실덕이후인 실인이후의 실의이후예 예자 도지화 이란지도야
故曰 失道而後德 失德而後仁 失仁而後義 失義而後禮. 禮者 道之華而亂之道也
고왈 위도자일손 손지우손지 이지어무위 무위이무불위야 금이위물야 욕복귀근
故曰 為道者日損 損之又損之 以至於無為 無為而無不為也 今已為物也 欲復歸根
불역난호 기이야 기유대인호 생야사지도 사야생지시 숙지기기
不亦難乎 其易也 其唯大人乎 生也死之徒 死也生之始 孰知其紀
인지생 기지취야 취즉위생 산즉위사 약사생위도 고왈 통천하일기이 성인고귀일이
人之生 氣之聚也 聚則為生 散則為死 若死生為徒 故曰 通天下一氣耳 聖人故貴一 「장자 지북유」

한 음양의 두 기가 서로 통하여 조화를 이룸으로써 만물이 생겨난다고 하고 누가 그 법도를 다스리고 있는지는 모르지만, 그 형체 또한 드러내지 않고 없어지고, 생겨나고, 밝아지고, 어두워지는 등의 변화는 날마다 계속되지만, 그 조화의 공 또한 드러내지 않는다.

처음과 끝이 서로 반복되어 순환하여 실마리가 없으니 그 끝나는 곳을 알지 못한다.

이러한 음양의 도가 아니면 또 무엇이 만물의 근원이 될 수 있겠는가 라고 말하고 있다[79].

또한 달생에는

천지는 만물의 부모로써 하늘의 양과 땅의 음의 기운이 합해지면 형체를 이루고 흩어지면 처음 아무것도 없었던 상태를 이루게 된다고 하고 있으며

장자 지락편에서는

장자가 부인의 죽음에 문상을 온 혜자에게 생명이란 원래 없었기에 생명뿐 아니라 형체도 없었으며 또한 기운조차도 없었네.

모든 것이 혼돈 속에 섞여 있다가 변하여 기가 생기고 이러한 기가 변해서 형체가 생기며 형체가 변화해서 생명이 생긴 것이라 하며 지금은 다시 변화를 하여 죽음으로 돌아간 것이라고 말하며 이것은 춘하추동 사계절이 순환 운행하는 것과 같은 이치라 말하며 지금 아내는 천지라는 거대한 방에서 편히 잠자려 하는데 내가 굳이 시끄럽게 곡을 해서야 되겠는가 하고 있다[80].

---

79) 지음숙숙 지양혁혁 숙숙출호천 혁혁발호지 양자교통성화이물생언
至陰肅肅 至陽赫赫 肅肅出乎天 赫赫發乎地 兩者交通成和而物生焉
혹위지기이막견기형 소식만허 일회일명 일개월화 일유소위 이막견시야
或為之紀而莫見其形 消息滿虛 一晦一明 日改月化 日有所為 而莫見是也
생유소호맹 사유소호귀 시종상반호무단 이막지호기소궁 비시야 차숙위지종
生有所乎萌 死有所乎歸 始終相反乎無端 而莫知乎其所窮 非是也 且孰為之宗 「장자 전자방」

80) 천지자 만물지부모야 합즉성체 산즉성시
天地者 萬物之父母也 合則成體 散則成始 「장자 달생」
찰기시이본무생 비도무생야 이본무형 비도무형야 이본무기 잡호망홀지간 변이유기
察其始而本無生 非徒無生也 而本無形 非徒無形也 而本無氣 雜乎芒芴之間 變而有氣
기변이유형 형변이유생 금우변이지사 시상여위 춘추동하 사시행야
氣變而有形 形變而有生 今又變而之死 是相與為 春秋冬夏 四時行也
인차언연침어거실 이아교교연 수이곡지 자이위불통호명 고지야
人且偃然寢於巨室 而我噭噭然 隨而哭之 自以為不通乎命 故止也 「장자 지락」

4. 왕필(王弼 226년~243년)

왕필(王弼 자: 보사 輔嗣)은 위(魏)나라 문제(文帝) 황초(黃初) 7년(226년) 산양고평(山陽高平) 지금의 산동성 금향현(山東省 金鄕縣)에서 태어났다. 그의 나이 18세 때(정시正始 4년 서기 243년)「노자주」를 저술하고 22세~24세 때(정시正始 8년~10년, 서기 247년~249년)「주역주」를 썼다고 알려져 있다.

왕필(王弼)은 방제(芳帝, 정시正始 10년, 서기 249년)때 사마의(司馬懿)가 정변을 일으켜 많은 사람들을 죽였으나 그는 죽음을 면하고 관직을 박탈 당하였으나 재난 속에 전염병에 걸려 그 해 가을에 24세의 나이로 병사를 하였다.

왕필의 사상은 비롯 젊은 나이에 이룬것이기는 하였으나 위진현학(魏晉玄學)을 대표하며 노자 사상을 요약한「노자지략 老子旨略」은 실전되었다가 1948년「도장 道藏」속에 작자 미상으로 실려있던「노자 미지례략 老子 微旨例略」이 왕필의 글로 고증됨으로써 세상에 알려지게 되었다.

왕필은 모든 만물은 도(道) 곧 무(無)에서 생겨났다고 하는 노자(老子)의 사상을 받아들여 형체가 없고 이름이 없는 것이 만물의 근본이라 하고 무릇 유(有)는 무(無)에서 시작하므로 아직 형체가 드러나지 않고 이름이 없는 때가 만물의 시작이 된다고 하였다.

또한 천하의 만물은 유(有)에서 생겨나지만 유(有)는 무(無)를 근본으로 삼아 시작되므로 유(有)를 온전히 하고 싶으면 반드시 무(無)로 돌아가야 한다고 하였으며

요와 명은 깊고 먼 것을 찬탄한 것이나 그윽하고 깊고 멀어서 볼 수가 없다. 그러나 만물은 그것으로 말미암아서 생기는데 그 참모습은 볼 수가 없다. 사물의 본바탕을 정하기 때문에 그러므로 그윽하고 아늑한 가운데 정수한 것이 들어있다고 하고 있다.

왕필은 만가지 사물과 만가지 형체는 모두 일(一)로 돌아간다. 무엇으로 말미암아 일(一)에 이르는가 하면 무(無)로 말미한다. 무로 말미암아 일(一)에 이르니 일(一)을 무(無)라고 할 수 있다고 하고

무릇 만물은 비어있는 것에서 생겨나고 움직임은 머무름에서 일어난다. 그러므로 만물은 비롯 함께 움직여 생겨나지만 결국엔 비어있음과 머무름으로 돌아간다고 하여 만물의 근원인 무(無)를 고요하여 움직이지 않는 것으로 보고 있다.

또한 만물은 스스로 그러함을 본성으로 삼는다. 그러므로 따를 수는 있어도 인위적으로 무엇을 할 수가 없고 두루 통하여 있기 때문에 붙잡을 수도 없다. 만물이 가지고 있는 변

함없는 본성을 개조하려고 하면 반드시 실패할 것이라고 하였다[81].

당시 이부상서(吏部尙書)였던 하안(何晏, 190년~249년)은 성인에게는 희노애락의 감정이 없다고 생각하였는데 왕필은 이와는 달리 성인이 사람들보다 뛰어난 것은 신명(神明)이요 사람과 같은 것은 다섯 가지의 감정(五情)이다 라며

성인은 신명이 빼어나므로 충화(沖和)의 기운을 체득하여 무(無)에 통할 수 있고 다섯 가지 정이 같으므로 슬픔이나 기쁨의 감정 없이 사물을 대하지 않을 수가 없다.

그러한 즉 성인의 감정은 사물에 응하지만 사물에 매이지 않는다고 말한다[82].

5 유안(劉安 BC179년~BC122년)

유안(劉安)은 연주(兗州) 풍현(豊縣)에서 한(漢)나라 고조유방(高祖劉邦)의 막내 아들인 회남의 여왕(淮南厲) 유장(劉長)의 장남으로 태어났으며 흔히 회남자(淮南子)로 불리운다. 유안의 할머니는 유방이 조(趙)나라에 들렀을 때 수청을 들어 임신을 하였으며 임신 사실을 유방에게 알리려 하였으나 관심을 보이지 않자 아들(유장)을 낳은 후에 자결을 하였다.

그 후 유방은 기원전 197년 회남왕 경포가 반란을 일으키자 이를 정벌하고 유장을 회남왕으로 봉하였다.

회남왕 유장은 이복형인 문제(文帝, 재위 BC179년~BC157년) 재위시 모반을 획책하다 발각되어 귀양을 가던 도중 자결을 하였으며 그 후 문제는 유장의 장남인 조카 유안을 회

---

81) 범유개시어무 고미형무명지시 즉위만물지시 장욕전유 필반어무야
凡有皆始於無 故未形無名之時 則爲萬物之始 將欲全有 必反於無也
요명 심원지탄 심원 불가득이견 연이만물유지 불가득견이정기진
窈冥 深遠之歎 深遠 不可得而見 然而 萬物由之 其可得見以定其眞
고왈 요혜명혜기중유정야 만물만형 기위일야하유치 유어무야 유무내일
故曰 窈兮冥兮其中有精也 萬物萬形 其歸一也何由致 由於無也 由無乃一
일가위무 범유기어허 동기어정 고만물 수배동작 졸복귀어허정
一可謂無 凡有起於虛 動起於靜 故萬物 雖竝動作 卒復歸於虛靜
만물이자연위성 고가인이불가위야 가통이불가집야 물유상성 이조위지 고필패야
萬物以自然爲性 故可因而不可爲也 可通而不可執也 物有常性 而造爲之 故必敗也 「노자주」

82) 하안이위 성인무희노애락 필여불동 이위성인무어인자신명야 동어인자오정야
何晏以爲 聖人無喜怒哀樂 弼與不同 以爲聖人茂於人者神明也 同於人者五情也
신명무고능체충화이통무 오정동고불능무애락이응물 연즉성인지정 응물이무 누어물자야
神明茂故能體沖和以通無 五情同 故不能無哀樂以應物 然則聖人之情 應物而無 累於物者也
「왕필전」 「삼국지」

남왕에 책봉(기원전 164년) 하였다.

이후 무제(武帝, 재위 BC141년~BC87년)가 유교를 장려하고 다른 사상을 억압하자 수천여명의 도가 또는 사상가들이 회남왕 유안에게 모여들었으며 이들과 더불어 쓴 책이 「회남자(淮南子)」이다. 회남왕 유안 역시 모반을 획책하다 발각되어 자결(기원전 122년)을 하였다.

1) 기화우주론(氣和宇宙論)

「회남자」는 천지(天地)가 형성되기 이전에는 어지럽게 뒤엉킨 기운만 무성할 뿐 어떠한 형체도 존재하지 않았는데 이러한 상태를 태소(太昭)라 하며 이를 우주생성론상 최초의 근원으로 보았다.

그리고 공허하고 아득히 멀며 광활한상태를 허확(虛霩)이라 하는데 도(道)는 허확에서 시작되고 또한 허확은 우주를 낳고 우주는 최초의 일기(一氣) 즉 원기(元氣)를 낳으며 원기는 맑고 가벼운 것은 하늘이 되고 무겁고 탁한 것은 땅이 되었다. 하늘(天)과 땅(地)의 정기(氣)가 응축되어 양기(陽氣)와 음기(陰氣)가 형성되고 음양의 정기가 어느 한쪽으로 치우침으로써 사계절을 이루고 사계절의 정기가 분산해 만물을 낳는다고 말하고 있으며 양기가 쌓이면 열기가 형성되어 불이 생겨나고 불의 정수가 해가 되었으며 음기가 쌓이면 한기가 형성되어 물이 생겨나고 물의 정수가 달이 되었다. 또한 해와 달에서 넘쳐난 정기는 별이 되었다고 말하고 있다[83].

그리고 원도훈(原道訓)에서는 무릇 도라는 것은 하늘을 덮고 땅을 실으며 사방을 펼치고 팔극(팔방의 끝)을 열며 그 높이를 헤아릴 수 없고 그 깊이를 측량할 수 없다. 천지를 감싸고 있는데 형체도 없으면서 널리 혜택을 베푼다. 도는 아무리 베풀어도 고갈되지 않으므로 아침이나 저녁이 한결같다고 하며 무릇 최상의 도는 만물을 생성하지만 소유하지

---

83) 천추미형 빙빙익익 동동촉촉 고왈태소 도시우허확 허확생우주 우주생기
天墜未形 馮馮翼翼 洞洞灟灟 故曰太昭 道始于虛霩 虛霩生宇宙 宇宙生氣
기유애은 청양자박미이위천 중탁자응체이위지 청묘지합전이 중탁지응갈란 고천선성 이지후정
氣有涯垠 淸陽者薄靡而爲天 重濁者凝滯而爲地 淸妙之合專易 重濁之凝竭難 故天先成 而地後定
천지지습정 위음양 음양지전정 위사시 사시지산정 위만물
天地之襲精 爲陰陽 陰陽之專精 爲四時 四時之散精 爲萬物
적양지열기생화 화기지정자위일 적음지한기위수 수기지정자위월 일월지음위정자위성진
積陽之熱氣生火 火氣之精者爲日 積陰之寒氣爲水 水氣之精者爲月 日月之淫爲精者爲星辰
「회남자 천문훈」

않고 형상을 만들고도 주재하려 하지 않는다.

홀연하고 황홀하게 그 모습을 형용할 수 없다고 하였다[84].

그리고 사물이 생겨나기 이전의 상태를 태일(도 道)이라 말하고 모든 만물은 태일에서 나왔다고 말한다. 즉,

천지를 하나로 꿰뚫으며 혼돈하고 질박해 아직 그 어떠한 사물도 나타나지 않은 상태를 태일이라 말한다.

만물은 모두 이 태일에서 나왔지만 각각 행하는 바가 달라 새도 되고 물고기도 되고 짐승이 되기도 하였다. 이런 것을 사물의 분화라고 말한다[85].

이러한 태일(太一)또는 도(道)의 작용에 대해 본경훈(本經訓)에서는,

태일은 천지를 두루 감싸고 산천을 제어하며 음양을 머금거나 토해내고,

사계절을 조절하며 팔극을 규율로 삼고 육합을 써줄과 날줄로 삼으며,

만물을 덮어주고 드러나게 하고 비추어주고 이끌어준다.

음양은 천지의 조화를 받아 만물의 몸을 형성시켜주고 기를 머금고 사물을 변화시킴으로써, 갖가지 종류의 사물들을 이루어주며 길어졌다 짧아졌다 말았다 펼쳐졌다 하면서 헤아릴 수 없는 깊은 변화의 경지로 들어가고, 때로는 시작이 되었다가 끝이 되기도 하고 때로는 가득 찼다가 텅 비기도 하면서 끝없이 돌아간다고 하였다[86].

---

84) 부도자 복천재지 곽사방 석팔극 고불가제 심불가측 포리천지 품수무형
夫道者 覆天載地 廓四方 柝八極 高不可際 深不可測 包裹天地 稟授無形
시지무궁 이무소조석 부태상지도 생만물이불유 성화상이불재 홀혜황혜 불가위상혜
施之無窮 而無所朝夕 夫太上之道 生萬物而不有 成化像而弗宰 忽兮怳兮 不可爲象兮
「회남자 원도훈(原道訓)」

85) 동동천지 혼돈위박 미조이성물 위지태일 동출어일 소위각이 유조유어유수 위지분물
洞同天地 渾沌為樸 未造而成物 謂之太一 同出於一 所為各異 有鳥有魚有獸 謂之分物
「회남자 전언훈(詮言訓)」

86) 태일자 뇌농천지 탄압산천 함토음양 신예사시 기강팔극 경위육합
太一者 牢籠天地 彈壓山川 含吐陰陽 伸曳四時 紀綱八極 經緯六合
복로조도 음양자 승천지지화 형만수지체 합기화물
覆露照導 陰陽者 承天地之和 形萬殊之體 含氣化物
이성날류 영축권서 윤어불측 종시허만 전어무원
以成埒類 贏縮卷舒 淪於不測 終始虛滿 轉於無原 「회남자 본경훈」

그리고 정신훈(精神訓)에서는 순수한 기는 사람이 되고 번잡한 기는 짐승이 되었다고 말하며 사람이 죽으면 정신은 하늘로부터 부여 받았기 때문에 하늘로 돌아가고 육체는 땅으로부터 부여 받았기 때문에 땅으로 돌아간다고 말한다. 그리고 하나의 기(원기)에서 음과 양이 생겨나게 되고 음양의 조화로 만물을 낳는다고 하고 있다[87].

또한 이러한 만물의 생성에 대해 천문훈(天文訓)에서도,

도는 일에서 시작하고 하나로는 생성작용을 못한다. 그러므로 일(一)은 음과 양으로 나누어지고 음양이 상호조화함으로써 만물이 생성된다.

그러므로 일(一)이 이(二)를 낳고 이(二)가 삼(三)을 낳으며 삼(三)이 만물을 생성한다 하고 있다[88].

2) 천인감응론

인간은 우주만물의 일부로써 그들(자연)과 함께 살아가는 존재일 뿐이라고 할 것이다. 오늘날 현대 문명이 아무리 발달되었다 해도 허리케인이나 쓰나미, 화산폭발, 지진 등의 재해 앞에서는 속수무책인 것을 우리는 어렵지 않게 목격하거나 알 수가 있다.

본경훈(本經訓)에서 천지와 우주는 한 사람의 신체이고 육합(六合)은 한 사람의 형체와 같다고 하고 정신훈(精神訓)에서는,

사람의 머리가 둥근 것은 하늘의 형상을 본받은 것이고 발이 네모난 것은 땅의 모습을 본받은 것이다라 하며,

하늘에 사계절과 오행과 구해(팔방과 중앙)와 365일이 있듯이 인간도 사지와 오장과 구규와 365개의 뼈마디가 있다 등의 자연계의 구조와 인간의 신체구조가 비슷하다는 점을 예로 들고 있다[89].

---

87) 강유상성 만물내형 번기위충 정기위인 시고정신 천지유야 이골해자 지지유야
剛柔相成 萬物乃形 煩氣爲蟲 精氣爲人 是故精神 天之有也 而骨骸者 地之有也
정신입기문 이골해반기근 부정신자 소수어천야 이형체자 소품어지야
精神入其門 而骨骸反其根 夫精神者 所受於天也 而形體者 所稟於地也
고왈 일생이 이생삼 삼생만물 만물 배음이포양 충기이위화
故曰 一生二 二生三 三生萬物 萬物 背陰而抱陽 沖氣以爲和 「회남자 정신훈」

88) 도시어일 일이불생 고분이위 음양합화 이만물생 고왈 일생이 이생삼 삼생만물
道始於一 一而不生 故分而爲 陰陽合和 而萬物生 故曰 一生二 二生三 三生萬物 「회남자 천문훈」

89) 고두지 원야 상천 족지방야 상지 천유사시오행구해 삼백육십육일 인역유사지오장구규 삼백육십절
故頭之圓也 象天 足之方也 象地 天有四時五行九解 三百六十六日 人亦有四支五藏九竅 三百六十節
「회남자 정신훈」

3) 기, 신, 조화의 양생론

원도훈(原道訓)에서는,

사람이 태어날 때부터 고요한(맑은) 것은 하늘이 내린 본성이다. 그러나 감각에 따라 움직이면 본성을 해치게 된다.

사물이 다가와서 거기에 정신이 반응을 하면 지각이 움직이며 지각이 사물과 접하게 되면은, 좋아하거나 싫어하는 마음이 생겨나게 되고 좋아하거나 싫어하는 마음이 형성되어 지각이 외부의 사물에 유혹이 되면은, 자기의 본래 모습으로 돌아갈 수가 없고 하늘로부터 부여받은 이치(天理)도 사라질 것이다 라고 하고 있다[90].

또한 주술훈(主術訓)에는,

하늘의 기는 혼이 되고 땅의 기는 백이 된다. 혼과 백을 현묘한 방(몸 안으로)으로 되돌리고, 이들을 지켜 잃지 않는다면 위로 태일과 통하게 된다 태일의 정기는 천도에 통하며, 천도는 그윽이 침묵하며 모습도 규칙도 없다. 그 크기는 끝이 없고 깊이는 헤아릴 수 없으며 항상 사람과 더불어 변화하지만 지식으로는 결코 알 수가 없다 라고 말하고[91]

원도훈(原道訓)에는 인간의 생명은 형(形) 기(氣) 신(神)으로 구성되어 있다고 보고

무릇 형체는 생명이 머무는 곳이고 기는 생명을 채우는 것이며 신은 생명을 제어하는 것이니, 하나라도 제자리를 잃게 되면 세 가지 모두가 손상될 것이다.

그러므로 형체는 편안히 여기지 않는 곳에 놓이게 되면은 병이 들게 되고 기는 당연히 채워야 할 곳이 아닌 곳에 쓰여지게 되면은 새게 되며, 신은 작용하여야 할 곳이 아닌 곳에 작용을 하게 되면은 흐려지게(우매하게)된다.

따라서 이 세 가지(정, 기, 신)는 신중히 지키지 않을 수 없다고 하고 있다[92].

---

90) 인생이정 천지성야 감이후동 성지해야 물지이신응 지지동야 지여물접
人生而靜 天之性也 感而後動 性之害也 物至而神應 知之動也 知與物接
이호증생언 호증성형 이지유어외 불능반이 이천리멸의
而好憎生焉 好憎成形 而知誘於外 不能反己 而天理滅矣 「회남자 원도훈」

91) 천기위혼 지기위백 반지현방 각처기택 수이물실 상통태일 태일지정 통어천도
天氣爲魂 地氣爲魄 反之玄房 各處其宅 守而勿失 上通太一 太一之精 通於天道
천도현묵 무용무즉 대불가극 심불가측 상여인화 지불능득
天道玄默 無容無則 大不可極 深不可測 尙與人化 知不能得 「회남자 주술훈」

92) 부형자 생지사야 기자 생지충야 신자 생지제야 일실위 즉삼자상의
夫形者 生之舍也 氣者 生之充也 神者 生之制也 一失位 則三者傷矣
고부형자비기소안이처지즉폐 기불당기소충이용 즉설 신비기소의이행지즉매
故夫形者非其所安而處之則廢 氣不當其所充而用 則泄 神非其所宜而行之則昧

또한 태족훈(泰族訓)에는,

우리의 일곱 감각 기관들은 서로 다투어 본성을 해치고 날마다 물욕에 끌려서 몸을 망친다[93] 라고 하며, 또한 정신훈(精神訓)에서는 무릇 신체상의 구멍들은 정과 신이 드나드는 문이고 혈기는 오장의 심부름 꾼이다.

귀와 눈이 소리와 색체의 즐거움에 빠져들면 오장이 요동하여 안정되지 않으며,

오장이 요동하여 안정되지 않으면 혈기가 들끓어 쉬지 못한다.

혈기가 들끓어 쉬지 못하면 정과 신이 밖으로 치달아 내면을 지킬 수 없으며,

정과 신이 밖으로 치달아 내면을 지킬 수 없으면 화나 복이,

산이나 언덕처럼 다가와도 그것을 알아차리지 못한다고 하고 있다.

그러므로 「노자」 47장에서는 유혹에 빠지지 않게 하고 욕망을 줄여 오장을 안정되고 충일하게 하여 정(精) 기(氣) 신(神)을 육체 안에 잘 깃들게 하라 하고 있다.

그리고 무릇 천지는 돌고 돌아 서로 통하고 만물은 궁극적으로 하나(道)로 통합된다고 하고 살아있을 때는 자연의 이치에 따라 움직이고 죽으면 사물과 함께 변화하며 고요히 있을 때는 음기에 맞춰 모두 감추고 움직일 때는 양기에 맞춰 모두 개방한다고 말한다[94].

6. 위백양(魏伯陽)

위백양은 회계(會稽)의 상우(上虞: 지금의 강소성) 사람으로 호는 운아자(雲牙子)이다.

그의 정확한 생물 연대는 알 수가 없으나 대략 후한(後漢)의 환제(桓帝, 147년~167년) 때 살았던 것으로 추측이 된다.

위백양이 지은 「주역참동계 周易參同契」는 「주역」의 납갑설(納甲說), 십이소식설(十二消息說), 봉기설(封氣說) 등의 이론을 바탕으로 이루어져 있으며 송나라 때의 장백단(張

차삼자 불가불신수야
此三者 不可不愼守也 「회남자 원도훈」

93) 칠규교쟁이해기성 일인야욕이요기
七竅交爭以害其性 日引邪欲而澆其 「회남자 태족훈」
부공규자 정신지호유야 이혈기자 오장지사후야 이목음어성색지락 즉오장요동이불정의
夫孔竅者 精神之戶牖也 而血氣者 五藏之使候也 耳目淫於聲色之樂 則五藏搖動而不定矣
오장요동이불정 즉혈기도탕이불휴의 혈기도탕이불휴 즉정신치빙어외이불수의
五藏搖動而不定 則血氣滔蕩而不休矣 血氣滔蕩而不休 則精神馳騁於外而不守矣
정신치빙외이불수 즉화복지지 수여구산 무유식지의
精神馳騁外而不守 則禍福之至 雖如丘山 無由識之矣

94) 부천지 운이상통 만물총이위일 기생야천행 기사야물화 정즉여음구폐 동즉여양구개
夫天地運而相通 萬物總而爲一 其生也天行 其死也物化 靜則與陰俱閉 動則與陽俱開 「회남자 정신훈」

伯端)은 「주역참동계」를 만고단경왕이라 칭하였다. 「주역참동계」는 연단 과정에서 납과 수은을 쓸 때 물과 불의 상관관계와 약의 분량과 연단제조시 불의 강·약과 복용 후의 효과 그리고 제조 용기 등에 대하여 구체적으로 기술하였다.

그는 거승(㴍)과 같은 것도 오래도록 복용을 하게 되면은 수명을 연장할 수 있는데 하물며 구환(九還)의 금단(金丹)을 복용하는데 어찌 장생(長生)할 수 없겠느냐며 황금(黃金)은 만겁(萬劫)이 지나가도 변하지 않는 보배라 하고 도술(道術)의 사(士)는 그것을 단련(鍛鍊)하여 복용함으로써 장생을 할 수 있다고 말한다.

그리고 금(金 황금)은 단사(丹砂 수은과 유황의 화합물)를 주로하고 거기에 수은(水銀)을 융합시킨다. 수은과 단사가 변하여 금단(金丹)이 되는 것은 같은 종류로 그 본래의 진성(眞性)에 의한 것이고 금단을 복용하여 선인(仙人)이 되고자 하면은 마땅히 종류(種類)를 같이 하는 자로 써야 한다고 하였다[95].

그리고 단(丹)을 만들 때에는 다리를 포개 단좌(端坐)를 하고 몸을 편안하게 하며 마음은 고요하게 하여 욕심을 끊고 사(邪)된 마음이 없이 허무(虛無)의 경지에 든다.

이렇게 무념무상(無念無想)으로 신(神)을 엉기게 하고 기(氣)를 모아 수련(修練)을 함으로써 화기(和氣)가 유통하여 몸 안을 두루 돌아서 사지(四肢)로 거침없이 통한다고 하고 있다.

7. 혜강(嵇康 224년~263년)

혜강(嵇康, 자: 숙야 叔夜)은 위(魏)나라 문제(文帝) 황초(黃初) 4년에 초(譙)나라 질현(銍縣) 지금의 안휘성 숙현(安徽省 宿縣)에서 태어났다.

혜강은 28세(250년) 경에 위나라 왕 조조의 증손녀인 장락정 공주와 결혼을 하였으며 조상(曹爽, ?~249년)이 사마씨(司馬氏)에게 실권을 회복하려다 실패하여 죽고 가까웠던 하안(何晏)등도 죽임을 당하자 혜강은 관직을 사퇴한 후 죽림(竹林)에서 술을 마시고 시를 읊었다. 죽림칠현(竹林七賢)이던 완적(阮籍, 210년~263년), 향수(向秀, 227년~272년), 산도(山濤, 205년~283년), 완함(阮咸, 연대 미상), 유령(劉伶, 연대 미상), 왕융(王戎, 234년~305년) 등과 지내면서 노자(老子)와 장자(莊子)를 좋아하며 사마씨가 표방한 명교(名

95) 거승상연년 환단가입구 금성불패후 고위만물보 술사복식지 수명득장구
巨勝尙延年 還丹可入口 金性不敗朽 故爲萬物寶 術士服食之 壽命得長久
금이사위주 품화우수은 변화유기진 종시자상인 욕작복식선 의이동류자
金以砂爲主 稟和于水銀 變化由其眞 終始自相因 欲作伏食仙 宜以同類者 「최형주역 주역참동계」

敎: 도덕)를 비판하고 사마씨를 반대하였다.

혜강은 명교는 자연에 배치되는 것이며 사회의 혼란을 조성하는 근본 원인이라고 하였으며 그와 우의를 맺으려고 찾아왔다가 무시를 당하고 돌아갔던 종회에 의해 모함되어 결국엔 40세의 나이인 262년 위(魏) 원제(元帝) 경원(景元) 3년에 처형되었다.

사마씨가 정권을 장악한 후 죽림칠현 중 산도는 혜강이 처형 당하기전 벼슬길로 나아가 조랑(曹郞)의 벼슬을 하였으며 혜강 사후 2년 뒤 완적은 사마씨가 황제가 되는 것을 찬양하는 글을 썼으며 향수도 사마씨에 아첨하여 산기시랑(散騎侍郞)의 벼슬을 하고 왕융 또한 이부상서(吏部尙書) 등의 벼슬을 지냈다.

혜강은 왕충의 기론적 우주론을 계승하여 천지 만물은 원기(元氣)로부터 생성된다고 하며 원기를 태소(太素)라고도 하였다.

즉 원기 또는 태소로부터 음(陰)과 양(陽)의 기(氣)가 생겨나고 음양의 운동으로 천지(天地)가 생겨나며 천지 간의 음·양이 변화하여 오행(五行, 목木, 화火, 토土, 금金, 수水)이 형성되고 또한 오행이 결합하여 만물이 생성되고 변화 한다는 것이다.

또한 만물은 부여 받은 원기의 많고 적음에 따라 물건은 어두우며 사람은 밝다. 그리고 사람의 육체와 정신은 뗄 수 없는 관계로써 형체는 정신을 의지함으로써 존립하고 정신은 형체로 말미암아 존재한다고 보았다.

그리고 혜강은 양생으로 인도하여 도리를 얻어서 생명을 다한다면 수백년 또는 천여년을 살 수 있다고 하며 장수할 수 없는 원인으로 명리와 희·노의 감정을 버릴 수 없는 것과 성색의 제거와 진미를 끊을 수 없는 것 그리고 정신적 사례가 일어나지 않도록 하는 것 등의 어려움을 예로 들고 있다「양생론」.

따라서 자연의 도리 곧 본성에 알맞게 절제를 하여야 하고 또한 도를 지키고 조화롭게 양생을 함으로써 나아가 자연과 하나가 된다(양생론)고 보았다. 「정진일 2001」

Ⅱ. 도교(道敎)의 기원

후한(後漢)또는 동한(東漢, 25년~220년)은 황위를 아들에게 물려주는 황위승계제도가 확립되어 광무제 유수(光武帝 劉秀)의 중흥 이래 한헌제(漢獻帝)가 폐위되기까지 12명의 황제가 196년 동안 존속하였다.

12명의 황제 중에서 16세 이전 어린 나이에 등극한 황제가 9명이었으며 36세 이전에 사망한 황제 또한 9명이었다. 그러나 황제의 모후나 황후는 모두가 장수하여 황제가 어리거나 후사가 끊기게 되면 황후는 보호자의 신분으로 감독하고 후계자를 정하는 등의 권력을 행하였다.

특히 화제(和帝)의 황후였던 등태후(鄧太后)는 장자 유승이 있었음에도 불구하고 고질이 있다는 이유로 태어난지 100여일 밖에 안 된 유륭을 황제로 세웠으나 황제로 즉위한지 얼마되지 않아 죽게되자 12세의 아들 유곡을 황제로 세워 16년간 정치를 농단하였다.

이러한 상황에서 외척(外戚)이 득세하게 됨은 당연지사일 것이다. 화제(和帝) 때부터 시작된 외척과 환관(宦官)의 정권 다툼으로 조정은 부패하게 되고 힘있는 지주들은 자신들 소유의 토지를 확장하였다.

고래싸움에 새우등 터진다는 말처럼 힘없는 농민들의 삶은 어려워져 파산하거나 도망치는 농민들이 늘어나게 되었다.

영제(靈帝) 때에는 환관들이 조정의 권력을 지배하였으며 영제는 궁전을 열어 놓고 관직을 팔았다. 이러한 상황 속에서 자연재해는 끊임없이 발생하고 전염병까지 창궐하여 유랑민들은 늘어나 사회는 동요와 혼란 속에서 봉건질서는 무너지게 되었다. 이러한 환경 속에서 도교는 인간의 염원이라 할 수 있는 불로장생(不老長生)하여 신선(神仙)이 되는 것을 목적으로 고대 종교 즉 천상과 지상 및 자연물을 신격화 하는 자연숭배와 각종 신령과 조상숭배 등의 귀신 숭배와 의식이나 방법을 통하여 신과 교통하고 신령에게 도움을 청하는 무술(巫術) 그리고 오곡을 먹지 않으며 죽지(不死)않고 구름을 타고 노니는 등의 신선(神仙)사상과 청정무위(淸淨無爲)로 백성과 함께 잘 살며 사회와 백성의 생활에 간섭하지 않고 자연스럽게 발전케 하는 황제와 노자의 황노학(黃老學) 등의 각종 사상이 결합하여 태어나게 된다.

1. 태평도(太平道)

태평(太平)은 지극히 크고 공평하다는 뜻으로 제나라의 감충가(甘忠可)가 지은 천관력포원태평경(天官歷包元太平經)을 기초로 한나라 순제(順帝, 126년~144년 재위)때 우길(于吉)이 태평청령경(太平淸領經)을 편찬하였다.

이것이 오늘날 전하는 태평경이라 한다.

태평경은「도덕경」을 계승하여 도를 천하의 어머니로 삼고(이도위천하지모 以道僞天下之母) 도는 만물을 낳는다(도생만물 道生萬物)는 사상과 양생성선(養生成仙)의 방중술과 침구·약초 등 병을 치료하는 방술과 무격잡어(巫覡雜語) 등의 내용이 실려 있다.

태평도는 동한 영제(靈帝, 147년~149년) 때 장각(張角)이 태평경을 얻어 태평도(太平道)를 창립하였다.

태평도는 천사도와 마찬가지로 질병이 악행의 결과라고 보았으며

장각은 교화의식으로 머리를 조아려 절을 하면서 자기가 지은 모든 죄를 고백하여 사죄하게 하고 물로 부적을 내리고 주문을 외면서 질병과 재앙을 소멸하는 의식을 행하여 불과 십여년 사이에 추종자가 수십만 명의 규모로 발전시켰다.

그리고 장각은 푸른 하늘은 이미 갔으니(창천이사 蒼天已死) 장차 누런 하늘이 마땅히 들어설 것이다(황천당립 黃天當立).

그 시기는 갑자년(184년)으로 그 때가 되면 태평시대가 올 것이라고 에언을 하고 황천이 그들을 자신의 신도로 식별할 수 있도록 황색의 두건을 쓰게 하여 봉기를 하였다.

이러한 황건적의 난은 장각과 그의 아우 장보(張寶) 등이 죽자 거사는 10개월 만에 진압되었으며 이후 봉기군 대다수는 조조의 군대로 편입되었으며 일부는 천사도에 가담하였다. 이로 인해 태평도는 대부분이 소멸되었으나 북부 지역의 장연(長淵)이 이끌던 봉기군은 약 20년 후인 3세기 초에 위(魏)나라에 항복하고 말았다.「김영진 역 2008」

2. 오두미도(五斗米道, 천사도 天師道)

태평도보다는 늦게 장능 또는 장도릉(張道陵, ?~178)은 후한(後漢) 환(桓) 영제(靈帝, 147년~189년) 때에 학명산(鶴鳴山)에서 오두미도(천사도)를 창립하였다.

장도릉의 이름은 능(陵)이며 자는 보한(輔漢)이다.

그는 벼슬을 버리고 은거하여 장생의 도를 배웠으며 황제의「구정단경(九鼎丹經)」을 얻어서 번양산(繁陽山)에서 수련을 한 뒤 제자를 이끌고 지금의 용호산인 운금산(雲錦山)에서 구정신단(九鼎神丹)을 3년 만에 완성하였으며, 그 후 득도한 장도릉은 학명산에서 태산노군에게 정일맹위부록(正一盟威符籙)을 전수 받았기 때문에 정일도(正一道)로 부르기도 하였으며 또한 태상노군이 장도릉을 삼천법사정일진인(三天法師正一眞人)으로 봉했기 때문에 신도들은 장천사(張天師)로 불렀으며 교의 이름 또한 천사도로 불렀다.

그리고 장도릉은 도서(道書)의 저술과「노자도덕경」을 가르치며 신도들을 모았으며 신도들과 병이 낳은 자들에게 쌀 다섯 말(오두미 五斗米)를 받았기 때문에 오두미도(五斗米道)라 불렀으며 이렇게 모은 오두미는 흉년에 떠도는 굶주린 백성들이나 식량을 지참하지 못한 행인들에게 편의를 제공해 오두미도가 대외적으로 영향력을 확대하는데 도움이 되

었다.

또한 장도릉은 노자상이주(老子想爾注)를 지어 도는 하나이고 하나의 형체가 흩어지면 기가 되고(산형위기 散形爲氣) 형체가 모이면 태상노군(노자)이 된다(취형위태상노군 聚形爲太上老君)고 하였다.

또한「상이주」는 도(道)를 따르는 유일한 방법은 태상노군(노자)이 계시한 도성(道誠)을 실천하는 것이라 한다.「김영진역 2008」

태평도와 마찬가지로 오두미도 역시 주술을 이용하여 질병을 치료 해줬기 때문에 부록파에 귀속시키고 있다. 부록의 부(符)는 서로 합친다는 뜻으로 제왕들이 명령을 하달하거나 장수를 파견할 때 사용하는 증거물로 한나라 때 길이 여섯치의 대나무로 만들어 둘로 나누었다가 나중에 서로 합쳐 확인하였다고 한다.

도교에서는 붉거나 검은 먹물로 점과 선을 사용하여 그린 신비한 형상으로 귀신을 부리고 병을 치료하며 재앙을 쫓는 등 여러 기능을 가진다고 보며 록(籙)은 기록용 장부라는 뜻이나 도교에서는 신과 통하는 하나의 부호이다.

따라서 도사들은 이를 하나로 묶어 부록이라 하였다. 태평도의 태평경은 수일(守一)을 오장신을 키우는 존사법(存思法)으로 발전시킨데 비하여 천사도의「상이주」는 계시된 도성을 지킴으로써 곧 도를 보존하고 실천할 수 있다고 보았다.

존사법은 한 대(漢代)에 유행하던 백성과 군왕의 운명은 하늘로부터 받았다는 천인감응(天人感應)의 사상에 기초를 두고 우주적 신(神)들이 소우주인 인간의 체내에도 거주하므로 이들을 마음에 품고 명상함으로써 생명의 기(氣)가 나가지 않게 해야 된다는 존사법(存思法)은 영보파(靈寶派)와 상청파(上淸派)의 수양론으로 수용되어 육조시대 도교의 주류를 형성하였다.

장도릉의 손자 장로(張魯)는 아버지 장형(張衡)에 이어 오두미도를 계승하여 교단조직을 재정비하고 발전을 시켰으며 장로는 양식과 재물은 천하의 공유물이기 때문에 권세를 지니고 있는 사람들은 마땅히 가난하고 힘없는 백성에게 식량을 제공하여야 한다고 주장하였으며, 한중(漢中)에서 독립된 정교합일(政敎合一)의 지방정권을 세워 약 30여년간 패권을 잡았으나 조조(曹操)에게 항복을 하였으며 조조는 장로에게 진남장군(鎭南將軍)으로 임명하고 그의 딸을 며느리로 삼았으며 그의 아들 다섯명에게는 열후(列侯)에 준하는 대우를 해주었다.

장로 이후 촉지방에서 227년 천사도의 봉기를 일으킨 진서(陳瑞)와 청성도사 장생(靑

城道士 長生)의 도움을 받아 305년 이웅(李雄)이 세운 대성국(大成國) 등은 농민층의 종교로 시작한 천사도의 도전적 정치활동을 대표한다.

Ⅱ. 위진남북조(魏晉南北朝, 220년~589년)

위진남북조 시대는 한(漢, BC202년~AD220년)나라 이후 유비(劉備, 161년~223년, 자: 현덕 玄德)가 세운 촉(蜀, 221년~263년)나라와 손권(孫權, 182년~252년, 자: 중모 仲謀)이 세운 오(吳, 222년~280년)나라 그리고 조조(曹操, 155년~220년, 자 맹덕 孟德)의 아들 조비(曹丕, 187년~226년, 자: 자환 子桓)가 한(漢)나라 헌제(獻帝)를 폐위시키고 위(魏, 220년~265년)나라를 건국한 삼국시대 즉 조비가 위나라를 건국한 220년부터 북위(北魏)의 3대 태무황제(太武黃帝, 423년~452년 재위)의 시대까지를 말한다.

1. 위진시대(魏晉時代, 220년~420년)

263년 촉(蜀)을 정벌한 위(魏)나라는 사마의(司馬懿)의 손자 사마염(司馬炎)이 제위를 물려받아 265년 진(晉)나라(265년~316년)를 건국하고 280년 오(吳)나라를 평정하여 천하를 통일하였으나 316년 진나라(서진 西晉)는 흉노의 유씨(劉氏)에 의해 멸망하게 된다. 그리고 진나라(서진)가 멸망하자 진의 왕실과 귀족들은 강남으로 이동하여 사마예(司馬睿)는 317년 동진(東晉, 317년~420년)을 세웠다. 위진 시대에는 사마씨 일족이 반대집단을 잔인하게 제거하였으며 관직을 9품으로 나누고 각주와 군에 선거관을 세워 중정(中正)이라 하였다.

9품중정제(九品中正制)는 관직 등용문 역할을 하였으나 선발 기준이 재능이 아닌 가문이었기 때문에 많은 문인들은 자연을 벗삼아 유유자적하며 단약(丹藥)을 만들어 복용을 하기도 하였다.

이들은 금을 먹으면 목숨이 금 같이 되고 옥을 먹으면 목숨이 옥 같이 된다고 믿었으며 오석산(종유석, 석유황, 백석영, 자석영, 적석지(赤石脂) 등을 섞어 만든 것)을 복용하거나 단식을 하는 것이 유행하였다.

또한 현학가들은 도가의 마음을 깨끗하게 비우고 무위를 행하는 청허무위(淸虛無爲)의 경지에 오르면은 양생으로 나아갈 수 있다고 믿었다.

서진시대에 천사도는 크게 발전을 하였다. 그러나 서진 초에 진서(陳瑞)는 촉(蜀)지역에서 천사도를 전파하여 신도들이 많아져 세력이 커지자 자신을 천사라고 일컬으며 붉은 옷에 붉은 머리띠를 매고 진현관(進賢冠)을 썼다. 이에 익주 자사 왕준(王濬)은 진서가 불효하였다는 죄명으로 제주(祭酒)인 원정(遠旌)과 함께 처형하고 거주지를 불태웠다.

이후 이특(李特)과 이웅(李雄) 등이 지역의 천사도 수장인 범장생(范長生)의 지지아래 대부분 천사도 주민(신도)들로 이루어진 유민들을 이끌고 봉기를 하였다. 이웅은 스스로 황제로 등극하고 나라를 대성(大成)이라 하여 40여년간 정권을 이끌다가 동진(東晉) 영화(永和) 3년(347년) 환온(桓溫)에게 멸망하였으며 천사도는 북쪽으로 옮겨갔다. 또한 서진시대 손태(孫泰)와 조카 손은(孫恩), 손은의 매부 노순(盧循) 등은 천사도의 기치 아래 대규모의 무장봉기를 일으켰으며 손은은 임해(臨海)를 공격하다 실패한 후 바다에 들어가 자결을 하였다.

동진(東晉)시기에 도교는 통치자에게 이용되어 관방(官方)도교와 민간(民間)도교로 나누어지게 된다.

1) 갈홍(葛洪 283년~343년?)

갈홍(葛洪)의 자는 치천(稚川)이며 자호는 포박자(抱朴子)이다. 갈홍은 남경(南京) 근처의 단양군(丹陽郡) 구용현(句容縣)에서 태어났으며 스승 정은에게서 연단비술(煉丹秘術)을 배웠다.

그는 스승인 정은이 죽자 붓을 놓고 전쟁에 나가 공을 세워 관내후(關內侯)에 봉해졌으나 오늘날 베트남 북부 지역인 교지(交趾) 일대에서 선단의 원료인 단사가 나온다는 소문을 듣고 조정에 교지와 가까운 구루현(句漏縣) 현령으로 발령해줄 것을 요청하여 승낙을 받아 임지로 출발하였으나 현지 자사인 등악(鄧嶽)의 만류로 나부산(羅浮山)으로 들어가 단(丹)을 만들고 저술을 하다가 죽었다.

사람들은 그를 사후에 관속에서 나와 불사(不死)를 얻어 삶을 계속하는 시해선(尸解仙)이라고도 하였으며 또한 도교에서는 원시천왕(元始天王)이라 칭하고 있다.

갈홍은 「포박자」를 지었는데 내편에서는 신선방약(神仙方藥)과 양생장수(養生長壽)와 벽사소재(辟邪消災)등 도교의 기복(祈福)신앙을 총괄하고 외편에는 유가의 치국평천하의 이상 등을 주장하였다.

그리고 포박자는 신선이 되고자 한다면 정(精)을 보호하고 호흡법(행기)의 수련과 대약(금단)을 복용하여야 한다고 말하면서 이에 정통한 스승을 만나 지도를 받아야 한다고 말한다.

또한 그는 보정의 방법 즉 방중술에는 백여 가지가 있고 행기에도 여러 방법이 있으며 방중술 또한 100여 가지가 있다 하고 대약을 복용하는 환단술 또한 1000여 가지가 있다고 말하고 있다[96].

그리고 학덕에 기초하여 신선을 세 등급으로 구분하고,

상사(上士)는 도(道)를 전쟁터에서 얻고 중사(中士)는 도시에서 얻으며 하사(下士)는 산림에서 얻는다고 말하고 또한 신선의 등급을 천선(天仙)과 지선(地仙) 그리고 수도자가 죽어 형체는 속세에 두고 혼백만 신선이 되는 시해선(尸解仙)으로 나눌 수 있다고 하였다.

그리고 태상원군(太上元君)이 저술하였다는 태청관천경(太淸雚天經)에는 상사가 득도를 하면 하늘로 올라가 신선이 되고 중사가 득도하면 곤륜산에 살면서 지상의 신선(地仙)이 되며 하사가 득도를 하면 세상에 살면서 장수를 한다고 하고 있다.

이러한 신선에 대해 노자와 황제(黃帝)의 스승이자 신선의 최고 존재인 태을원군(太乙元君)은 스스로 말하기를 나의 근본은 도를 배우고 단을 복용함으로써 이루어진 것이다. 자연히 이루어진 것이라고 말하고 있다[97].

갈홍은 유교와 도교를 함께 수행하는 것을 주장하며 유가의 인의도덕(仁義道德)과 도교의 학선수도(學仙修道)를 결합하여 신선이 되기 위해서는 충효(忠孝) 인신(仁信) 화순(和順)을 근본으로 선을 쌓고 공을 세워야 신선이 될 수 있다고 보았다.

또한 갈홍은 청허무위(淸虛無爲)의 방법으로 양생을 하려면은 육해(六害) 즉 명리(名利 명예와 이익), 성색(聲色 가무와 여색), 화재(貨財 재물) 자미(滋味 식탐) 영망(佞妄 아첨)

---

96) 포박자왈 욕구신선 유당득기지요 지요자 재어본정 행기 복일대야편족 역불용다야
抱朴子曰 欲求神仙 唯當得其至要 至要者 在於寶精 行氣 服一大藥便足 亦不用多也
불치명사 불경근고 역불가창졸이진지야 수운행기 이행기유수법언
不値明師 不經勤苦 亦不可倉卒而盡知也 雖云行氣 而行氣有數法焉
수왈방중 이방중지술 근유백여사언 수언복약 이복약지방 약유천조언
雖曰房中 而房中之術 近有百餘事焉 雖言服藥 而服藥之方 略有千條焉
혹운상사득도어삼군 중사득도어도시 하사득도어산림
或云上士得道於三軍 中士得道於都市 下士得道於山林 「포박자」

97) 기경왈 상사득도승위천관 중사득도서집곤륜 하사득도장생세간
其經曰 上士得道昇爲天官 中士得道棲集崑崙 下士得道長生世間
유자언 역본학도복단지소치야 비자연야
猶自言 亦本學道服丹之所致也 非自然也 「태청관청경」

질투(嫉妬)를 피하여야 한다고 했다.

「포박자」에서는 기(氣)에 대하여 대개 사람은 기 속에 있고 기는 사람 속에 있다. 천지로부터 만물에 이르기까지 기를 기초로 해 생기지 않는 것이 없다 말하고 대저 지난 날의 기를 토해내고 새로운 기를 마셔 들이는 것은 기에 의해서 기를 신장시키는 것인데 기가 크게 쇠약하게 되면 수명을 늘리는 것이 어렵게 된다 하며 기를 잘 운행하는 자는 내적으로는 신체를 보양하고 외적으로는 악을 퇴치한다고 말한다[98].

2. 남조(南朝)시대

남북조시대(南北朝時代, 439년~589년)에서 남조(南朝)는 유유가 동진(東晉)의 황제로부터 재위를 선양받아 420년에 건국한 유송(劉宋)과 남제(南齊), 남양(南梁), 남진(南陳)으로 이어지다 589년 북주에서 선양받고 수(隋)나라를 세운 수문제(隋文帝) 양견(楊堅)에게 멸망을 당하면서 남조시대는 막을 내린다.

1) 육수정(陸修靜, 406년~477년)

육수정은 유송(劉宋)때 오흥(吳興) 동천(東遷)사람으로 자는 원덕(元德)으로 천사도에 대한 개혁을 단행하였으며 남천사도(南天師道)를 창립하였다. 그는 효무제(孝武帝) 대명(大明) 5년(461년)에 여산(廬山)의 금계봉(金鷄峰) 아래에 태허관(太虛觀)을 세우고 제자를 거두어 포교활동을 하였다.

2) 도홍경(陶弘景, 456년~536년)

도홍경(자: 통명 通明)은 지금의 난징 부근인 단양(丹陽) 말릉(秣陵)에서 태어났으며 제나라(南齊) 무제가 즉위한 후 좌위전중(左衛殿中) 장군으로 발탁되었다.

그는 상청파 도사 손유악(孫遊岳)의 제자가 되어 부도경법(符圖經法)을 전수받았으며 무제 영명(永明) 10년(492년)에 관직에서 물러나 모산에서 은거하여 수도를 하였다.

또한 도홍경은 영원(永元) 3년(501년)에 소연(蕭衍)이 군사를 일으키자 소연에게 제자를 보내 황제로 추대하겠다는 뜻을 전하였다.

---

98) 부인재기중 기재인중 자천지지어만물 무불수기이생자야
夫人在氣中 氣在人中 自天地至於萬物 無不須氣以生者也
부토고납신자 인기이장기 이기대쇠자즉난장야 선행기자 내이양신 외이각악
夫吐故納新者 因氣以長氣 而氣大衰者則難長也 善行氣者 內以養身 外以却惡 「포박자」

이후 소연이 양(南梁)나라 무제(武帝)로 즉위하여 도홍경에게 국정을 보좌할 것을 권하였으나 응하지 않자 나라의 중요한 일이 생기면 모산으로 사람을 보내 자문을 구하였다. 이로 인해 그를 산중재상(山中宰相)이라 불렀다.

진(晉)나라의 사도(司徒) 위서(魏舒)의 딸로 최초의 여도사이자 상청파(上淸派)의 개산조사가 된 위화존(魏華存)은 상청경(上淸經)을 양희(楊羲)에게 전수하고 양희는 예서로 써서 일부경전을 허밀(許謐) 형제에게 전하게 된다.

상청파는 태상노군(노자)를 숭배하고 천사도의 부주비술을 계승하면서 존신(存神)과 복기(服氣)를 중요시 하였다. 상청파는 도홍경 때에 모산종(茅山宗)으로 발전하였으며

모산종을 개창한 도홍경은 「등진은결(登眞隱訣)」을 편찬하여 상청파의 양생과 등선술에 관하여 논술하였으며 약물 분류 방법을 제시한 「본초집주(本草集注)」와 양생 방법에 관한 「양생연명록(養生延命錄)」 등을 저술하였다.

3. 북조(北朝, 439년~589년)

북위(北魏)의 태무황제(太武皇帝, 423년~452년 재위)는 북방의 다섯 민족(흉노 匈奴, 선비 鮮卑, 저 氐, 강 羌, 갈 羯)이 세운 16개국(오호십육국) 시대를 종결하고 화북을 통일(439년) 하였으나(534년~535년) 멸망하고 화북은 동위와 서위로 분열되었다.

이후 동위는 550년 멸망하고 북제가가 세워졌으며 동위에서 도망한 무리들이 서위를 세웠으나 557년에 멸망하고 북주가 세워졌다.

북주의 무제는 577년 북제를 정복하여 화북을 통일하였으나 급서를 하였으며 이후 황제의 장인이자 대장군인 양견(楊堅)이 섭정을 하다 선양을 받고 581년에 수(隋)나라를 세워 황제에 즉위하고 589년 수문제(隋文帝) 양견(楊堅)은 남조의 남진을 멸망시키고 중국대륙을 통일하였다.

1) 구겸지(寇謙之, 365년~448년)

구겸지(자: 보진 輔眞)는 태무제(太武帝)에게 태상노군이 하강하여 태평진군(太平眞君)이라는 칭호를 내린다고 하니 태무제는 태연(太延) 6년(440)년)에 도장(道場)에 나가 꿇어앉아 부록을 받고 연호를 태평진군으로 바꾸었으며 도교를 국교로 삼고 구겸지는 국사(國師)가 되어 국정에 관여를 하였다.

이후 황제가 즉위할 때에는 반드시 도장(道場)에 나가 도사가 거행하는 법록(法籙)을 받는 의식에 참가하여야 하였다. 구겸지는 유교의 도덕윤리와 불교의 계율을 흡수하고 기

존의 제주 세습제도 등을 개변시켰다.

이렇게 구겸지가 개혁한 천사도를 북천사도(北天師道) 또는 신천사도(新天師道)라 불렀다.

Ⅳ. 수(隋)나라(581년~618년)

수나라 문제(文帝, 581년~604년 재위) 양견(楊堅)은 북주 선제(宣帝)의 장인으로 선제가 8세인 아들에게 왕위를 물려주자 이에 정택(鄭澤 내사상대부)과 유방(劉昉 거사하대부)은 허위로 왕의 유언을 만들어 양견이 군정대권을 장악하게 하였다.

또한 도사 장빈(張賓)과 초자순(焦子順) 등은 양견에게 천자가 될 상이니 자애하시길 바란다고 말하고, 양견은 참위부명(讖緯符命) 즉 참(讖)은 그림이나 문자로 표현한(도참圖讖) 것으로 미신적 예언을 말하며 위는 위서(緯書)를 말한다.

원래 음양오행설(陰陽五行說)이나 천인상관설(天人相關說)을 기초로 하여 운명은 천운(天運)에 결정되어있다며 선동 수단으로 이용하여 정제(靜帝)를 폐위(581년)시키고 황제가 되어 국호를 수(隋)라 하였다.

양광(양제 煬帝)은 모산의 이원지에게 제자의 예를 갖추고 도성에 옥청단(玉淸壇)을 만들어 그곳에 머물도록 하였다「김영진 역 도교」.

Ⅴ. 당(唐)나라(618년~907년)

당나라 고조 이연(高祖 李淵, 자: 숙덕 叔德, 566년~636년)이 수(隋)나라에 반기를 들고 617년 군사를 일으키자 누관파(樓觀派) 도사 기휘(岐暉)와 모산종 종사(宗師) 왕원지(王遠知, 528년~635년)등은 참위(讖緯)를 만들어 양씨(楊氏)는 망하고 이씨(李氏)는 흥한다고 하고 특히 기휘는 천도(天道)는 장차 노군(老君)의 자손(李氏)에게 세상을 다스리게 할 것이니 도교는 크게 흥성하리라고 예언을 하였으며 인력과 식량까지 지원하였다.

618년 이연이 당나라를 세운 후 노자의 성이 같은 이(李)씨라서 노자를 시조로 삼고 도교를 국교로 삼았다.

고종은 674년 노자에게 태상현원황제(太上玄元皇帝)로 추봉하였으며「노자」를 과거시험 과목으로 삼고 전국의 각주에 도관(道觀)을 건립하도록 하였다.

현종(玄宗)은 법록을 받고 도사자격을 가진 황제가 되었으며 733년 각 가정마다「노자」를 갖추도록 명령을 하고,「기세춘 노자 강의」

장자(莊子)를 남화진인(南華眞人)으로 문자(文子)를 통현진인(通玄眞人)으로 열자(列子)를 충허진인(沖虛眞人)으로 경상자(庚桑子)를 동허진인(洞虛眞人)으로 삼고 이들의 책을 진경(眞經)으로 불렀다.

도교는 제왕들의 신임과 총애 속에서 많은 발전을 하였다.

방술의 내용 또한 체계화 되고 풍부해져 고대 중국의 화학과 약물학 등의 발전에 견인차 역할을 하였으나 그들이 만든 단약들은 납이나 수은, 유황, 비소 등을 함유하고 있는 것이 많아 이를 복용하고 사망하는 일이 허다하였다.

이러한 이유 등으로 연단술은 외단술에서 내단술로 전환되어 내단술이 크게 성행하게 되었다.

1. 종리권(鍾離權)

종리권은 성이 종리이고 이름은 권이며 호는 운방(雲房)이다.

종리권은 조선 중엽 때 한무외가 쓴 「해동전도록 海東傳道錄」에 신라인 최승우(崔承祐) 김가기(金可紀) 승 자혜(僧 慈惠)는 신원지(申元之)를 만나고 그로부터 종남산의 종리권을 소개받고 「청화비문 靑華祕文」「영보필법靈寶畢法」「악결내관 岳訣內觀」 등을 받고 구결(口訣)을 전수받아 3년 후 단법(丹法)을 이루었다고 하고 있다.

2. 여암(呂岩)

여암(자: 동빈 洞賓)은 종리권에게 도를 전수받았다. 이들은 수련도교를 개발하여 전진교(全眞教)등 후대에 생겨난 도교 유파의 북오조(北五祖)로 추앙을 받으면서 조사(祖師)로 받들어진다.

Ⅵ. 송(宋)나라(960년~1279년)

당나라가 멸망한 후 무인(武人)들이 여러 곳에서 나라를 세우게 됨으로써 중국은 큰 혼란에 빠지게 되었다.

오대십국(五代十國)중 후주(後周, 951년~960년)의 세종(世宗)이 죽은 뒤 그의 부장(部將)이었던 조광윤(趙匡胤)이 근위병(近衛兵)들의 추대를 받아 천자의 자리에 올라 부명(符命)을 이용하여 여론을 유도하고 960년 송나라를 건국한다.

이후 송나라는 정강(靖康)의 변으로 강남의 임안(臨安: 杭州)으로 천도를 하였으며(960년~1126년 북송) 이후 송나라는 몽골군의 침입으로 멸망하게 된다(1126년~1279년 남송).

북송의 2대 황제 태종(조광의 趙匡義)은 도사 장수진에게 숭원대사(崇元大師)라는 호를 내리고 전폭적으로 도교를 지원한다. 장수진은 태조(조광윤)가 임종할 때 자신은 옥황상제의 명을 받고 송왕조를 보좌하러 내려왔다고 하며 조광의(태종)가 마음이 어질다는 옥황상제의 게시를 태조에게 전하였었다.

그리고 진종(眞宗, 997년~1021년 재위) 때에는 송실의 수호신인 조현랑(趙玄郎)에게 당나라 때 노자를 시조로 삼았던 것과 같이 송황실의 시조로 삼고 존호를 성조상영고도구천사명보생천존상제(聖祖上靈高道九天司命保生天尊上帝)라 하였다.

또한 장군방(張君房)을 저작좌랑(著作佐郎)으로 삼아「대송천궁보장 大宋天宮寶藏」과「운급칠점 雲笈七籤」등을 편찬케 하였다.

휘종(徽宗, 1100년~1126년 재위) 때 도사 임영소(林靈素)는 휘종이 원래 상제의 장자로 호가 장생대제군(長生大帝君)이었다고 아부하고 이에 휘종은 스스로 교주도군황제(敎主道君皇帝)로 칭하며 많은 도관을 짓고 신선처럼 행동하다 결국 금나라(金, 1115년~1234년)에 의해 북송시대를 마감하게 된다.

1. 진단

진단(陳搏)의 자는 도남(图南)이고 호는 부요자(扶摇子)이다.

그는 무당산(武當山) 구실암(九室岩)에서 은거하며 태식복기(胎息服氣)와 벽곡(辟穀) 도인(導引) 내양정공(內養靜功)을 수련하고 공주천사관(邛州天師觀)의 도위의(都威儀) 하창일(何昌一)에게 한 번 잠을 들게 되면 1개월에서 3년까지 잘 수 있다는 수공(睡功)인 쇄비술(鎖鼻術)을 배웠다.

그는 화산으로 들어가 도사가 되었으며 도가학설을 근본으로 유가와 불가의 선정사상을 흡수하여 내단이론을 만들었다. 이는 송나라와 원나라의 도교 내단파(內丹派) 형성에 기초를 다져주는 역할을 하였으며 또한 그는「선천도 先天圖」「태극도 太極圖」「무극도 無極圖」등의 역학도를 많이 그리면서 상수역학(象數易學)을 부활시켰다. 진단의 도서학(圖書學)은 그의 제자들에게 전승되어 송학의 중요 조성 부분이 되었으며

특히 주돈이(周敦頤)의「태극도설 太極圖說」이나 주자의「주역본의 周易本義」등에 많은 영향을 미치게 되었다.

2. 장백단

북송에 장백단은 도교 내판파의 유파인 남종(南宗)을 창시하였다.

남종은 왕중양(王重陽)의 북파와 더불어 전진교(全眞教) 내에서 단법을 중시하며 수련하는 양대계파 중 하나이다.

장백단은 유해섬(劉海蟾)에게 진결(眞訣)을 전수받고 「오진편 悟眞篇」을 지었다.

그는 정신수련과 몸의 단련이 함께 이루어져야(성명쌍수 性命雙修)한다고 하며 또한 먼저 몸을 잘 닦아 만들고 나중에 입정에 들어가 의식변화를 꾀하여야 한다(선명후성 先命後性)고 하였다.

그리고 체내의 정기(精氣)를 단련하여 하단전에 단을 형성한 후 이를 기(氣)로 변환시켜 중단전으로 보내고(연정화기 煉精化氣) 중단전에 응축한 기를 단으로 만들어 머리 속의 뇌환궁(간뇌속)에 단을 형성한다(연기화신 煉氣化神). 따라서 연기화신을 거치면서 신선이 된다고 보았다(연신환허 煉神還虛).

남송의 이종(理宗)은 1239년 정일도의 천사 장대가(張大可)를 불러 용호산, 모산, 각조산 등의 부록을 관장하게 함으로써 정일도는 모든 도파의 수령 역할을 하게 되었다.

Ⅶ. 금(金)나라(1115년~1234년)

금나라는 1115년 완안부(完顔部)의 여진족 추장 아골타(阿骨打)가 세운 나라이다.

태조는 1120년 송나라와 동맹을 맺고 요나라를 만주지역에서 몰아내고 그 세력을 넓혔으며 제2대 태종(太宗, 1123년~1135년 재위)은 요를 멸망시키고 송나라를 강남으로 밀어냈다.

제4대 해릉왕(海陵王, 1149년~1161년 재위)은 남송을 멸망시켰으나 제9대 애종(哀宗, 1223년~1234년 재위)은 1234년 몽골군에 포위되자 군을 이끌던 황족(皇族) 호돈(呼敦)에게 양위를 하고 자살을 하였다.

말제(末帝) 호돈(呼敦)은 양위를 받은지 하루가 안 되어 몽골군에게 살해되어 결국 금나라는 멸망하게 되었다.

금나라의 도교는 소포진(簫抱珍, ?~1166년)이 태일도(太一道)를 개조하였으며 유덕인(劉德仁)은 진대도(眞大道)를 왕중양(王重陽, 1113년~1170년)은 전진교(全眞教)를 창립하는 등 사대부들이 신흥 도파들을 창립하였다.

제3대 희종(熙宗, 1135년~1149년 재위)은 태일도의 조사 소포진에게 태일당(太一堂)의 편액을 하사 하였으며 제5대 세종(世宗, 1161년~1189년 재위)은 진대교의 교주 유덕인에게 천장관(天長觀)을 하사하여 머물게 하였으며 또한 전진도(全眞道) 왕중양의 제자 왕처일(王處一)에게 전진당(全眞堂)을 만들어 그곳에 머물게 하였다.

Ⅷ. 원(元)나라(1271년~1368년)

원나라는 몽골족인 징기즈칸(테무진 1206년~1227년 재위) 1206년에 몽골제국을 세운 후 손자인 제5대 대칸 쿠빌라이칸(1260년~1294년 재위)이 1271년에 국호를 대원대몽고국(大元大蒙古國)으로 변경함으로써 대원(大元) 또는 원(元)이라 하고 있다.

징기즈칸은 여진족이 세운 금나라를 멸망시키고 중앙아시아를 정복한 후 유럽까지 진출하여 대제국을 건설하였다.

손자 쿠빌라이는 1279년 남송을 정복하였으나 1350년에 백련교(白蓮敎)와 미륵교(彌勒敎)의 신자가 중심이 된 홍건적의 난과 1351년 백련교도의 봉기가 일어나고 난의 우두머리 중 한 사람이었던 주원장(朱元璋)에게 쫓겨 북쪽으로 이동하였으나 결국 주원장이 세운 명(明)나라에게 멸망을 당하게 된다.

징기즈칸은 전진도(全眞道)의 구처기(丘處機)에게 모든 출가자들을 관리하도록 하였으며 원나라 말기 성종(成宗)테므르는 장도릉을 삼천부교보원대법사정일정응현우진군(三天扶敎輔元大法師正一靜應顯佑眞君)으로 추봉하고 장여재(張與材)에게 정일교주를 수여하고 삼산부록을 통솔하도록 하였다.

Ⅸ. 명(明)나라(1368년~1644년)

명나라는 한족(漢族)인 주원장(朱元璋)이 몽골족이 세운 원(元)나라를 멸망시키고 세운 나라이다.

명태조(明太祖) 주원장(1368년~1398년 재위)은 도교 교단을 통제하는 현교원(玄敎院)을 설치하고 도교 도사의 최고 칭호인 천사(天師)라는 호를 못쓰게 하고 대신 진인(眞人)으로 쓰게 하였다.

그러나 성조(成祖) 주체(朱棣)는 무당산의 장삼풍(張三豐)을 여러번 방문하고 영락(永樂) 10년(1412년)에는 무당산(武當山)에 도교 궁전을 세우도록 명령하였다.

장삼풍의 이름은 전일(全一) 또는 군보(君寶)라고도 하며 호는 삼풍(三豊)으로 무당파를 창립하였다.

그는 중산(中山) 박릉현(博陵縣)에서 현령을 지내다가 전진교의 도사가 되었다.

또한 장삼풍의 내가권은 도가 및 도교의 사상등을 무술로 결합시켜 만든 것이라 볼 수가 있다.

Ⅹ. 청(淸, 1636년~1912년)나라

누르하치(努爾哈赤)가 여진족(女眞族)을 통합하여 1616년 후금(後金)을 세우고 황제로 즉위하였다. 그 후 누르하치의 아들 태종(太宗)이 1636년 국명을 대청(大淸)으로 변경하였다.

청나라 때 도교는 명나라와 마찬가지로 교주에게 정일진인(正一眞人)이란 시호를 내리고 도교를 관장토록 하였으나 건륭연간(1736년~1795년)에 숭불억도 정책으로 도교는 민간종교가 되고 지위 또한 점차 하락하게 되었다.

Ⅺ. 음부경(陰符經)

음부경(陰符經)의 쓰여진 연대나 저자에 관해서 이설이 존재하고 있다. 중국 북송(北宋, 960년~1127년) 소옹(邵雍, 1011년~1077년, 자: 요부 堯夫, 시호: 강절 康節)은 전국시대의 글이라 하고 정자(程子) 즉 정호(程顥 , 1032년~1085년, 호: 명도 明道)와 정이(程頤, 1033년~1107년, 호: 이천 伊川)형제는 상나라(商, BC1600년~BC1046년) 말엽이나 주나라(周, BC1046년~BC256년) 말엽에 쓰여진 것으로 황제(黃帝)씨의 이름을 빌려 출간되었다고 보았으며 중국 남송(南宋, 1127년~1279년)때 주자(朱子, 1130년~1200년)의 음부경고이(陰符經考異) 서문에는「음부경」의 삼백여 글자는 서기 441년 구겸지(寇謙之, 365년~448년)가 산 속 동굴에 감춰놓은 것을 350년 후 도가학자 이전(李筌)이 훼손된 상태로 발견한 후 황제(黃帝)가 지었다고 말하였다고 하고 있다.

도가 저서들 속에 황제는 하늘을 날아다녔다거나 성인 또는 죽지 않는 불사신으로 묘사되고 있다. 또한 황제는 중국의 시조이자 최초의 제왕으로도 여기고 있다.

주왕조 말경에 사람들은 황제가 저술한 것으로 간주되는 저서들을 상당히 소장하고 있었으며 그중 오늘날까지 전해지고 있는 황제내경(黃帝內經)은 의학과 우주론 등을 다룬

소문(素問)과 영추경(靈樞經)으로 이루어져 있다.

음부경에는 하늘이 생명을 주기도 하고 앗아가기도 하는 것은 도의 이치라 하고 자연의 도는 고요하므로 하늘과 땅과 만물이 나오고 하늘과 땅의 도는 스며들므로 음이 커지면 그 속에서 양이 생기고 양이 커지면 그 속에서 음이 생겨나 음(陰)과 양(陽)의 두 기가 서로 교합하여 변화를 이루고 더욱이 기이한 한 기물이 있어 이것이 만가지상을 생하고 팔괘와 갑자와 순환의 표식 신들의 작용과 귀신의 은밀한 작용이 생겨나고 음과 양이 서로 이기는 방식은 형상적으로 명확하게 나타나며 형상들 안에 드러난다고 보았다.

그리고 우주 만물의 생성소멸을 주재하는 하늘의 도를 관찰하고 하늘의 운행법칙을 파악해서 조정을 한다면 안 될 것 이었다. 그 하늘의 법칙에는 다섯 도적(오적)이 있으니 이를 보고 아는 자는 번창할 것이며 마음으로 오적의 원리에 통달하여 온갖 변화와 천지만물에 응용하면 우주도 조종할 수 있고 만가지 조화가 자신에게서 나오게 된다.

태공은 오적(五賊)을 목숨을 도적질하는 것(賊命)과 물건을 도적질 하는 것(賊物), 때를 도적질 하는 것(賊時), 공을 도적질 하는 것(賊功), 신을 도적질하는 것(賊神)이라고 하였다[99].

99) 천생천살 도지리야 자연지도 정고천지만물생 천지지도 침고 음양승
天生天殺 道之理也 自然之道 靜故天地萬物生 天地之道 浸故 陰陽勝
음양상추이 변화순의 시고 성인 지자연지도 불가위 인이제지 지정지도 율력소불능계
陰陽相推而 變化順矣 是故 聖人 知自然之道 不可違 因而制之 至靜之道 律歷所不能契
원유기기 시생만상 팔괘갑자 신기귀장 음양상승지술 소소호진호상의
爰有奇器 是生萬象 八卦甲子 神機鬼藏 陰陽相勝之術 昭昭乎進乎象矣
관천지도 집천지행 진의 고 천유오적 견지자창 오적재심 시행어천
觀天之道 執天之行 盡矣 故 天有五賊 見之者昌 五賊在心 施行於天
우주재호수 만화생호신
宇宙在乎手 萬化生乎身 「음부경」

제2절 한국의 도교

1 고구려(高句麗, 기원전 37년~668년)

이 땅에 도교가 정식으로 도입된 것은 고구려 말기로 「삼국사기(三國史記)」 권20 고구려본기(高句麗本紀)와 「삼국유사(三國遺事)」 권3 보장봉로조(寶藏奉老條)에 인용된 고구려 본기에 따르면 영류왕(榮留王, 618년~642년 재위) 7년(624년) 당(唐)의 고조(高祖) 이연(李淵)이 도사(道士)를 고구려에 파견하여 원시천존상(元始天尊像) 및 도법(道法)을 전하고 도덕경(道德經)을 강론하게 하니 영류왕은 나라 사람들과 함께 그 강론을 들었다고 기록하고 있으며 「삼국유사」 권3에는 7세기 초 고구려의 민간에서 오두미도(五斗米道)가 유행하였다고 하고 있다.

또한 「삼국사기(三國史記)」 권30에는 보장왕(寶藏王, 642년~668년 재위) 2년(643년) 연개소문(淵蓋蘇文, ?~666년)의 건의에 따라 당(唐)의 태종이 도사 숙손(淑孫)등 8명과 「도덕경」을 보냈다는 기록이 있다.

이와 같이 살펴볼 때 고구려의 도교는 민간에서 오두미도(천사도)가 유행하였다고는 하나 주로 국가를 위하여 재앙을 물리치고 복을 비는 재초(齋醮)를 중심으로 한 과의적(科儀的)인 도교였다고 볼 수가 있을 것이다.

2 백제(百濟, 기원전 18년~660년)

백제는 도교가 전래되었다는 공식적인 기록은 없지만 일본의 세이코 천황(天皇) 10년(602년)에 백제의 중 관록이 천문(天文), 역법(曆法), 둔갑(遁甲), 방술(方術) 등에 관한 서적을 전하였다는 일본서기(日本書紀)의 기록과 무령왕(武寧王, 462년~523년)의 능(陵)에서 발굴된 유물들 매지권(買地券), 산경문전(山景文塼)을 살펴보면 백제에 도교 문화가 상당히 성행했으리라 유추할 수가 있다.

3 신라 및 통일신라(新羅, 기원전 57년~935년)

조선 선조(宣祖, 1552년~1608년)때 도인 한무외(韓無畏, 1517년~1610년)가 지은 해동전도록(海東傳道錄)에는 당나라 문종(文宗) 개성(開城, 836년~840년)연간에 신라인 최승우(崔承祐), 김가기(金可記), 승려 자혜(慈惠) 등 3인이 당나라에 유학 중 천사(天師) 신원지(申元之)를 만나게 되고 신원지의 소개로 종리권(鍾離權)을 만나「청화비문 靑華祕文」 등 여러 도서와 구결(口訣)을 전수받았으며 그 뒤 김가기는 869년 최치원(崔致遠, 857년~?)과 이청(李淸)에게 구결을 전수하고 최승우 또한 귀국하여 최치원과 이청에게 구결을 전수하였다고 기록하고 있다.

4 고려(高麗, 918년~1392년)

고려는 태조(왕건, 877년~943년)가 즉위한 후 불교행사였던 팔관회(八關會)에 천신(天神)과 오악(五嶽), 명산대천(名山大川)에 대한 제사를 시행하였으며 재위 7년에는 초성처(醮星處)로서 구요당(九曜堂)을 설치하였다.

예종(睿宗, 1105년~1122년 재위) 10년(1115년)에는 이중약(李仲若)의 상소로 도관(道觀)인 복원궁(福源宮)이 건립되어 국가를 위한 도교의 각종 재초(齋醮, 제사와 기도)행사를 수행하였다.

이에 북송(北宋)의 도군황제(道君皇帝) 휘종(徽宗)은 두 명의 도사를 파견하였으며 또한 예종은 재위 2년에 궁중에 원시 천존상을 안치(安置)하고 월례적으로 초제를 지내기도 하였으며 재위 14년에는 청연각(淸讌閣)에서 도덕경을 강론케 하였으며 의종(毅宗, 1127년~1173년)때에는 재초를 너무 많이 거행하여 국고를 탕진하는 지경에 이르렀는데 선풍(仙風)의 진작을 촉구하기까지 하였다고 하고 있다.(정재서 한국 도교의 기원과 역사)

5 조선(朝鮮, 1392년~1910년)

조선은 유교를 치국의 이념으로 삼았기 때문에 태조(太祖, 1335년~1408년) 원년(1392년)에 예조(禰祖)의 건의에 따라 고려시대에 설치하였던 15개소에 달하던 도관 중 소격전(昭格殿)을 제외한 모든 초례(醮禮)장소를 폐지하였다.

소격전은 세조(世祖, 1417년~1468년) 12년(1466년)에 소격서(昭格署)로 개칭되고 중종(中宗, 1488년~1544년) 3년(1518)에 조광조(趙光祖, 1482년~1519년)를 비롯한 신진사인(新進士人)들의 주청에 의해 폐지되었다가 기묘사화(己卯士禍, 중종 14년 1519년) 이후 부활되었으나 임진왜란(1592년~1598년) 이후 폐지되고 말았다.

이렇듯이 관방도교가 조선조에 들어와 급격하게 몰락을 하면서 도교는 과의적(科儀的)인 것으로부터 바뀌어 단학파의 형성을 촉진하게 되었다.

조선의 단학파는 전진교(全眞敎)의 내단학을 수용하여 수련하였다.

1) 정렴(鄭磏)

정렴(1506년~1549년)은 용호비결(龍虎祕訣)을 저술하였으며 그는 용호비결에서 현빈일규(玄牝一竅)를 통하여 태식을 하게 되며 태식에서 주천화후(周天火候)를 하게 된 후 결태(結胎)가 되는 과정을 설명하고 있으며 또한 수련시 외마(外魔)의 침입을 방지하기 위하여 고경(古鏡)과 고검(古劍) 등을 비치해 놓아야 한다고 하고 있다.

2) 권극중(權克中)

권극중(1585년~1659년)은 선조(宣祖, 1552년~1608년) 18년(1585년)에 전북 고부에서 태어났으며 인조(仁祖, 1595년~1649년) 17년(1639년)에 참동계주해서「參同契註解書」를 썼다. 그는 명의 수련 즉 수명(修命)은 인체 내의 수(水) 화(火) 이기(二氣)를 하나로 합하여 선천일기를 포착하는 과정과 우주의 리듬에 맞추어 선천일기를 인체 내에 주류(周流)시켜 후천적 기를 본래의 선천적 기로 변화시키는 과정이 필요하다고 하며 이러한 단계가 끝나면 성의수련 즉 수성(修性)에 진입을 하게 되는데 이는 선불교의 선정(禪定)과 같이 모든 관념을 버리고 도(道)와 하나가 되는 무심합도(無心合道)의 경지라고 한다.

그런데 인간의 유한한 후천성명(後天性命)과는 달리 본래의 선천성명(先天性命)은 그 본질이 영원하고 자유롭다. 이에 따라 성명의 수련을 통하여 도달된 선인은 생명의 불멸성과 정신적 자유가 조화롭게 갖추어진 인격으로 제시되고 있다.

3) 김시습(金時習)

김시습(1435년~1493년)은「매월당문집 梅月堂文集」권17 잡저(雜著) 수진(修眞) 편에 무릇 신선이란 본성을 기르고 기를 들이마시며 용호를 단련하여 늙음을 물리치는 것이다(夫新仙者 養性服氣鍊龍虎以却老者也).

라고 하고 용호란 외단에서는 납과 수은을 가르켰으나 내단에서는 심화(心火)와 신수(腎水) 즉 체내의 불과 물 두가지 기운을 가르킨다하고,

용호(龍虎) 편에서는 수련을 하여 장생하는 것은 천지의 정기(正氣)를 훔쳐내는 것으로 그 요체는 호흡을 통하여 음진양순(陰盡陽純)해짐에 있고 공행이 차면 장생초탈의 경지에 이른다고 하였다.

조선은 임진왜란(壬辰倭亂, 1592년) 및 정유재란(丁酉再亂, 1597년)을 겪게 되고 광해군(光海君)이 인목대비(仁穆大妃)를 폐한 폐모사건(1618년)과 인조반정(仁祖反正, 1623년)이 일어나고 이로 인한 이괄의 난(李适 亂, 1624년)과 정묘호란(丁卯胡亂, 1627년) 및

병자호란(丙子胡亂, 1636년) 속에 피폐해진 백성들의 삶과 관리의 부패 등으로 조선 후기에 이르러 민간에서는 권선서(勸善書)가 크게 유행하였다.

권선서는 조선 태종(太宗, 1367년~1422년) 때 명(明)의 성조(成祖)가 선음즐서(善陰騭書) 6백부를 보낸 것이다.

이후 1796년 종합적인 권선서인 경신록(敬信錄)이 한글로 번역 출간되었으며

또한 정감록(鄭鑑錄)등을 중심으로 한 참위설(讖緯說)적인 민간 도교 사상의 한 조류는 왕권의 동요와 더불어 민간에 더욱 유포 되어 급기야는 홍경래난(洪景來亂, 1811년)과 같은 반란 운동의 배후 이념으로서 기능하기도 하였다.

1860년 수운 최제우(水雲 崔濟愚, 1824년~1864년)에 의해 성립된 동학은 1894년 전라도 고부의 동학접주 전봉준(全琫準) 등을 지도자로 동학교도와 농민들이 합세한 동학농민혁명(東學農民革命)이 일어났다.

최제우는 입산수련을 하였는데 명상을 하던 중 상제를 만나 주문과 영부(靈符)를 받게 되었는데 이는 중국의 초기 도교 교주 오두미도(五斗米道)의 장도릉(張道陵)이나 신천사도(新天師道)의 구겸지(寇謙之) 등의 득도 상황과 흡사하며 또한 장도릉과 장각이 부수(符水)로써 병을 치료했던 것과 같이 동학에서도 주문을 외거나 부적을 그려 불에 태워 물에 타서 마시는 이른바 탐복의 행사를 통해 병을 치료하는 방식 역시 동일하다고 할 수 있을 것이다.

1901년 증산 강일순(甑山 姜一淳, 1871년~1909년)의 증산교(甑山教) 또한 교주 강일순이 옥황상제의 현신(現身)으로 자처하며 천사라고도 불리는데 이는 장도릉의 오두미도 계통에서 교주를 일컫는 말이며 도교적 방술(方術)을 많이 시행하는데 동학의 경우와 마찬가지로 주문독송과 부적탐복을 중요시 하고 있다.

그리고 해원(解冤)를 중요한 교의(教義)로 삼고 있는 것은 중국의 초기 민간도교 경전인 태평경(太平經)에서 원한 맺힘이 온갖 세상의 부조리와 불합리의 근본임을 역설하며 이의 해소 즉 해원결(解冤結)을 강조하고 있는 것과 유사하다고 할 수 있을 것이다.

그러나 삼국시대와 고려 및 조선에 이르기까지 한국의 도교는 중국 도교와는 달리 교단 도교가 존재하지 않았으며 기원적 존재 또한 황제(黃帝)나 노자(老子)에 두지 않고 환인이나 단군 등을 최고 신적 존재로 삼고 있는 것이 하나의 특색이라 할 수가 있을 것이다「정재서 2007」.

제3장 신선사상(神仙思想)

인간은 세상에 태어나 희망과 꿈을 않고 살다가 죽음을 맞이하게 된다.

물론 꿈을 잃게되어 미래가 불투명 하게되면 좌절하여 스스로 죽음을 선택하게 되는 경우가 발생하기도 하지만 과거 대통령선거나 국회의원 선거때가 되면 메스컴에 등장하는 어느후보자의 조상묘가 어떠하여 이장을 하였다거나 유명점술 가의 집에 문전성시를 이루고 심지어는 몇 달전에 예약이 끝났다는 기사를 접하곤 하였다.

이러한 삶의 불안감속에서 각종종교가 생겨나고 그들은 극락과 천당과 지옥과 윤회등을 설정하여 착하게 살라는 것은 공통의 기본이지만 영생을 얻기 위해서는 여러 가지 규정들을 만들어 놓고 지킬 것을 요구하고 있다.

심지어는 종말론을 내세워 불안감을 조성하여 신도들의 전재산을 헌납하게 하고 여신도들의 몸까지 요구하는 사이비 종교까지 생겨나 사회적인 물의를 일으키기도 한다.

옛말에 개똥밭에 굴러도 저승보다 이승이 낫다라는 말이 있다

영생의 행복한 사후세계가 있다고 부르짖는 종교지도자들도 몸이 아프면 병원을 찾아가 살려달라고 하는 것을 보면 맞는 말인 듯 싶기도 하다.

어릴적 부모님께 귀가 따갑도록 들은말이 밖에 나가 부모욕먹이는 짓은 하지 말라시며 남에게 덕을 베풀면 자신은 물론 자식과 손자까지 3대가 복을 받지만 악을 행하면 당대에 그화를 당하게 된다는 말씀이 부모님뿐 아니라 우리민족의 공통된 마음일 것이다.

이는 자원이 고갈되면 새로운 터전을 찾아 떠돌아다니는 유목민족의 거칠은 착취의 삶과는 달리 한곳에 정착하여 주위환경에 적응하며 자연을 경애하면서 삼지창(포크)과 칼대신에 수저와 젓가락을 사용하면서 찌개와 비빔밥을 나누어 먹으면서 더불어 함께 하는 삶을 살아왔던 농경민족인 우리조상들의 삶과 상통한다고 볼 수 있을 것이다.

그리고 자연에 순응을 하면서 죽지 않고 오래도록 삶을 누릴 수 있는 길 즉 신선이 되고자 모두가 염원을 하였을 것이다.

제1절 한민족의 유래

안호상 박사(1902년~1999년)는 우리나라는 선사시대에 시베리아(기백력 斯白力, 서백리 西伯利)와 중국의 북동지역과 만주 및 한반도에 걸쳐서 세워지고 그이름을 환(밝)나라(桓國, 天國, 大國) 또는 한나라(韓國)로 크고 환한 밝은 빛의 나라를 의미한다고 하였다.

그리고 우리민족의 고유사상은 3화(三化)개천경즉, 천부경(天符經)은 환국때부터 구전되어 오다가 배달시대 환웅께서 신지(神誌), 혁덕(赫德)에게 명하여 녹도문(鹿圖文)으로 기록 하였는데 고운 최치원(孤雲 崔致遠)이 신지의 전고비(篆古碑)를 보고 다시 첩으로 만들어 세상에 전하였다는 81자로된 조화(造化)원리인 천부경(天符經)과 배달의 시조 기발환 환웅께서 백성들을 교화하기 위해 지었다는 366자로된 교화(敎化)원리인 삼일신고(三一神誥)그리고 배달시대부터 내려오던 다스림의 원리로 고구려의 재상 을파소때 오늘과 같은 8강령 366절목을 갖추게 된 치화(治化 다스림) 원리인 참전계경(參佺戒經)속에 담겨져 있다고 하였다[100].

환단고기(桓檀古記)는 1911년 계연수(桂延壽)가 삼성기, 단군세기, 북부여기, 태백일사를 하나로 묶은 것이다. 우리 한민족의 시원을 알수 있게 하는 보배로운 역사서로써 신라의 십성(十聖)중 한사람인 안함로(安含老 579년 ~ 선덕여왕 9년 640년)가 쓴 삼성기(三聖紀) 상(上)과 원동중(元董仲)이 쓴 삼성기 하(下)와 고려 공민왕때 수문하시중(守門下侍中, 현국무총리격)을 지낸 행촌이암(杏村李嵒 1297년 ~ 1364년)이 쓴 단군세기(檀君世紀) 그리고 이암과 동시대의 사람으로 고려의 국운이 다하자 사관(仕官)의 뜻을 버리고 두문동에 은거한 범장(范樟)이 쓴 북부여기(北夫餘紀)와 행촌 이암의 현손(玄孫)으로 조선 중종14년(1519년)찬수관(撰修官)이 되어 다음해에 이맥(李陌 1455년 ~ 1528년)이 쓴 태백일사(太白逸史)로 구성되어 있다.

또한, 태백일사는 제일 삼신오제본기(三神五帝本紀)와 제이 환국본기(桓國本紀) 제삼 신시본기(神市本紀) 제사 삼환관경본기(三韓管境本紀) 제오 소도경전본훈(蘇塗經典本訓) 제육 고구려국본기(高句麗國本紀) 제칠 대진국본기(大震國本紀) 제팔 고려국본기(高麗國本紀)로 이루어져 있다「안경전역 환단고기」.

---

100) 천부경 천제환국 구전치서야 환웅대성존 천강후 명신지혁덕
天符經 天帝桓國 口傳之書也 桓雄大聖尊 天降後 命神誌赫德
이녹도문 기지 최고운치원 역상견신지 전고비 경부작첩 이전어세자야
以鹿圖文 記之 崔孤雲치致遠 亦嘗見神誌 篆古碑 更復作帖 而傳於世者也 「태백일사 소도경전 본혼」

Ⅰ. 환국(桓國)

환단고기의 삼성기에는 하느님은 사백력의 하늘에 계시면서 홀로 조화를 부리시는 신이다. 광명으로 우주를 비추고 큰조화로 만물을 낳으며 지극한 기(氣)를 타고 노닐면서 항상 즐거움속에 영원토록 사신다고 하면서 어느날 젊은 남녀 800명을 흑수(흑룡강) 백산(백두산)의 땅에 내려보내시니 이에 환인(桓因)께서 우두머리가 되어 천계에 거주하시면서 돌을 부딪쳐서 불을피워 음식을 익혀 먹는 법을 가르치셨다며 이나라를 환국이라 하고 환국을 다스리는 분을 천제 환인씨라 부르고 또한 안파견이라고도 했다고 한다[101].

Ⅱ. 배달(倍達)

환국의 마지막 임금인 7대(세) 지우리 환인(智爲利 桓因)이 삼위산과 태백산을 내려다 보시며 모두 인간을 널리 이롭게 할 수 있는 곳이라며 거발한 환웅(居發桓 桓雄)에게 천(天) 부(符) 인(印)을 주시면서 무리 삼천명을 이끌고 가서 새시대를 열어 가르침을 세우고(개천입교 開天立敎) 세상을 신교의 진리로써 다스리고 깨우쳐서(재세이화 在世理化)이를 만세 자손의 큰규범으로 삼으라 하였다.

이에 환웅이 무리삼천을 이끌고 태백산 마루 신단수 아래에 내려와 신시에 도읍을 정하고 나라 이름을 배달이라 하였다.

환웅은 풍백(風伯)과 우사(雨師)와 운사(雲師)를 거느리시고 농사,왕명,형벌 질병 선악을 주관하게 하시고 인간세상의 360여가지 일을 주관하여 세상을 신교의 진리로써 다스려 깨우쳐서(재세이화 在世理化) 인간을 널리 이롭게 하셨다.(홍익인간 弘益人間)

그리고 환웅은 상제께 제사를 지내고 문을 닫고 수도를 하였으며 주문을 읽고 공덕이 이루어지기를 기원하셨으며 약을 드시고 신선이 되셨다. 팔괘를 그어 미래의 일을 아시고

---

101) 환국지말 안파견 하시삼위태백 개가이홍익인간 내수천부인삼종 솔중삼천이왕
桓國之末 安巴堅 下視三危太白 皆可以弘益人間 乃授天符印三種 率衆三千而往
개천입교 재세이화 위만세자손지홍범야 어시 환웅 솔중삼천 강우태백산정신단수하
開天立敎 在世利化 爲萬世子孫之洪範也 於是 桓雄 率衆三千 降于太白山頂神壇樹下
위지신시 입도신시 국칭배달 장풍백 우사 운사 이주곡 주명 주형 주병 주선악
謖之神市 立都神市 國稱倍達 將風伯 雨師 雲師 而主穀 主命 主刑 主病 主善惡
범인간 삼백육십여사 재세이화 홍인인간 택삼칠일 제천신 기신외물 폐문자수
凡人間 三百六十餘事 在世理化 弘益人間 擇三七日 祭天神 忌愼外物 閉門自修
주원유공 복약성선 획괘지래 집상운신
呪願有功 服藥成仙 劃卦知來 執象運神 「삼성기」

천지변화의 움직임(象)을 파악하여 신명을 부리셨다[102].

그리고 제8대(세)안부련환웅(安夫連桓雄)때 인물인 염제신농(炎帝神農 BC 3218년 ~ 3018년)씨는 화전으로 농토를 개간하고 농기구와 의약을 개발하였다[태백일사]에는 신농씨는 소전(少典)의 아들이고 소전은 소호(少皞)와 함께 고시씨(高矢氏)의 방계자손이라 하면서 또한 한족의 시조 헌원(軒轅)은 웅씨족에서 갈라져 나간 후손중에 소전이 있었는데 8대 안부련환웅말기에 명을 받고 강수에서 군병을 감독하였으며 그의 아들 신농은 온갖풀을 맛보아 약을 만들었다. 그리고, 소전으로부터 갈라진파로 공손(公孫)이란 인물이 있었는데 짐승을 잘기르지 못하여 헌구에 귀양을 가서 살게 되었는데 헌원의 족속이 모두 그의 후손이라고 하고 있다[103].

또한 삼황내문경은 중국의 진나라때 사람인 갈홍의 「포박자」에도 기록되어 있듯이 자부선생이 황제헌원에게 전해주어 그로 하여금 마음을 닦아 의로운 정신으로 돌아가게 하였다며 이는 노자와 함께 도교의 시조로 받을어지는 황제헌원이 환국의 14대(세)치우천황을 찾아뵈러 가던도중에 치우천황의 국사인 자부선생의 명성을 듣고 찾아가서 가르침을 전해들었는데 후세 사람들이 경문을 부연하고 주를달아 신선음부의 설을 만들었으며 주나라와 진나라시대 이래로 도가 학파가 이것에 의탁하였으며 단약을 만들어 먹거나 호흡수련법과 방술의 설이 나돌아 미혹되는자가 속출하였다고 하고 있다[104].

---

102) 환국지말 안파견 하시삼위태백 개가이홍익인간 내수천부인삼종 솔중삼천이왕
桓國之末 安巴堅 下視三危太白 皆可以弘益人間 乃授天符印三種 率衆三千而往
개천입교 재세이화 위만세자손지홍범야 어시 환웅 솔중삼천 강우태백산정신단수하
開天立敎 在世利化 爲萬世子孫之洪範也 於是 桓雄 率衆三千 降于太白山頂神壇樹下
위지신시 입도신시 국칭배달 장풍백 우사 운사 이주곡 주명 주형 주병 주선악
諉之神市 立都神市 國稱倍達 將風伯 雨師 雲師 而主穀 主命 主刑 主病 主善惡
범인간 삼백육십여사 재세이화 홍인인간 택삼칠일 제천신 기신외물 폐문자수
凡人間 三百六十餘事 在世理化 弘益人間 擇三七日 祭天神 忌愼外物 閉門自修
주원유공 복약성선 획괘지래 집상운신
呪願有功 服藥成仙 劃卦知來 執象運神 「삼성기」

103) 신농 소전지자 소전 여소호 개고시씨지 방지야 헌원 웅씨지소분 왈소전 안부련환웅지말
神農 少典之子 少典 與少皞 皆高矢氏之 傍支也 軒轅 熊氏之所分 曰少典 安夫連桓雄之末
소전 이명 감병우강수 기자신농 상백초제약 소전지별파 왈공손 이불선양수
少典 以命 監兵于姜水 其子神農 嘗百草制藥 少典之別派 曰公孫 以不善養獸
유우헌구 헌원지속 개기후야
流于軒丘 軒轅之屬 皆其後也 「태백일사」

104) 삼황내문경 자부선생 수헌원 사지세심귀의자야 헌후 친조치우 노경명화 유시승문야
三皇內文經 紫府先生 授軒轅 使之洗心歸義者也 軒候 親朝蚩尢 路經名華 有是承聞也

그리고 태백일사 『신시본기』에는 5대 태우의환웅(太虞儀桓雄)의 막내아들 복희(伏羲) 또는 태호(太皞)는 어느날 삼신께서 성령을 내려 주시는 꿈을꾸고 천지만물의 근본이치를 환희꿰뚫어 보게되었다.

이에 삼신산에 가서 하늘에 제사를 지내고 궤도를 얻었다고 하고 있으며 밀기『密記』에서는 복희씨는 신시에서 출생하여 우사직책을 대물림하셨으며 후에 청구낙랑을 지나 진 땅에 이주하여 수인유소와 함께 나라를 세웠다고 하고 있다[105].

배달국은 14대(세) 자오지 환웅(慈烏支桓雄)또는 치우환웅(蚩尤桓雄)때에 이르러 신농국을 복종시키고 제후헌원의 군대를 10년에 걸친 전쟁 끝에 무너뜨리고 동북아의 넓은 땅을 다스리는 강국이 되었다.

동이(東夷)는 동방의 뿌리되는 민족으로 한족의 시조로 알려진 황제 헌원을 비롯하여 요. 순과 하나라, 상나라, 주나라를 세운 왕조 또한 동이족의 혈통으로 보고 있다「삼성기 하」

또한 현대중국의 여러학자들이 함께쓴 고사변「古史辨」에 양관(楊寬)은,

현조시은인 동이적조선신(玄鳥是殷人 東夷的祖先神)이다 라고 하고 있으며 「시전」에는 상(商)나라 혹은 은(殷)나라의 시조인 설(契,卨)의 어머니 간적(簡狄)3형제가 개천물에 목욕을 하고 나오니 간적의 치마위에 검정새(玄鳥)가 알을 낳고 가버리고 간적이 그알을 먹고 잉태하여 설을 낳았다고 하고 있으며 따라서 동이(東夷)는 은나라 사람과 같은 겨레요 그 신화의 근원이 또한 같은데 그것이 곧 태호(太皞) 제준(帝俊), 제고(帝嚳), 순임금(帝舜), 소호(少皞), 음천설(은나라 시조)과 같은 겨레란 것은 요즈음 사람들이 이미 알고 있는 것이라 하고 있다[106].

또한 공자는 제자 자공(子貢)에게 자기는 은나라 사람이라 말하고 「史記」그리고 예기

후인 추연가주 별위신선음부지설 주진이래 위도가자류지소탁 간유연단복식
後人 推演加註 別爲神仙陰符之設 周秦以來 爲道家者流之所托 間有鍊丹服食
허다방술지설 본운잡출 이다혹닉
許多方術之設 紬沄雜出 而多惑溺 「태백일사 소도경전본훈(蘇塗經典本訓)」

105) 계왈태호 부호복희 일 몽삼신 강령우신 만리통철 잉왕삼산 제천 득괘도어천가
季曰太皞 復號伏羲 日 夢三神 降靈于身 萬理洞徹 仍往三神 祭天 得卦圖於天河
밀기 왈 복희 출자신시 세습우사지직 후 경청구낙랑 수사우진 병여수인유소 입호어서토야
密記 曰 伏羲 出自神市 世襲雨師之職 後 經靑邱樂浪 遂徙于陳 並與燧人有巢 立號於西土也
「태백일사 신시본기」

106) 동이여은인동족 기신화역동원여태호지랑제준 제고 제순 소호지 즉계근인기득명증
東夷興殷人同族 其神話亦同源如太皞之郎帝俊 帝嚳 帝舜 少皞之 卽契 近人己得明說
「고사변」

「禮記」에는 구(丘 : 공자의 이름)는 은나라 사람이라 밝히고 있다.

Ⅲ. 단군조선(檀君朝鮮)

고기에 단군왕검의 아버지는 신시 배달나라의 18대(세)거불단(居弗檀)또는 단웅(檀雄)이며 어머니는 웅씨왕(熊氏王)의 따님이라 하고 있다.

신시개천1565년(단기원년 BC2333년) 10월 3일에 신인왕검이 오가의 우두머리로서 800명의 무리를 이끌고 단목터에서 삼신상제님께 제사를 지내고 구환의 백성이 임금으로 추대하니 그가 바로 단군왕검이다.

단군은 아사달에 도읍을 정하고 나라이름을 조선이라 하였으며,

신시의 옛 규칙을 되살리고 맨손으로 고요히 앉아서도 세상을 평정하고 깊고 묘한도(현묘득도 玄妙得道)를 깨우쳐 여러생령(生靈)들을 교화 하였다[107].

Ⅵ. 북부여(北扶餘)

시조단군해모수(檀君解慕漱)는 자태가 용맹하고 빛나시니 신과 같은 눈빛은 사람을 꿰뚫어 그를 바라보면 마치 천왕랑(天王郞)같았다. 단군조선의 제47대(세) 단군고열가(高列加)57년(단기2095년)에 23세의 나이로 하늘의 명을 쫓아 하늘에서 내려오시어 웅심산(熊心山 : 현 길림성 서란)에서 기병하여 궁실을 난빈(蘭濱)에 쌓았다.

까마귀 깃털로 장식한 모자를 쓰고 허리에는 용광검(龍光劍)을 찼으며 오룡(五龍)의 수레를 타고 따르는 사람이 5백명이었다[108].

---

107) 지개천 일천오백육십오년 상월삼일 유신인왕검자 오가지괴 솔도팔백 내어우단목지허
至開天 一千五百六十五年 上月三日 有神人王儉者 五加之魁 率徒八百 來御于檀木之墟
여중 봉제우삼신 기지신지덕 겸성지인 내능봉조계천 외탕유열
與衆 奉祭于三神 其至神之德 兼聖之仁 乃能奉詔繼天 巍蕩惟烈
구환지민 함열성복 추위천제화신이제지 시위단군왕검 복신시구규 입도아사달 건방 호조선
九桓之民 咸悅誠服 推爲天帝化身而帝之 是爲檀君王儉 復神市舊規 立都阿斯達 建邦 號朝鮮
「단군세기」

108) 제 천자영용 신광사인 망지약천왕랑 연이십삼 종천이강 시단군고열가오십칠년임술
帝 天姿英勇 神光射人 望之若天王郎 年二十三 從天而降 是檀君高列加五十七年壬戌
사월팔일야 의웅심산이기 축실난빈 대오우관 패용광검 승오룡거
四月八日也 依熊心山而起 築室蘭濱 戴烏羽冠 佩龍光劍 乘五龍車
여종자오백인 조즉청사 모즉등천 지시즉위
與從者五百人 朝則聽事 暮則登天 至是卽位 「한단고기 북부여기 상」

Ⅴ. 고구려(高句麗)

고리군의 왕 고진(高辰)은 해모수의 둘째아들이며 옥저후(沃沮候)불리지(弗離支)는 고진의 손자이다. 그 불리지가 서쪽 압록강변을 지나다가 하백녀(河伯女) 유화(柳化)를 만나 즐겨(그녀를 맞아들여) 고주몽을 낳았다. 주몽의 아버지 불리지가 죽자 유화는 아들 주몽을 데리고 지금의 서린(舒蘭)인 웅심산(熊心山)으로 돌아갔다.

주몽이 장성하여 관가에서 말을 기르는 일을 맡았으나 얼마안가서 관가의 미움을 사게 되어 오이(烏伊) 마리(摩離) 협보(陜父)와 함께 도망하여 졸본에 이르렀으며 주몽은 부여왕(북부여 6세 고무서 단군)의 사위가 되어 대통을 잇게 되었다[109].

---

109) 고리군왕고진 해모수지이자야 옥저후불리지 고진지손야 불리지
藁離君王高辰 解慕漱之二子也 沃沮候弗離之 高辰之孫也 弗離支
상과서압록 우하백녀유화 열이취지 생고주몽 불리지 훙 유화솔자주몽 귀우웅심산
嘗過西鴨綠 遇河伯女柳花 悅而娶之 生高朱蒙 弗離之 薨 柳花率子朱蒙 歸于熊心山
금서란야 기장 선어관가 위목마 미기 위관가소기 여오이 마리 협보
今舒蘭也 旣長 選於官家 爲牧馬 未幾 爲官家所忌 與烏伊 摩離 陜父
도지졸본 적 부여왕 무사 주몽 수이왕서 입승대통 시위고구려시조야
逃至卒本 適 夫餘王 無嗣 朱蒙 遂以王婿 入承大統 是謂高句麗始祖也
「한단고기 고구려국본기」

이러한 삼진(성性, 명命, 정精)이 우리몸에서 작동할 때 삼망(심心, 기氣, 신身)이 발현되며 삼망이 사물과 접하게 되면은 감각적 차원으로 작용을 하게 되는데 그것을 삼도(三途 : 감感, 식息, 촉觸)이라 한다.

단재신채호(丹齋申采浩 1880 ~ 1936)는 낭가의 상무정신이 인류의 뿌리종교인 신교의 삼신문화에서 비롯 되었다고 역설하였다

태백일사신시본기(太白逸史神市本記)에는 삼신을 수호하여 인명을 다스리는 자를 삼시랑(三侍郎)이라고 하는데 본래 삼신을 시종하는 벼슬이다.

또한 삼랑은 본래배달(倍達)의 신하이며 삼신을 수호하는 관직은 세습하였다

그리고 현재의 강화도 혈구에 삼랑성(三郎城)있는데 성은 삼광이 머물면서 호위하는 곳이요 낭은 삼신을 수호하는 관직이라 하고 있다.

낭가의 뿌리는 환웅천왕께서 거느리고 온 3천명이며 이들을 제세핵랑(濟世核郎)이라 불렀으며 그들은 삼신상제님께 올리는 제사를 주관하였다. 그리고 단군세기에 단군조선의 13대(세)단군흘달(屹達))의 재위20년(BC 1763년)에 소도(蘇塗)

를 많이 설치하고 천지화를 심었으며 미혼의 자제들에게 독서와 활쏘기를 익히게 하였으며 이들을 국자랑(國子郎)이라 불렀다. 국자랑이 밖에 다닐 때 머리에 천지화를 꽂았기 때문에 사람들은 이들을 천지화랑(天指花郎)이라고도 불렀다[112].

이러한 제세핵랑의 맥은 북부여의 천왕랑(天王郞)과 고구려의 조의선인(皀衣仙人) 그리고 백제의 무절(武節)과 신라의 화랑(花郎)과 고려의 재가화상(在家和尙), 선랑(仙郞),국선(國仙)등으로 계승 되었다.

---

112) 호수삼신 이리인명자 위삼시랑 본삼신시종지랑
護守三神 以理人命者 爲三侍郎 本三神侍從之郎
삼랑 본배달신 역세습삼신 호수지관야 금혈구 유삼랑성 성자 즉삼랑숙위지소야 낭자 즉삼신 호수지관야
三郎 本倍達臣 亦世襲三神 護守之官也 今穴口 有三郎城 成者 卽三郎宿衛之所也 郎者 卽三神 護守之官也
다설소도 식천지화 사미혼자제 독서습사 호위국자랑 국자랑 출행 두삽천지화
故 時人 稱爲天指花郎
고 시인 칭위천지화랑
多設蘇塗 植天指花 使未婚子弟 讀書習射 號爲國子郎 國子朗 出行 頭揷天指花
「태백일사신시본기」

Ⅱ. 고구려

태백일사(太白逸史)고구려국본기(高句麗國本記)에서는 고국천왕13년(191년)에 을파소(乙巴素? ~ 203년)가 오늘날국무총리격인 국상(國相)이 되어 어린영재를 뽑아 선인도랑(仙人徒郞)으로 삼았다. 그리고 교화를 관장하는 자를 참전(叅佺)이라 하여 무리중 계율을 잘지키는 자를 선발하여 삼신을 위하는 일을 맡겼다.

또한 무예를 관장하는 자를 조의(皀衣)라 하여 바른행동을 하며 규율을 잘지키고 공동을 위하여 몸을 받친다고 하였다.

조의선인은 검은조복을 입은선인(先人 또는 仙人)이라는 뜻으로 선배 또는 선비라고도 불렀으며 이는 10월 제사에 모인 군중앞에서 무예시범을 보인돼서 비롯되었으며 선배는 사냥과 무예등의 여러경기에서 승리한 사람을 이르는 말로 이들은 국가에서 월급을 받아 생활을 하면서

무예와 학문을 갈고 닦았으며 전시에는 자체부대를 이루어 정예군으로 참전을 하였다[113].

고구려 영양왕(재위: 590년~618년)때의 장수 을지문덕(乙支文德)은 심법에 관하여 사람이 삼신일체의 기운(氣)를 받을때 성품(性)과 목숨(命)과 정기(精)로 나누어 받는데 우리몸속에 있던 조화의 대광명이 때가되어 감응(感應)하고 발현하게 되면 도(道)가 통한다고 말하고 도를 통하는 것은 삼물(三物 : 덕德, 지혜慧, 조화력造化力)을 체득하여 실천하고 삼가(三家 : 마음心, 기운氣, 몸身)의 조화를 성취하며 삼도(三途 : 느낌感, 호흡息, 감촉觸)가 항상 기쁨으로 충만하여 이루어지는 것이라고 말하였다[114].

그리고 도를 통하는 것은 단군조선의 11대(세) 단군도해(道奚)가 선포한 염표문(念標

---

113) 을파소 위국상 선연소영준 위선인도랑 장교화자
乙巴素 爲國相 選年少英俊 爲仙人徒郞 掌敎花者
왈참전 중선수계 위신고탁 장무예자 왈조의 겸조성률 위공정신야
曰叅佺 衆選守戒 爲神顧托 掌武藝者 曰皀衣 兼操成律 爲公挺身也 「태백일사 고구려국본기」

114) 을지문덕 왈 수삼신일체기 분득성명정 자재광명 앙연부동 유시이감 발이도내통
乙支文德 曰 受三神一體氣 分得性命精 自在光明 昻然不動 有時而感 發而道乃通
시내소이체행삼물덕혜력 화성삼가심기신 열만삼도감식촉 요재일구염표
是乃所以体行三物德慧力 化成三家心氣身 悅滿三途感息觸 要在日求念標
재세이화 정수경도 홍익인간야
在世理化 靜修境途 弘益人間也 「환단고기 고구려국본기」

文)즉 하늘은 광대하니 하늘의 도는 두루 미치어 원만하고 그 하는 일은 참됨으로 만물을 하나되게 한다.

땅은 하늘의 기운을 모아서 성대하니 땅의 도는 하늘의 도를 본받아 원만하고 그 하는 일은 쉼 없이 길러 만물을 하나되게 한다. 사람은 지혜와 능력이 있어 위대하니 사람의 도는 천지의 도를 선택하여 원만하고 그 하는 일은 서로 협력하여 태일의 세계를 만드는데 있다.

그러므로 삼신(一神)께서 참마음을 내려주셔서 사람의 성품은 대광명에 통해있으니 삼신의 가르침으로 세상을 다스리고 깨우쳐 인간을 널리 이롭게 하라는 것을 생각하여 실천에 힘쓰고 세상을 신교(신의 가르침으로 세상을 다스리는 것)의 진리로 다스려 깨우쳐서 삼도를 고요히 잘 닦아 홍익인간이 되는데 있다고 말하고 있다[115].

Ⅲ. 신라

동국여지승람(東國輿地勝覽)에서는 신라 23대 법흥왕원년(法興王元年 514년)에 얼굴과 행동이 단정한 아이들을 가려서 풍월주(배달님)라 하고 착한아이들을 많이 모아 무리를 지어 효성과 우애와 충성과 신의에 힘쓰게 하였다. 신라의 임금과 신하들이 처음엔 잘난 사람을 가리기가 어려우므로 사람들을 무리지어 놀게하고 그들의 얼굴과 행동 및 태도를 보아 골라쓰기로 하였다. 마침내 아름다운 아가씨 두사람을 골라 원화(源花 근원꽃, 으뜸 꽃)로 삼았는데 그들이 곧 남모(南毛)와 준정(俊貞)두 아가씨이다[116].

또한 삼국유사(三國遺事)에서는 24대 진흥왕(眞興王, 534년~576년)은 신선을 숭상하였으며 37년(576년)에 백성들 집의 아름다운 아가씨들을 모아 원화(源花)라하고 이들 무리

115) 염표문 천 이현묵위대 기도야보원 기사야진일 지 이축장위대 기도야효원 기사야근일
念標文 天 以玄默爲大 其道也普圓 其事也眞一 地 以畜藏爲大 其道也效圓 其事也勤一
인 이지능위대 기도야택원 기사야협일 고 일신강충 성통광명 재세이화 홍익인간
人 以知能爲大 其道也擇圓 其事也協一 故 一神降衷 性通光明 在世理化 弘益人間
「염표문」

116) 법흥왕원년 선동남용의단정자 호풍월주 구선사위도중 이직효제충신
法興王元年 選童男容儀端正者 號風月主 求善士爲徒衆 以職孝悌忠信
초신라군신 루무이지인 욕사류취군선 이관행의연준 거이용지 수간미여이인 봉위원화왈남모왈준정
初新羅君臣 婁無以知人 欲使類聚群選 以觀行儀然俊 擧而用之 遂簡美女二人 奉爲源花曰南毛曰俊貞 「동국여지승람」

에게 나라를 다스리는 큰요령(애국지대요 理國之大要)인 효성과 우애와 충성과 신의를 가르쳤다. 그리고 남모 아가씨와 준정아가씨 두꽃들로 하여금 3~4백명의 무리들을 모으게 하였다.

그러나 준정아가씨가 남모아가씨를 미워하여 술을 먹여 취하게 한 뒤 북천냇물에 밀어 넣어 죽이고 시신을 돌로 눌러 물속에 버려두는 사건이 발생하게 되고 이를 알게된 임금께서는 원화를 폐지 시켰으나,

몇 년뒤 임금은 다시 양가집 사내아이들 가운데서 덕행이 있는 이들을 가려서 꽃아가씨인 화랑(花娘)을 고쳐서 꽃사내인 화랑(花郞)이라하였으며 설원랑(薛原郎)을 받들어 그 우두머리로 삼고 그를 국선(國仙)이라 하니 이것이 화랑국선(花郎國仙)의 시초이다[117].

화랑(花郞) 또는 화랑도(花郞徒)는 풍월주(風月主) 화랑(花郞) 낭두(郞頭) 낭도(郞徒)등으로 구성되었으며 우두머리가 풍월주인 까닭에 풍월 또는 풍월도(風月道)라고도 하고 선도(仙道)를 따른다고 하여 국선도(國仙徒)라고도 하였다.

이들은 심신수양과 무사로써의 활동은 물론 신궁(神宮)을 모시고 천신께 대제를 올렸다.

그러나 신라 31대 신문왕(神門王, 재위 681년~692년)때 김흠돌의 난으로 잠시 폐지되었다가 국선으로 부활된뒤 신라말기까지 그 활동이 이어졌다.

신라의 석학 최치원(崔致遠, 857년 ~ ?)이 지은 난랑비서(鸞郞碑序)에는 나라엔 현묘(玄妙, 神妙)한 도가 있는데 이것을 풍류(풍류도風流道 풍월도風月道 화랑도花郞徒)라 한다. 이교(敎道)를 설치한 근원이 신선의 역사(仙史)에 자세히 실려 있는데 실로 이는 3종교(三敎 : 유儒, 불佛, 선仙)을 포함한 것으로서 뭇 삶을 접촉해 감화시킨다고 하고 있다[118].

---

117) 진흥왕 택인가낭자미염자 봉위원화 요취도선사 교지이효제충신
眞興王 擇人家娘子美艶者 捧爲源花 要聚徒選士 敎之以孝悌忠信
역리국지대요야 내취남모랑 준정랑 양화 취도3~4백인 준정자 질투남모랑
亦理國之大要也 乃取南毛娘 俊貞娘 兩花 聚徒三四百人 俊貞者 嫉妬南毛娘
다치주음남모랑 지취잠승 거북천중 거석리살지 기도문지심득기시어북천중 내살준정랑
多置酒飮南毛娘 至醉潛昇 去北川中 擧石理殺之 其徒聞之尋得其尸於北川中 乃殺俊貞娘
어시대왕하령 폐원화 누년 경하령선랑가남자 유덕행자개위화랑
於是大王下令 廢源花 累年 更下令選良家男子 有德行者改爲花娘
시봉설원랑위국선 차화랑국선지시
始奉薛原郎爲國仙 此花郞國仙之始 「삼국유사」

그리고 대한민국의 초대 문교부장관을 지낸 안호상(安浩相 1902년 ~ 1999년)박사는 배달임금(단군)이 배달사람들에게 가르친 얼과 길이 곧 배달얼과 배달길이며 배달교이다. 이를 신라에서 한자(漢字)를 빌려 풍월도(風月道)또는 풍류교(風流敎)라 하였다. 이는 풍월도의 풍(風)이 옛날엔 발함풍자요 바람을 배람이라고도 하며 또 풍월도의 월(月)은 달월자다.

이들 발과 배와 달을 합쳐보면은 풍월도는 발달길이요 배달길이다. 또한 풍류의 류(流)는 흐를류자인 동시에 달아날 류자이므로 풍류도 역시 발달길이요 배달길이며 풍류교는 발달교요 배달교라 하였다.

Ⅳ. 고려

고려사에는 적(頔)이 열 살때에 승사(僧舍)에 나아가 배웠는데 곧 그뜻을 통하였으며 눈썹이 그림같고 풍의(風儀)가 수아(秀雅)하여 모두가 그를 사랑하였다. 고려 25대 충렬왕(재위 1274년~1298년)이 이말을 듣고 궁중으로 불러보고 지목(指目)하여 국선(國仙)이라 하였다고 말하고 있다[119].

그리고 고려도경(圖經)에는 재가화상(在家和尙)들이 가사를 입지않고 계율을 가지지 아니하며..허리에 검은 띄를매고 처를 거느리고 자식을 기르며 국용품(國用品)을 소비하지 않고 능히 전쟁을 하느니 거란이 고려에 패한바도 바로 이들에 힘입음이라 하고 있다[120].

고려의 16대 임금인 예종(睿宗 1079년 ~ 1122년)은 1116년 5월에 내린 제서(制書)에서 신라의 사선(四仙)인 영랑(永郎), 술랑(述郎), 안상(安詳), 남랑(南郎)의 유적을 영광되게 만들것과 국선(國仙)즉 화랑(花郞)의 일을 대관의 자손을 시켜 행할 것을 명하였으며

---

118) 국유현묘지도 왈풍류 설교지원 비상선사 실내포함삼교 접화군생
國有玄妙之道 曰風流 說敎之源 備詳仙史 實乃包含三敎 接化群生 「삼국사기」

119) 적십세 출취승사학 성민오 수서여통기의 미우여화 풍의수아 견자개애지
頔十歲 出就僧舍學 性敏悟 受書旅通其義 眉宇如畫 風儀秀雅 見者皆愛之
충렬문지 소견궁중 목위국선
忠烈聞之 召見宮中 目爲國仙 「고려사」

120) 재가화상 불복가사 불지계율 … 속요조백 … 취부국자 국용불비이능전야
在家和尙 不服袈裟 不持戒律 … 束腰皂帛 … 聚婦鞠子 國用不費而能戰也
거란위려인소패 정뢰차배
契丹爲麗人所敗 正賴此輩 「고려도경」

18대 임금인 의종(毅宗 1127년 ~ 1173년) 또한 1168년 3월에 신령(新令)을 반포하고 제5조에서 선풍을 숭상하도로 하고 있다.

이렇듯 고려시대의 선랑(仙郞), 국선(國仙)등과 아울러 조선시대 선비정신에 이르기까지 면면이 어어져 내려왔다고 할 수 있을 것이다.

이는 단군왕검으로부터 시작된 국선은 본래천신을 받들던 소도(蘇塗)제단의 무사(武士) 즉 수도연마를 하던 선비라 칭하된 자들로 고구려에서는 검은 옷을 입었기 때문에 조의선인(皀衣先人)이라하고, 신라에서는 미모를 취하였기 때문에 화랑(花郎)이라 하였으며 백제에서는 무사도(武士道)로 고려에서는 국선도(國仙徒)로 조선시대에서는 선비도(仙妣道)로 그 맥이 이어져 내려왔다고 할 수가 있을 것이다.

고조선의 역대단군들은 봄. 가을에 천제를 지냈으며 이를 부여에서는 영고(迎鼓) 예맥에서는 무천(無天) 고구려에서는 동맹(東盟)이라 불렀다.

소도(蘇塗)는 천제를 올리는 장소로 주위에 박달나무를 심었으며 죄를 지은자라도 소도에 들어오게 되면 그 죄를 추궁하지 않았다.

천제는 하나님의아들인 천자가 주관하였으며 천자를 상징하는 토탬이 일월(日月)의 조화를 다스리는 자연신인 용봉(龍鳳)이다.

삼족오는 삼신문화를 나타내는 영물로써 발이 세게 달린 현조(玄鳥)로 신과 인간세계를 연결해주는 삼신상제님의 사자로써 오늘날까지 전해오는 소도 임을 알리기 위해 입구에 세우는 솟대 끝에 새(삼족오)가 조각되어 있다.

조선 14대 임금인 선조(1567년~1608년)때 사람인 조여적(趙汝籍)의 청학집(靑鶴集)에는 단군이 아사달에 들어가 신선이 된 뒤에도 문박씨(文朴氏)라는 사람은 아사

달에 살면서 단군의 도를 전하였다고 한다. 환인은 대왕씨(大往氏)를 시켜서 시서(始書)를 저술케하고 자신은 종서(綜書) 1권을 지었는데 이러한 책들과 함께 환인의 도는 문박씨에게 전해지고 문박씨는 환인의 도의원류를 터득하고 깨끗하고 맑게 사는 가르침 결청지학(潔淸之學)을 을밀(乙密) 영랑(永郞) 안류(晏留) 보덕(普德)등으로 전승되어 내려왔다는 것이다.

이렇듯 환인과 환웅을 계승한 단군은 신선이 되었고 그 교훈은 결청지학(潔淸之學 : 깨끗하고 맑게 사는 가르침)으로 요약되어 문박씨를 거쳐 신라의 사선(영랑 永郎, 술랑 述郎, 안상 安詳, 남랑 南郞)들에게 전해져 내려 간 것으로 되어있다.

해동전도록(海東傳道錄)등에는 신라말에 최승우(崔承祐) 김가기(金可記) 최치원(崔致

遠) 승려현준(玄俊)등 당나라에 유학을 다녀온 이들이 중국의 수련도교를 도입하여 조선시대까지 이어진 것으로 되어 있으나 수련도교가 고유의 선풍과 습합되면서도 선파의 맥락은 그대로 유지된 사실이 홍만종(洪萬宗)의 해동이적(海東異蹟)에 나타나 있다.

그리고 안호상 박사는 그의 논문에서 보통 선도(仙道)라 하는 것은 신선도교(神仙道敎)를 일컫는 말로 신교(神敎) 선교(仙敎) 도교(道敎)라 한다.

신선도교 혹은 도교의 신앙대상과 인식대상은 신(神)혹은 도(道)이며 노자의 근본사상은 도(道)로써 도(道)의 본질은 주로 천지만물을 낳고 만드는 아버지요 결코 천지만물을 가르치는 스승과 다스리는 임금은 아니라 하면서 한얼아버지와 한얼스승과 한얼임금의 세한몸(三位一體)인 그 한얼의 한계기와 가지에 지나지 않고 또한 노자의 신선도교는 배달교인 단군교에 비교해서 한부분에 지나지 못한다고 하고 있다.

제 2 부

천기(天氣)

제1장 우주의 탄생

Ⅰ. 기와 우주

하늘의 기(氣) 또는 기운인 천기(天氣)에 대하여 특히 천지가 생기기 이전을 어떻게 보고 이름하느냐에 따라 원기(元氣), 태극(太極), 태허(太虛), 도(道), 리(理) 등 그 명칭을 달리하고 있다.

앞서 1부에서 소개한 바 있는 제론들 중 천지 이전의 상태를 원기(元氣)라 하는 학자들로써 동중서(董仲舒)는 만물은 각기 그 시원이 있으며 그 시원을 원(元)이라 한다고 하며 그 원기(元氣)는 만물의 근원으로써 천지가 생기기 이전에 존재하였다 하고 그 원기가 음(陰) 양(陽)과 4시(四時)와 오행(五行)으로 분화하여 다양한 세계를 형성하는 것이라 하였으며 왕충(王充)은 우주 본체인 하나의 기(氣)인 원기(元氣)가 분화해서 하늘(양 陽)과 땅(음 陰)의 두 기가 되고 이들이 스스로 교합을 해서 만물을 생성한다고 하였으며 그리고 구양수(歐陽脩)는 원기(元氣)가 만물의 근원으로 자연계의 생물과 무생물을 창조한다고 하였다.

또한 왕정상(王廷相)도 천지가 생기기 전에는 원기(元氣)만 있었다하고 우주 사이에는 하나의 본원과 실체만 있는데 이것이 기(氣)라 하였다. 그리고 원기가 도(道)의 근본이며 만물의 리(理)는 모두가 기에서 나온 것이라 하며 본체의 기는 형상이 없이 존재하지만 음(陰) 양(陽)으로 나뉘어지고 만물을 화생하는 생기(生氣)가 바뀌게 되고 생기는 형상을 지닌 만물을 생성한다 하였다.

그리고 장자(莊子, BC369)는 하늘의 양(陽)과 땅의 음(陰)의 기운이 합해지면 형체를 이루고 흩어지면 처음 아무것도 없었던 상태를 이룬다고 하고 음양의 기가 서로 통하여 조화를 이룸으로써 만물이 생겨난다고 하였으며 범중엄(范仲淹, 989~1052)은 음양의 두 기를 만물의 근원으로 보았으며 건양의 기는 멈추지 않는 운동과정에서 만물을 창조하고 사시(四時)를 형성한다고 하였다.

그리고 황종희(黃宗羲, 1610~1695)는 주희를 이기이원론(理氣二元論)자라고 비판을 하고 천지간에는 기만 있을뿐 리(理)는 없다고 하였으며

왕부지(王夫之, 1619~1692)는 기일원론(氣一元論) 체계를 수립하였는데 그는 실제로 존재하는 것은 하나의 기 뿐이며 그 이외에 다른 것은 존재하지 않는다고 하고 기는 볼

수는 없지만 천지 간에 가득 차 있으며 기의 작용으로 음양과 오행이 생성되고 음양과 오행이 만물을 생성하며 우주만물은 끊임없이 생성되고 영원히 변화하고 있다고 하였다. 그리고 최한기(崔漢綺)는 우주 안에는 기(氣)만이 털 끝 만큼의 빈틈이 없이 가득차 있다고 하고 우주에 가득차 있는 천지의 기(天氣)는 모든 만물에 똑같이 품부되어서 생명체의 모태가 되며 모든 존재는 이 모태로부터 생명 에너지를 제공받아 삶을 영위하게 된다고 한다.

주역의 계사전에는 태극이 양의(陰陽)를 낳고 양의가 사상(四象: 太陽, 太陰, 少陽, 少陰)을 낳으며 사상이 팔괘(八卦)를 낳는다 하고 있다. 그리고 우주만물이 생기기 이전의 공허하고 혼란된 상태인 태극이 둘이될 때 가볍고 맑은 기운은 위로 올라 하늘이 되고 무겁고 탁한 기운은 아래로 가라앉아 땅이 되었다고 하고 있다.

천지 이전을 태극으로 보는 학자들로써,

소옹(邵雍, 1011~1077)은 세상 만물을 생겨나게 하고 모든 것이 뒤돌아오게 하는 최고의 세계 원칙을 태극(太極)으로 보았다. 그는 태극이 나뉘어져 양의(음과 양 陰陽)를 생성하며 양이 많으면 하늘이 되고 음이 많게 되면 땅이 된다 하였으며,

주돈이(周敦頤, 1017~1073)는 무극이 태극이며 태극이 움직임(動)과 고요함(靜)을 통해 양의(음과 양)가 생겨나고 음양의 혼합으로 오행(五行: 목, 화, 토, 금, 수)이 생겨나고 양의가 교차하여 만물이 생겨난다고 한다.

그리고 태허로 보는 견해로,

장재(張載, 1020~1077)는 우주의 시원을 기(氣)라 보고 또 기의 근원을 형체도 없이 드러나지 않은 원시 상태를 태허(太虛)라고 하였으며 기가 모여 만물이 되고 흩어져 태허가 된다고 하며 태허는 순수하기 때문에 응어리가 없으며 신(神)이 되고 순수하지 못한 것을 탁하게 되어 응어리가 생겨 형체가 된다고 하였으며,

서경덕(徐敬德, 1489~1546)은 우주의 본질을 기라 하고 태허(太虛)는 맑고 형체가 없는데 이를 선천이라 하며 선천의 세계에서 갑자기 약동이 생기고 개벽이 생긴다 하였다.

그리고 리(理)로 보는 학자들로,

정이(程頤, 1032~1085)는 만물의 근원을 리(理)라 하여 처음으로 이기이원론(理氣二元論)을 주장하였다.

그는 만물은 기(음기, 양기)가 움직이고 머무름으로 생겨나는 것은 음양의 기가 움직이고 머무르는 이유를 도(道) 곧 이(理)라 하고 이(理)와 기(氣)는 분리될 수 없으며 음·양의 기가 모여 만물이 형성되고 흩어지면 소멸된다고 한다. 또한 정이는 소멸되는 기는 태허

에 복귀한다는 장재와는 달리 소멸되는 기는 본원에 복귀할 수 없다고 한다. 또한

주희(朱熹, 1130~1200)는 정이(程頤)의 이기론(理氣論)을 받아들이고 주돈이(周敦頤)가 말한 무극(無極)이면서 태극(太極)을 형이상자(形而上者)로서의 도(道) 또는 리(理)로 보고 음·양의 기를 형이하자(形而下者)로서의 기(氣)로 보아 이기이원론(理氣二元論)을 수립하였다. 그는 태극은 단지 하나의 리(理)이며 천지만물의 리일 뿐이다. 그리고 천지가 아직 있기 전에 반드시 리가 먼저 있었다하고 만물이 생성될 때 반드시 리를 받은 후에 성(性)을 갖게 되고 기를 받은 후에야 형체를 갖게 된다고 하며 이(理)의 총화를 천리(天理) 혹은 태극이라 하였다.

주희는 기(氣)가 움직이고(動) 머물면서(靜) 음과 양의 두 기를 낳고 두 기가 화합하여 오행(五行)의 질(質)을 낳고 이들에 의해 만물이 생성되고 변화한다고 하였으며 음·양의 기가 연좌방아처럼 돌아(회전) 기의 순수한 부분은 하늘이 되고 해와 달과 대기가 되었으며 빠른 회전으로 많은 찌거기가 생겨나게 되어 가운데 있는 것들은 벗어날 수가 없기 때문에 뭉쳐 땅이 되었다 한다.

또한 기가 모이면 형체가 이루어지게 되고 한 번 가면 사라질 뿐이며 흩어졌다 다시 모이는 기는 없다 하였다.

아울러 노자(老子, BC565)는 천지가 생겨나기 이전에 뒤섞여 이루어진 것. 만물이 생성되는데 그것을 억지로 말하여 도(道)라 할 뿐이다. 그리고 도(道)는 하나를 낳고 하나는 둘을 낳으며 둘은 셋을 낳고 셋은 만물을 낳는다 하며 만물은 음을 지고 양을 품으며 충기로써 조화를 이룬다고 하였으며,

열자(列子, BC400)는 노자가 우주본체 즉 만물의 근원적 존재를 도라 한데 비하여 태역(太易)이라 하였고,

회남자 유안(劉安, BC179)은 하늘과 땅이 형성되지 않았을 때 어지럽고 뒤엉킨 기운만 무성할 뿐 형체가 존재하지 않았을 때를 태소(太昭)라 하고 도(道)는 공허하고 아득히 멀며 광활한 상태인 허확(虛廓)에서 시작되는데 허확은 우주를 낳고 우주는 일기(一氣) 즉 원기(元氣)를 낳으며 원기는 맑고 가벼운 것은 하늘이 되고 무겁고 탁한 것은 땅이 되었다 하고 하늘과 땅의 정기(精氣)가 응축되어 양기와 음기가 형성되고 음양의 정기가 어느 한 쪽으로 치우침으로써 사계절이 되고 4계절의 정기가 분산되어 만물이 되었다고 한다.

Ⅱ. 불교와 우주

불교에서는 어떤 사물이든 반드시 자기만의 고유한 성질과 모습을 가지고 있다고 보고 있으며 또한 스스로를 정한 규칙을 가지고 있어서 그것이 어떠한 물건인지 알 수 있게 한다며 무엇이라고 이름을 부여하는 그것은 일정한 시간 동안 지속 가능한 특성을 유지한다고 여겨지는 것들 즉 일체의 사물을 법이라 하고 있다.

그리고 그 특성들은 생성(成)되어 유지되다가(住) 파괴의 과정을 거쳐(壞) 소멸을 한다(空)고 보았으며 창조론을 주장하는 이들은 시간적으로 유한하고 공간적으로 제한된 나약하고 불안한 존재들이 시·공간적으로 제약이 없는 창조주에 의해 생성이 되었다고 주장을 하고 있다면서 불교에서는 모든 법 즉 모든 존재는 원인에 따른 필연적인 결과로 이해를 한다. 그리고 존재를 규정짓는 특성은 직접적인 원인과 그에 수반된 다양한 조건의 결합으로 형성이 된다 하고 이를 인연생기법(因緣生起法)이라 하여 줄여서 연기법(緣起法)이라 하고 있다.

따라서 연기란 모든 현상과 사물은 원인과 조건의 결합에서 생긴다고 보는 것이다.

화엄경에서는 일체 만법이 나지도 않고 일체만법이 없어지지도 않는다고 하고 있다(一切法不生 一切法不滅).

일반적으로 세상의 모든 생물은 반드시 없어진다는 생자필멸(生者必滅)로 세간의 모습은 언제나 시시각각으로 생멸을 하는 것이지만 실제로 우주 전체가 불멸이라 보고 일체만법이 불생불멸이며 이 우주를 항상 머물러 있는 법의 세계 즉 상주법계(常住法界)라 하고 있다.

또한 그것을 무진연기(無盡緣起)라 하며 한없이 연기할 뿐 그 모습은 모두가 불생불멸이며 동시에 이 전체가 다 융화를 하여 온 우주를 구성하고 아무리 천만번 변화를 한다해도 상주불멸 그대로라고 하고 있다.

성철스님(性徹, 1912~1993)은 법문에서 아인슈타인은 상대성 이론에서 등가원리(等價原理)를 제시하였는데 자연계는 에너지와 질량 두 가지로 구성이 되어있는데 고전물리학에서는 에너지와 질량을 각각 분리하여 에너지 보존 법칙과 질량불변의 법칙을 가지고 자연현상의 모든 것을 설명하였으나 등가원리에서는 결국 에너지가 곧 질량이고 질량이 곧 에너지라고 서로 같다는 것이다.

따라서 질량이라는 것은 유형의 물질로서 깊이 들어가면 소립자(素粒子)이고 에너지는 무형인 운동을 하는 힘이라 하고 있다.

물이 얼어 얼음이 되고 얼음이 녹아 물이 되듯이 형체가 바뀌었을 뿐 언제나 불생불멸 그대로이다.

그리고 반야심경에는 색불이공 공불이색(色不異空 空不異色) 색즉시공 공즉시색(色卽是空 空卽是色)이라 하여 색(色)이란 유형(有形)을 말하고 공(空)이라는 것은 무형(無形)을 말하는 것이다.

유형이 곧 무형이고 무형이 즉 유형이라 하는데 어떤 물체의 구성을 보면 분자, 원자, 입자, 소립자로 구성되어 있다. 화엄경에는 양변(兩邊)을 떠나서 양변이 서로서로 거리낌 없이 통해 버리는 즉 시간과 공간이 서로 통해 버리는 세계인 무애법계(無碍法界)라는 말이 있는데 민코프스키라는 사람은 4차원의 공식을 완성해놓고 3차원의 공간과 시간은 각각 분리되어 있는 것이 우리의 일상생활인데 그는 4차원의 공식을 완성해놓고 첫 강연에서 모든 존재는 시간과 공간을 떠났으며 시간과 공간은 그림자 속에 숨어버리고 시간과 공간이 융합을 하는 시대(4차원)가 온다고 하였다.

성철 스님은 중도라는 것은 모순이 융합되는 것을 말하며 모순이 융합된 세계를 중도의 세계라고 하고 이것이(중도) 불교의 근본이라 하였다.「혜자스님 역 2012」

제2장 빛과 기

현대 서양교육의 산물이라고나 할까 언제부터인지 우리는 눈에 보이지 않거나 검증되지 않은 것들은 허황된 것으로 간주하려고 하는 습관이 들었는지도 모른다.

그리스의 천문학자 프톨레마이오스(Ptolemaeus)는 지구가 우주 중심에 있으며 그 주변을 태양과 달과 행성들이 돈다는 지구중심설 또는 천동설을 주장하였으며 그러한 주장이 오랫동안 사실인 것처럼 간주되어 오다가 폴란드의 천문학자인 니콜라 코페르니쿠스(Nicolaus copernicus, 1473~1543)가 「천체의 회전에 관하여」에서 지구가 다른 행성들처럼 등속도로 태양의 주위를 공전하며 지구 스스로 돌면서(자전) 태양 주위를 1년에 한 번씩 도는 별에 지나지 않는다고 지동설을 주장하였으며 이후 망원경을 만들어 천체를 관찰하였던 이탈리아의 천문학자인 갈릴레오 갈릴레이(Galileo Galilei, 1564~1642)가 「프톨레마이오스와 코페르니쿠스의 2대 세계 체계에 관한 대화」에서 코페르니쿠스가 주장한 지동설을 확립하고자한다. 그러나 그의 저서는 교황청에 의해 금서로 지정되었으며 그 또한 이단행위로 두 차례의 재판(1차 1616년, 2차 1633년)을 받게 되고 교황청의 추기경으로부터 성서의 내용과 모순이 되는 코페르니쿠스의 학설을 주장하거나 옹호하지 말아야 한다는 친필 서한을 받게 된다.

그리고 우리들이 알고 있는 "그래도 지구는 돈다"는 말이 갈릴레이가 말한것이냐 아니냐에 대한 논쟁이 있으나 우리의 뇌리에 익숙한 것만은 사실이다.

Ⅰ. 우주

우주 초기에는 물질들이 뜨겁고 밀집된 상태에서 알 수 없는 대폭발(빅뱅)로 인하여 구성물질들이 사방으로 흩어지게 되었으며 그중 가스와 먼지등의 밀도가 높은 곳에서는 중력이 발생하여 주위의 먼지를 끌어당겨 거대한 크기를 이루게 되고 이것들이 중심을 향하여 수축을 하게 되면 에너지가 발생하여 온도를 높이게 된다. 그리고 일정 이상의 온도에 이르게 되면은 수소핵융합을 하기 시작하여 빛이 나게 되는데 우리는 이것을 별이라 부른다. 이러한 별들이 모여 성단을 이루며 성단들이 모여 은하를 이루게 된다.

하나의 은하계는 약 2,000억 개의 별들로 구성되어 있으며 직경이 약 10만 광년(1광년: 초당 299,792,458m로 1년간 가는 거리)으로 중심부의 두께는 1만 광년 정도이며 가장자리의 두께는 약 3,000광년의 크기로 둥근 원판 모양을 하고 있는 소우주이다.

그리고 대우주에는 이러한 소우주인 은하계가 수십억 개에 이를 것으로 추정을 하고 있다.

Ⅱ. 태양(日)

한편 지구를 포함하고 있는 태양계는 은하계의 가장자리에 약 3만 광년 정도 떨어진 곳에 위치하여 초속 300km의 속도로 은하계 중심을 에워싼 채로 돌고 있다.

태양은 적도 반경이 695,553km로 지구의 적도 반경인 6,378km보다 109.1배의 크기로 표면의 온도는 6000℃이고 중심부의 온도는 1500만℃인 것으로 추정을 하고 있다.

태양계는 약 50억년 전에 우주에 퍼져 있던 먼지와 가스 등이 모인 혼합물질들이 타기 시작하여 태양이 탄생되고 태양의 주변에 태양으로 유입되지 않은 혼합물질 들이 현재 행성들의 궤도를 공전하면서 뭉쳐 소행성을 형성한 것이라 보고 있다.

1. 일식(日蝕)

일식은 태양과 달과 지구가 일직선 상에 나란히 위치하여 달의 그림자가 해를 가릴 때를 일컫는 말로써 달이 태양을 완전히 가리면 낮인데도 밤처럼 어두워지는 개기일식(皆旣日蝕)과 달이 태양의 일부분만을 가리는 부분일식(部分日蝕) 그리고 달이 태양의 가장자리만 남겨둔 채 가리는 금환일식(金環日蝕)으로 구별된다.

「그림 2-1」 개기일식, 부분일식, 금환일식

보통 개기 일식이 일어나면 평소와 달리 5~10℃ 정도의 온도차가 생기고 빛 또한 사라져 가축들이 울부짖는 등 소동이 빚어지기도 한다.

우리나라의 일식에 대한 삼국사기와 고려사 및 조선왕조실록 등의 기록을 살펴보면 기원전 54년부터 911년 까지 29회의 기록이 나와 있으며 고구려에서는 445년 동안 11회,

백제는 606년 동안 26회의 기록이 고려시대 때에는 128회 조선시대에는 261회에 걸쳐 발생한 것으로 기록이 되어 있다.

2. 태양력(太陽曆)

태양력 또는 양력은 태양을 중심으로 지구가 자전을 하면서 태양의 둘레를 한 바퀴 도는데 소요되는 기간을 1년으로 정한 역법이다.

이는 지구가 태양을 한 바퀴 도는데 소요되는 자전의 횟수가 365.242196번으로 정확히 말해서 1년에 0.242196일(5시간 40여분)을 더 회전을 하여야만 1년이 되게 된다.

따라서 부족한 0.242196일을 공전주기에 맞추기 위하여 4년에 하루를 늘려 2월달에 28일이 아닌 29일로 하고 그 해에는 윤년(閏年)이라 하여 365일이 아닌 366일이 되게 하였다.

우리나라에서는 1582년 로마 교황 그레고리 13세가 기원전 46년 경에 로마황제 율리우스시저 시대 만들어진 율리우스력을 수정 보완한 그레고리력을 양력이라는 이름으로 조선 말 고종 때인 1896년 1월 1일부터 처음으로 사용하기 시작하였다.

Ⅲ. 달(月)

약 46억 년 전에 생성된 달은 지름이 지구의 약 4분의 1인 3476km이며 질량 또한 지구의 약 80분의 1정도(지구 1 : 달 0.012)로 지구로부터 평균 384.400km정도 떨어져있는 지구의 위성이다.

달은 자전과 공전주기가 같아 지구에서는 항상 달의 같은 면 만을 보게되며 초속 1km의 속도로 한 달에 한 번씩(평균 29.53059일) 지구의 주위를 돌면서(공전) 지구와 같이 태양의 둘레를 돌고 있다.

1. 밀물과 썰물

달의 중력장 세기의 차이에 의해 일어나는 조석(朝夕)은 밀물과 썰물로「그림 2-2」바닷물의 높이를 높였다 낮추었다 한다.

기조력은 지구가 달보다 크기 때문에 지구와 달의 공통질량의 중심은 지구의 내부에 있게되며 이 지점을 중심으로 지구와 달이 회전 운동을 하면서 원심력이 생기게 되는데 원심력과 달의 인력 차이를 말한다. 달은 작지만 지구와 가까이 위치하고 있어 기조력은 태양보다 약 2배 정도가 크며 이러한 기조력에 의해 달을 향한 쪽과 그 반대쪽의 해수면은 높이가 가장 높은 만조가 된다.

따라서 태양과 달과 지구가 일직선으로 위치하게되는 망(望)인 음력 보름(15일, 보름달)이나 삭(朔)인 음력 초하루(초승달)일 때에는 바닷물이 내륙으로 들어오는 밀물의 양이 많아져 바닷물의 높이 또한 가장 높아지는 만조(滿朝) 상태가 된다. 밀물과 썰물 사이에 해수면의 높이 차이인 조차는 가장 커지고 이러한 때를 사리 또는 대조(大潮)라 한다.

또한 지구와 달이 직각을 이루게 되는때 즉 반달인 상현(음력 7일~8일)과 하현(음력 22일~23일) 무렵에는 달의 기조력이 약해져 바닷물이 적게 밀려오게 되어 바닷물의 높이 또한 가장 낮아지는 조금 또는 소조(小潮)가 된다「그림 2-3」.

「그림 2-2」 밀물과 썰물

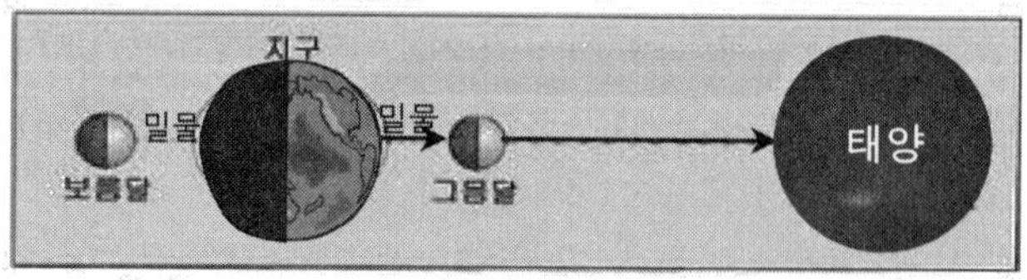

① 만조(사리)

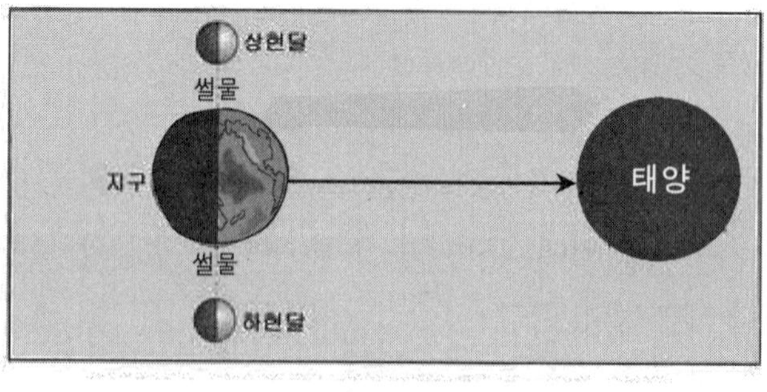

② 소조(조금)

「그림 2-3」 만조(사리)와 소조(조금)

2. 월식(月蝕)

월식은 태양과 지구와 달이 나란히 위치하게 되는 경우에 태양의 빛이 지구에 의해 가려지게 되면은 달에 어두운 그림자가 생기게 되어 달이 보이지 않거나 희미하게 보이게 된다. 이러한 월식은 달 전체가 가리워지는 개기월식(皆旣月蝕)과 일부분만 가리워지는 부분월식(部分月蝕)으로 구별을 한다「그림 2-4」.

이러한 현상은 달의 궤도면인 백도면(白道面)이 지구의 궤도면인 황도면(黃道面)과 약 5° 기울어져있어 태양과 지구와 달이 일직선 상에 놓일 기회가 적으나 백도와 황도가 교차하는 두 개의 지점에 태양이 위치하게 되면 일어나게 된다.

「그림 2-4」 개기월식과 부분월식

3. 음력(陰曆)

음력은 지구와 달 간의 운동변화를 기준으로 하여 만든 태음력(太陰曆)으로 바다에 의지하여 생업을 유지해나가는 어부는 물론 농경민족인 우리들의 생활에 많은 영향을 미치어 이용되어오고 있다.

음력은 달이 지구의 주위를 공전하는데 있어 달이 망(望, 보름달, 음력 15일)에서 다음의 망까지 또는 삭(朔, 초승달, 음력초하루)에서 다음의 삭 까지의 소요일수가 평균 29.53051이기 때문에 이를 한 달로 하는 역법이다. 그리고 초승달(음력 3일~4일) 상현달(음력 7일~8일) 보름달(망: 음력 15일~16일) 하현달(음력 22일~23일) 그믐달(삭: 음력27일~28일)을 관찰할 수가 있게 된다

그러나 음력 1년의 일수는 354.377068일이 되기 때문에 양력 1년의 일수 365.53059일에 비해 10.87521일이 모자라게 된다. 그래서 2~3년 사이에 한 달을 더 만들어 윤달(潤月)로 하여 오차를 줄여나가는 방식의 역법이다.

따라서 윤달을 썩은 달이라고도하며 윤달에는 하늘과 땅의 신이 사람들에 대한 감시를 안 하는 기간으로 불경스러운 행동도 신의 벌을 피할 수 있다고 알려져 윤달에는 조상의

묘를 다른 곳으로 옮기는 이장(移葬)이나 죽은 사람이 입는 수의(壽衣)등을 만들어도 해를 면할 수 있다 하여 이장을 하거나 수의를 미리 만들어놓는 풍습이 내려오고 있다.

Ⅳ. 지구

태양에서 약 1.5억km 떨어진 곳에 위치하고 있는 지구는 약 46억년 전에 형성된 것으로 추정을 하고 있으며 적도의 둘레가 약 4만km인 타원체로써 23.5도로 기울어진 자전축을 중심으로 1년에 365.$\frac{1}{4}$회의 자전을 하면서 태양의 주위를 초속 30km 정도의 속도로 1년에 1회의 공전을 하고 있다. 그리고 지구 대기의 구조는 고도에 따른 기온의 분포와 변화율 등을 이용하여 대류권, 대류권 계면, 성층권, 성층권 계면, 중간권, 중간권 계면, 열권으로 구분을 한다.

1. 대류권

지면으로부터 적도 지방은 17~18km로 높게 나타나며 극지방은 5~6km로 나타나지만 평균적으로 11km까지의 기온이 낮아지는 대기의 하층으로 고도가 100m가 높아질수록 온도는 평균 0.65℃씩 내려간다.

그리고 대류 작용에 따른 비나 눈이 내리는 기상현상이 발생되며 대기의 온도와 바람 및 대기의 순환은 물론 비나 눈비 등이 내리는 기상현상의 에너지는 지구 입사 에너지량의 99.99%를 태양에너지가 차지하고 있으며 그 밖에 지구복사에너지와 행성들이 방출하는 복사에너지 등이 미미하게 차지하고 있다.

대기권의 구성 성분은 지상으로부터 약 80km~100km까지는 기체의 성분비가 일정한 균질권으로 그 구성 성분은 질소(N2) 78.08%, 산소(O_2) 20.95%, 아르곤(Ar) 0.93%, 이산화탄소(CO_2) 0.03%로 구성되어있으며 그밖에 비균질층인 80km~200km 구간에는 질소분자가 200km~600km 구간에는 산소원자가 600km~1000km 구간에는 헬륨(He)과 수소(H) 원자가 층화되어있다.

2. 대류권계면

뇌운의 구름 윗부분이 평평하게 된 부분으로 권계면의 높이는 적도부분이 높고 위도가 높아질수록 낮아지며 같은 위도일지라도 여름에는 높고 겨울에는 낮게 된다.

3. 성층권

지표면으로부터 약 11km 지점에서 50km 까지를 말하며 11km 지점에서 25km 까지는 높이(고도)에 상관없이 기온이 일정한 등온층(等溫層)을 하부의 성층권이라하며 25km 부터 고도가 높아질수록 기온이 높아져 50km 높이에서는 지표면의 온도와 비슷하게 되는데 이를 상부성층권이라 한다.

또한 오존(O3)은 25km~40km 구간에 약 90%가 밀집되어 태양광선에서 유입되는 유해한 자외선을 흡수하는 오존층이 형성되어있다.

오존층에 있는 오존은 산소분자가 태양의 자외선을 흡수할 때 산소원자가 산소분자와 결합을 할 때에 생성이 되어 성층권의 기온을 높이는 작용을 하고 또한 태양으로부터 오는 자외선을 흡수하여 지구 생물에 유해한 자외선으로부터 보호를 한다.

그러나 지표면 근처의 오존은 자동차 등에서 배출되는 이산화질(N2O)이 자외선에 의해 광분해가 될 때 생성이되며 인체에 해로운 자외선을 차단하나 지표에서 방출하는 적외선을 흡수 차단하여 온실효과를 가져온다.

프레온(CFCs)은 1930년대 초에 미국의 듀퐁사가 프레온이라는 상표명으로 선보인 화합물질로 낮은 온도에서 증발하는 특성으로 물질을 차게 만드는 냉매제로 이용을 하였으나 이후 다양하게 이용되어 스프레이용 분사제와 합성수지의 발포제 및 반도체 칩의 세척용매 등에 사용되어 오고 있다.

이러한 프레온이 대기중으로 방출이 되면은 온실 기체 역할을 할 뿐 아니라 성층권으로 올라가서 지구 생명체의 보호막 역할을 하고있는 오존층을 파기하기도 한다.

만약 오존 전량의 10% 정도가 감소를 하게 된다면은 지상에 도달하는 자외선 양은 20% 정도가 증가하게 되어 면역 능력이 감퇴되고 피부암이나 백내장 등을 유발하여 인체에 피해를 주게 된다.

4. 중간권

성층권 계면 위로부터 고도 80km 까지의 층으로 공기가 희박하고 대기 상태가 불안전하여 기상현상은 발생하지 않지만 대류현상은 발생하는 층이다.

온도는 고도 100m마다 약 0.4도 씩 낮아져 80km 지점에서는 최저 기온이 된다.

5. 열권

중간권에서 최저기온이었던 온도는 고도가 높아지면서 일시적으로 등온이 유지되다가 고도가 높아지면서 기온은 다시 상승을 하게 된다. 그러나 열권은 낮과 밤의 온도차가 매우 커 1000도 이상의 차이를 나타내는 층으로 고도 70km에서 800km 까지의 공기층에는 전기를 띠고 있는 기체가 몇 겹의 공기층을 형성하고 있는 전리층이 존재하고 있다. 이러한 전리층은 지상으로부터 방출된 전파를 반사시켜 반대편에 위치한 곳과도 통신을 할 수 있게 하는 중요한 층(열권)이다.

Ⅴ. 빛(헤르츠)

태양의 표면으로부터 사방으로 방출되는 태양에너지는 약 50%가 유관으로 감지할 수 있는 가시광선이며 X선과 감마(γ)선 및 자외선이 9%를 차지하고 그 외에 전파로 구성되어 있으며 지구에 도달하는 데에는 약 9분 20초 정도가 소요된다.

빛은 전자기파의 일종인 파로써 전자기파가 발생되기 위해서는 에너지를 필요로 하게 된다. 이러한 전자기파의 에너지인 복사는 태양 뿐 아니라 모든 물체가 가지고 있는 온도에 따라 복사를 하고 있다. 그러나 모든 분자들이 -273.2℃에서 운동을 정지하여 열이 전혀 존재하지 않는 상태를 0°로 측정한 온도인 절대온도가 6000도인 태양과 280도인 지구의 복사량은 차이가 날 수밖에 없으며 더욱이 물체의 온도가 높을수록 복사되는 전자기파의 파장은 짧아져 복사되는 에너지는 크게 되는데 태양 복사에너지는 파장이 짧은 전자기파인 단파이고 반면에 지표면이나 구름 등의 복사는 파장이긴 전자기파인 장파이다보니 차는 클 수밖에 없게 된다.

태양에서 지구로 오는 태양복사에너지의 복사량은 태양광선과 직각을 이루는 $1cm^2$의 면적에 분당 약 2칼로리(cal)이고 지표면 전체에 대한 평균은 약 0.5칼로리(cal)가 된다. 따라서 2칼로리의 열량은 안쪽을 검게 칠한 가로와 세로가 2m이고 깊이가 10cm가 되는 욕조에 영도(0°)의 물 400리터를 2시간 30분 동안 비추게 되면 물을 30도로 데울 수 있는 에너지이다.

수소(85%)와 헬륨(15%)으로 이루어진 태양이 핵융합 반응을 멈추게 되거나 종종 영화 속의 이야기로 등장하는 거대한 운석과 지구와의 충돌이 일어나거나 거대한 화산 폭발로 인하여 태양의 빛을 차단하게 된다면 지구에 존재하는 인간을 비롯한 모든 생명체의 운명은 과연 어떻게 되겠는가. 상상하기 조차 힘들 것이다.

태양은 표면 온도가 약 6000℃로써 우주공간으로 빛의 형태로 엄청난 양의 에너지를 방출하고 있다. 그중 지구에 도달하는 빛은 5억 분의 1 정도이지만 이는 $1km^2$당 150만kw나 되는 엄청난 에너지로써 지구에 상존하고 있는 모든 생명체의 동력으로 작용하고 있다. 그리고 태양의 빛은 진동과 파동을 이루면서 퍼져나가는데 물체가 진동을 하게 되면은 그 진동이 물체 주변에 있는 공기를 떨리게 하여 옆으로 퍼져 나가는 현상을 파동이라 하며 지구 내부에 생긴 진동이 지구 표면인 지각에 전달되는 파동을 지진파라 하고 있다.

또한 빛의 파동을 전자기파라고 하는데 일반적으로 전자기파는 눈에 보이는 빛과 보이지 않는 빛을 포괄하여 말하고 있으며 전자파는 눈에 보이지 않는 빛을 말하는데 주기적으로 그세기가 변하는 전자기장(전기장과 자기장)이 공간을 통해 전파해가는 현상으로 전하가 급속하게 진동하거나 전류가 진동적으로 변화할 때 생기며 공간에 전기적 작용을 미치면서 빛과 같은 속도(30만km/초)로 전파된다.

그리고 진동의 가장 높은 곳을 산의 정상인 산마루와 같은 의미로 마루라 하고 가장 낮은 곳을 산의 골짜기와 같이 골이라 하고 있으며, 마루와 마루 사이(간격)을 파장이라 하고 있는데 파장이 길어질수록 에너지는 감소하게 된다.

그리고 파장의 길이에 있어 1나노미터(nm)는 10억분의 1m를 의미하고 1마이크로미터(㎛)는 백만부의 1m를 의미하고 있다.

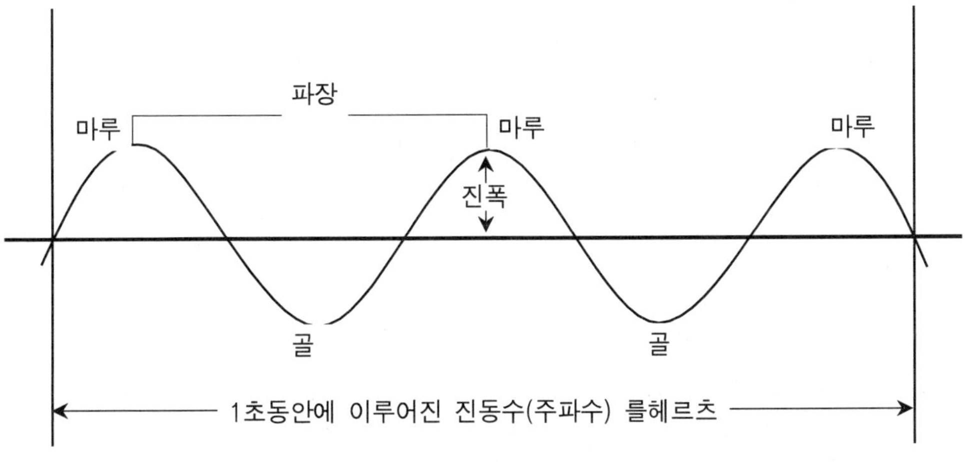

※ 전파 망원경의 파장 100m 텔레비전의 파장 0.5m 레이더의 파장 0.01m 적외선의 파장 0.00005m 가시광선의 파장 0.0000005m 자외선의 파장 0.0000001m X선의 파장 0.00000000001m 감마선의 파장 0.0000000000001m

「그림 2-5」 진동과 주기

또한 파동이 위·아래로 출렁거리는 폭을 진폭이라 하며 파동을 전달하는 물질(매질: 물·흙·공기 등)이 한 번의 진동을 하는 시간을 주기(싸이클)이라 하고 매질이 1초 동안에 진동을 한 횟수를 파동의 진동수(주파수)라 하며 진동수가 많아질수록 에너지는 증가한다. 그 단위를 헤르츠(Hz)라 한다「그림 2-5」.

단위 헤르츠(Hz)는 하인리히 루돌프 헤르츠(Heinrih Rudolf Hertz, 1857~1894)가 1887년 무선통신에 쓰이는 전자기파인 무선전파를 검출할 수 있는 장치를 개발함으로써 무선통신의 가능성을 열어주었는데 그의 이름을 따서 헤르츠(Hz)라 하고 있다.

따라서 1킬로헤르츠(1KHz)는 1000헤르츠(Hz)로 이는 1초 동안에 1000번의 진동을 하였다는 의미가 된다.

전자기파인 빛의 종류에는 우리가 눈으로 볼 수 있는 가시광선(빨, 주, 노, 초, 파, 남, 보)과 빨간색보다 파장이 긴 적외선과 마이크로파와 라디오파가 있으며 보라색보다 파장이 짧은 자외선과 X선과 감마(γ)선 등이 있다.

이들의 파장 및 주파수는 우리가 무지개를 보았듯이 색과 색의 경계나 선과 선의 경계면의 파장은 두부모를 자르듯이 명확하게 구별되어지는 것이 아니라 대략「표 2-1」과 같이 해당 파장의 범위를 말하고 있다고 보면 좋을 것이다.

「표 2-1」 빛의 종류 및 파장과 주파수(헤르츠)

구분 \ 전자기파	라디오파	마이크로파	적외선	가시광선	자외선	X-선	감마(γ)선	
파장	약10km	약1m	약1cm	약780nm	약380nm	약10nm	약0.01nm	약0.07nm
주파수	약3만Hz	약3억Hz	약300억Hz	약405THz	약790THz	약30PHz	약120EHz	

주: 1나노(nano)미터 $nm = \frac{1}{10\text{억}} m$ 1마이크로(Microm)미터 $\mu m = \frac{1}{\text{백만}} m$

1옹스트롬(angstrom) $\text{Å} = \frac{1}{1\text{억}} cm$ (0.1nm) 1킬로(killo)헤르츠(KHz)=1000Hz

1메가(mega)헤르츠(MHz)=100만(10^6)Hz 0.0000001m 1기가(giga)헤르츠 GHz=10억(10^9)Hz 0.0000000001m 1테라(tera)헤르츠 THz=1조(10^{12})Hz 0.0000000000001m

1페타(pata)헤르츠 PHz=1천조(10^{15})Hz 0.0000000000000001m

1엑사(exa)헤르츠 EHz=100경(10^{18})Hz 0.0000000000000000001m

1. 가시광선(可視光線)

우리가 눈으로 볼 수 있는 빨강, 주황, 노랑, 초록, 파랑, 남색, 보라색의 빛으로 파장이 약 380나노미터(nm)에서 약 780나노미터(nm)정도의 범위에 있는 빛(전자기파)으로 빛의 파장이 620nm~780nm에 가까우면 빨간색의 빛이 되고 파장이 380nm~420nm에 가까우면은 보라색의 빛이 된다.

그리고 가시광선 중 파장은 빨간색의 파장이 가장 길며 보라색의 파장이 가장 짧다. 「표 2-2」는 가시광선의 대략적인 파장과 주파수의 범위를 나타내고 있다.

「표 2-2」 가시광선의 파장 및 주파수

	빨강	주황	노랑	초록	파랑	남색	보라	
파장	870nm	620nm	590nm	570nm	490nm	450nm	42nm	380nm
주파수	405THz	480THz	510THz	530THz	580THz	600THz	700THz	790THz

주: 1나노미터 $(nm) = \frac{1}{10억} m$ 1테라헤르츠 (THz)=1조(10^{12})Hz 파장=$\frac{빛의속도(30만km/초)}{주파수}$

2. 적외선(赤外線)

적외선은 1800년 영국의 천문학자 헤샐이 가시광선스펙트럼의 끝보다 긴 파장 쪽에 열효과가 큰 부분이 있음을 발견함으로써 알려졌다.

적외선은 눈으로 볼 수는 없지만 피부로는 느낄 수 있는 빨강색 밖의 파장으로 약 1cm에서 약780nm 범위의 전자기파로 가시광선보다 투과력이 강하여 물체에 흡수가 되면은 온도를 높이는 성질을 가지고 있다. 따라서 사람이 햇볕을 쪼이게 되면 적외선이 피부를 진동시켜 몸이 따뜻하게 된다. 이러한 적외선의 특성을 이용하여 물리치료나 전기난로 등 다양한 방법으로 이용되고 광섬유통신이나 무선통신 또는 가열, 건조 및 항공기 및 미사일 탐지나 적외선 망원경, TV리모콘 등에 활용되고 있으며 또한 살균효과나 세포재생을 촉진하는 기능을 하는 빛이다.

그리고 물리치료에서 온열자극형 치료기법은 표피 내부의 깊은 곳까지 열을 전달하여 혈액순환을 돕고 세포재생을 촉진하며 병원균에 대한 저항력을 키우는 원리이다.

또한 사람은(9㎛) 물론 모든 물체는 양의 차이가 있을 뿐 모두가 적외선을 복사하는 전자기파를 방사하고 있다「표 2-3」. 따라서 이러한 성질을 이용하여 적외선 망원경이나 야간 투시경 등이 개발되었으며 이는 적외선의 빛을 가시광선으로 바꾸어 주는 것이다.

「표 2-3」 적외선의 파장

적외선	파장	주파수	
근적외선	750~1400nm		광섬유통신, 가열, 건조장치
단파장적외선	1400~3000nm		장거리통신(1530~1560nm)
중파장적외선	3000~5000nm		미사일이 적항공기 조준
장파장적외선	8000~15000nm		열영상촬영 항공기 및 미사일
원적외선	15000~1000000nm		적외선 망원경, 미사일탐지

3. 마이크로파(micro wave)

마이크로파는 적외선보다는 파장이 길고 라디오파보다는 파장이 짧은 빛인 전자기파로써 파장은 약 1m에서 1cm정도이며 주파수(진동수)는 약 3억 헤르츠(Hz)에서 300억 헤르츠(Hz)정도 범위의 전자기파를 말한다.

그리고 마이크로파는 파장이 짧아 빛과 비슷한 성질을 지니고 있어 살균력이 강하며 식물이나 물에 잘 흡수되어 열을 발생한다. 따라서 마이크로파를 음식물에 쏘이게 되면은 음식물 속의 물 분자를 진동시켜 물분자와 음식물과의 충돌로 열을 발생시켜 음식물을 가열시켜 준다.

또한 마이크로파는 주파수(진동수)가 높아 많은 양의 정보를 멀리 보낼 수가 있어 위성통신이나 텔레비전 방송, 레이더, 휴대전화, 전자레인지 등 여러 분야에서 유용하게 활용하고 있다.

오늘날 일상생활에서 사용하고 있는 전자레인지(극초단파 또는 마이크로웨이브 오븐)는 제2차 세계대전 종전 후(1945년) 군사용 레이더에 사용되던 마이크로파의 발생장치(마그네트론) 옆에 있던 퍼시스펜서(1894~1969, percy spencer)가 주머니 속의 과자가 녹아버린 것을 발견하고 팝콘용 옥수수를 마이크로파에 쏘이자 옥수수가 튀겨지는 것을 발견하여 전자레인지(약 24억 5천만 헤르츠)를 발명하게 되었다는 이야기가 있다.

4. 라디오파

전파는 전기장과 자기장으로 구성된 파동이라는 의미로써 일반적으로 전자기파 또는 전자파의 줄임말로 쓰이고 있다.

전파는 빛의 속도(초속 30만km)와 같은 속도로 진공상태나 고체와 대기를 통과하여 빠르고 먼 곳까지 퍼져 나갈 수 있기 때문에 통신에 유용하게 사용하고 있으나 사람들은 전파에너지가 약하여 느낄 수가 없지만 수신장치를 통해 수신이 가능하다. 오늘날 우리가 사용하고 있는 전파는 인위적으로 전류를 조절하여 다양한 주파수 대역을 여러 용도로 나누어 사용하고 있다.

1) FM파

방송에 이용되는 라디오파는 안테나 내부에 있는 전파를 가속시킴으로써 발생하게 되는데 TV와 FM방송에 주로 쓰여 FM파라고 하고 있으며 파장은 1m에서 10m 정도이며 주파수(진동수)는 약 3천만헤르츠(Hz)에서 3억헤르츠(Hz) 범위의 전파로 FM방송은(약 1억Hz와 3m정도의 파장) 고주파 전류에 음성신호를 실어 진폭은 변화시키지 않고 주파수만을 변화(주파수 변조)시키는 방법을 활용하고 있다.

2) AM파

라디오의 AM방송은(약 75만Hz와 400m정도의 파장) 파장이 약 100m에서 1000m정도이며 주파수는 3십만헤르츠(Hz)에서 3백만헤르츠(Hz) 정도 범위의 전파로 고주파 전류에 음성신호를 실어 신호의 강약을 조절하여 음성 전류의 파형에 따라 진폭만 변화(진폭 변조)시켜 정보를 보내는 방법을 활용하고 있다.

「표 2-4」 전파의 파장 및 주파수와 응용

전파	파장	주파수(헤르츠 Hz)	응용
마이크로파	1cm~10cm	30억Hz~300억Hz (3GHz) (30GHz)	위성통신 위성방송 등
마이크로파 (극초단파)	10cm~1m	3억Hz~30억Hz (300MHz) (3GHz)	디지털TV 육상이동통신 휴대전화(약 8억~15억 Hz정도) 전자레인지(약 24억 5천만 Hz정도) 등
초단파	1m~10m	3천만Hz~3억Hz (30MHz) (300MHz)	TV방송 FM방송 (약 1억Hz와 3m파장 정도) 무선호출 등
단파	10m~100m	3백만Hz~3천만Hz (3MHz) (30MHz)	원양선박통신 항공기 통신 등
중파	100m~1000m(1km)	3십만Hz~3백만Hz (300KHz) (3MHz)	AM방송(약 75만Hz, 파장 400m 정도) 선박 및 항공기 통신
장파	1km~10km	3만Hz~3십만Hz (30KMz) (300KHz)	항공기와 선박의 항로 안내

주: 헤르츠(Hz)는 1초간 진동수, 1킬로헤르츠 (1KHz)=1000Hz, 1메가헤르츠 (1MHz)=백만Hz, 1기가헤르츠 (1GHz)=10억Hz, 1마이크로미터 (1㎛)=$\frac{1}{\text{백만}}m$, 1나노미터 (1nm)=$\frac{1}{10\text{억}}m$

5. 자외선(紫外線)

자외선은 가시광선인 보라색(파장이 약 420nm~380nm정도)보다 파장이 짧고 X-선이나 감마선(γ) 보다는 파장이 긴 전자기파로 파장은 10nm에서 380nm정도이다.

자외선은 강한 화학 작용이나 생리적 작용과 살균 작용(250nm~260nm) 등을 하며 사람이 비타민D가 부족하게 되면 뼈의 발육이 나빠져 구루병이 걸리기 쉬우나 일광욕 등으로 햇빛(자외선)을 쬐이게 되면은 몸속에서 비타민D를 만드는 작용이 왕성해지므로 건강유지에 좋다.

그러나 태양광선 속의 자외선은 에너지가 비교적 강하여 장시간 햇빛에 노출하게 되면 옷의 탈색은 물론 피부가 타거나 물집이 생기며 피부 세포가 서서히 파괴하게 되고 홍반이나 색소 침착이 일어나고 심지어는 피부암에 걸리는 등의 부작용을 초래할 수가 있다.

6. 엑스(X)선과 감마(γ)선

X-선은 방사선 붕괴로 인하여 생성된 불안전한 원자핵이 안정되면서 남은 에너지를 전자기파의 형태로 방출하는 과정에서 생성되는 것으로 원자핵 주변을 돌고 있는 들뜬 상태의 전자가 그것보다 낮은 상태로 떨어지면서 방출하는 빛을 일컫는 것이다.

감마(γ)선은 원자핵 내부에서 방출하는 빛(전자기파)으로 들뜬(불안정한) 상태에 있던 원자핵이 낮은(안정) 상태로 가면서 방출하는 빛으로 원자핵 내부의 에너지 준위 변화에 따라 알파(α), 베타(β) 입자와 함께 방출되는 전자기파이다.

이렇듯 감마(γ)선과 X-선은 매우 높은 에너지를 갖는 빛으로 이들의 차이는 발생 원인이 다를 뿐 그 성질은 같다고 할 수 있을 것이며 파장은 X-선(약 10nm~0.01nm정도)이 자외선보다 짧고 감마선(약 0.01nm~0.07nm)보다는 긴 파장의 영역에 속하나 어떤 파장의 X-선은 감마(γ)선의 파장과 겹치는 영역도 있어 파장의 길이로 구별하는 것은 큰 의미가 없다고 할 수 있을 것이다.

X-선은 1895년 독일의 뢴트겐(Rontgen wihelm konrad, 1845~1923)이 기존의 광선보다 훨씬 큰 투과력을 가진 방사선의 존재를 확인하고 이를 X-선이라 하였으며 감마(γ)선은 1900년 프랑스의 빌라드(Paul ulrich villard, 1860~1934)가 리듐으로부터 발견한 방사선의 일종인 전자기파이다.

그리고 X-선은 강한 형광, 전리, 사진, 투과 작용을 하는 특성이 있어 X-Ray등 질병의 진단 및 치료와 금속재료의 내부 검사 등에 활용하고 있다(그림 2-6).

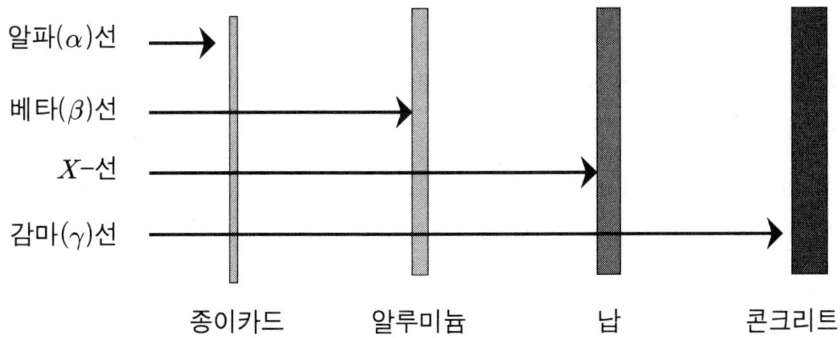

주: 감마(γ)선의 차폐율, 납 1cm = 콘크리트 6cm = 흙 9cm
차폐율: 특정 전자기파의 강도를 반으로 줄일 수 있는 물리적인 구조의 두께를 차폐라고 함.

「그림 2-6」 α, β, X, γ선의 투과력

감마선(γ)은 X-선보다 투과력이 훨씬 강한 특징을 지니고 있어 암의 치료 및 품종개량과 금속재료의 내부결함 탐지 등 의학 및 공업분야에 널리 응용되고 있다.

그러나 항암치료에 있어 방사선들은 암세포 뿐만 아니라 암세포 주위에 있는 정상세포까지 죽여버리기 때문에 많은 고통과 함께 탈모 등의 부작용을 초래하는 등 X-선과 감마(γ)선과 같은 방사선은 그 에너지가 아주 강해 인체가 이에 장시간 노출되면 치명적인 손상을 입게 된다.

X-선이나 감마선을 이용한 의료기기로써 그 용도는 정확히는 모르지만 그 이름을 익히 들어 알 수 있는 X-Ray, MRI, CT, PET 등이 오늘날 대표적인 기기라 할 수 있을 것이다.

1) MRI(자기공명영상 Magnetic Resonance Imaging)

자석에서 나오는 강한 자기장과 고주파를 이용하여 영상을 얻는 것으로 인체를 자기장을 발생하는 자석통 속에 위치시킨 후 고주파를 발생시켜 인체 내의 원자가 신호를 발산할 수 있도록 자극하여 컴퓨터로 하여금 신호들을 종합하여 조사하고자 하는 특정 부위를 영상으로 나타내는 기술이다. 이러한 방법으로 작은 크기의 암조직을 찾아내거나 뇌신경계나 근골격계 그리고 혈관 질환 등의 진단에 활용되고 있다.

2) CT(컴퓨터 단층 촬영 Computed Tomography)

1972년 영국의 한스필드가 개발한 것으로 X선을 이용하여 인체 주위를 회전하면서 일반적으로 횡단면 영상을 얻는 것이다. CT는 흉부나 복부의 촬영 또는 교통사고 등으로 인한 두개골절과 지주막하출혈의 진단 등에 유용하게 활용되고 있다.

3) PET(양전자 방출 단층 촬영술 Positron Emission tomography)

포도당에 양성자 표지자를 붙여 몸 속에 주입을 하면 주입된 방사성 물질에서 나온 양전자는 전자와 부딪히면서 감마선 형태의 에너지를 발산한다. 감마선 섬광은 위치를 가리키므로 컴퓨터로 이 정보를 종합하여 혈액의 흐름이나 대사과정을 영상화 할 수 있다.

PET검사는 CT보다 방사선의 노출이 많으나 암 등의 질병을 더 조기에 발견할 수 있다.

4) 혈관조영상(Angiogram)

염색제를 주입한 후 X선은 혈관을 지나는 염색제를 보여줌으로써 혈관이 막혀 있거나 협착되어 있는 모양을 볼 수 있게 해준다.

Ⅵ. 소리

소리는 발음체가 진동을 할 때 그 주변의 공기를 떨리게 하여 그 진동이 옆으로 퍼져(파동)나가 귓바퀴에 모아져서 외이도를 통해 고막에 전해지는데 이를 음파(진동수)라 한다.

우리들의 고막에 전해진 음파는 내이(달팽이관) 안에서 전기적 에너지로 바뀌어 청신경을 통해 뇌로 전달됨으로써 우리가 이를 인지하여 소리를 듣게 되는 것이다「그림 2-8」.

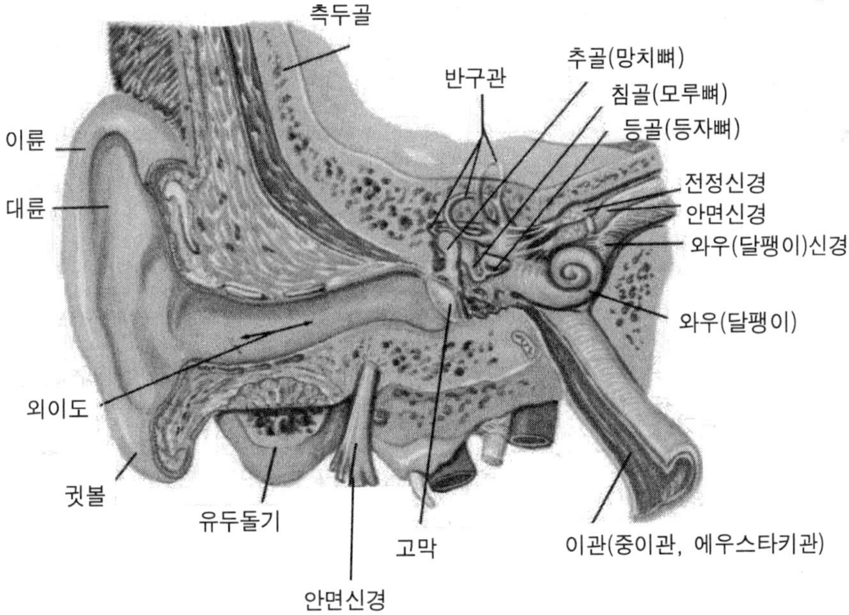

「그림 2-8」 귀의 구조

소리의 속도는 공기중에서는 초속 340m 정도이나 기후나 온도, 물질, 소리의 세기 등에 따라 속도가 달라지게 된다. 또한 소리의 속도는 온도가 높아지거나 소리의 세기가 클수록 빨라지며 일반적으로 밀도가 높은 물질에서 속도가 빨라져 기체일 때보다 액체일 때 그리고 고체일 때가 더 빠르며 공기 중에서 보다 물 속에서 더 빠르게 전파된다.

그리고 낮에는 지표면 근처의 공기 온도가 높고 위쪽의 공기 온도가 낮아지므로 지표면 근처에서의 소리의 속도는 빠르고 위쪽은 느려 소리는 위쪽으로 굴절이 되며 밤에는 이와 반대되는 현상으로 소리는 아래쪽으로 굴절이 되어 멀리 떨어진 곳에서 나는 소리도 가까이 있는 것처럼 들리게 된다.

사람이 들을 수 있는 진동수(주파수)는 20헤르츠(Hz)에서 2만헤르츠(Hz)사이 이다. 진동수가 20헤르츠(Hz)보다 작은 소리를 초저주파라 하며 코끼리와 같이 덩치가 큰 동물은 이러한 소리를 내거나 들을 수가 있으며 진동수가 2만헤르츠(Hz)이상이 되는 것을 초음파라 하는데 돌고래나 박쥐 등은 이러한 초음파를 이용하여 장애물이나 먹이를 발견하기도 하고 의사소통을 한다.

또한 초음파를 이용하여 어군을 탐지하거나, 잠수함을 탐지하고 해저지형 등을 조사하기도 하며 인체에 해가 없이 내부를 보기 위해 고주파음을 이용하는 방법으로 태아의 상태를 알아보거나 내장기관을 검사하고, 사물이 똑같은 주파수를 가진 음파에 의하여 움직이게 될 때의 공명을 이용하여 표적이 부서질 때까지 점점 더 큰 폭으로 진동하게 하는 방법으로 요석이나 담석 등을 잘게 부셔 제거 하는 등 의료용으로 사용하기도 한다. 그리고 초음파의 진동에너지를 이용하여 보석의 찌든 때를 제거하거나 식기를 세척하는데 활용을 하고도 있다.

제 3 부

지기(地氣)

지기(地氣)

태양이 우주공간으로 빛의 형태로 발산하는 에너지 중 약 5억분의 1 정도가 지구에 도달하여(1㎢당 150만 Kw정도) 모든 생명체의 동력으로 작용을 하는 것으로 보고 있다.

이는 지구에 도달하는 태양의 복사에너지(100%)중 위도의 차이에 따라 흡수하는 양은 차이가 있으나 지구 전체적으로는 대기와 지표에 의한 반사(약 30%)와 대기와 구름에 의한 흡수(약 20%) 그리고 지표에 의한 흡수(약 50%)로 나누어 볼 수가 있다. 반면에 지구에 의한 복사에너지는 대기와 지표에서 우주로 방출하는 에너지는 약 70% 정도로 지구가 지표와 대기에서 흡수하는 태양에너지(약 70%)와 평형을 이루고 있어 지구의 연평균기온이 약 15℃를 일정하게 유지된다. 지구는 지각과 맨틀과 외핵과 내핵으로 구분할 수 있는데 지구 중심부의 온도는 대략 6000℃로 보고 있다.

그리고 지구 내부의 외핵에서는 높은 온도로 인하여 철 성분이 녹아있는 마그마가 흐르다 지각의 약한 부분을 뚫고 솟아오르기도 하며 또한 외핵의 유동적인 특성에 의해 전류가 발생하고 이로 인해 자기장이 생기게 된다.

그리고 지각을 이루고 있는 지각판들의 대류운동으로 지진이 발생하기도 한다.

이렇듯 살아 움직이고 있는 지구에 살고 있는 모든 생명체들은 이러한 자연환경의 영향 아래 생명활동을 하고 있다고 보아야 할 것이다.

땅의 기운(地氣)에 대하여 풍수지리에서는 산(龍)이 기(氣)의 변화 속에서 용이 살아 움직이는 것과 같이 상·하·좌·우로 움직이는 것을 생룡(生龍)이라하고 기(氣)를 잃고 변화를 이루지 못하는 것을 사룡(死龍)이라 하고 있다.

땅(흙) 또한 살아있는 땅(흙)은 윤기(潤氣)가 있으며 자황색이나 황색과 백색 등의 색깔을 띠고 있으며 풀이나 나무의 색깔은 밝은 빛을 띠며 생동감이 있는 연두색을 띠고 있다. 또한 바위 표면은 껍질을 벗으며(박환 剝換) 백색을 띠고 흙과 연결되어 있으나 죽은 땅(흙)은 윤기가 없으며 검은색을 띠고 음습하거나 힘이 없는 조토(燥土)이며 풀이나 나무의 색깔 또한 검은색에 가깝고 진한 녹색을 띠고 있으며 바위의 색깔 또한 어둡고 검정색에 가깝다고 하고 있다.

제1장 지구

Ⅰ. 지구의 구조

지구는 해양과 대륙이 7 : 3의 분포비를 이루고 있으며 지표는 퇴적물과 퇴적암이 분포하고 그리고 지하로 갈수록 화성암과 변성암의 비중이 높아진다. 그리고 지구의 내부는 「그림 3-1)과 같이 지각과, 맨틀, 외핵, 내핵으로 구성되어 있다.

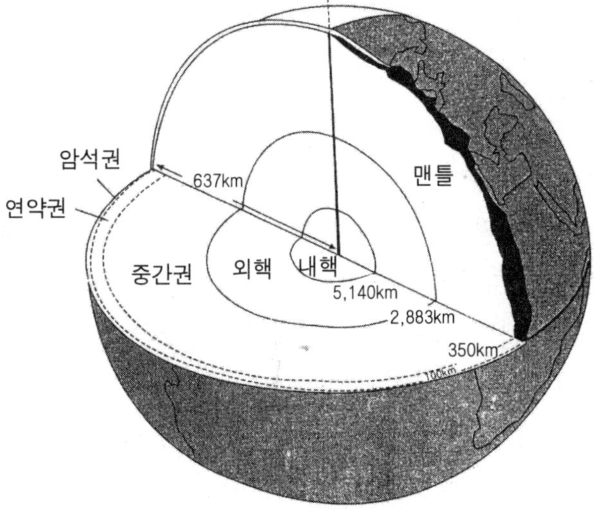

「그림 3-1」 지구의 내부구조

1. 지각

지표면 아래에 있는 지각은 대륙 지각과 대양지각으로 구별된다.

대륙지각은 평균 45km의 두께로 지역에 따라서는 30km ~ 70km의 차이를 보이고 있으며 상부에는 두꺼운 화강암 암석이고 하부의 평균두께는 5km 정도로 현무암, 질암석으로 구성되어 있다. 또한 대양지각은 평균 8km의 두께를 가지고 있으며 현무암 질 암석으로 구성되어 있다.

2. 맨틀

지각의 아래 2900km까지 밀도가 높은 암석으로 된 두꺼운 층을 이루고 있는 층이다.

3. 외핵

맨틀아래 철과 니켈이 주성분인 핵이 있으며 핵은 철이 녹아 액체 상태로 되어 있는 두께가 2280km 정도인 외핵이 있으며 외핵의 유동적인 특성으로 인하여 전류가 발생하게 되어 자기장이 형성하게 된다.

4. 내핵

철이 고체 상태로 존재하고 있는 두께가 1,190km 정도로 온도가 대략 6,000℃인 지구의 중심부를 이루고 있다.

Ⅱ. 대륙의 이동

대륙의 이동에 있어 1960년대 후반에 제창된 판구조론에는 지구상의 암석권은 크게 6개의 지각판(아메리카판, 태평양판, 남극대륙판, 아프리카판, 유라시아판, 인도판)으로 구성되어 있으며,(그림 3-2) 지각판들의 대류운동에 의해 1년에 약 1cm~12cm 정도의 속도로 이동을 하고 있다고 하며 인접한 두 개의 판은 양쪽으로 갈라지기도 하고 서로를 향하여 이동을 하기도 한다고 한다「그림 3-3」.

따라서 두 개의 판이 갈라져 분열 또는 분리되는 곳에서는 지하의 마그마가 상승하고 냉각되어 새로운 지각을 형성하는데 대표적으로 대서양 중앙해령과 남동인도해령 및 동태평양 해령 등으로 이들 해령에서는 현무암질마그마가 계속 분출하여 새로운 지각인 대양판이 형성되고 대서양은 하나였던 대륙지각의 판들이 서로 멀어지고 새로운 해양지각이 확장되어 형성 된 것이다.

또한 두 개의 판이 충돌하여 하나의 판이 다른 판 밑으로 들어가는 섭입대(攝入帶)에서는 대륙판과 대륙판이 충돌하는 경우 히말라야 산맥과 티벳고원이 인도반도와 아시아 대륙의 충돌로 이루어진 것과 같이 거대한 산맥을 형성하면서 두꺼워 지게 되며, 그리고 대륙판과 대양판이 충돌하는 곳은 지진과 화산이 많이 발생을 한다. 그리고 밀도가 높은 대양판이 밀도가 낮은 대륙판의 밑으로 밀려들어가므로 대양판이 부분적으로 녹으면서 안산암질의 마그마가 생성되어 분출함으로써 안산암질 화산을 형성한다. 또한 융기된 대륙판의 말단부는 대규모의 산맥을 형성하며 섭입대를 따라 심해보다 수천m 더 깊은 해구가 발달을 한다.

자료 : 지리학강의 2000

「그림 3-2」 지각의 판

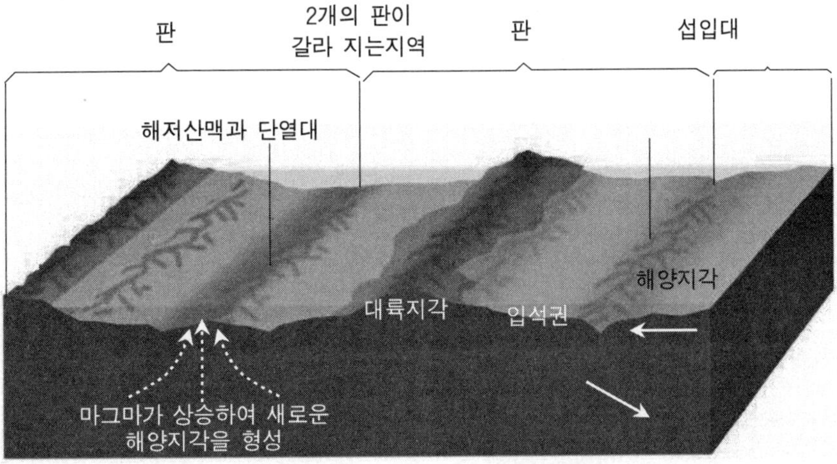

「그림 3-3」 판의 경계와 지형

1. 단층

단층은 지층의 틈을 경계로 어긋난 형상을 말하는 것으로 지각에 압력이 작용하여 형성이 되며 대체로 지표의 10km 이내에서 발달하는 것이 보통이다.

이러한 단층에는 단층면이 수직인 수직단층과 직각에 끌어당기는 힘인 장력이 작용할 때 한쪽의 단층상반이 반대단층의 하반보다 내려가는 정단층(우리나라의 형산강지구대.

길주. 병천지구대)과 2개의 단층면에 압축압력이 가해짐으로 해서 한쪽의 단층상반이 반대단층의 하반위로 밀려올라 형성되는 역단층「그림 3-4」그리고 두 개의 단층이 수평적으로 미끄러진 단층으로 단층 양쪽의 지괴가 반대방향으로 끊임없이 움직이기 때문에 단층선을 따라 지진이 자주 발생한다「그림 3-5」.

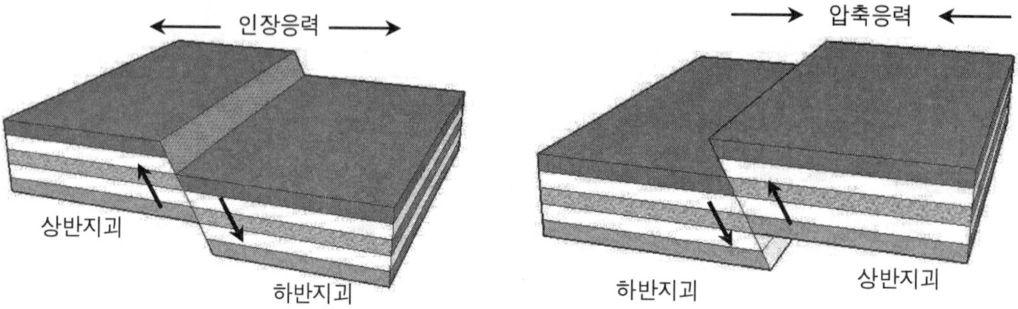

「그림 3-4」 정단층과 역단층

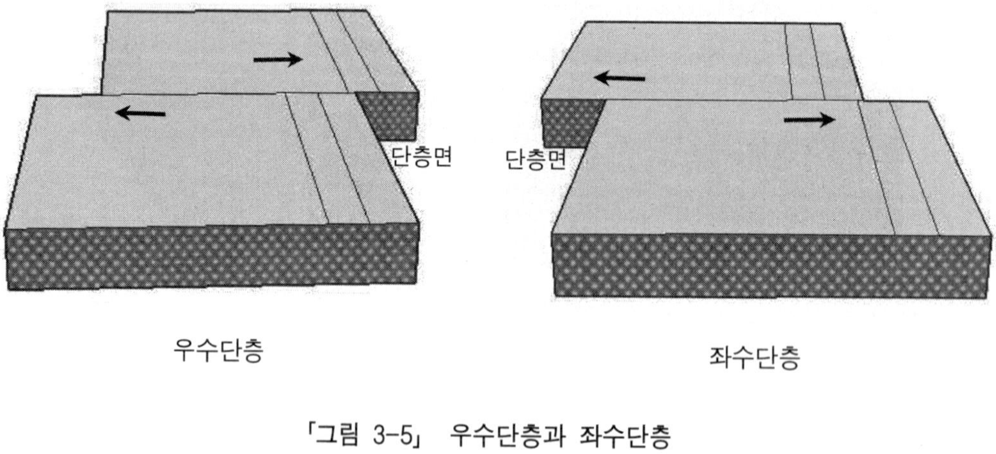

「그림 3-5」 우수단층과 좌수단층

2. 습곡

지층이 횡압을 받아 휘어진 것으로 지층이 위를 향해서 휘어진 것을 배사라 하며 아래로 향해서 휘어진 것을 향사라 하고 배사와 향사의 기울어진 부분을 윙(wing) 또는 림브(limb)라 한다. 따라서 배사구조는 산능을 향사구조는 골짜기를 형성하게 된다.「그림 3-6」

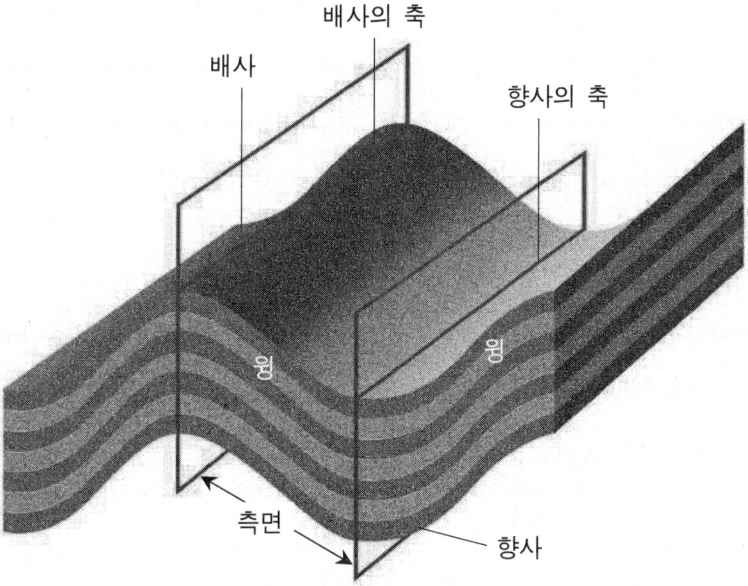

「그림 3-6」 습곡의 구조

3. 지진

지진은 지구 내부에 축적된 에너지에 의해 암석의 일부분에 급격한 운동이 일어나 지진파가 발생하거나 지각에 일어나는 진동으로 지진파는 지구내부나 표면을 전파하는 탄성파로써 고체 및 액체와 기체 등 모든 곳에 전파하는 P파(7.8 ~ 13km/sec)와 액체는 통과하지 못하는 S파(4 ~ 7.5km/sec) 그리고 P파와 S파가 지진이 최초로 발생한 진원에서 지구의 내부로 퍼져나가 지표면에 도달하게 되면 그중에서 일부가 지표면에 전파하는 파로 변환된 표면파가 있다.

지진을 발생시키는 주요요인으로는 단층지진으로 화산지대에서 멀리 떨어진 곳에서 발생하는 강력한 지진과 베니오프대의 지진으로 섭입대에 해당하는 곳에서 발생하는 지진

그리고 화산활동과 관련된 화산지진 등이 있다「김일곤외 1999」.

지진의 크기를 나타내는 척도인 진도(震度)는 지진의 강도를 기준으로 하는 리히터 규모와 사람이 지진을 느끼는 정도와 땅위의 피해를 기준으로 하는 수정 메르칼리 진도 계급이 있다.

판구조론에 의하면 우리나라는 유라시아판 동남쪽에 위치하고 있으며 판의 경계로부터 수백km 떨어진 판내 지역에 속하고 있다.

또한 지진발생에 대한 삼국사기, 고려사, 조선왕조실록 등의 기록에 의하면 779년 경주에서 발생한 지진으로 인해 100명이 사망하였으며 1298년 강화에 발생한 지진으로 땅이 갈라지고 샘물이 수척높이로 솟아올랐으며 1385년 한강변에 발생한 지진으로 땅이 길이 24자(약 720cm) 폭 5자(약 150cm)로 갈라지는 등 212년부터 1904년 까지 약 1897회의 지진이 발생한 것으로 기록 되어 있다.

그리고 1905년 인천에 지진계가 설치된 이후 1936년 지리산 쌍계사의 지진등 1942년까지에는 연평균 14회의 지진으로 총 553회가 발생하였으며 1978년 충남홍성의 지진(진도5)과 1981년 포항근해에 발생한 지진등 1978년부터 1998년까지는 년 19.1회의 지진이 발생하였으며, 1999년부터 2010년까지에는 평균 42.8회의 크고 작은 지진이 발생하는 등 지진의 무풍지대가 아님을 알고 만전을 기하여야 할 것이다.

4. 화산

화산은 지하 약 2~10km 정도에 위치하고 있는 광물결정과 용존가스가 포함된 암석의 용융체인 마그마가 화도(火道)를 따라 상부로 이동하여 화구(火口)를 통해 용암이나 가스 등의 형태로 지표에 분출 되는 것을 말한다.

이러한 화산은 분출현상의 상태에 따라 활화산과 휴화산과 사화산으로 구별을 한다.

그리고 화산의 분출물은 가스와 용암과 화산쇄설물이 있으며 화구에서 뿜어져 나오는 기체의 대부분은 수증기에 해당하며 약간의 이산화탄소가 포함되어 분출되는 가스의 98% 이상을 차지하고 있으며 그 외에 황화수소, 아황산 가스, 염소, 수소, 산소등이 화산가스를 구성하고 있다

그리고 용암이 분출될때의 온도는 약 1000˚c~1200˚c로 용암의 규산(SIO2) 함유량에 따라 산성(60%이상) 중성(52%~60%) 염기성(45%~52%) 초염기성(45% 이하)으로 구분을 한다.

현무암질 용암은 염기성 용암으로 먼거리까지 쉽게 흘러가는 경향이 있어 넓고 평탄한 용암대지를 발달시키나 규산질 용암은 점성이 매우 높아 멀리 흘러가지 못하고 급경사의 화산체를 이룬다. 그리고 유연성이 큰 현무암질 용암이 식을 때 수축작용으로 주상절리를 형성하는데 우리나라에서는 제주도의 정방폭포, 천지연 폭포 천제연 폭포와 한탄강연안의 주상절리를 볼 수가 있다「한국지리 정보연구회 2000」.

Ⅲ. 계절의 변화

태양으로부터 약 1.5억km 떨어져 있는 지구는 평균 반경이 6371km이며 적도의 둘레는 약 4만km이다.

지구는 23.5° 기울어진 자전축을 중심으로 서쪽에서 동쪽으로 자전을 하면서 공전면과 약 66.5°정도 기울어져 태양을 둘러싼 9억 6천만km에 달하는 타원궤도를 초당 약 30km로 또는 시간당 1670km의 속도로 1년간 돌고 있다. 이러한 23.5°의 기울어진 자전축(공전면에 66.5°)으로 인한 지축의 경사는 사계절의 변화에 중요한 역할을 하고 있다.

태양은 춘분과 추분때에는 적도위에서 하지때에는 북위 23.5°의 위를 동지때에는 남위 23.5°의 위도를 돈다.

이는 겨울(동지)에는 태양의 높이가 낮아져 햇볕이 대기를 비스듬하게 통과하게 되어 공기중에 흡수되어 지면에 도달하는 열량이 감소함은 물론 같은 면적당 비추는 햇볕의 양 또한 줄어들며 더욱이 태양이 비추는 시간또한 짧아 겨울에는 온도가 올라가지 않는다.

그리고 태양의 고도가 변하지 않는 적도지방에서는 1년 내내 더운 여름이 계속되며 극지방(남극, 북극)에서는 태양이 반년정도는 지평선 아래에 있으며 반년정도는 지평선위에 떠 있어 봄과 가을이 거의 없이 여름과 겨울이 있게 된다.

이러한 지구의 자전은 계절의 변화뿐 아니라 바람과 해류의 반향에도 큰 영향을 미치고 있다「김일곤외 1999」.

제2장 지기와 풍수지리

Ⅰ. 한국의 산맥

우리나라의 산맥은 백두산에서 시작된 백두대인 마천령산맥과 함경산맥, 태백산맥, 소백산맥, 낭림산맥, 강남산맥, 덕유령산맥, 묘향산맥, 언진산맥, 멸악산맥, 마식령산맥, 광주산맥, 차령산맥, 노령산맥 등 14개 산맥으로 이루어져 있다.

그리고 박성태의 신산경표에는 우리나라의 산맥을 인체의 경락과 같이 1대간(백두대간)과 12개의 정맥(관북정맥, 관서정맥, 청천정맥, 해서정맥, 예성정맥, 한북정맥, 낭동정맥, 한남정맥, 호서정맥, 금강정맥, 호남정맥, 낙남정맥)과 13개의 기맥(온성기맥, 장진기맥, 중강기맥, 장자기맥, 대령기맥, 남강기맥, 장산기맥, 한강기맥, 금북기맥, 진양기맥, 금남기맥, 영산기맥, 땅끝기맥)으로 그리고 8개의 지맥(도솔지맥, 영월지맥, 춘천지맥, 보현지맥, 팔공지맥 비슬지맥, 문수지맥, 수도지맥)으로 분류하고 있다「박성태 2004」.

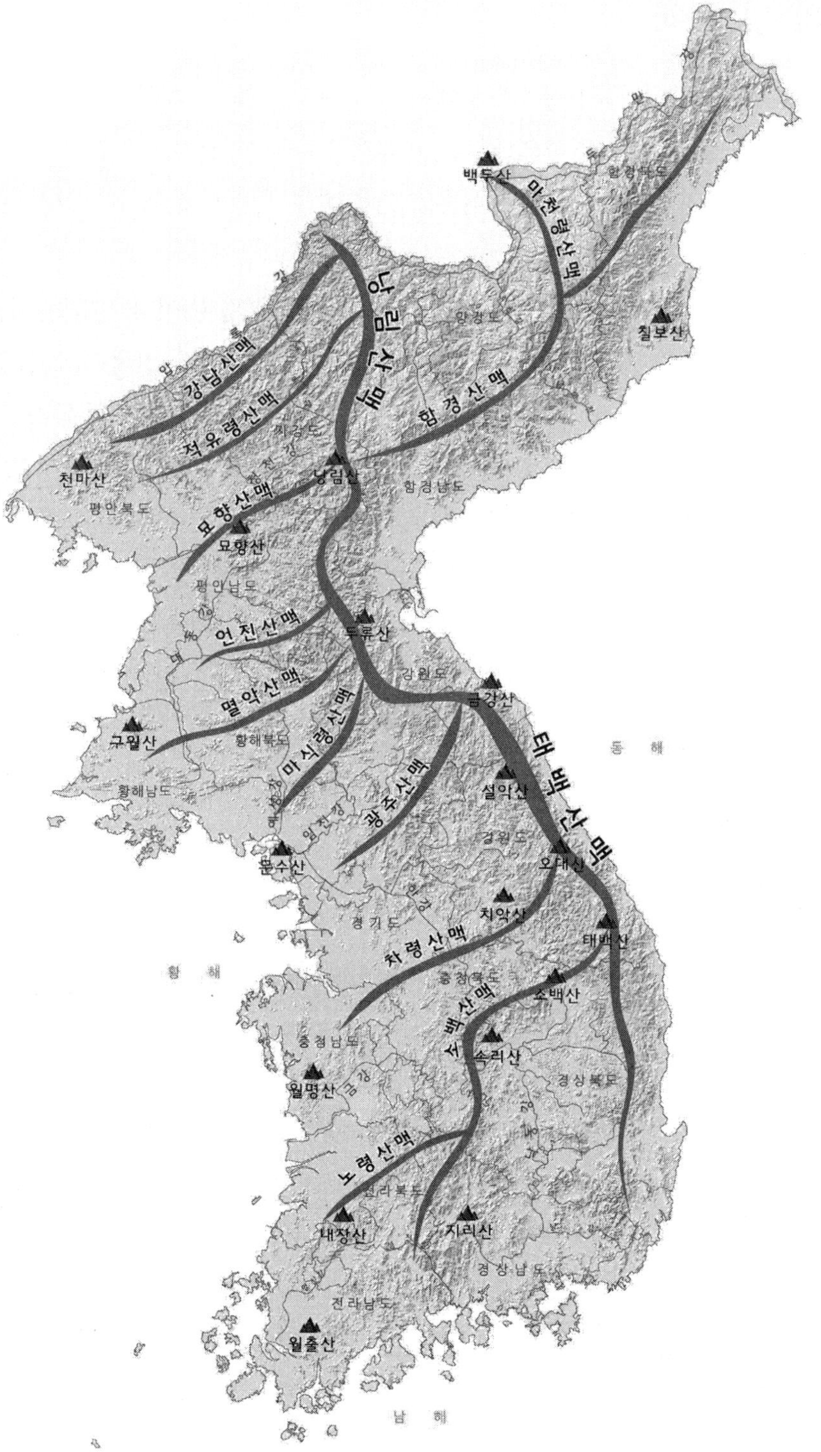

「그림 3-7」 우리나라의 산맥 지도
자료: 나우 맵 소프트

Ⅱ. 정의 및 목적

최 창조 교수는 저서 한국의 풍수사상에서 풍수지리설(風水地理說)이란 음양론(陰陽論)과 오행설(五行說)을 기반으로 주역(周易)의 체계를 주요한 논리구조로 삼는 중국과 우리나라의 전통적인 지리과학으로 추길피흉(追吉避凶)을 목적으로 삼는 상지기술학(相地技術學)이다 라고 정의 하고 있다.

풍수란 장풍득수(藏風得水)의 준말로 풍수지리란 음택(陰宅)이나 양택(陽宅)등을 만들 때 산과 땅의 형세나 수세와 방위등을 살펴 인간의 길흉화복과 연관지어 설명하는 학설로 기(氣)는 바람을 타면 흩어지고 물을 만나게 되면 멈추기 때문에 기(氣)가 흩어지지 않도록 바람막이가 되어 있는 곳으로 물의 흐름이 막혀 기가 취결(聚結)되어 있는 곳을 길지(吉地)라 하며 이러한 길지에 집(양택 陽宅)이나 건물을 짓거나 묘지(음택 陰宅)를 만들어 행복과 번영을 누리고자 함을 주된 목적이라 할 수 있을 것이다.

조선시대에는 관료들의 품계에 따른 복장은 물론 신분에 따른 차별과 사후 무덤의 크기「표 3-1」「그림 3-8」과 비석의 규격 「표 3-2」「사진 3-1」 및 석상의 종류 「표 3-3」「사진 3-2」에 관한 규정 또한 구별을 하였다.

1. 무덤의 규모

[표 3-1] 무덤의 크기

품계	무덤둘레	반변의 길이	봉분의 높이
1품	90보(63m)	22.5보(5.7m)	11척(3.3m)
2품	80보(56m)	20보(14m)	10척(3m)
3품	70보(49m)	17.5보(12.5m)	9척(2.7m)
4품	60보(42m)	15보(10.5m)	8척(2.4m)
5품	50보(35m)	12.5보(8.7m)	7척(2.1m)
6품	40보(28m)	10보(7m)	6척(1.8m)
7품 평민이하	30보(21m)	7.5보(5.2m)	5척(1.2m)

자료: 김종혁 2002

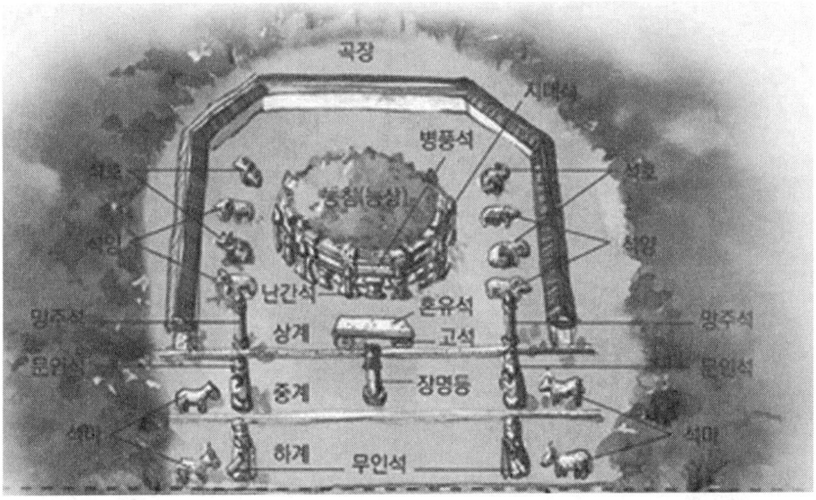

자료: 문화재청 궁릉유적본부

「그림 3-8」 조선의 왕릉

2. 비석의 규격

[표 3-2] 비석의 규격

품계	머리모양과 높이	몸체의 높이	몸체의 너비	받침돌 모양과 높이
1품	용 3척(90cm)	8.5척(2.55m)	3.4척(1.02m)	거북이 3.6척(1.08m)
2품	봉황 2.8척(84cm)	8척(2.4m)	3.2척(0.6m)	거북이 3.4척(1.02m)
3품	지붕모양 2.6척(78cm)	7.5척(2.25m)	3척(0.90m)	거북이 3.2척(0.96m)
4품	둥근모양 2.4척(72cm)	7척(2.1m)	2.8척(0.84m)	4각3척(0.90m)
5품	둥근모양 2.척(66cm)	6.5척(1.95m)	2.6척(0.78m)	4각2.8척(0.84m)
6품	둥근모양 2척(60cm)	6척(1.8m)	2.4척(0.72m)	4각2.6척(0.78m)
7품이하 평민	둥근모양 1.8척(54cm)	5.5척(1.65m)	2.2척(0.66m)	4각2.4척(0.72m)

자료 : 김종혁 2002

용머리　　갓머리　　일반

「사진 3-1」 비석의 머리 모양

3. 석상의 종류

[표 3-3] 석상의 종류

품계	돌사람	돌범	돌양	돌말	망주석
1품	〃2	〃2	〃2	〃2	〃2
2품		〃	〃	〃	〃
3품		〃	〃	〃	〃
4품			〃	〃	〃

자료 : 김종혁 2002

문인석(文人石); 왕명에 복종　　무인석(武人石): 왕을 수호

「사진 3-2」 문인석과 무인석

석호(石虎): 능의 수호

석양(石羊): 사악함을 물리침

석마(石馬)

망주석(望柱石): 보통사람은 호랑이 대신 세호(다람쥐)를 새김

장명등(長明燈): 왕릉의 장생과 발복을 기원

Ⅲ. 풍수의 기원

농경민족인 우리들의 옛 조상들은 자연의 피해가 없는 곳에서 자연에 순응을 하면서 더불어 함께 살아가고자 하였다.

따라서 인간은 물론 농경에 없어서는 안될 물을 찾아 강이나 해안가를 찾게 되고 그중에서도 우기에도 수해를 입지않고 또한 바람을 막아주는 양지바른 곳을 택하여 촌락을 이루고 살았던 것이다.

이렇듯 비바람의 피해에서 벗어나 식수와 농업용수가 풍부한 양지바른 좋은 곳을 찾아 생활의 터전을 마련한다는 것 자체가 오늘날 일컬어지는 풍수지리의 기원이 아니겠는가.

중국의 풍수지리사상은 기원전 3세기경 후한(後漢)시대에 이르러 체계화되기 시작하였으며 3세기경에는 청오자(靑烏子)가 청오경(靑烏經)을 저술하였다. 그리고 4세기경에는 동진(東晉)의 곽박(郭璞)이 장서(葬書)를 저술을 함으로써 많은 발전을 이루게 되었다.

우리나라의 풍수는 삼국유사에 신라4대왕인 탈해왕(기원전 19년 ~ 서기 80년)이 집터를 잘 잡아 왕이 되었다는 기록이 있으며 고구려의 고분벽화에 사신도(四神圖 : 현무, 청룡, 백호, 주작)가 그려져 있음을 볼 때 자생적풍수가 존재하고있었음을 미루어 짐작할 수가 있을 것이다.

이러한 자생풍수이외에 당나라에 유학을 다녀온 일부 유학파들에 의해 중국의 풍수지리사상이 유입되었으며 신라말기에 옥룡자(玉龍子)도선국사(道詵國師 827년 ~ 898년)에 의해 많은 발전을 하게 되었다.

1. 고려의 풍수지리

고려시대 때 태조왕건은 훈요십조(訓要十條)를 만들고 그내용 중 모든사원은 도선이 순(順)역(逆)을 살펴서 개창(開創)한 것이기 때문에 그 외에 함부로 사원을 짓지말라는 등 풍수에 관련된 내용을 언급하고 있다.

고려시대의 풍수설은 주로 승려들이 담당을 하였으며 승려묘청은 서경천도설을 승려 보우는 한양천도설을 승려 신돈은 충주천도설을 주장하였으며, 나옹선사와 그의제자 무학대사는 조선개국을 돕게된다.

고려(高麗 918년 ~ 1392년)의 태조왕건(王建 877년 ~ 943년)은 천수2년(919년)에 개경(開京)의 송악산(松岳山)아래 지금의 만월대(滿月臺)를 중심으로 도읍을 정하였다. 또한 왕건은 계묘(癸卯) 26년(943년)대광 박술희(朴述希)에게 후손들이 감정과 욕심에 사로잡

혀 나라의 기강을 무너뜨릴까 매우 근심스럽다며 훈요(訓要)를 써서 후세에 전하노니 아침저녁으로 펼쳐보아 길이 거울로 삼기를 바란다 하였다. 이러한 열가지의 훈요십조(訓要十條)중 풍수지리에 관한 사고를 엿볼 수 있는 조항을 살펴보면

제 2조 : 모든 사원들은 도선(道詵 827년 898년)이 산수의 좋고 나쁜(순역 順逆)것을 따져(추점 推占)창건한 것이다. 도선이 말하기를 내가 정한외에 함부로 사원을 창건하면 지덕(地德)을 손상시켜 왕업이 장구하지 못 할 것이다.

제 5조 : 서경은 수덕(水德)이 순조러워 우리나라 지맥의 근본이 되니 만대왕업의 기지이다.

제 8조 : 차현(車峴 : 차령산맥) 이남과 공주강(公州江 : 금강) 바깥은 산의 모습과 지세가 모두 반대방향(배역 背逆)으로 뻗어 있어 인심 또한 그러할 것인즉 그곳으로부터 남쪽 사람은 양민일지라도 벼슬을 주어 권세를 부리게 해서는 안된다고 말하고 있다[121].

그리고 성호이익(星湖李瀷 1681년 ~ 1763년)은 제8조에 대해 공주강(公州江)은 곧 금강(錦江)이다. 이강은 전라도 덕유산(德裕山)으로부터 흘러나와 역류하여 공주의 북쪽을 둘러 금강으로 들어간 것이며 신도계룡산(新都鷄龍山)또한 덕유산에서 나온 산맥으로 임실의 마이산(馬耳山)을 거쳐 래룡(來龍)이 머리를돌려 조산을 바라보는 회룡고조(回龍顧祖) 공(公)자 모양을 이룬다고 한다. 그래서 풍수가는 금강을 굽은 활과 같이 이쪽을 등지고 흐르는 반궁수(反弓水)라 말한다고 설명을 하였다[122].

---

121) 기이왈 제사원 개도선추점산수순역이개창 도선운 오소점정외 망가창조
基二曰 諸寺院 皆道詵推占山水順逆而開創 道詵云 吾所占定外 妄加創造
칙손박지덕 조업불영
則損薄地德 祚業不永
기오왈...서경수덕순조 위아국지맥지근본 대업만대지지
基五曰...西京水德順調 爲我國地脈之根本 大業萬代之地
기팔왈 차현이남 공주강외 산형지세 병추배역 인심역연 수기양민 불선사재위용사
基八曰 車峴以南 公州江外 山形地勢 並趨背逆 人心亦然 雖其良民 不宣使在位用事
「고려사, 고려사 절요」

122) 공주강즉금강야 자호남덕유산래 역류이출공주지북 입어금강야 신도계룡산
公州江卽錦江也 自湖南德裕山來 逆流而出公州之北 入於錦江也 新都鷄龍山
역덕유지맥 력임실지마이산 회룡고조 작공자양운 연즉금강감여가소위반궁수
亦德裕之脈 歷任實之馬耳山 回龍顧祖 作公字樣云 然則錦江堪與家所謂反弓水
「성호사설천지문(星湖僿說天地門」

2. 조선(朝鮮1392년 ~ 1910년)의 풍수지리

조선시대 역시 태조 이성계가 수도를 한양으로 천도를 할 때는 물론 도성이 축조나 궁궐을 짓는 등에 있어 많은 기여를 하였으나 묘지(음택)에 관련된 분쟁이 많아 정약용등의 실학자들은 그들의 저서에서 묘지를 둘러싼 폐단을 지적하기도 하였다.

1) 한양천도(漢陽遷都)

태조 이성계(太祖 李成桂 1325년 ~ 1408년)는 1392년 7월에 즉위하여 태조 2년 (1393년) 2월에 국호(國號)를 조선(朝鮮) 이라 고친 반면에 천도(遷都)의 교(敎)는 즉위한지 1개월도 지나지 않아 내리게 된다.

이는 이성계가 고려의 신하로써 고려왕을 내쫓고 왕이 된 사람으로서 고려세력들이 터를 잡고 살았던 수도인 개경(개성)을 벗어나 새로운 도읍지를 찾아 천도를 하고자 하였던 것으로 생각이 되어 진다.

태조실록(太祖實錄)에는 처음 천도의 후보지는 한양(서울)이었으나, 고려조(高麗朝) 남경(南京)에 이궁(離宮)이었던 한양의 궁궐수리가 한후(寒候)로 인하여 중지되고 있던중 권중화(權中和 1322년 ~ 1408년)가 태실(胎室)자리를 물색하던 중 계룡산의 도읍지도(都邑圖)를 받침으로써 태조 이성계는 1393년 2월8일에 무학대사(박자초 朴自超 1327년 ~ 1405년)등과 함께 계룡산에 도착하여 산수와 형세 등을 살펴본 후 박영충(朴永忠)과 최칠석(崔七夕)등에게 새 도읍 건설을 감독하도록 하고 개성으로 돌아왔다.

그러나 경기 좌우 관찰사 하륜(河崙 1347년 ~ 1416년)이 계룡산의 위치가 남방에 치우쳐 동.서.북 3면과 서로 떨어져 도리(道里)의 균형을 얻지 못할 뿐만 아니라 산은 건방(乾方)으로부터 오고 물은 손방(巽方)으로 흘러가기 때문에 건도(建都)는 불가하다는 글을 올린 후 12월11일 계룡산의 새도읍 건설공사가 중지되었다.

이후 태조는 즉위 3년(1394년)8월 11일에 하륜이 추천한 모악산(母岳山 : 鞍山)남쪽 무악별(신촌, 연희동일대)을 둘러보고 무악별이 명당임에는 틀림이 없으나 주산인 뒷산이 너무 낮고 땅이 좁다는 등의 이유로 권중화(權仲和) 이양달(李陽達)등이 불가하다는 주장으로 태조는 모악을 포기하고 개경으로 돌아오던 중 북악산 남쪽 고려시대 남경이궁(南京離宮)이 있었던 곳을 살피고 중의(衆議)를 모아 신도(新都)의 후보지를 한양으로 결정하여 태조4년(1395년) 9월에 경복궁이 완성되어 한양으로 천도를 하게 된다 [태조실록 太祖實錄].

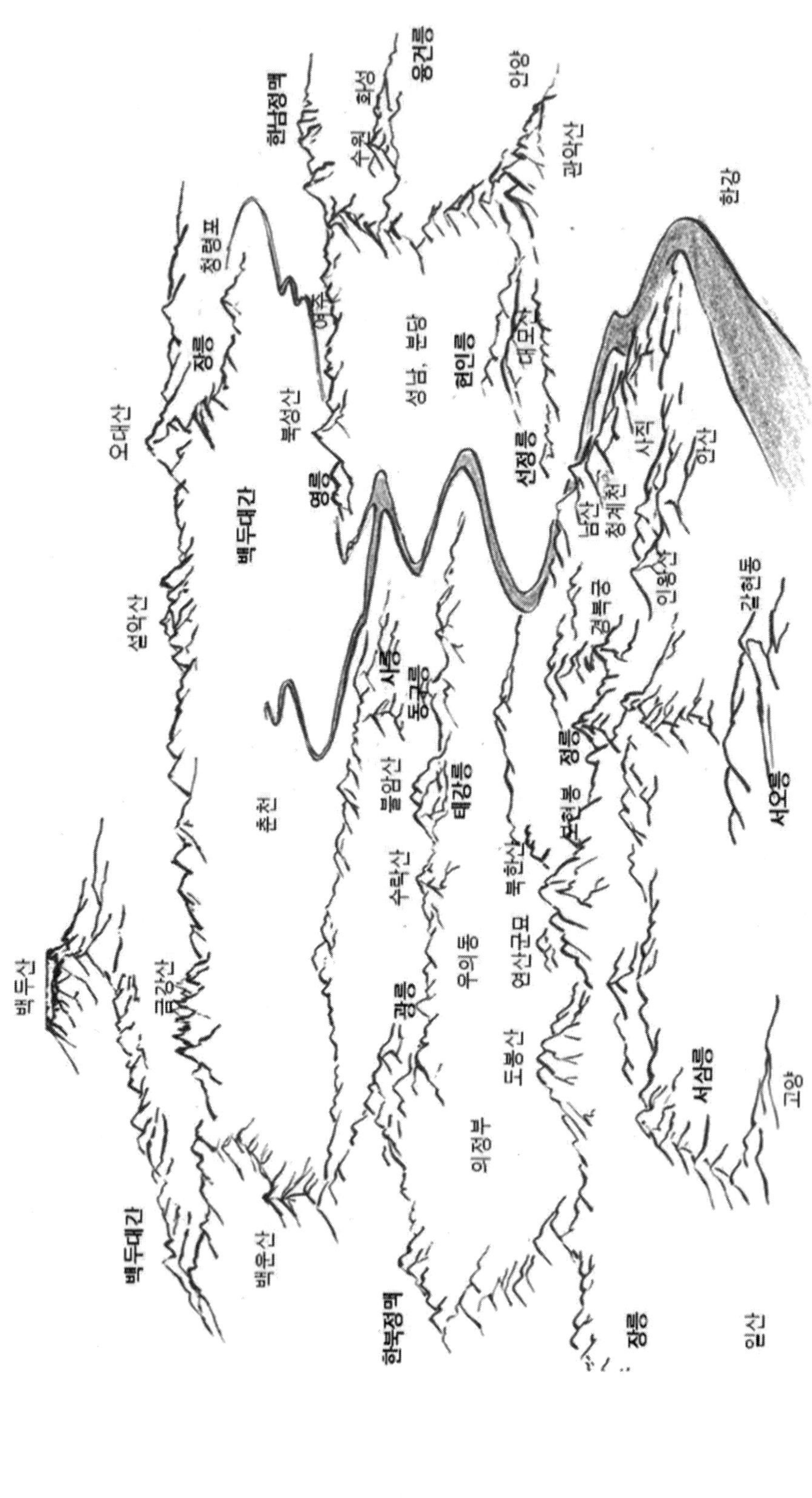

백두산
금강산
백두대간
백운산
한북정맥
설악산
오대산
정릉
청령포
백두대간
영릉
북성산
여주
춘천
한남정맥
수원
화성
융건릉
안양
관악산
성남, 분당
헌인릉
대모산
선정릉
남산
청계천
사직
안산
한강
인왕산
경복궁
서오릉
정릉
북한산
보현봉
태강릉
동구릉
사릉
불암산
수락산
우이동
연산군묘
광릉
도봉산
의정부
서삼릉
고양
일산
장릉

「그림 3-9」 조선왕릉 분포

성호이익(星湖李瀷)은 성호사설(星湖僿說)에서 한강은 오대산(五臺山)에서 발원하여 소양강 하류 두미(斗尾)에서 합수하고 삼각산을 둘러서 서해로 들어간다. 또한 한강 남쪽의 여러 산맥들은 속리산에서 뻗어나와 모두 서울로 머리를 숙여 조회한다고 하고 서울의 산맥은 백두산에서 남쪽으로 뻗어나온 큰 줄기가 철령에서 갈라지고 그 남쪽 줄기가 금강산과 오대산을 거쳐 태백산과 소백산에 이르러 다시 한강남쪽으로 뻗어올라와 바다에서 그치고 산맥이 또 바다를 건너 강화도의 나성(羅城)이 되었으니 가슴이 넓고 배가 커서 요해지를 촘촘히 함께 남은 힘을 아끼지 않았다.「그림 3-9)

참으로 이른바 만세제왕의 도움이요 중수가 말하는 오덕구(五德九)이니 어찌 하늘에서 만들어 낸 것이 아니겠는가 라고 하고 있다(고정일 역 2015)

경복궁은 조종인 백두산으로부터 주맥인 백두대간을 타고 내려오다 추가경(楸哥嶺)에서 서남쪽으로 갈라져 한강과 임진강에 이르는 한북정맥(漢北正脈)의 끝자락인 삼각산(三角山 오늘날 북한산 北漢山)으로 이어지고 있으며 백운대(白雲臺)와 만경대(萬景臺)와 인수봉(人壽峯)이 큰 삼각형으로 솟아 있기 때문에 붙여진 이름으로 삼각산(북한산)은 다시 보현봉에서 형제봉을 거쳐 북악터널 위의 보토현(補土峴)과 팔각정 휴게소앞 능선을 따라 북악산(백악산 : 白岳山)뒤의 구준봉으로 이어진다. 따라서 경복궁은 내사산(內四山) 즉 주산인 북악(백악)산과 왼쪽(좌청룡)의 낙산 그리고 오른쪽(우백호)의 인왕산 앞쪽의 남산이 감싸고 있다「그림 3-10, 그림 3-11」.

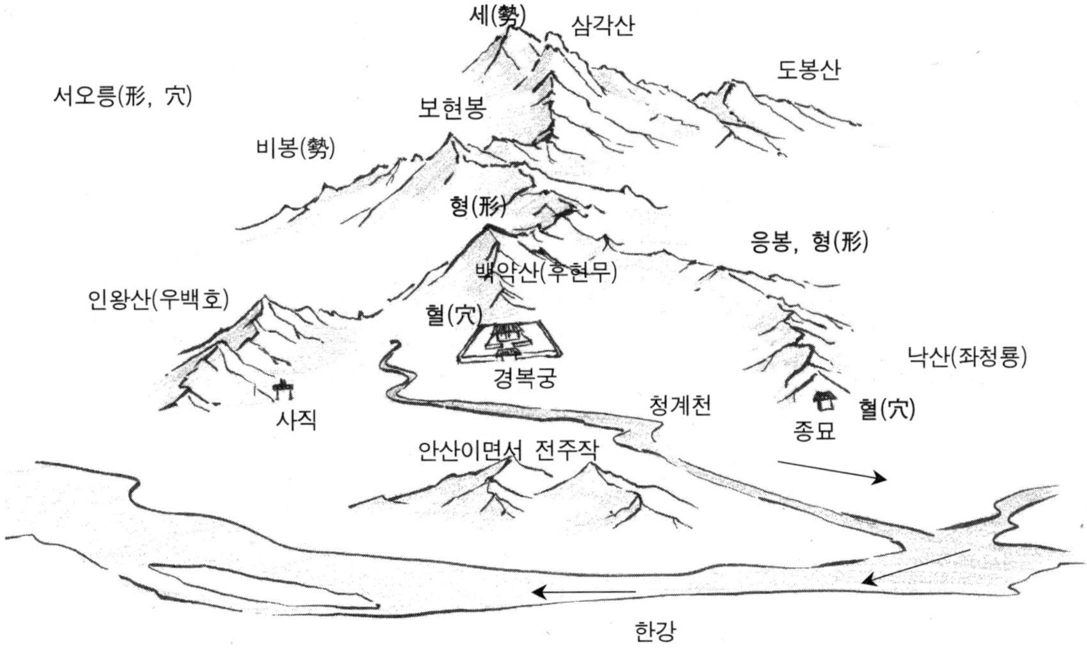

「그림 3-10」 한양(경복궁)의 풍수

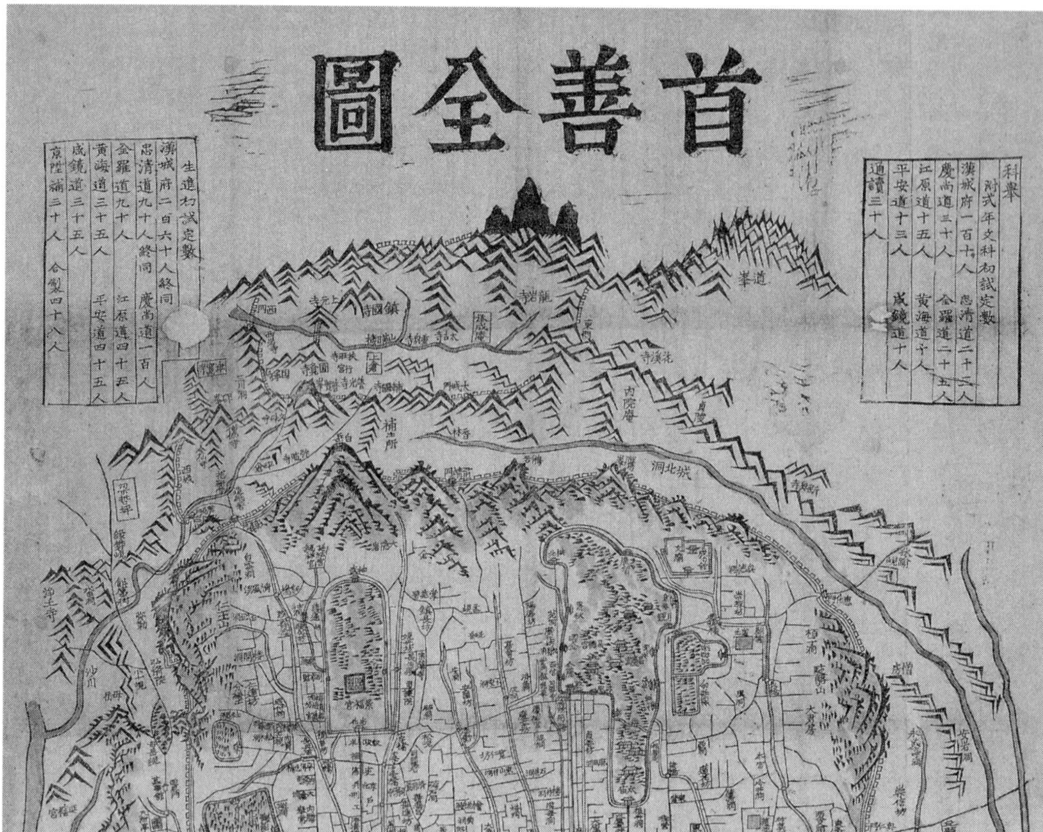

자료 : 서울특별시 역사문화 박물관

「그림 3-11」 한양의 풍수지리

천도를 위한 새로운 도읍지를 찾는 과정에서 무학대사는 지금의 궁궐터(경복궁)를 지나고도 자리를 못찾자 이때 밭을 갈고 있던 농부가 소에게 이놈의 소야 네 머리는 무학이냐 십리를 더 가고도 또 가려하느냐고 소리치는 걸 무학대사가 듣고 왔던길을 다시 돌아 경복궁터를 찾았다는 일화와 더불어 지금의 왕십리의 지명유래는 무학대사가 십리를 돌아갔다고 해서 붙여진 것이라 하고 있다.

또한 경복궁터가 임산배수에는 뛰어나지만 화마가 있어 화(火)를 다스려야 하는데 남쪽에는 큰 산이 없자 지금의 관악산에 화마를 상징하는 호랑이를 잡는다는 호압사를 짓게 되고 관악산의 화기가 궁에 미치는 것을 막기 위해 상봉에 샘을 파고 구리와 용을 넣었다고 한다.

경희루는 태조 때 경복궁 서북쪽에 작은누각을 지었으나(1395년)태종 12년(1412년)4월에 보다 큰 규모로 새롭게 누각을 짓고 경희루라고 하였다.

경희루는 성종 10년(1475년)개축을 하였으나 임진왜란(1592년)을 거치면서 소실되었던 것을 고종4년(1867년)에 재건되었지만 일제강점기에 경희루 주변의 담장이 모두 헐리는 수모를 겪기도 하였다.

정학순(鄭學淳)의 경희루 전도는 고종2년(1865년) 경희루 재건공사가 시작될 무렵 경희루의 평면과 세부형태를 주역의 원리로 설명한 것으로 경희루는 불을 억제하기 위해 지어졌다고 밝히면서 또한 연못 속에(북쪽)동으로 만든 용 두 마리를 넣었다고 적고 있는데 이는 1997년 11월 경희루 연못의 물을 빼내고 청소를 하던 중 발견 하였다.

흥선대원군은 경복궁의 화재를 막기위해 광화문에 해태를 세웠다.

경복궁을 지을 때 무학대사는 관악산의 화기를 막기위해 동향으로 지어야 한다고 주장을 하였으나 정도전은(鄭道傳 1342년 ~ 1398년)은 제왕은 모두 남쪽으로 궁을 건설하였다면서 한강이 화기를 막아줄 것이라고 반박을 하였다. 이에 무학대사는 중(무학)의 말을 들으면 나라가 연장될 것이나 정씨(정도전)의 말을 들으면 5대가 가기 전에 혁명이 일어나고 200년이 못가 나라가 흔들릴 난리가 일어난다고 예언을 하였다. 실제로 세조의 왕위 찬탈 등의 변고가 끊이지 않았으며 1592년에 임진왜란이 일어나 위기에 처하게 되기도 하였다.

이러한 화마를 방지하기 위한 방법으로 경남 합천군 가야면에 소재한 해인사에서도 의식이 내려오고 있다. 해인사는 순응(順應)화상과 제자인 이정(理貞)화상이 신라의 애장왕 3년(802년)에 왕과 왕후의 도움으로 창건하였으며 1695년부터 176년 동안 7차례의 화제가 났다. 특히 순조 17년(1817년)에 일어난 화재는 팔만대장경을 보관하고 있는 장경판전을 제외한 모든건물이 소실 되었다 이후 남쪽에 있는 매화산이 불의 형상을 하고 있어 제일봉의 화기(火氣)가 사찰로 날아들어 불이 자주 일어난다는 풍수지리설에 따라 1년중 양기(陽氣)가 가장강한 단오(음력 5월 5일)에 제일봉의 오방(五方)에 각각 소금단지를 묻고 정상의 바위 곳곳에 소금봉투를 비장하는 의식이 내려오고 있다.

경복궁은 조선왕조의 법궁으로 태조 3년즉(1394년)9월 1일 신도궁궐조성도감(新都宮闕造成都監)을 설치하여 공사를 시작한 후 이듬해인 1395년 9월에 경복궁이 완성되었으며 이후 도성의 사대문 동대문(흥인지문) 서대문(돈의문) 남대문(숭례문) 북대문(숙정문) 그리고 중앙에(보신각)을 세워 음양오행론에서 말하고 있는 의미「표 3-4」에 따라 문의 이름을 명명하였다.

「표 3-4」 오행 배당표

구분 \ 오행	목(木)	화(火)	토(土)	금(金)	수(水)
계절	봄	여름	늦여름	가을	겨울
방위	동쪽	남쪽	중앙	서쪽	북쪽
오상	인(仁)	예(禮)	신(信)	의(義)	지(智)

즉 동대문(興仁門)은 동쪽에 있는 인(仁)을 일으키는 문이라 하여 흥인지문이라 하고,

서대문(敦義門)은 서쪽에 위치하고 있는 의(義)을 돈독히 하는 문이라는 의미를 가지고 있으나 일제강점기 시절인 1915년 도로확장이라는 명분아래 해체되어 남아있지 않다.

남대문(崇禮門)은 남쪽에 있는 예를 숭상하는 문이라 하여 숭례문이라 하였다.

북대문(肅靖門)은 북쪽에 있는 문으로 숙지(智)문이라 하지 않고 숙정문이라 하고 있으며 평소에는 문을 닫아 두고 있다가 비상시에만 사용하였다 하며 사대문의 형식을 갖추기 위해 지어진 것으로 보이고 있다. 그리고 중앙에는 신(信)을 의미하는 보신각(普信閣)을 세웠다.

또한 맹자(孟子)는 인· 의· 예 ·지 네 덕목의 단초를 사단(四端)이라 하여

인(仁): 불쌍한 것을 보고 측은하게 여겨 따뜻한 정을 나누고자 하는 마음(측은지심 惻隱之心)

의(義): 불의를 보고 부끄러워 하며 미워하는 마음(수오지심羞惡之心)

예(禮): 자신을 낮추고 겸손하며 남을 배려할 줄 아는 마음(사양지심辭讓之心)

지(智): 옳고 그름을 판단할 줄 아는 마음 (시비지심是非之心)

신(新): 중용의 성(誠)에서 발휘된 중심을 잡고 바르게 위치하여 밝은 빛으로 믿음을 주는 마음 (광명지심光名之心)

을 인간의 기본 덕목으로 오상(五常)으로 중시하였으며 우리들은 네가지(인· 의· 예 ·지)가 없는 사람들을 사(싸)가지가 없는 사람이라 질타를 하기도 한다.

그리고 경복궁은 선조 25년(1592년) 임진왜란 때에 불이나 무너진 것을 고종 2년(1865년)4월에 흥선대원군 이하응(興宣大院君 李昰應 1820년 ~ 1898년)의 주도하에 복원 공사를 시작하여 고종 5년(1868년) 6월에 공사를 마쳤으나 고종 32년(1895년)경복궁의 건청궁에서 명성황후(明成皇后 1851년 ~ 1895년)가 일본군에 의해 시해를 당하고 이듬해(1896년) 2월에는 신변의 위협을 느낀 고종은 러시아 공관으로 파천(아관파천 : 俄館播遷)을 하면서 경복궁은 왕궁으로서 운명을 다하게 된다.

그리고 1905년 을사조약(乙巳條約)을 발판으로 대한제국의 외교권을 장악한 일제는 통감부(統監府)를 설치하고 보호정치를 시행하다 1910년 한일 합방으로 대한제국을 해체하고 한반도를 일본의 영토를 편입시키고 대한제국의 영토로 조선이라 개칭하였으며 통감부를 폐지하고 조선총독부를 설치 운영하게 된다.

일제는 1916년 7월에 경복궁 궁내에 총독부 청사를 착공하여 1926년 10월에 준공을 하였다.

이로써 일제는 경복궁의 근정전 바로 앞에 조선 총독부 건물을 만듦으로써 조선왕조의 상징을 훼손하고 정문인 광화문 또한 해체하여 지금의 건춘문 근처로 옮겨 버렸다.

이로써 일제는 보현봉으로부터 내려와 백악산과 좌청룡인 낙산 그리고 우백호인 인왕산의 산세인 大(대)자와 1926년 일(日)자의 총독부 건물(옛 중앙청, 그림 3-12)과 본(本)자 모양의 경성부(서울시청, 그림 3-13) 건물을 세워 대일본을 의미하고 안산인 목멱산(木覓山 현 남산)에는 일왕신사(조선신궁 朝鮮神宮)을 세워 서울에 있던 모든 궁궐이 이를 바라보게 하였다. 또한 북한산 인수봉에 쇠말뚝을 박아 정기를 차단하고자 하였으며, 창경궁과 종묘를 잇는 산맥을 절단하여 도로를 개설 하였으며 순종 3년(1909년)에는 창경궁내의 상당수 전각들을 헐어버리고 동물원과 식물원을 설치하고 1911년에는 창경원으로 격하시켰으며 궁내에 많은 벚나무를 심어놓고 1924년 부터는 밤 벚꽃 놀이를 하는 등 조선왕조를 멸시하는 행동을 하였다.

조선총독부의 건물은 1945년 해방이후 미 군정기에는 군정청으로 사용되었는데 이때부터 중앙청이라고 불리우다 1993년 8월에 완전해체 되었으며

광화문 또한 1968년 원래의 자리에 복원이 되었으나 이전 복원당시 남아있던 중앙청을 기준으로 해서 세우다 보니 경복궁 건물들이 이루고 있는 선상에서 벗어나 삐뚤게 놓이게 됨으로써 2010년 현재의 광화문을 복원하였다. 또한 창경원은 1983년 12월에 창경궁으로 환원되었으며 1986년 8월까지 동물원과 식물원의 시설과 일본식 건물을 철거하고 문정전 등을 복원 하였으며 벚나무 또한 소나무와 느티나무 및 단풍나무 등으로 교체 하였다.

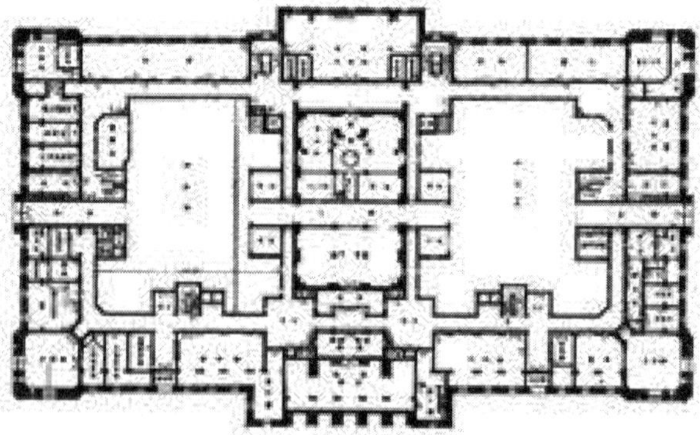

자료 : 서울특별시 역사문화 박물관

「그림 3-12」 조선총독부(중앙청) 설계도

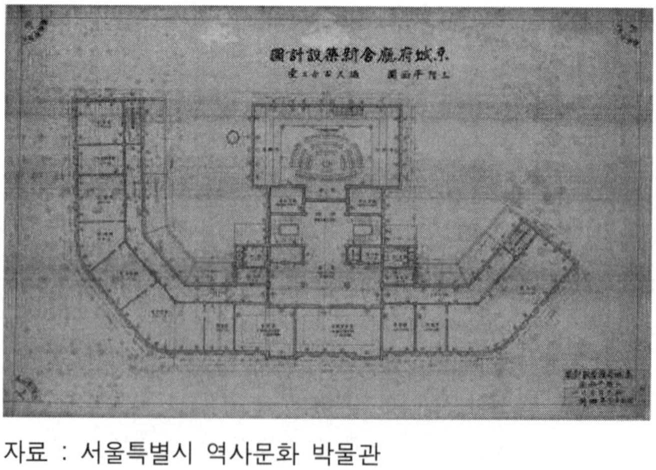

자료 : 서울특별시 역사문화 박물관

「그림 3-13」 경성부 청사 신축설계도

제3장 풍수지리의 원리

Ⅰ. 감응론(感應論)

지구는 전리층(電離層)이라는 전기(電氣)를 띠고 있는 입자층(粒子層)으로 둘러 쌓여있다.

이러한 전리층의 아래에는 (지구표면으로부터 약 80km의 지점)전하(電荷)된 상태로 지구와함께 축전지(蓄電池) 형태를 하고 있으며 음전기(陰電氣)를 띈 지구와 양전기(陽電氣)를 띤 전리층(電離層)사이에는 약 미터 당 200볼트의 전압(電壓)차이를 가지고 있다.

모든 물질은 원자(분자, 세포)의 집합체로 구성되어 있으며 물질속의 규칙적인 원자배열은 물질 속에서 상호작용 하는 파동(波動)의 결과로 보며 진동(振動)에너지는 물질의 특성을 결정짓는 중요한 요소이다.

인간의 두뇌(頭腦)는 주기적으로 전기흐름을 발생시키며 전기의 흐름이 발생되면 자연히 자장(磁場)이 형성되어 빛의 속도로 퍼져 나간다.

지구의 정전기장(靜電氣場)은 굳은 젤리와 같아 신체가 움직이고 진동을 하면 인간은 물론 동물 등 주위에 전달이 되며 신체내 전기의 흐름에도 영향을 미친다.

그리고 같은 고유진동수(주파수 周波數)를 가지고 있는 경우에는 어느 하나가 진동을 시작하면 곧바로 상대 진동자에게로 신호가 전달되는 공조체계(共鳴體系)가 이루어지게 되면은 아무리 작은 신호라 하더라도 즉시 전달된다고 본다. 따라서 조상과자손은 동일한 유전인자(DNA)를 가지고 있는 동조된 진동자(振動子)로 공조체계를 유지하고 있어 돌아가신(사망) 조상의 혼(魂)은 사라지고 음(陰)에 속하는 백(魄)은 백골(뼈)에 남아 후손들과 유기적인 관련을 가진다고 보고 음택에서 생기(生氣)를 받게 되면은 자손에게 감응하여 자손이 좋게 된다는 것이다「김기선 1997」.

Ⅱ. 명당(明堂)

풍수의 목적은 땅속에 흘러 다니는 생기(生氣)에 감응(感應)을 받음으로써 피흉발복(避凶發福) 할 수 있는 진혈(眞穴) 즉 명당을 찾는데 있다고 할 수가 있다.

명당은 혈 바로 앞마당을 의미하며 지기(地氣)가 뭉친 곳을 혈(穴)이라하고 혈성은 맥

(脈)과 기(氣)가 쉬는 곳이다.

혈성(穴星)의 아래 혈장(穴場)에는 혈이 있게 마련이다. 이러한 혈은 물과 합하여 둘러 쌓이는 곳에 혈을 맺지만 물이 분리된 곳에서는 혈을 맺지 못한다.

그리고 좌청룡이 좋고, 우백호가 빈약하면 혈은 좌에 의지해서 찾는다.

또한 안산이 높으면 혈도 높게 있으며 반면에 안산이 낮으면 혈도 낮게 있다.

입수(入首)다음에 약간 돌출하여 기가 모인자리가 있다. 이곳을 취기처(聚氣處)라 하며 취기처가 있으면 그 아래에 입혈처(立穴處)가 있다. 이곳이 평평하게 넓어질 때 혈을 맺게 된다.

명당은 산이 멈추고 물이 돌아가는 곳 음양이 부합되는 생기가 모인(응결)곳을 말한다.

음(陰)의 지기(地氣)와 양(陽)의 천기(天氣)가 조화를 이루는 곳으로 전, 후 좌,우, 상, 하의 균형 속에서 변화를 이루는 장소이다.

음택(陰宅)의 혈이란 용맥중 생기(生氣)가 가장 많이 응결된 곳으로 불과 1평정도의 크기이지만 양택(陽宅) 또는 양기(陽氣)의 혈은 사방 수십보에서 수만보로 넓을수록 좋다.

음택에서의 명당이란 무덤 앞에서 안산과의 사이의 공간을 말하는데 좌청룡(左靑龍), 우백호(右白虎)에 둘러 쌓인 부분이다. 산맥이 흘러오다가 대개 끝부분의 중앙에 뭉쳐진 산봉우리 또는 동산이 있어야만 한다.

양택 또는 양기의 땅으로 생긴 명당자리는 주산(主山)에서 흘러오다가 반월(半月)처럼 좌, 우 양쪽으로 열리되 가운데 뭉쳐진 봉우리가 맺히지 않기 때문에 둥글고 평평한 자리가 생기게 마련인데 좌청룡, 우백호, 안산 등으로 둘러쌓인 이곳이 이상적인 명당자리이다.

양택을 위해서는 산맥의 끝 부분이 좌, 우로 열리되 그앞에 넓고 평평한 땅이 펼처져 훤히 트여야 좋다.

명당이란 그리 쉽게 얻을 수 있는 것이 아니다. 옛부터 삼대(三代)에 걸쳐 적선(積善)을 하여야 명당(明堂)한자리를 얻을 수 있다고 하였다.

명당에 자리한 음택(묘지)인 경우에는 그 혈(穴)속에는 어떠한 염(炎)도 침범하지 못하며 유골은 썩지 않고 황골로 깨끗한 모양이나 그렇지 않은 경우에는 염(炎)이 침범하여 시신에게 여러 형태의 해를 끼치는 것은 물론 그 자손에게 까지 피해를 준다고 생각하고 있다.

피해를 주는 염(炎)의 형태로는 시신이 안장되어 있는 광중으로 나무의 뿌리가 뻗어 들어가 시신을 감싸고 있는 현상의 목염(木炎)과 팔요풍을 맞는 경우 광중이 까맣게 타서 시신이 불에 탄 듯이 변해있는 화염(火炎)과 광중으로 물이 스며들거나 수맥으로 인하여 시신이 물에 퉁퉁 불어 있거나 뼈가 녹아버리는 현상의 수염(水炎)과 광중에 개미, 쥐, 뱀 등이 생기는 충염(蟲炎)과 광중이 음습하여 곰팡이 같은 것이 가득 차있는 모염(毛炎)과 광중으로 바람이 들어 뼈가 타거나 시신이 이동하거나 없어지기도 하는 풍염(風炎)등으로 자손에게 정신질환이나, 신경계통의 질환등 각종의 질환이나 우환 등을 입히게 한다고 보고 있다「이한종 2000」.

또한 양택을 선정할 때 노래말처럼 우리 마을은 산이좋고 물이 맑고 경치가 좋으며 인심 또한 좋아 살기 좋은 곳이라고 자랑을 하는 것처럼 이러한 고장에 좋은 집터를 잡아 그림같은 집을 짓고 가족들이 모여 행복하게 산다는 것이 꿈같은 이야기일런지는 모르겠지만 이를 마다할 사람 또한 아무도 없을 것이다.

조선의 정조(正祖 1752년~1800년)때 윤해임(尹行恁 1762년~1801년)은 팔도민(八道民)의 기질(氣質)에 대하여 경기도는 거울 속의 미인처럼 겉치레뿐 실속이 없다는 경중미인(鏡中美人)이라 하고 충청도는 맑은 바람과 큰달처럼 부드럽고 고매하다는 청풍명월(淸風明月)이라하고 경상도는 험준한 산비탈과 기암절별처럼 거칠고 드세다는 의미의 태산교악(泰山喬嶽)또는 설중고송(雪中孤松)이라 하였으며 전라도는 바람에 흔들리는 버드나무와 같이 풍류를 즐긴다는 의미의 풍전세류(風前細柳)라 하고 강원도는 큰바위 아래에 있는 부처처럼 부드럽고 고매하다는 의미의 암하노불(岩下老佛)이라하고 황해도는 자갈밭을 가는 우직한 소와 같다는 석전경우(石田耕牛)라하고 평안도는 숲속에서 나온 호랑이처럼 거칠고 용맹하다는 의미의 맹호출림(猛虎出林)이라하고 함경도는 진흙탕에서 싸우는 개와 같이 강인하고 끈질기다는 의미 의 이전투구(泥田鬪狗)라 평하였다.

이처럼 산천의 기상(氣像)에 따라 대소귀천(大小貴賤)의 인물이 태어나고 또한 산이 높고 들이 넓으면 도량(度量)이 넓고 담대(膽大)한 인물이 태어나며 산이 높고 물이 맑으면 부자(富者)가 많이 나고 인심도 좋으며 산천(山川)이 맑고 수려(秀麗)하면 미인이 태어난다고 보았다「김기선 1997」.

Ⅲ. 풍수설의 구성

풍수설의 구성은 산, 수, 방위, 사람 등 사자(四者)의 조합으로 구성되며 구체적으로 간룡법(看龍法), 장풍법(藏風法), 득수법(得水法), 정혈법(定穴法), 좌향론(坐向論), 형국론

(形局論) 등의 형식논리를 갖는다.

택지(양택)을 선정 할 때는 산이 많은 곳에서는 야산을 평야지에서는 맥이 살아있는 높은 곳으로 대지는 생기가 있어 흙이 단단하고 광채가 있으며 맑고 깨끗한 직사각형 모양의 대지가 좋다.

또한 대지의 위치로 앞이 높거나 뒤가 낮은 경우와 절벽의 밑이나 위 또는 길보다 낮거나 집 뒤에 길이 나 있는 경우에는 피하는 것이 좋다.

1. 간룡법(看龍法)

간룡법은 조산(祖山)으로부터 혈을 갖고 있는 봉우리 즉 혈장(穴場) 또는 혈성(穴星)까지 용맥의 흐름이 좋고 나쁨을 살피는 것을 말한다.

풍수지리에서 용(龍)이란 산의 농선(산맥山脈)을 일컫는 말로써 구불구불한 산의 모습이 마치 용이 살아 움직이는 모양과 같기 때문에 붙여진 것이라 할 수가 있을 것이다.

용은 산맥의 줄기에 해당 하는냐 가지에 해당하느냐에 따라 간룡(幹龍)과 지룡(枝龍)으로 나누어 볼 수가 있다.

우리나라의 경우 백두산으로부터 시작한 태백산맥과 같은 큰 산맥을 대간룡(大幹龍)이라 하고 이로부터 뻗어 나온 소백산맥이나 차령산맥과 같은 산맥을 소간룡(小幹龍)이라 하며 간룡(幹龍)은 대개 태조산(太祖山)이나 태조종산(太祖宗山)을 이루며 산이 높고 크기 때문에 운무(雲霧)가 늘끼어 있고 바람이 세차기 때문에 생기(生氣)가 머무르지 못하여 결혈(結穴)이 잘 안된다.

그리고 소간룡에서 또다시 분지(分枝)한 대지룡(大枝龍)과 대지룡에서 또다시 분지한 소지룡(小枝龍), 큰산이 끝나는 끝부분의 작은 지룡인 방지룡(旁枝龍)으로 구별되며 이러한 지룡(枝龍)은 소조산(小祖山)이나 소종산(小宗山) 등을 이루고 결혈(結穴)도 된다.

또한 평야지(平野地)에서 돌출된 비교적 낮게 기를 동반하고 흘러가는 행맥(行脈) 지룡(枝龍)으로 구별된다.

용이 가는 곳에는 물이 따르고 물이 만나는 곳은 용이 그치게 된다.

용은 형태가 있으며 지기(地氣)가 흐르지 않는 경우가 있으나 반면에 맥(脈)은 사람의 몸속에 기(氣)가 흐르는 통로로써 산에서도 용(龍)속에 흐르는 에너지의 통로로 볼수 있으며 형태가 없는 경우도 있으나 기(氣)는 반드시 흐른다.

용격(龍格)의 분류로 용이 상하기복이 많고 좌, 우로 활동(변화)이 많은 생룡(生龍)과 변화가 없이 마디도 분간을 할 수 없이 흐르는 사룡(死龍) 또한 자연스러운 형태를 갖고 움직이는 순룡(順龍)과 능선이 내려오면서 점점커지거나 거꾸로 거스리게 되는 역룡(逆龍) 그리고 세력이 홍대(弘大)하고 건강하며 자유스러운 강룡(强龍)과 서봉이 마르고 지각도 짧으며 약하고 게으른 약룡(弱龍) 등으로 볼 수가 있다.

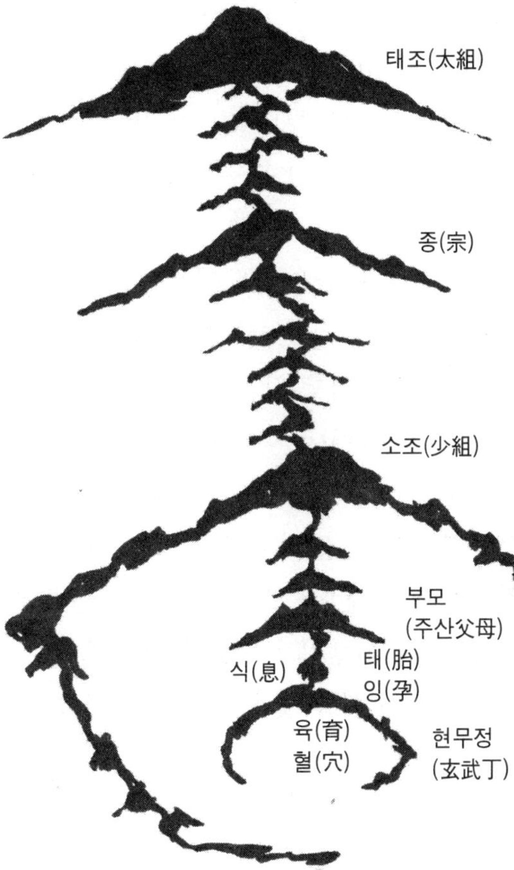

「그림 3-14」 통맥도(通脈圖)

그리고「그림 3-14」에서와 같이 용맥(龍脈)의 근본이 되는 태조산(太祖山)은 고대(高大)하며 높고 크며 웅장(雄壯)하고 운무(雲霧)가 항상 나타난다. 이러한 태조산으로부터 분지(分枝)하여 산의 기운이 응축되어 기봉(起峯)된 형태의 중조산(中祖山)과 이로부터 뻗어나간 지룡(枝龍)이 혈을 이루고자 주변의 기운을 모아 형성된 소조산(小祖山)을 이룬다.

소조산은 부모산 뒤로 크게 용발(聳拔)한 산으로 해당지역에서 가장 높은 산이며 혈장(穴場)으로부터 수절(數節 3~5절 사이)뒤로 높고 크게 일어난 산만(山巒)을 말한다.

그리고 소조산 아래 1~2절 되는 부모산(父母山)과 그 아래 1절이 되는 곳에 혈장부근에서 래용(來龍)이 우뚝 솟은 현무정(玄武頂)까지 내려오면서 용은 상. 하(上.下) 좌. 우(左.右)의 기복(起伏)과 굴곡(屈曲)을 이루거나 힘차게 나아가고(천심 : 穿心) 또한 양팔을 벌리듯이 또는 걸을 때 팔을 뻗어나가듯이 산의 가지를 뻗으면서 나아가 개장(開場)을 거듭하게 되고 산의 봉우리(山峰)와 봉우리를 잇는 마치 사람의 목과 같이 가늘게 이어지는 과맥(過脈) 또는 과협(過峽)의 과정을 거치면서 용은 환골탈태(換骨奪胎)를 하여 높고 큰 산의 거칠고 험한 모양에서 부드럽고 아름답게 변화되며 흉(凶)한 상태에서의 길(吉)한 것으로 변화되는 박환(剝換)을 하게 된다.

부모산 아래 맥(脈)이 하강하는 즉 멀리서 내려온 큰용이 큰물의 합함을 만나 끝나는 대진처(大盡處)에 이르러 용이 끊어진 것처럼 뚝떨어진 모습의 낙맥처(落脈處)를 태(胎)라 하며 용이 행맥(行脈)을 하다가 봉우리를 만들어 쉬어가는 곳을 혈성(穴星)이라 하는데 대개 생기가(生氣)가 응결된 혈장(穴場)은 이곳에서 맺는다.

그리고 태(胎)아래 사람의 목과 같은 과협(過峽)용의 속기처(束氣處)를 식(息)이라하며 식(息)에서 다시 일어난 현무정(玄武頂)은 잉처(孕處)가 되고 현무정으로부터 능선을 이루어 혈로 들어가기 까지를 입수(入首)라 한다. 또한 그 아래 융결(融結)된 혈처(穴處)를 육(育)이라 하며 이러한 잉육처(孕育處)에 생기가 충만한 진혈(眞穴)이 형성되며 진혈을 맺고 나머지 여세(餘勢)가 뻗어나가 다시 혈을 맺게 되는 곳을 여기(餘氣)또는 전순(氈脣)이라고 한다.

2. 장풍법(藏風法)

바람은 생기(生氣)를 흩어 버리므로 불어오는 바람을 막는 방풍(防風)이 아닌 불어서 흩어져 나가는 바람을 잘 막아 잘 간수하고자 하는 장풍(藏風)의 법술(法術)로 혈장(穴場) 주위를 산이 둘러싸고 그 중앙에 음양(陰陽)의 기(氣)가 결합하여 생기(生氣)의 활동이 넘치게 하려는 것이라 할 수 있을 것이다.

1) 사(砂)

사(砂)는 혈(穴)주위(전.후.좌.우)를 둘러싸고 있는 산을 총칭하는 말이며 사신사(四神砂)는 현무(玄武), 주작(朱雀), 청룡(靑龍), 백호(白虎)를 말한다.

2) 현무(玄武)

현무는 래용(來龍)이 혈(穴)을 맺는 혈의 후방에 있는 산을 총칭하는 것으로 넓은 의미(광의:廣義)로는 태조산(太祖 山)과 중조산(中祖山)을 거쳐 혈 바로 뒤의 소조산(小祖山)에서 혈장에 이르기까지를 일컬으며 소조산(小祖山)을 주산(主山)또는 진산(鎭山)이나 후산(後山)이라 하기도 한다. 좁은 의미(협의 : 狹義)로는 주산(主山)에서 혈장 (穴 場) 까지를 말하며 현무는 현무정으로부터 능선을 이루어 용의 머리가 혈에 들어간다는 의미의 입수(入首)로 래용(來龍)의 말절이 낮게 혈 바로 뒤에 높이 솟은 입수와 혈과의 접합지점으로 용의 얼굴에 해당하는 두뇌(頭腦)로 넘어가는 곳으로 입수와 두뇌가 중요한 부분이라 할 수 있을 것이다.

현무는 성국(成局)이 이루어지는 곳으로 머리를 숙이고 들어와 밀듯이 음래(陰來)로 다가오는 형세가 결혈(結穴)을 이루는데 좋다고 보고 있다. 또한 현무가 높으면 귀인(貴人)이 둥글면 부자(富者)가 나온다고 보고 있다.

3) 주작(朱雀)

주작은 현무에 대응하는 안산(案山)과 조산(祖山)을 말한다. 주작은 새가 날개를 펴고 날아오르듯 춤을 추는 모양으로 양수(陽受)로 받아들이는 형세가 되어야 하며 다가와 양우무(羊羽無)하는 것이 좋다.

(1) 안산(案山)

안산은 혈에서 보이는 가장 가깝고 작은산으로 주산(主山)과 객산(客山)인 조산(祖山)과 마주하고 앉은 사이의 책상과 같으며 안산이 없으면 생기가 멈추지 아니하고 용호내의 물인 원진수(元辰水)가 빠져나가 혈을 이룰수가 없다. 또한 안산이 물을따라 달아나거나 혈을 향하여 예리하게 쏘거나 덤비는 등은 흉하다고 보고 있다.

(2) 조산(祖山)

조산은 안산 너머로 멀고 높은 산을 말하며 주인격인 주산(主山)에 대하여 공손히 절을 하는 형태를 취하여야 한다. 또한 조산이 주산보다 지나치게 높거나 크면 주인을 억누르며 거역하는 것이 되니 피하여야 한다.

4) 청룡

주산(主山)에서 안산(案山)을 향해 왼쪽으로 내려와 혈장을 감싸고 있는 산줄기로 좌청룡(左青龍)이라고 하며 지렁이처럼 길게 꿈틀거리고 뻗어서 둘러쌓인 것이 좋다.

청룡은 남자 자손을 뜻하며 청룡이 힘 있게 뻗어가고 끝에 양명(陽明)하고 아름다운 돌이 있으면 큰 인물이 나오 고 우애와 화목을 이끌고 나라에 충성하는 자손이 태어난다고 보고 있다.

5) 백호

주산(主山)에서 안산(案山)을 향해 바라볼 때 오른쪽으로 내려와 혈장을 감싸고 있는 산줄기로 백호 또는 우백호(右白虎)라 한다.

백호는 딸과 며느리에 비유되며 재물로 간주하기도 한다. 또한 백호는 호랑이가 쭈그리고 앉아 서로 맞는 듯한 형세가 좋다.

3. 득수법(得水法)

풍수의 술법(術法)은 득수(得水)함이 으뜸이요 장풍(藏風)이 다음이라 하고 있다. 득수란 혈장(穴場)으로 들어오는 물(來水)을 파(破)는 흘러나가는 것을 말한다. 또한 수구(水口)는 청룡과 백호사이에 양수(兩水)가 합하여 밖으로 흘러 나가는 곳을 말하는데 수구는 청룡의 양수(陽水)와 백호의 음수(陰水)가 합치는 곳으로 기(氣)가 충화(冲化) 하여 생기(生氣)가 활동(活動)하고 오랫동안 국혈(局穴)을 호위한다.

풍수에서는 산(山)을 사람의 형체(形體)로 물은 피(혈 血)로 맥(脈)은 힘줄(筋)로 돌(石)은 뼈(骨)로 흙(土)은 살(肉)로 비유하기도 한다. 따라서 사람에게 있어 피(혈 : 血)가 혈맥을 따라 원활하게 순환하여야 건강하듯이 산수(山水) 또한 이와 같이 조화를 이루워야 한다고 보고 있다.

산은 본래 성질이 정(靜)하여 음(陰)이고 물은 동(動)하여 양(陽)이나 풍수에서는 물이 흘러(流動)산의 생기(生氣)까지도 씻어가 버리므로 고이지 않고 흘러가는 물을 흉수(凶水)라하여 피하고 산과 물을 대립시켜 산을 양(陽)으로 물은 음(陰)으로 본다. 따라서 물이 동(動)인 것보다 정(靜)이기를 바란다.

물(水)이 모이면 용도 모이고 용이 모이면 내기(內氣)가 모인다. 그리고 물이 합하면 용이 멈춘다.

우리의 조상들은 지명에 물이 귀한 곳에는 갈(渴)자나 건(乾)자를 붙이고 물이 풍부한 곳에는 수(水)자나 정(井)자 또는 천(泉)자를 붙여 사용하였다.

또한 물맛이 달면 사람이 건강하고 미인이 많으며 물이 깊은 곳에는 부자가 많고 물이 모이는 곳에는 사람 또한 많이 살게 된다.

그러나 음택(陰宅 무덤) 밑에 수맥이 지나가는 경우에는 잔디가 잘 살지 못하고 무덤이 꺼져 내려가게되며 유골 또한 까맣게 변색이 되고 무덤 속의 자손들은 각종 질환에 시달리거나 비명횡사(非命橫死)를 당하게 된다고 보고 있다.

양택(陽宅 주택)인 경우에도 벽이 세로로 갈라지고 방바닥 또한 갈라지고 수맥이 지나가는 방에서 기거를 하게 되면은 불명증이나 두통, 신경과민, 뇌졸중 등이 온다고 보며 이는 단독주택 뿐만이 아니라 고층 아파트에서도 같은 영향을 끼치게 된다고 보고 있다.

따라서 음택(묘소)인 경우에는 이장할 것을 권하게 되지만 주택인 경우에는 동판(銅版)이나 알루미늄호일 등을 바닥에 깔아서 지하수맥으로 인한 피해를 방지하도록 권하고 있다「이재석 2001」.

4 정혈법(定穴法)

혈은 음택인 경우 망자가 직접땅에 접하여 생기를 얻을 수 있는 곳이며 양택인 경우에는 살아있는 사람이 거주(居住)를 하면서 생기를 받을 수 있는 곳이다.

정혈(定穴)의 요는 양이오면 음으로 받고(양래음수陽來陰受)비껴오면 바르게 내리고(사래정하斜來正下)곧은 자는 혈이 굽은데 있고(직자혈곡直者穴曲) 급히오면 완하게 받고(급래완수急來緩受) 연하게오면 딱딱한 곳에 내리며(연래경하軟來硬下) 산이 높으면 낮고 평평한 곳에 의탁하여(고앙즉탁저 高仰則託低) 혈을 정한다「박상호 2002」.

또한 혈이 증거가 되는 혈증법(穴證法)으로 혈은 조산(朝山)이 빼어난 쪽 수세(水勢)가 모이고 안아주는 쪽, 낙산이 빼어나게 받쳐주는 쪽 정기(精氣)가 충만하게 모여있는 귀성(鬼星)이 붙은쪽등으로 혈이 있게 되며 주변의 흙과 초목등이 기(氣)가 살아있게 되어 흙은 윤기가 있고 색깔은 황색또는 백색등으로 밝은 빛을 띠게 된다. 노출된 암석은 꺼풀을 벗고 박환을 하여 자황색이나 백색등으로 밝은 빛을 띠고 초목또한 생동감이 있게 된다. 이러한 곳은 따뜻하고 아늑하여 꿩이나 토끼나 노루등의 놀이터가 되기도 하며 나무꾼들의 쉼터가 되기도 한다.

혈은 사람의 경우에는 경혈(經穴)이라 하여 경락(經絡)위에 분포되어 있는 기의 문호로써 생리적 또는 병리적인 반응이 나타나는 곳으로 365개의 혈이 있다. 산 또한 산룡(山龍)에서도 요소에 혈이 있어 산천의 진기가 융취(融聚)된다고 보고 있다.

혈(穴)은 기(氣)가 맺는 곳으로 크게 음혈(陰穴)과 양혈(陽穴)로 나눌 수 있으며 그리고 혈형(穴形)은 손바닥을 엎어놓은 모양을 음(陰)이라 하고 손바닥을 오므린 모양을 양(陽)

이라 하며 이는 다시 혈의 형태에 따라 와혈과 겸혈 그리고 유혈과 돌혈 등으로 나누어 볼 수가 있다「그림 3-15」.

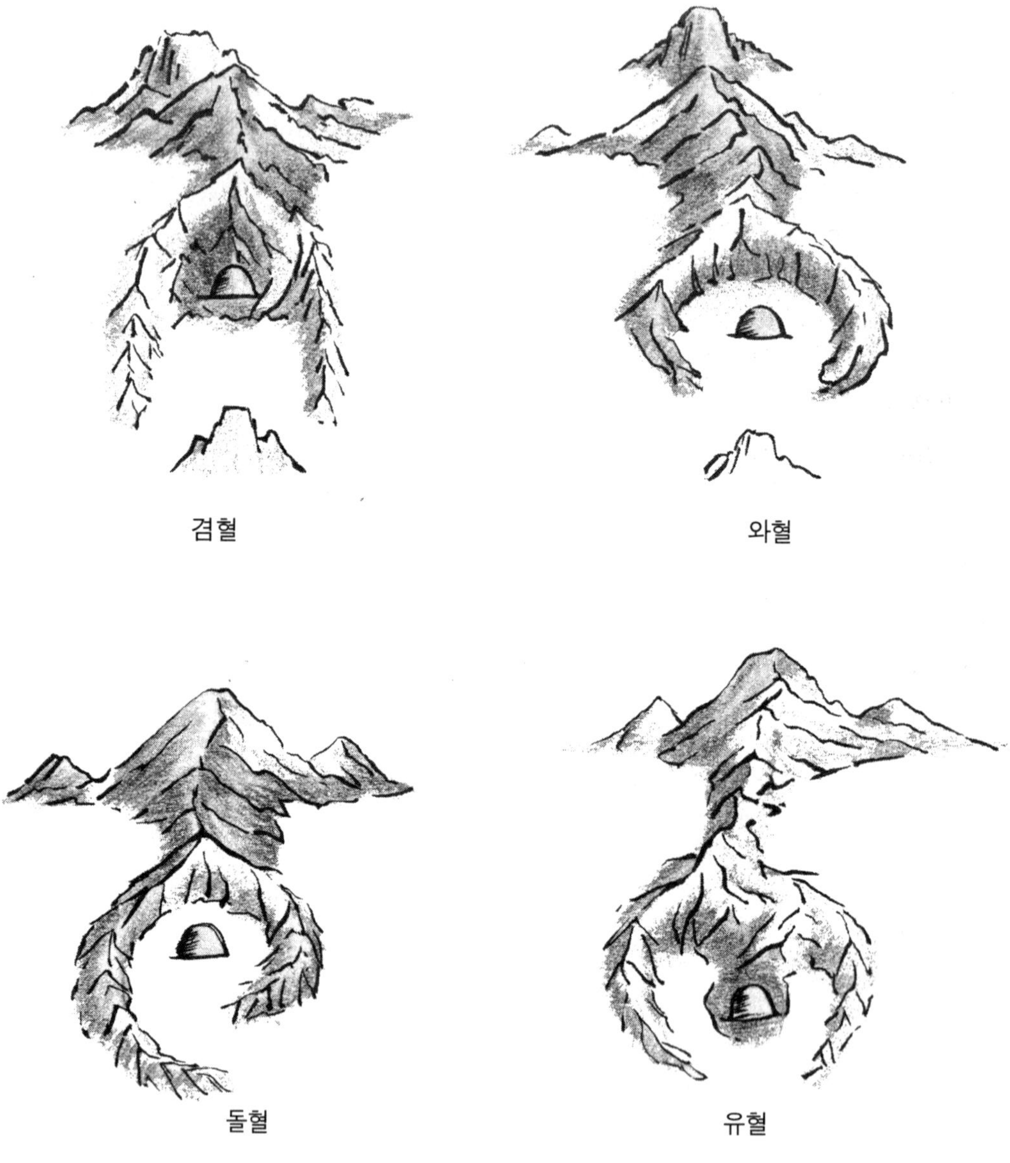

「그림 3-15」 양(겸혈, 와혈), 음(돌혈, 유혈), 혈의 형태

1) 겸혈(鉗穴)

혈의 형태가 양다리를 벌린 것과 같다하여 개각혈(開脚穴)이라고도 하며 말 발굽이나 삼태기 등의 형태이다. 와혈은 입속이 둥근데 반하여 겸혈은 그렇지 않으며 두혈 모두가 음혈로써 물이 나오기 쉬우므로 세심한 관찰이 필요하다.

2) 와혈(窩穴)

개구혈(開口穴)로써 대부분 고산(高山)에서 발견되며 모양이 닭의 둥우리나 제비의 집 또는 소쿠리와 같은 형태로 양손으로 물건을 움켜 지거나 양팔로 안을 듯한 형태를 취하고 있다.

3) 돌혈(突穴)

평평한 가운데 우뚝솟은 혈로 솥을 엎어놓거나 종모양의 형태를 취하고 있다.

4) 유혈(乳穴)

여성의 유방과 같다하여 붙여진 이름으로 또는 늘어뜨린 유방과 같다하여 현유혈(縣乳穴)이라고도 한다.

유혈은 평지나 높은 산에 많이 있으나 바람이 닿고 노출된 것을 꺼리므로 반드시 양팔로 감싸 주어야 진혈(眞穴)을 맺는다.

5. 좌향론(坐向論)

1) 음택(묘지)

좌향(坐向)은 혈의 뒤쪽을 등진방위에서 정면으로 보이는 방향을 말하며 북쪽에 래용(來龍)을 등지고 남쪽에 안산(案山)을 바라보는 혈처의 좌향은 子(북)坐 午(남)向이라 부른다.

음택에 있어 관(시신)을 넣을 좌향의 방향을 정하는 입향(立向)에는 대체로 용(龍)에 따라 정하는 방법과 안산을 보고 정하는 방법 그리고 물(水)의 득파(得破)를 살려 용과 배합되게 정하는 법등이 있으며「김기선 1997」땅의 정확한 위치를 측정하고 용(龍), 혈(穴)을 정하고 음택(陰宅)과 양택(陽宅)의 입지를 선정하는 등을 위해 패철(佩鐵)또는 윤도(輪圖)라 하는 나경(羅經)을 사용하고 있다「그림 3-16」.

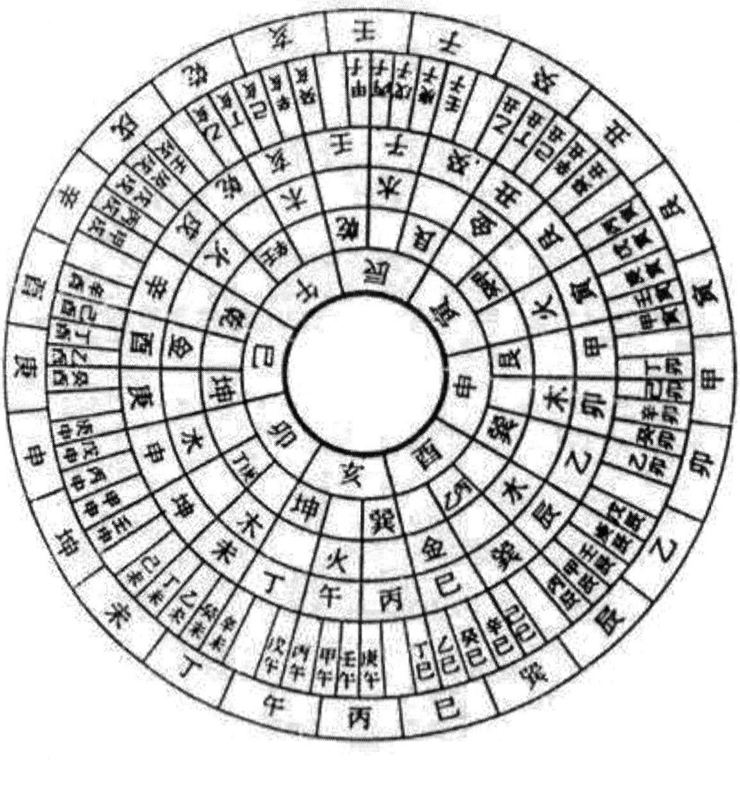

「그림 3-16」 나경

2) 양택(주택)

주택이나 건물을 지을 때 일조권이나 조망권의 침해 등으로 이웃과 분쟁이 되기도 하지만 일반적으로 주택의 방위로 동향이거나 남향의 집을 좋아한다.

이는 동쪽이나 남쪽은 성스러운 기의 통로이고 북쪽은 사기(牙氣)의 출입구로 사람이 죽으면 북망산에 간다고 하고 시신의 머리를 북쪽을 향하게 두게 하는 것과 같은 의미일 것이다.

주택의 방위는 집의 좌(坐)로써 결정하거나 중심점에 따라 결정을 하는 방법이 있으나 주택의 길흉화복을 판단하는 데에는 중심점을 사용하여 결정하는 방법을 사용한다.

또한 독립된 가옥을 지을 때에는 대지의 중심점을 건평이 큰집을 짓거나 건물을 지을 때에는 건물의 중심에서 측정을 한다. 그리고 집의 중심점에서 볼 때 대문이나 안방과 거실등은 같은 궁택(宮宅)방위에 화장실이나 창고 등은 다른 사택(舍宅)의 방위에 배치하도록 하고 있다.

집의 형태는 일(日),월(月),용(用)자 모양의 집이 좋으며 시(尸),공(工),일(一)자 모양의 가옥은 피하는 것이 좋을 것이다.

3) 정원

정원은 명당의 자리로 시멘트 등으로 포장을 하게 되면은 지기(地氣)를 차단하게 되며 뾰족한 조형물과 연못 등을 만들면 좋지 않다.

또한 지붕을 덮는 거목이나 과수 등으로 울창한 숲을 이루게 되면 햇볕이 차단되고 집안이 음습하고 음침하여 병균이 번식할 수 있는 등 우환이 끊이지 않는다고 보고 있다.

그러나 고서에 집안에 허한 부분에는 나무를 심어 집안에 좋은 기가 충만 하도록 하여야 한다고 하면서 동쪽(청룡방靑龍方)이 허하면 송죽(松竹)을 서쪽(백호방白虎方)이 허하면 석류목(石榴木)을 남쪽(주작朱雀)이 허하면 매화나무를 북쪽(현무玄武)이 허하면 은행나무 등을 심을 것을 권하고 있다.

4) 대문

기(氣)는 대문을 통해 출입한다고 보고 있으며 대문을 귀(貴)와 남자로 간주하며 손방위(巽方位 동남쪽)의 대문은 길하다고 보고 있다. 대문의 설치는 낮은 곳으로 하되 길보다 높아야 한다. 또한 담장보다는 높아야 하고 담벽보다는 바깥쪽으로 나아가야 한다.

그리고 대문을 등나무 등으로 씌우게 되면 불운이 오며 대문에서 현관이나 안방이 마주 보이게 되면은 불운이 오거나 외도 등으로 가정불화를 초래하게 된다고 보고 있다.

5) 집의 구조

(1) 안방 및 침실

안방은 남쪽방향으로 서서 오른쪽에 두는 것이 좋으며 대문이나 현관에서 마주보이지 않아야 한다.

침실은 북서쪽이 좋으며 침대는 방문을 열었을 때에 정면으로 머리가 보이지 않게 대각선 방향으로 놓으며 잠을 잘 때 머리의 방향은 동쪽이나 남쪽을 향하게 하는 것이 좋다. 만약에 머리를 북쪽으로 향하게 한다면 자기장의 영향으로 매사에 부정적이거나 신경질적으로 일이 잘 안되는 경우가 있게 되므로 피하는 것이 좋다.

(2) 거실

거실은 현관문과 정면으로 마주보이는 것을 피하도록 하여야 하며 소파는 기억(ㄱ)자나 니은(ㄴ)자 형태로 배치하고 동쪽이나 남쪽을 향하도록 하는 것이 좋다.

(3) 공부방, 사무실

학생의 책상은 문과 대각선방향에 놓으며 문을 등지고 앉게 되면 집중력이 떨어지게 되므로 피해야 한다.

사무실 또한 책상은 출입문을 마주보게 하지 않고 좌우측이 문쪽을 향하도록 하며 서로가 등을 맞대는 책상의 배치는 피하는 것이 좋다「이재석 2001」「박상호 2002」.

6. 형국론(形局論)

형국론(形局論)은 우주 만물은 유리유기(有理有氣)하며 유형유상(有形有像)하기 때문에 외형물체(外形物體)에는 그형상(刑象)에 상응 하는 기상(氣像)과 기운(氣運)이 내재(內在)해 있다고 본다.

당나라 때 복응천이 지은 설심부(雪心賦)에 물(物)은 인물금수(人物禽獸)의 류(類)로 미루어 헤아릴 수 있고 혈(穴)은 형(形)으로 말미암아 취(取)한다 (물이유추 物以類推 혈유형취 穴由形取)라고 하였다.

따라서 산천이 융결(融結)을 하게되면은 많은 상(象)과 물형(物形)의 모습을 띄게 되고 그에 상응하는 이기(理氣)와 상운(象運)이 내재(內在)되어 있다고 보며 또한 형세(形勢)와 산혈형체(山穴形體)에 따라 정기(精氣)가 응취(凝聚)되어 있는 것으로 간주하여 어떠한 형국(形局)을 갖느냐에 따른 길흉판단의 지표로 이용되기도 한다「최창조 2001」.

풍수에서는 하늘에 있는 성요(星曜)가 지상에서 형상을 나타낸 것으로 보아 산의 형세를 오성(목성, 금성, 토성, 화성, 수성)으로 구별한다「그림 3-17」.

1) 목성산형(木星山形)

산이 높이 솟아있으나 봉우리는 둥글며 성품은 인자하며 가지가 많이 퍼진다. 목성이 청(淸)하면 문리에 밝으며 명예를 멀리 떨치게 되고 탁하면 부괴하며 기예(技藝)에도 밝다.

2) 화성산형(火星山形)

산봉우리가 뾰족하고 날카로우며 성품은 불꽃과 같고 정하지 못한다. 화성은 먼 조산이 되었을 때에는 국(局)이 커서 삼공(三公)이상에 오를 것이나 혈 가까이에서 보이면 흉한 것이다.

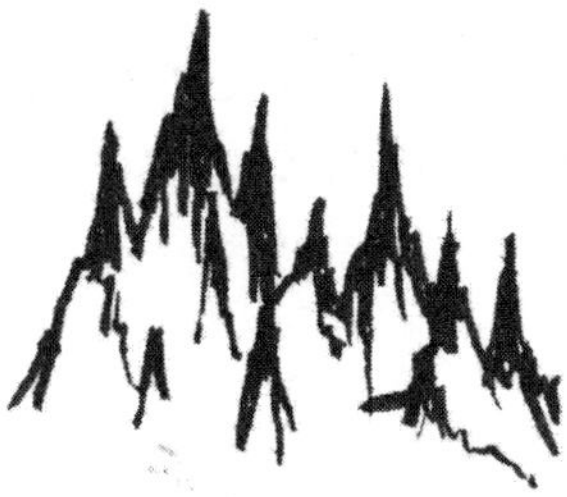

3) 토성산형(土星山形)

중후하고 방정한 형태로 모나지만 바르고 성품은 조용하다. 토성은 만물의 모체로써 천덕(天德)을 사방으로 베풀어 준다.

4) 금성산형(金星山形)

가마솥이나 종을 엎어 놓은 모양으로 고요하며 동요하지 않는다. 금성이 청(淸)하면 공명이 현달하며 문장이 청수하고 충정 절연한다.

5) 수성산형(水星山形)

물이 흐르듯이 꾸불꾸불하며 부드럽게 뻗어나간 산형으로 성품은 낮게 거하기를 좋아하고 겸손하다「박상호 2002」.

형국은 오성에 의하여 인(人) 물(物) 금(禽) 수(獸)로 대별 되는데 설심부정해(雪心賦正解)에는 목성과 화성은 주로 사람의 모양(人形) 여인(옥녀, 천녀등)과 장군과 선인(仙人)과 승(僧) 등으로 대비를 시키고 심장과 배꼽과 음부에서 혈을 취하고 금성은 날짐승 모양 즉 봉황. 학 등에 대비시키고 날개와 둥우리와 볏에서 혈을 취한다.

토성은 길짐승 모양 호랑이. 거북. 사자. 코끼리. 낙타 등에 대비를 시키고 수성은 용과 뱀의 무리에 대비 시키고 있다.

제 4 부

인 기 (人氣)

제1장 가족의 이해

Ⅰ. 가족 및 가정의 정의

가족이란 어버이와 부부 형제자매 등의 관계로 맺어진 집단이며 가정은 한 가족이 살림하고 있는 집안으로 사회의 가장 작은 집단이라고 할 수 있다. 또한 민법에서는 가족을 호주의 배우자, 혈족과 그 배우자, 기타 본법에 의하여 그 가(家)에 입적한 자는 가족이 된다(친족편 779조)라고 정의하고 있다. 따라서 가족이란 각기 다른 부모에게서 태어나 서로 다른 환경에서 교육되고 성장한 남녀가 백년해로를 하고자 결합하는 것이 기본적으로 전제되어야 할 것이다.

결혼은 인륜지대사(人倫之大事)로써 이는 본인뿐만 아니라 그들이 속해있는 양가가 결합하여 친척관계를 맺는 것을 의미 하는 것으로 양가 어른들의 합의 여부에 따라 결정되는 전통적인 관례이다. 예전의 결혼은 비롯 신랑 신부 서로가 얼굴한번 보지 못한 상태에서 치르기도 하였지만 혼례를 치른 이들은 가족의 구성원이 되는 부부로서 자녀를 낳아 키우며 동고동락하는 어른이 되는 것이라 하겠다.

우리는 덕담으로 부부사이를 천생연분(天生緣分) 즉 하늘이 맺어준 인연이라고 하지만 불교의 화엄경에는 동석(同席) 대좌(對坐)는 500생(生)의 인연(因緣)이라 하고 있다. 따라서 남녀 각 500생의 인연을 합하여 천생연분(天生緣分)이라 하고 있다. 이렇듯 500번의 태어나고 죽는 오랫동안의 인연이 있어야 부부가 될 수 있다는 말일 것이다. 옛 조상들이 중요시 하였던 관혼상제(冠婚喪祭) 즉 관례(冠禮)와 혼례(婚禮) 및 상례(喪禮)와 제례(祭禮) 중 관례와 혼례에 관련된 풍습을 살펴보면

Ⅱ. 관례와 계례

보통 남자어린이들의 머리끝은 검은 댕기를 매어주거나 머리카락을 두 줄로 땋아 머리 양 쪽 끝에 별모양으로 동여 매었으며 여자어린이들에게는 붉은 댕기를 매어 남녀를 구별하였다가 어린이가 성장하여 성인이 되면 남자에게는 상투를 틀어주고 관을 씌우며 어른 옷으로 갈아입히고 새로 자와 관명(정식이름, 본명)을 지어주는 의례 즉 관례(冠禮)를 올렸다「사진 4-1」.

관례 이전에는 아명만을 가지고 있어서 누구나 그 아명을 부를 수 있었으나 관례를 한 다음에는 부모나 윗사람들도 자를 불렀으며 관명(본명)은 호적이나 족보 또는 혼례나 상제례와 같은 격식화된 의례 때와 축문에 사용하였으며 호를 지어주어 손아래사람이 부르도록 하였다. 또한 여자는 머리 태를 목뒤로 들어 올려 쪽을 지고 비녀를 꽂는 의례를 계례(笄禮)라고 하였다「사진 4-2」.

이러한 관례와 계례를 치르면 비록 혼례를 하지 않았어도 성인으로서의 자격을 가지고 그에 합당한 대우를 받았으나 관례를 치르지 않으면 비록 나이가 많아도 어른 대접을 받지 못하였다.

우리나라에서는 고대 이후 1895년 단발령으로 상투풍습이 없어질 때까지 남녀 할 것 없이 미혼자와 기혼자의 머리모양을 달리하는 풍습이 있었다.

관례를 하는 나이는 12살부터 18살 사이에 주로 행해졌으며 조혼 풍습의 영향으로 보통 정혼이 결정되면 결혼을 하기 한 달 정도 앞두고 하는 행사가 되었다. 20살이 되어도 혼약을 정하지 않았을 때에는 20살이 되는 해 정월에 좋은 날을 골라 관례를 올렸으며, 여자들은 15살에 계례를 진행하여 비녀를 꽂고 20살에 시집을 가라고 하였지만 나이와 상관없이 혼사가 이루어지면 보통 혼례 3일 전에 계례를 하는 사례가 많았다「김종혁, 2002」.

Ⅲ. 전통혼례

1. 중매혼

고구려 평원왕 때 평강공주가 미천한 온달을 찾아가 함께 살았다는 온달 전설과 부모들이 정한 여자와의 혼인을 거부하고 대장장이집 딸과 사랑을 맺은 신라 강수의 전설, 그리고 백제의 평민 서동이 신라의 선화공주를 만나 결혼을 하였다는 서동전설 등을 살펴볼 때 삼국시대와 고려시대의 남녀교제나 결혼상대의 선정은 조선시대 남녀가 7세가 되면 한자리에 같이 앉지도 못하고 여자는 함부로 문 밖 출입을 할 수도 없었으며 더욱이 혼사문제의 결정권이 없었던 것에 비하면 비교적 자유로웠다고 보여 지나 해모수가 하백의 딸 유화를 유인하여 야합을 한데 대하여 중매도 없이 남자를 따라간 것을 꾸짖고 우발수에서 귀양살이를 하게 하였다는 기록과 신라 김유신의 아버지 서현이 길거리에서 숙흘종의 딸인 어머니 만명을 보고 마음에 들어 중매도 없이 인연을 맺은 것을 숙흘종이 알고 딸을 집에 가둔 사실에서 알 수 있듯이 중매를 통하지 않고 혼인을 맺는다는 것은 비난을 받은 것으로 보여 진다「삼국유사 권제 1, 2」.

2. 육례

일반 서민들은 결혼에 있어 신랑 집에서 신부 집에 보내는 납폐는 고구려와 백제 및 신라 사람들은 결혼에 앞서 고기와 술을 보낼 뿐 재물을 보내는 예는 없었으며 혹시 재물을 받는 자가 있으면 그것은 딸을 파는 것이라 하여 사람들이 모두 부끄럽게 여겼으며, 이러한 풍습은 고려시대와 조선시대의 일반인들에게 계승되었으나 유교가 들어오면서 그에 따른 여러 가지 까다로운 절차와 예식들이 첨가되었다.

조선시대에는 주자학과 주자가례로 가족종범제도를 공고히 하려고 하였다. 그에 따라 가부장제도가 장려되고 또한 종손에 의하여 가족과 친척들을 통괄하게 하였으며 종가집의 재산과 제사권이 부여되고 조상의 위폐를 모시는 사당제도가 생겨났다. 주자학에 기초한 주자가례는 12세기 송나라 관리 주희(주자)가 공자, 맹자의 유교사상에 기초하여 만들어 놓은 당시 중국의 가정생활규범을 명나라 때 구준이 의례준칙들을 더 보충하여 완성한 가족제도의 규범으로서 이황의 퇴계상례문답이나 이이의 격몽요결 등에 주자가례를 소개 또는 해석을 하고 있다.

주자가례와 함께 우리나라에 소개된 혼례는 6례로써

◈ 납채 : 신랑 집에서 신부 집으로 결혼을 청하는 것

◈ 문명 : 신랑집에서 신부어머니의 성명을 묻는 것

◈ 청기 : 신랑 집에서 혼인날을 택하여 신부 집에 의향을 묻는 글을 보내는 것

◈ 납길 : 신랑 측에서 혼인날을 받아 신부 집으로 통지하는 것

◈ 납징(폐) : 신랑집에서 신부집으로 예물을 보내는 것으로 봉채 또는 함이라 한다.

◈ 친영 : 신랑이 신부 집에 가서 혼례를 올리고 당일 또는 3일만에 신부를 직접 맞아 데려오는 것이었으나 전통혼인풍습과 실정에 따라 간단해지거나 복잡하게 변하였으며 일반적으로 의혼(약혼), 납채, 납폐, 친영의 4례가 통용되게 되었다「송재용 2007, 김종혁 2002」.

3. 결혼의 형태

삼국시대에는 남・녀가 결혼을 한 후 처갓집에서 살림을 시작하고 아이들이 큰 다음에 신랑 집으로 가는 것이 전통적인 풍습이었다고 볼 수 있다. 특히 고구려에서는 사위의 집이라는 뜻으로 서옥이라 하여 신부 집 뒤에 작은집을 짓고 생활을 하였다.

고려시대 역시 처가살이혼 즉 결혼한 후 남자가 거처를 상당한 기간 처가에서 생활하였으며 부모의 나이가 50살이 되어 자녀의 혼인을 간절히 원하는 경우 또는 자식이 없는 가정에서 가계계승이나 재산상속과 자기 가문의 세력 확장을 위하여 예서라하여 남자를 여자 집에서 양육하여 어른으로 키운 다음 자기 딸과 결혼을 시키는 풍습과 반대로 어린여자를 남자쪽에서 데려가 키워서 정식혼례를 치르는 민며느리혼이 있었다. 이는 여자를 미리 데려옴으로서 혼인비용을 덜고 노동력의 도움을 받을 수 있으며 여자 쪽에서는 양육문제를 해결하고 또한 결혼비용을 덜 목적으로 성립되었다고 볼 수 있다「고려사 제27」.

조선시대에는 고려 말 조선 초에 유교적인 가례를 끌어들이면서 처가살이혼의 풍습을 버리고 친영을(신랑이 신부 집에 가서 가례를 올리고 당일 또는 3일만에 신부를 직접 맞아 신랑 집으로 데려오는 것)제창하면서 시비가 되고 특히 고려 말 정도전은 남자가 처가에 들어간 다음 부인들이 부모의 세력을 믿고 남편을 업신여길 뿐 아니라 부부사이에 반목하게 되니 이것은 윤리도덕을 영락하게 하는 길이라고 하면서 친영론을 제창하였다「삼봉집 권7 혼인」.

또한 유교 성리학자들은 주자가례의 철저한 보급, 동성동본 불혼의 강소, 처첩의 신분 차별, 재혼금지와 함께 처가살이혼 대신 시집살이혼 즉 친영을 적극 주장하였다. 이후 1474년 국조오례의가 규정 되게 되었으며 세종이 친영을 한 것을 비롯하여(세종실록 권64) 1512년 중종이 제2비를 친영하게 되자 양반 사대부들 중 이를 따르는 자가 점차 늘어나게 된 후(중종실록 권26) 18세기 이후에야 처가살이 유습은 그 흔적을 잃게 되었던 것이다.

조선시대 혼인형태는 시집살이혼 이외에 생활형편이 어렵거나 의탁할 곳이 없는 남자, 혼인대상자를 데려오기 어려운 경우 또는 장정이 없고 살림살이형편이 넉넉하지 못한 여자 집에 들어가 정혼을 하고 일정기간 처가살이를 하면서 여자 집을 도와준 다음 정식혼인을 한 후 계속 처가에 양자로 들어가 사는 방법과 여자를 데리고 분가하거나 자기 집으로 돌아가는 솔서 혹은 취서라 하는 데릴사위가 있었다.

또한 누이바꿈 또는 물레혼이라 하여 가정형편이 어려운 집에서 아들딸이 있는 가까운 두 세집에서 딸을 서로 바꾸어 혼인을 성립시키자는 목적에서 생겨났다. 이는 두 집(누이바꿈)과 3혼을 물레와 같이 돌려 혼인을 시킨다 하여 물레바꿈, 세틀혼, 세다리혼이라 불렀다. 이러한 누이바꿈이나 물레바꿈은 혼인비용의 부담을 덜기 위한 것이었거나 우정이 남달리 두터운 사람들 사이 또는 문벌 간에 관습적으로 긴밀한 사이에 사돈을 맺음으로서 친분을 더 강화하자는 것이었다. 그 외에도 뱃속에 있는 아이들을 놓고 부모들이 미리 약속하여 결혼을 시키는 지부 결혼풍습도 부분적으로 있었다. 만일 두 집에서 똑같이 남자 또는 여자를 낳게 되면 의형제를 맺어주었다「김종혁 2002」.

4. 재혼

재혼에 대한 문제가 시비의대상이 되기 시작한 것은 고려시대 즉 12세기 중엽부터이다. 이는 유교도덕이 점차 보급되면서 재가는 실행(정조를 잃은 행실)으로 비난받게 되었다. 고려사에 의하면 산기이상 관리의 처로서 봉작을 받은 자는 재가를 하지 못하게 하고 판사이하 6품 관리의 처는 남편이 죽은 다음 3년 이내에 재가를 못하게 하되 위반하는 자는 절개를 잃은 것으로 단죄하는 논의가 1389년에 있었던 일이다. 그러나 민간에서는 과부의 재가가 시비되지 않았다. 이후 15세기 부터는 일체 과부의 재가가 허용되지 않았으며 그 자녀들의 벼슬길도 막혀 있게 된다.

고려시대 부부의 이혼 또한 부모와 합의 없이 마음대로 처를 버린 자는 벼슬을 빼앗고 일정지역에서 살게 하였으며 처가 마음대로 집을 떠났을 때 는 도형 2년에 처하고 남편 몰래 재기하면 2천리 밖으로 귀양을 보내며 이들에게 장가든 자도 같은 죄를 주었다. 그리고 남편이 아내를 구타하여 상처를 입히거나 연장으로 상처를 냈으면 곤장 80대를, 이빨 한 대를 부러뜨렸으면 곤장 90대를 치는 등 자세한 규정까지 정하여 놓았다「고려사 권제84」.

특히 성종8년(1477년)에는 여자가 한번 시집가면 종신토록 재가하지 말아야 하며 재가한 여자의 자식은 벼슬을 시키지 말 것을 규정하였다. 그러나 경국대전 예전 제과조에 재가한 어머니의 남편 즉 계부가 사망하였을 경우에는 일정한 상복을 입는 것이 규정 되고 있던 사실은(형법대전제62조 친속) 여자의 재가 그 자체를 법적으로 금지한 것이 아니었다는 것을 의미한다.

과부재가 금지는 그 후 400여 년간 계속되어오다가 1894년 갑오개혁에 의하여 비로소 제도상 폐지되었다. 그러나 과부 재가 금지에 의한 법적 사회 도덕적 구속으로부터 벗어나려는 사회적 욕구를 반영하여 과부동이기와 같은 특수한 혼인형식이 생겨나게 된다. 이러한 풍습은 과부와 홀아비 간에서의 일이며 간혹 노총각인 경우도 있으나 처녀를 업어오는 일은 없었다. 과부 업어오기에서 약탈자들은 보통 사전에 약탈을 예고하는 일이 많았고 약탈현장에서 벌어지는 희극화된 난투는 대부분 여자편의 패배로 끝났으며 신랑 될 당사자에게는 손을 대지 않았다. 그리고 과부를 동여서 일단 문 밖으로 나서면 그 이상 추격을 하지 않았다. 물론 결사적인 저항으로 항거를 표시한 경우도 적지 않았다.

그리고 15세기 이후 동족성원들의 양적 증대와 거주지역의 확대와 더불어 방대한 수의 동족성원을 성으로써만 그 혈통의 멀고 가까운 것을 표기하기가 어렵게 되었다. 이로부터 동족의 계통표식으로써 본관의(시조의 고향 또는 조상들이 대를 두고 살아온 고장) 분화가 촉진 되었다. 조선시대에 성은 약300개가 되었지만 본관은 3,000개가 넘었다. 이수광(1563~1628)은 16세기말에 이미 성이 같고 본관이 다르면 동성이 아니라 하여 서로 혼인하는 것을 꺼려하지 않게 되었다고 지적하였던 것이다「지봉유설 권17」.

5. 조선시대 관복과 혼례복

조선시대의 신분제도는 양반, 중인, 상인, 천민으로 구분하였으며 복식 또한 신분에 비례하여 규정되었다. 백관복은 관료들의 신분이나 품계의 등위를 나타내는 것으로 적초의, 적초상에 폐슬을 늘리고 백초중단을 받쳐 입었으며 관복의 종류는 사대의례나 백관조하

등에 입는 조복과 삭일(朔日)과 망일(望日)의 백관조하(百官朝賀) 등에 입는 소례복에 해당하는 사무복인 공복 그리고 일상의 시무복인 상복과 제례복인 제복으로 구별하였다.

이들의 관복은 품계에 따라 격식을 달리하였으며 목잠은 관을 가로 자르는 나무로 된 비녀를 말하며 양(량)은 두관에 나타내는 세로로 표시하는 종선으로 그 수에 따라 품위를 구별하고 수는 예복(조복, 제복)을 입을 때 허리에 매어 뒤로 늘어뜨리는 것으로 수를 놓는 색실과 문양 및 달아 놓은 환의 종류로 구별하였다. 또한 대(혁대)의 장식 재료와 조복과 제복을 입을 때 허리의 양옆에 늘이어 차는 옥 즉 패옥으로 구별하고 손에 들었던 홀과 가슴에 달았던 흉배의 수를 놓은 문양에 따라 품위를 [표4-1]과 같이 구별하였다「이경자 2003」.

[표4-1] 조선시대 품계별 복장

구분 / 품계	관	수	대	홀	패옥	흉배	
						문관	무관
1품	오량금관	황,녹,자,적, 4색사 사용 운학 금 환수	서대	상아홀	번청옥	쌍학	쌍호
2품	사량금관	황,녹,자,적,4색사 사용 운학 은 환수	정2품삽금대 종2품소금대	상아홀	번청옥	쌍학	쌍호
3품	삼량금관	황,녹,자,적,4색사 사용 반학 은 환수	정3품삽은대 종3품소은대	상아홀	번청옥	쌍학	쌍호
4품	이량금관	황,녹,적, 3색사 사용 연작 은 환수	소은대	상아홀	번백옥	단학	단호
5~6품	이량금관	황,녹,적,3색사 사용 연작 동 환수	흑각대	목 홀	번백옥	단학	단호
7~9품	일량금관	황,녹,2색사 사용 계칙 등 환수	흑각대	목 홀	번백옥	단학	단호

자료 : 백영자 외(2004), 이경자(2003) 재구성

이와 같은 관료들의 의복은 조선후기에 이르러 신분제도에 의한 복식제도가 문란해지면서 관료가 아닌 일반인들까지도 혼례 시에 혼례복으로 신랑은 사모관대의 관복을 입게 되었으며 신부 또한 궁중예식 때 입는 원삼과 양반 부녀자들과 궁녀들이 평상시 입던 예복을 사용하였다. 그러나 하층민들은 혼례복의 마련이 여의치 못한 사정으로 관가에서 빌리거나 상점에서 대여를 하여 생애 처음으로 신분의 굴레에서 벗어나 관복과 양반 부녀자들의 예복을 입고 혼례를 올리기도 하였다.

Ⅵ. 수태(임신)

우리 선조들은 남녀가 성장하여 혼례를 올린 후 수태를 하여 건강한 아이를 낳아 자손을 번성시키고 나아가 훌륭하게 성장하여 가문의 명예를 드높여 주었으면 하는 마음이 간절하였다. 따라서 시집가는 딸에게는 1년 중 임신가능성이 큰 날(귀숙일)을 적은 달력을 보내는 풍속이 있었으며 남녀의 합방 또한 좋은 날을 택일하고 부부가 사전에 몸과 마음을 정갈히 하여 건강한 상태에서 합방 · 교합을 하였다.

1. 정자(精子)

정자(정충)은 사춘기 무렵부터 고환(정소)의 정세관에서 만들어지기 시작하는 성세포로 40세 이후에는 정자의 수와 생식능력은 감소하지만 시간당 1200만개 정도가 생산된다고 보고 있으며 생산된 정자는 정세관강과 부고환에 저장되어 성숙하게 된다.

정자는 길이가 약 20분의 1mm 정도이며 머리와 경부와 꼬리부분으로 구분되어진다.

정자의 머리 부분에는 아버지(남자)의 23개 염색체가 들어있으며 앞쪽에는 난자의 난막을 녹이는데 쓰이는 효소가 들어있다. 그리고 경부에는 당분을 함유한 미토콘드리아가 있어 당분을 산화시켜 얻은 에너지로 꼬리를 움직여 전진운동을 한다.

음경 귀두부의 접촉 자극이나 정서 반응으로 흥분을 하게 되면 음경해면체와 요도해면체 내의 공간에 혈류량이 증가되어 충만해지게 됨으로 발기가 이루어지게 되며 성숙된 정자는 정관을 통해 정낭으로 이동하여 정낭과 전립선 등에서 생성되는 분비물(액체)과 섞여서 알칼리성 정액으로 사출하게 된다. 한 번의 사정으로 배출되는 정액의 양은 약 3억개 정도의 정자가 섞여있는 3ml정도이며 사정된 정자의 수명은 48시간~72시간 정도로 정상적인 정자는 여성의 생식기 내에서 난자를 향하여 분당 1mm~4mm의 속도로 전진운동을 하나 점액층을 돌파하고 자궁에 들어갈 수 있는 것은 30만 마리 정도이며 그중에서 난관까지 당도하는 것은 약200~300마리 정도이다. 그리고 마지막으로 난자에 도달하여 난자의 세포막을 뚫고 들어가 수정을 하게 되는 것은 한 · 두 마리 뿐이다.

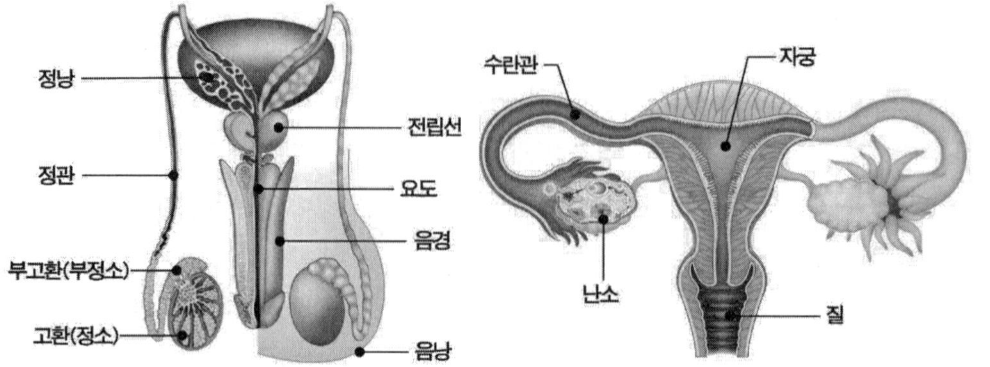

「그림 4-1」 남녀의 성기

2. 난자(卵子)

임신 5개월된 여자 태아의 난소에는 약 700만개 정도의 원시 난포가 있으나 태어날 때에는 약 200만개 정도를 가지고 태어나게 된다.

그리고 사춘기에 이르게 되면은 약 40만개~50만개 정도로 줄어들게 되며 이후 폐경기까지 약 400~500개 만이 난자로 성숙하게 된다.

여자가 사춘기가 되면은 뇌하수체에서 난포와 그 속의 난자를 성숙시키는 호르몬을 분비하여 매달 월경주기 전반기에는 약 15~20개 정도의 난자가 난소에서 성숙해지면서 액체로 가득찬 난포 속에서 자리를 잡는데 그중 한 개의 완전히 성숙한 난포 속의 난자가 대개 마지막 월경 첫째 날부터 14일 후에 난소 표면에서 떨어져 나오게 되는데 이를 배란이라 한다. 이때 함께 성숙한 다른 난포들은 난자를 밖으로 배출하지 못하고 시들게 되며 그 안에 있던 난자는 죽게 된다.

배란된 난자의 수명은 보통 18시간~24시간 정도이기 때문에 나팔관 안에서 정자와 만나 결합을 하게 되면 수정을 하게 되나 그렇지 못하게 되면은 몸 밖으로 배출하게 되는데 이를 월경이라 한다.

3. 수태(임신)

수정이 되면 난자의 23개 염색체와 정자의 23개 염색체가 만나 46개의 염색체를 갖게 되는데 수정된 난자(수정란)는 곧 세포분열을 시작하여 4~5일 동안 성장과 분열을 거듭하면서 난관을 지나 일주일쯤에는 자궁내막에 착상을 하게 되어 임신이 이루어지게 되어

열 달 간의 성장과정을 거쳐 귀중한 생명체가 태어나게 되는 것이다.

V. 태교

간절한 마음으로 수태를 하게 되면 이는 신께서 점지하여 주시고 아울러 조상님들의 은덕으로 이루어진 것으로 감사하고 경건한 마음으로 부부는 물론 가족구성원 모두가 건강하고 심성 고운 튼튼한 아이의 출산을 위하여 태교에 임하였다.

동의보감, 태교신기, 내훈 등의 문헌에는

1. 임부와 태아의 안전을 위하고 유산을 유발할 수 있는 행동들 즉
   1) 밤길을 걷거나 급히 뛰거나 서둘러 걷는 것을 삼가고
   2) 무거운 물건을 들거나 힘든 일을 삼가고
   3) 높은 곳에 오르거나 험한 곳을 지나는 것을 삼가고
   4) 가로 눕거나 찬 곳이나 더러운 곳에 있는 것을 삼가고
   5) 해산달에는 머리를 감거나 발을 씻는 것을 삼가라고 하였다. 또한

2. 임부와 태아의 건강은 물론 태아의 성장발달을 위해 질병을 유발할 가능성이 있거나 음식물의 성분 등이 해로울 수 있는 것 들, 즉
   1) 상하거나 설익은 과일 제사음식과 부정 탄 음식 등은 먹지 않으며
   2) 초상집이나 환자가 있는 집의 출입을 삼가고
   3) 자극성 있는 음식이나 참외, 메밀 등의 성질이 찬 음식은 삼간다. 또한
   4) 무분별한 보약이나 음주는 금하도록 하였다. 그리고

3. 임부의 정서적 안정을 위해
   1) 살생을 하거나 하는 것을 보지 않으며
   2) 다툼이나 욕설 악담 음탕한 언행 등 예가 아닌 것은 보지도 듣지도 말하지도 생각하지도 않으며
   3) 놀라거나 화내거나 흥분하거나 곡을 하지 않도록 하고
   4) 부부생활은 임신 초기와 말기에는 유산과 조산의 위험이 있으므로 삼가토록 하였으며 남편 또한 임부의 태교를 지원하고 함께 노력하도록 하는 등 가족구성원 모두가 노력하였다.

이러한 태교법은 임부의 안전은 물론 영양 상태나 건강과 정서적 상태가 태아에 영향을 미친다는 전제하에 임부는 항상 평화로운 마음으로 바르고 아름다운 생각을 하고 실천할 수 있도록 하여 바른 자리에 단정하게 앉는 등 고귀한 귀품을 가질 수 있도록 함으로써 임부를 통한 태아의 건강한 성장발달은 물론 올곧은 심성을 갖추도록 교육을 하였던 것이다. 이는 비록 아직 세상에 태어나지는 않았지만 엄연한 생명체요 인격체로서 존중되고 교육되었다. 따라서 서양과 달리 태어나면서부터 나이가 1살을 먹은 것으로 간주하지 않았나 생각된다. 그리고 옛날 맹자(孟子)의 어머니는 자식의 좋은 교육 환경을 위해 세 번을 이사하였다는 맹모삼천지교(孟母三遷之敎)와 같이 태어난 아기는 가족구성원 모두의 관심과 노력 속에서 귀하게 태어나 교육되고 성장하였다.

오늘날 금수저 은수저란 말들을 하지만 중국의 동진(東晉)때 차윤(車胤, 330~400)은 집안이 가난하여 낮에는 일을 하고 밤에는 등불을 밝힐 기름이 없어 반딧불을 잡아 명주로 만든 주머니 속에 넣어 그 빛으로 공부를 하여 상서랑(尙書郞)이란 벼슬까지 하였으며 같은 시대 손강(孫康) 또한 눈에 반사되는 달빛에 의지하여 공부를 하여 관원을 단속하는 관청의 장관인 어사대부(御史大夫)가 되었다는 형설지공(螢雪之功)의 고사에서 알 수 있듯이 자신의 노력 없이 남의 탓만 한다는 것은 대장부가 할 일이 아닐 것이다.

제2장 인체의 기능

Ⅰ. 체온과 열전도

인체는 음식물의 이화작용에 의한 부산물로서 열이 계속적으로 생산이 된다. 이러한 열에너지의 단위를 칼로리(Calore)라 하며 이는 물 1g의 온도를 1℃ 올리는데 필요한 열이다.

인체의 체온은 인체를 구성하고 있는 세포의 생존과 기능을 유지하기 위한 효소들의 활성도가 최적의 상태를 유지할 수 있는 37℃ 정도가 가장 적합한 것으로 만약 체온이 35.4℃까지 떨어지게 되면 뇌를 비롯한 다른 조직 내의 효소 활성도가 떨어지게 되어 세포내 대사 활동이 억제되어 호흡 및 심기능이 저하하게 된다. 그리고 인체의 정상적인 심부체온이 35℃~41℃ 사이인데 26℃ 이하가 되면은 심부전으로 사망을 하게 되며 반대로 43℃이상이 되면 신경세포의 변성이 초래되어 영구적인 손상을 입거나 사망에 이르게 된다.

따라서 신세의 피부 표면에서는 복사, 전도, 대류, 증발을 통해 열을 주위 환경과 열에너지를 교환하는 방법으로 정상적인 체온을 유지하고자 하고 있다.

1. 복사

접촉을 하고 있지 않은 다른 물체 사이에 열이 전자기파의 형태로 발산되는 것으로 모든 물체의 표면에서 일어난다. 인체와 모든 동물체의 표면에서 나오는 복사는 약 5㎛~10㎛ (마이크로미터 ㎛)사이이며 인체가 복사하는 전자기파는 9마이크로미터(㎛)정도의 적외선 영역에서 주로 방출을 한다. 인체는 이러한 복사 현상을 통하여 인체의 피부표면과 외계 사이에 열을 발산하거나 받아들이는 등의 교환을 한다.

2. 전도

인체에 접촉하고 있는 기체(공기), 액체(물), 고체(온돌 등)를 통해 열이 이동하는 현상으로 이는 불을 때지 않은 차가운 방 안에서 여러 사람의 체온에 의해 방 안의 공기가 훈훈해지는 현상이나 불가마 방이나 온돌 방에서 체온이 오르거나 겨울철 차가운 강물에 빠져 오랜시간 있게 되면 체온이 내려가 저체온증으로 사망에 이르게되는 현상을 말한다. 지방조직은 열을 잘 전도하지 않기 때문에 뚱뚱한 사람은 추운 환경에서는 열손실이 적어 추위를 덜 느끼게 되나 더운 환경에서는 인체 내부의 열이 방출이 잘 이루어지지 않기 때문에 더위를 더 느끼게 된다.

3. 대류

피부 표면과 접촉을 하고 있는 공기나 물 사이에 열이 전달되는 현상으로 겨울철 바람이 분다면 열의 손실은 기류속도의 제곱에 비례하게 되어 우리가 느끼는 추위는 더하게 된다. 따라서 땀을 흘리지 않을 때 체표의 열발산은 주로 복사와 대류에 의해 일어난다고 볼 수가 있다.

4. 증발

단위 시간당 방출되는 에너지의 양을 대사율이라 하는데 안정시 정상인의 경우 대사율은 약 70kcal/h이다. 인체가 체열을 발산시키는 기전으로는 피부 혈관의 확장으로 피부로 가는 혈류량이 증가되어 신체 심부에서 따뜻해진 혈액이 외각(신체표면)으로 나와서 열을 방출하는 것이며 다른 한 가지는 수분(땀)의 분비에 의한 증발로 체열을 발산시키는 것이다. 즉 땀 1ml가 증발할 때 주위로부터 0.58kcal의 열을 흡수하게 되는 것으로 체온을 낮추는 효과를 가지게 되는 것이다.

인체 내 수분의 함량은 체중의 약 50~70%(약 35ℓ~45ℓ)를 차지하고 있으며 하루 총 수분 섭취량은 2600ml 정도로 이중 1500ml는 음료수의 형태로 섭취를 하며 800ml 정도는 음식물 속에 함유되어 있는 수분을 그리고 300ml 정도는 영양소가 체내에서 대사될 때의 부산물로 생성되는 수분으로 간주하고 있다. 그리고 하루 총 수분의 배설량은 2600ml 정도로 이중 소변(약1500ml)과 대변(약 100ml)과 피부와 기도 및 구강점막 등을 통해 증발(1000ml) 되는 것으로 보고 있다.

Ⅱ. 세포와 신경계

살아있는 모든 세포는 안정시 세포막을 기준으로 세포 안은 음극을, 세포 밖은 양극으로 분극되어 있으며 세포막의 안과 밖 전압의 차이가 있는데 이를 안정막전압(Resting membrane potential)이라 한다. 일반적으로 신경섬유 안정막전압은 -70mV이며 근육세포막의 안정막전압은 -90mV로 음전하를 띄고 있다. 이러한 안정막전압은 세포내액과 세포외액 사이 이온분포의 불균형에 기인한 것으로 인체의 세포 내에 칼륨(K+)은 세포 안이 세포 밖보다 40배 정도가 많으며 나트륨(Na+)은 반대로 세포 밖이 세포 안보다 15배 정도 높게 유지되고 있다.

따라서 이러한 농도의 차이로 칼륨(K+)은 세포 안에서 밖으로 확산되어나가 세포 밖은 양전위를 세포 안은 음전위를 가지게 되며 나트륨(Na+)은 세포 밖에서 안으로 확산하여 들어와 세포막 안은 양전위를 밖은 음전위를 갖게 된다. 확산(diffusion)은 용액 또는 가스 형태의 분자가 농도가 높은 곳에서 낮은 곳으로 이동하는 현상을 말하며 물질분자의 농도 차이(농도경사)가 클수록 촉진되며 또한 물질분자의 전기적 경사에 의해 영향을 받는데 통과하려는 물질 분자가 음이온 상태일 때 확산이 잘된다. 이와 같이 이온의 확산력에 의하여 형성된 전위차를 확산전위(diffusion potential)라 한다.

그러나 세포막은 농도경사에 역행하여 에너지를 사용하면서 세포 안의 나트륨(Na+)을 세포 밖으로 내보내고 세포 밖의 칼륨(K+)은 세포 안으로 받아들여 세포 안은 칼륨(K+)의 농도가 높게 세포 밖은 나트륨(Na+) 농도가 높도록 유지하고 있는 것이다. 그리고 세포막에 자극을 주게 되면 세포 외액에 많이 있는 나트륨(Na+)이 세포 내로 유입되고 그로 인하여 세포막의 분극이 역전되어 막전압은 +30mV까지 오르게 된다. 이러한 막전압의 변화를 탈분극(depolarization)이라 하며 그로인해 활동전압(action potential)이 발생한다.

그리고 뇌파란 뇌의 신경세포가 활동하는 것을 전기적으로 포착하는 것으로 1875년 영국의 생리학자인 R.케이튼이 토끼와 원숭이의 대뇌피질에서 나오는 전기적 파동을 기록한 후 1924년 독일의 의사 H베르거가 사람의 뇌파를 처음으로 기록을 하였다. 뇌파는 근심, 걱정과 흥분이나 다툼 등으로 30헤르츠(Hz/초)이상일 때를 감마(γ)파(초속파)라 하며 정상적인 안정상태에서 14Hz~30헤르츠(Hz/초)인 경우 베타(β)파(속파)라고 하고 있으며 명상이나 어떤 일에 심취 등으로 8Hz~14헤르츠(Hz/초)일 때에는 알파(α)파(중속파)라 한다. 그리고 얕은 수면이나 졸음의 상태로 4Hz~8헤르츠(Hz/초)일 때 세타(θ)파(서파)라 하고 무의식이나 수면상태로 0.5Hz~4헤르츠(Hz/초)인 경우에는 델타(δ)파(서파)라 나뉘고 있다「김병호 2000」.

「표 4-2」 신경계

- **신경계**
  - 중추 신경계
    - 뇌
    - 척수
  - 말초 신경계
    - 자율 신경계
      - 교감신경(원심성)
      - 부교감신경(원심성)
    - 체성 신경계 (뇌신경, 척수신경)
      - 운동신경(원심성)
      - 감각신경(구심성)

우리 몸의 신경계는「표 4-2」와 같이 크게 중추신경계와 말초신경계로 구분이 되며 중추신경계는 뇌와 척수로 구성되어 있으며 말초신경계는 체성신경계와 자율신경계로 구분이 된다. 체성신경계는 내·외적 자극을 감지하여 중추신경계로 전달하는 구심성의 감각신경과 중추로부터 명령을 수행하는 원심성의 운동신경으로 구분된다. 그리고 자율신경계는 교감신경계와 부교감신경계로 이루어져 있다. 신경세포 또는 신경섬유를 뉴런(neuron)이라 하는데 신경섬유는 그 안에 핵을 갖고 있는 세포체와 신경자극을 받아들이는 수상돌기 그리고 받아들인 자극을 다른 신경섬유나 근섬유와 같은 최종기관에 전달하는 축삭으로 되어 있다.

일예로 최전방의 경계초소(감각신경)에서 경계근무를 서고 있던 보초가 이상 징후를 발견하는 즉시 이를 상부에(중추신경) 보고(구심성)를 하게 되면 상부에서는 이러한 정보를 종합 분석을 하여 명령을 하달(원심성)하며 하달 받은(운동신경) 경계병들은 즉시 이를 수행하게 될 것이다「그림 4-2」.

Ⅲ. 근수축

근수축은 운동신경섬유가 골격근세포에 자극(활동전위)을 전달하면 활동전위는 근섬유막(근초) 전체에 신속하게 퍼지는 동시에 근섬유 내부에 전달이 되고 이어서 근형질 세망에 저장되어 있던 칼슘(ca++)이 유리된다. 그리고 유리된 칼슘은 가는 세사의 트로포닌 분자와 결합을 하여 가는 세사와 미오신 머리간 결합을 차단하고있던 트로포미오신을 끌어당겨 차단되었던 결합 부위가 열리게되어 미오신 머리가 액틴과 연결교를 형성하여 가는세사를 근절의 중앙 부위로 끌어당김으로써 근육의 수축이 일어나게 된다.

Ⅳ. 심장

심장은 흉곽 중앙에 위치하여 약간 왼쪽으로 기울어져 있으며 자신의 주먹만한 크기로 그 무게는 성인의 경우 약 350g~600g 정도이다. 그리고 심장의 구조는 두 개의 방(좌심방·우심방)과 두 개의 심실(좌심실·우심실)로 나누어져 있으며 두 개의 방 사이에는 심방중격으로 두 개의 심실 사이에는 심실중격으로 막혀져 있으며 우심방과 우심실 사이에는 삼첨판으로 좌심방과 좌심실 사이에는 이첨판이 심실과 혈관 사이에는 판막(폐동맥판, 대동맥판)이 있어 혈액을 한 방향으로 흐르게 해준다.

따라서 우심방의 혈액은 삼첨판을 지나 우심실에 들어간 후 이어서 폐동맥판을 지나 폐동맥을 통하여 폐로가 가스교환(CO2와 O2)을 한 후 폐정맥을 통하여 좌심방으로 들어오고 다시 이첨판을 지나 좌심실로 들어간 후 대동맥판을 지나 대동맥을 통해 몸의 각 조직에서 가스교환을 한 후 대정맥을 통해 우심방으로 돌아오게 된다. 이러한 혈액의 순환은 심장의 1회 박출시 약 80mL씩 1분에 5L 정도의 혈액이 온 몸을 돌아 약 40초~50초만에 돌아오게 된다.

(폐순환 : 우심실 → 폐동맥판 → 폐동맥 → 폐(가스교환) → 폐정맥 → 좌심방
체순환 : → 이첨판 → 좌심실 → 대동맥판 → 대동맥 → 몸의 각 조직(가스교환) → 대정맥 → 우심방 → 삼첨판)

심장은 안정시 1분에 60회~70회 정도로 박동을 하며 하루에 10만 번 정도로 1년에 약 3650만 번의 박동을 쉼없이 뛰고 있는 것이다.

이러한 심장의 박동(수축)은 우심방벽의 상대 정맥 입구에 있는 동방 결절에 의해 이루어진다. 심실근의 안정막전압은 -90mV인데 동방결절은 심장 박동을 주재하는 곳으로 약 0.8초의 간격으로 전기적신호(활동전압)를 발생시킨다. 이러한 신경자극은 우심방의 벽을 따라 전도되어 좌·우 심실 벽에 분포된 퍼킨제섬유를 따라 심실 전체로 퍼지게 되어 심실 전체가 수축을 하여 폐동맥과 대동맥을 통해 폐와 인체의 각 부위에 혈액을 보내게 되는 것이다.

심전도(心電圖, ele ctrocardio gram ECG) 검사는 1903년 네덜란드의 아인토벤

(Einthoven)이 처음으로 고안하여 실험하였으며 이는 심장이 활동을 할 때 전기적파동이 외부조직에 전달되는 것을 피부에 두 개의 전극을 대고 그 사이에 전류계를 연결하여 심장에서 일어나는 전기적파동을 그래프로 나타내는 것이다「그림 4-2」.

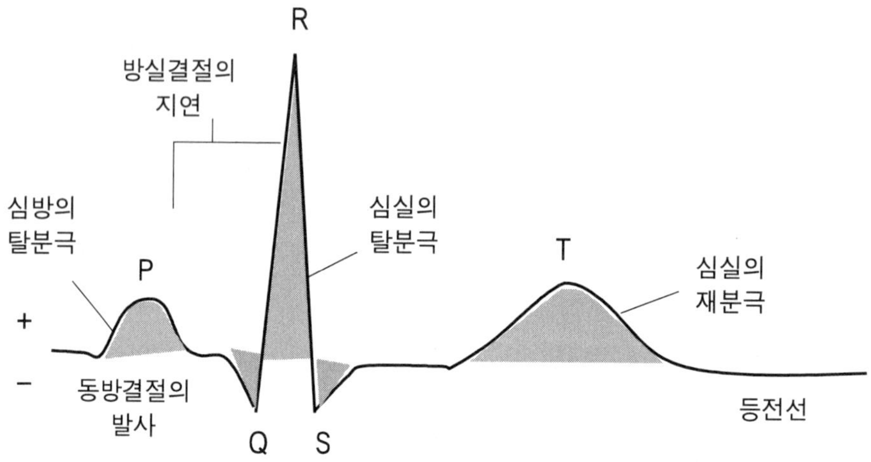

「그림 4-2」 심전도의 파형

P파 : P파는 동방결절에서 발생한 전기적 흥분이 심방근 전체로 확산되면서 만들어지는 것으로 심방의 수축이 일어난다.

P.Q : 방실결절에 도달한 흥분이 심실로 전도되기까지 시간적인 지연이 나타남을 의미한다.

QRS파 : 심실근 전체로 흥분이 확산되는 것을 나타내며 QRS파가 시작된 후 심실의 수축이 일어난다.

ST파 : 심실의 재분극을 나타낸 것이다.

이와 같이 심전도 검사는 흉통이나 호흡곤란, 고혈압 등과 같이 질환이 있는 환자에게 시행하여 진단과 치료 방침의 결정 등에 유용하게 활용되고 있는 검사라고 할 수 있다.

제3장 동양의학과 기

Ⅰ. 한의학의 개요

한의학은 음양오행설(陰陽五行說)을 기반으로 장부경락(臟腑經絡)의 생리(生理)와 병리(病理)를 설명하며 정체관(整體觀)을 변증논치(辨證論治)의 특징으로 한다.

한의학에서는 인간은 천지의 기(氣)를 근원으로 하여 생성된다고 보며 또한 자연계의 산물로써 자연의 법칙에 순응하여야만 자연계의 변화 속에서 정상적인 생명활동을 유지할 수 있다고 본다.

그리고 장부(臟腑)와 조직(組織)과 기관(器官)으로 구성된 인체는 각기 서로 다른 기능을 가지고 있으면서 상호견제와 협조와 작용을 하며 영향을 미치는 하나의 유기적인 정체(整體)로 보고 있으며,

병의 진단 및 치료에 있어서는 사진(四診: 망진 望診, 문진 問診 문진 聞診 절진切診)에 의한 질병의 원인과 성질과 부위 및 사기(邪氣)와 정기(正氣)의 관계 등을 분석하고 종합하여 그 병증을 알아내고(변증 辨證) 그 변증의 결론을 근거로 하여 치료방법을 확정(논치 論治)하고 있다.

1. 중국의 한의학

한의학의 고전이라고 할 수 있는 황제내경(黃帝內經)은 고대 중국의 염제신농(炎帝神農)씨의 뒤를 이어 황제에 오른 황제헌원씨(黃帝軒轅氏)의 저서라고 전해지고 있다.

한서예문지(漢書藝文志)에는 침경(鍼經) 9권과 소문(素問) 9권으로 이것을 내경(內經)이라 한다고 하였다.

내경(內經)은 소문(素問)과 영추(靈樞) 두 부분으로 구성되어 있으며 음양(陰陽) 오행(五行) 오운육기(五運六氣) 섭생(攝生) 장상(藏象) 경락(經絡) 병기(病機) 진법(診法) 변증(辨證) 치법(治法) 침구(鍼灸) 탕제치료(湯劑治療) 등의 내용을 포괄하고 있다.

이러한 내경(內經)은 춘추전국시대부터 한(漢)나라 때에 완성된 것으로 보고 있다. 그리고 동한말(東漢末) 장중경(張仲景)이 상한잡병론(傷寒雜病論)을 저술하였다.

2. 한국의 한의학

「황제내경」에는 폄석(砭石 돌침)은 동방에서 온것이다라고 하였으며「산해경 山海經」에는 고씨의 산에는 옥(玉)이 많고 그 아래에는 돌침이 많다고 하여 의학의 발상지가 동방임을 밝히고 있다.

백제시대에는 중국의 약제를 배제한 순수 우리나라의 약제만을 수록한 최초의 본초서(本草書)인「백제신집방(百濟新集方)」이 저술되었으며 통일신라 때에는 어용성(御龍省)에 약전을 설치하여 약제의 보관과 의사를 양성하였으며 692년(신문왕 12년)에는 의학박사 2명이「본초경(本草經)」「침구갑을경(鍼灸甲乙經)」「소문(素問)」「침경(鍼經)」「맥경(脈經)」「잡경(雜經)」「명당경(明堂經)」을 교재로 의사를 배출하였다는 기록이 있다.

그리고 고려시대에는 군신 및 그 가족을 위한 의료기관인 전의사(典醫寺 후에 태의감으로 개칭)와 봉의서(奉醫署) 그리고 일반인을 위한 동서대비원(東西大悲院)과 혜민국(惠民局)을 두어 질병치료 및 의사를 양성하였다.

1392년 이성계가 조선을 건국한 이후 전의감(典醫監)을 설치하여 양반들의 치료와 의서의 저술 및 의사를 양성하였으며 또한 혜민국(惠民局)을 설치하여 일반 백성들의 질병을 치료하게 하였다.

그리고 1433년에는 세종의 명에 의하여 재래의 향약방을 증보한 향약집성방(鄕藥集成方)이 저술되고 1477년에는 백과사전적인 의방유취(醫方類聚)가 발간되었다.

특히 1596년 선조는 태의 허준(太醫 許浚, 1539년~1615년)에게 잡다한 중국의 의서들을 정리하여 한 권의 책으로 만들 것과 질병은 모두 조섭(調攝)을 잘못하는데서 생기므로 수양(修養)이 우선이고 약과 침은 그 다음이다. 여러 의론과 처방들의 요점을 정리하고 가난한 자들은 약을 얻지 못하여 요절하는 사람이 많으니 주위에 많이 생산되는 향약의 이름을 분류하여 백성들이 쉽게 활용할 수 있게 하라는 요지의 하교를 내리고 이에 임진왜란과 정유재란의 와중에서도 저술에 착수하여 1610년에 동양의학을 집대성한 동의보감(東醫寶鑑)을 완성하였다.

이후 많은 의서들이 저술되었으며 1894년 이제마(李濟馬, 1837년~1900년)는 임상경험과 학문연구를 바탕으로「동의수세보원(東醫壽世保元)」을 저술하였다.

그는 자신의 독창적인 체질론에서 사람의 체질을 태양(太陽) 태음(太陰) 소양(少陽) 소음(少陰)의 네 체질로 분류하고 나아가 개인의 장상(臟象)과 체격과 성격과 기질적 특성을 분류하였다「배병철 역 2000」.

3. 한의학의 이론

춘추전국시대의 장주(莊周)는 「장자(莊子) 지북유(知北遊)」에서 천하는 단지 하나의 기일 따름이다. (통천하일기이 通天下一氣耳) 라고 말하였으며

유안(劉安)은 「회남자 淮南子」에서 청양한 기운은 엷게 널리 퍼져서 하늘이 되었고 중탁한 기운은 모여 땅이 되었다.

라고 하고 양의 열기가 쌓여 화(火)가 생겨나고 화기(火氣)의 태양이 되었다. 음의 한기(寒氣)가 쌓여 수(水)가 생겨났으며 수기(水氣)의 정(精)은 달이 되었다고 하였다[123].

또한 중국의 후한말 왕충(王充, 137년~192년)은 논형언독「論衡言毒」에서 만물의 생성은 모두 원기(元氣)에서 근원한다고 말한다. (만물지생 개품원기 萬物之生 皆稟元氣)

그리고 「소문·천원기대론」에는 하늘에 있어서는 기가 되고 땅에 있어서는 형(形)이 되니 형과 기는 서로 감(感)하여 만물을 화생(化生)한다고 하고 있다[124].

그리고 「황제내경 소문(素問)」 「보명전형론(寶命全形論)」에서는 인간은 천지의 기에 의존하여 태어나며 四時의 법(변화)을 통하여 이루어진다.

하고 천지기를 합하여 태어나는 것을 사람이라 한다[125]고 말하고 있다.

대우주(大宇宙)인 자연의 변화는 천기(天氣)의 운행에 의해서 이루어지며 소우주(小宇宙)인 인체의 생성(生成)과 활동은 인기(人氣)가 경락을 유주순환(流注循環)함으로써 이루어지는 것이다.

인체의 기(人氣)는 부모로부터 이어받은 원기(元氣)또는 진기(眞氣)와 음식물을 소화흡수하여 얻은 영기(營氣) 및 위기(衛氣) 그리고 호흡으로 받아들인 자연계의 청기(淸氣)와 지기 등을 결합하여 가슴속 기해(氣海)에 쌓인 종기(宗氣) 등으로 나눌수가 있다.

영기(營氣)는 수곡(水穀)의 정기(精氣)로 비(脾)와 위(胃)에 근원하며 밤과 낮을 쉬지 않고 맥(脈) 속을 흐르면서 전신에 영양을 공급한다. 그리고 위기(衛氣)는 영기와 같이 수곡정미(水穀精微)에서 회생한 것임에도 불구하고 영기는 유순하여 맥(脈) 안에서 운행하며

---

123) 청양자 박미이위천 중탁자 응체이위지 적양지열기생화 화기지정자위일 적음지한
青陽子 薄靡而爲天 重濁者 淹滯而爲地 積陽之熱氣生火 火氣之精者爲日 積陰之寒
기생수 수기지정자위월
氣爲水 水氣之精者爲月 「회남자 淮南子」

124) 재천위기 재지성형 형기상감이생만물의
在天爲氣 在地成形 形氣相感 而生萬物矣 「황제내경 소문 천원기대론」

125) 인이천지지기생 사시지법성 천지합기 명지왈인
人以天地之氣生 四時之法成 天地蛤氣 命之曰人 「황제내경 소문」

위기는 날래고 매끄러운 성질로 맥의 밖으로 다니며 하루에 전신을 50바퀴를 돌면서 영양을 공급하고 체표를 보호하며 사기에 저항을 하는 기능을 한다.

인간은 부모에게서 이어받은 선천의 정기(先天精氣)로 인체를 구성하고 생명을 유지하는 근본으로써 생장과 발육 및 생식을 주관하는 기와 그리고 음식물을 섭취하여 소화·흡수로 얻게 되는 수곡정기(水穀精氣)가 전신으로 공급되어 오장육부에 영양의 공급은 물론 피부(皮膚)와 맥(脈) 육(肉) 근(筋) 골(骨) 등을 튼튼하게 하며 신(腎)의 선천적인 정기(精氣)에 영양을 하여 생리기능을 촉진하는 기 그리고 자연계에 존재하고 있는 청기(淸氣)를 흡입하고 탁기(濁氣)를 내보내는 호흡작용 등을 통하여 근원한다.

소문(素問) 육절장상론(六節藏象論)에서는

하늘은 사람에게 오행의 기를 먹게 하고 땅은 사람에게 다섯 가지의 맛을 먹게한다. 오행의 기는 코로 들어와 심(心)과 폐에 저장하고 그 다섯 가지의 기가 올라 다섯 가지의 색으로 하여금 밝은 것을 다스리게 하고 음성을 빛나게 한다.

다섯가지의 맛은 입으로 들어와 장과 위에 저장되며 오기를 길러주고 오기가 화평스러워 생성작용을 하고 진과 액이 성취되어 신기가 스스로 생성된다 라고 하고 있다[126].

또한「의문법률 선철격언 醫門法律 先哲格言」에서는 진기소재에 관하여 상초의 기는 하늘로부터 받은 것으로 호흡을 통해 얻어지고 중초의 기는 수곡(水穀)에서 생성된 것으로 영기(營氣)와 위기(衛氣)를 영양(營養)하며 하초의 기는 정(精)에서 화생된 것으로 명문(命門)에 저장됨으로써 삼초(三焦)의 근본이 된다. 그러므로 상초에는 기해(氣海)가 있어 이를 단중(膻中)이라하며 폐가 이를 다스리고 중초에는 수곡기혈의 해(海)가 있어 이를 중기(中氣)라 하며 비(脾)·위(胃)가 이를 다스리고 하초에도 기해(氣海)가 있어 이를 단전(丹田)이라 하는데 신(腎)이 이를 다스린다고 하고 있다[127].

---

126) 천식인이오기 지식인이오미 오기입비 장어심폐 상사오색수명 음성능장 오미입구 장어장위
天食人以五氣 地食人以五味 五氣入鼻 藏於心肺 上使五色脩明 音聲能彰 五味入口 藏於腸胃
미유소장 이양오기 기화이생 진액상성 신내자생
味有所藏 以養五氣 氣和而生 津液相成 神乃自生 「황제내경 소문 육절장상론」

127) 상자소수어천 이통호흡자야 중자생어수곡 이양영위자야
上者所受於天 以通呼吸者也 中者受於水穀 以養營衛者也
하자기화어정 장어명문 이위삼초지근본자야 고상유기해 왈단중야 기치재폐
下者氣化於精 藏於命門 以為三焦之根本者也 故上有氣海 曰膻中也 其治在肺
중수곡기혈지해 왈중기야 기치재비위 하유기해 왈단전야 기치재신

또한 황제내경 음양상대론에는 황제는 음과 양이란 하늘과 땅의도(법칙)이며 만물의 강기(법칙을 정하는 강령)이며 변화를 주도하는 부모이며 태어나고 소멸시키는 근본의 시초이며 신명의 창고이니 병을 다스림에 있어 필히 근본(음, 양)에서 구하라 하였으며 또한

양이 쌓여서 하늘이 되고 음은 쌓여서 땅이 된다. 음은 정(고요함)하고 양은 조(활동적)하며 양은 생성시키고 음은 성장시키며 양은 소멸시키고 음은 저장시키고 양은 기로 변화되고 음은 형상을 이룬다고 하였다. 그리고

청양은 하늘이 되고 탁한 음은 땅이 된다. 땅의 기가 올라 구름이 되고 하늘의 기가 내려오면 비가 된다. 비는 땅의 기(지기)에서 발출되고 구름은 하늘의 기(천기)에서 발출된다. 그러므로 맑은 양은 위의 구멍(눈, 코, 귀, 입)으로 발출되고 탁한 음은 아래의 구멍(요도, 항문)으로 발출되며 청정한 양은 주리(腠理)로 발출되고 탁한 음은 오장으로 달려가며 청정한 양은 팔과 다리를 튼튼하게 하고 탁한 음은 육부(六腑)로 돌아간다고 하고 있으며

또한 하늘에 4계절(봄, 여름, 가을, 겨울)과 목(木) 화(火) 토(土) 금(金) 수(水)의 오행이 있어 기르고 거두어 저장하게 하며 춥고, 덥고, 건조하고, 습하고 풍한 다섯 가지 기후를 생성하고 사람에게는 오장(간肝, 심心, 비脾, 폐肺, 신腎)에서 오기(五氣)를 변화시키는 것이 있어 기쁘고, 화나고, 슬프고, 근심하고, 두려워하는 다섯 가지를 나타나게 한다 하고 있으며 또한 물(水)은 음(陰)이 되고 음(陰)은 맛(味)이 된다.

맛은 형체로 돌아가고 형체는 맛을 먹으며 형체(形)을 상하게 하고 기(氣)로 돌아간다. 기는 형체(形)를 생성하며 정(精)과 맛을 상하게 한다. 그리고 불(火)은 양(陽)이 되고 양은 기(氣)가 되며 기는 정(精)으로 돌아가고 정은 기를 먹고 정을 상하게 하며 변화로 돌아간다. 변화는 정을 생성하고 정이 변화되면 기가 된다고 하고 있다[128].

中水穀氣血之海 曰中氣也 其治在脾胃 下有氣海 曰丹田也 其治在腎 「배병철역 2000」

128) 황제왈 음양자 천지지도 만물지강기 변화지부모 생살지본시 신명지부야 치병필구어본
黃帝曰 陰陽者 天地之道 萬物之綱紀 變化之父母 生殺之本始 神明之府也 治病必求於本
고적양위천 적음위야 음정양조 양생음장 양살음장 양화기 음성형
故積陽爲天 積陰爲地 陰靜陽躁 陽生陰長 陽殺陰藏 陽化氣 陰成形
고청양위천 탁음위지 지기상위운 천기하위우 우출지기 운출천기
故淸陽爲天 濁陰爲地 地氣上爲雲 天氣下爲雨 雨出地氣 雲出天氣
고청양출상규 탁음출하규 청양발주리 탁음주오장 청양실사지 탁음귀육부
故淸陽出上竅 濁陰出下竅 淸陽發腠理 濁陰走五藏 淸陽實四支 濁陰歸六府

그리고 23편 선명오기(宣明五氣)에는 신맛은 간으로 들어가고, 매운맛은 폐로 들어가며 쓴맛은 심장으로 들어가고, 짠맛은 신장으로 들어가며 단맛은 비장으로 들어간다. 이렇게 들어가는 것을 오입이라 하며 심장은 트림을 하게되고 폐는 기침을 하게되며 간장은 말을 많이 하게 되고 비장은 신물을 삼키고, 신장은 하품과 재채기를 하게 되며 위장은 기가 역하며 딸꾹질을 하게 되고 두려워하며 대장과 소장은 설사를 하게 되고 하초가 넘치면 수종(水腫)이 되고 방광이 해를 입게 되면 소변을 지리게 되고 담은 노하게 된다.

그리고 오장에서 저장하는 것으로 심장에서는 신(神)을 저장하며 폐에서는 백(魄)을 저장하고 간장에서는 혼(魂)을 저장하며 비장에서는 의를 저장하고 신장에서는 지를 저장한다.

그리고 오장이 관장하는 것은 심장은 맥을 관장하며 폐장은 피부를 관장하고 간장은 근을 관장하며 비장은 육을 관장하고 신장은 골(뼈)을 관장한다 하고 있다[129].

또한 66편 천원기대론(天元紀大論)에서는 하늘은 오행(목, 화, 토, 금, 수)을 두어서 다섯 방위(동, 서, 남, 북, 중앙)를 통솔하여 다섯 가지의 기(한, 서, 조, 습, 풍)을 생산하며 사람은 오장(간장, 심장, 비장, 폐장, 신장)을 두어서 오기로 변화시켜 희(기쁨, 노(성냄), 사(생각), 우(근심), 공(두려움))을 발생시킨다하며

하늘에 있으면 풍(風), 한(寒), 열(熱), 습(濕), 조(燥)의 기가 되고 땅에 있으면 목(木), 화(火), 토(土), 금(金), 수(水)의 형을 이루어 땅의 형과 하늘의 기가 서로 감응하여 만물을 변화시켜 태어나게 한다고 하고 있다[130].

천유사시오행 이생장수장 이생한서조습풍 인유오장화오기 이생희로비우공
天有四詩五行 以生長收藏 以生寒暑燥濕風 人有五臟化五氣 以生喜怒悲憂恐 「황제내경 소문」

129) 오미소입 산입간 신입폐 고입심 함입신 감입비 시위오입
五味所入 酸入肝 辛入肺 苦入心 鹹入腎 甘入脾 是謂五入
오기소병 심위애 폐위해 간위어 비위탄 신위차위체 위위기역위 얼위공 대장소장위설
五氣所病 心為噫 肺為欬 肝為語 脾為呑 腎為欠為嚏 胃為氣逆為 噦為恐 大腸小腸為泄
하초일위수 방광불이위륭 불약위유뇨 담위노 시위오병
下焦溢為水 膀胱不利為癃 不約為遺溺 膽為怒 是謂五病
오장소장 심장신 폐장백 간장혼 비장의 신장지
五藏所藏 心藏神 肺藏魄 肝藏魂 脾藏意 腎藏志
오장소주 심주맥 폐주피 간주근 비주육 신주골
五藏所主 心主脈 肺主皮 肝主筋 脾主肉 腎主骨 「23편 선명오기」

130) 천유오행 어오위 이생한서조습풍 인유오장 화오기 이생희노사우공
天有五行 御五位 以生寒暑燥濕風 人有五藏 化五氣 以生喜怒思憂恐
재천위기 재지성형 형기상감 이화생만물의
在天爲氣 在地成形 形氣相感 而化生萬物矣 「천원기대론」

Ⅱ. 음양오행(陰陽五行)

전국시기에 음양가(陰陽家)를 대표하는 추연(鄒衍, 기원전 305년~240년)은 사물은 음과 양이 대립하여 음이 늘면 양이 줄고 양이 늘면 음이 준다는 음양소장(陰陽消長)과 오행중 어느 하나가 다른 하나를 제압하는 것이 지나치게 되면 이로 인하여 오행간의 생극제화(生克制化)에 이상이 초래된다는 오행상승(五行相乘)을 결합시켜 오덕종시(五德終始)를 제창하여 음양오행가의 학파를 창시하였다「배영철 역 2000」.

1. 음양

음(陰)과 양(陽)의 속성은 상반되어 대립을 하면서도 서로간에 의존하며 상호작용을 하여 끊임없이 소장(消長)과 변화를 반복함으로써 평형상태를 유지하며 정상적으로 발전 변화한다. 한의학에서 오장(五臟) 즉 간(肝), 심(心), 비(脾), 폐(肺), 신(腎)은 음(陰)이고 육부(六腑) 즉 담(膽), 소장(小腸), 삼초(三焦), 위(胃), 대장(大腸), 방광(膀胱)은 양이다.

그리고 정(精)은 음(陰)이고 기(氣)는 양(陽)이며 정기(正氣)는 양(陽)이며 사기(邪氣)는 음(陰)이다.

따라서 정기가 사기를 대적하지 못하면 병이 발생한다고 보고 음이 늘어나면 양이 줄어들게 되고 양이 늘어나면 음이 준다는 음양의 소장(陰陽消長)이 조화롭지 못하게 되면은 음양 중 어느 한 쪽이 항성(亢盛)을 하거나 쇠약해져 질병 발생의 원인이 된다고 보고 있다.

2. 오행

오행은 목(木 나무) 화(火 불) 토(土 흙) 금(金 쇠) 수(水 물)의 다섯가지 기본적인 물질의 운행(運行)을 의미한다.

「상서(尙書) 홍범(洪範)」에서는 오행의 특성을 목왈곡직(木曰曲直) 화왈염상(火曰炎上) 토원가색(土爰稼穡) 금왈종혁(金曰從革) 수왈윤하(水曰潤下)라 하고 있다. 이러한 오행의 속성을 살펴보면

1) 목(木 나무)

목왈곡직(木曰曲直)은 나무의 줄기와 가지가 휘거나 곧게(곡직 曲直) 자라는 것을 의미하는 것으로 생장(生長), 승발(升發) 등을 주요 속성으로 한다.

2) 화(火 불)

화왈염상(火曰炎上)은 물질이 연소할 때 불꽃과 열기가 위로 오르는(염상 炎上) 현상을 의미하며 온열(溫熱)과 성장과 무성 등을 속성으로 한다.

3) 토(土 흙)

토원가색(土爰稼穡)은 곡물의 파종과 수확(가색 稼穡)을 하는 농사일을 의미하는 것으로 생양(生養)과 조화와 매개 등을 속성으로 한다.

4) 금(金 쇠)

금왈종혁(金曰從革)은 광물질을 제련하여 물건을 제조(종혁 從革)하는 것을 의미하며 변혁, 수렴, 청정 등을 속성으로 한다.

5) 수(水 물)

수왈윤하(水曰潤下)는 물이 흘러내려 만물을 적셔 윤택하게 하는(윤하 潤下) 것을 의미하며 자윤(滋潤) 하향 폐장(閉藏) 침정(沈靜) 등의 속성으로 한다.

한의학에서는 이러한 오행의 모형으로 오장육부를 나누고 생리 기능을 설명한다. 오장은 정기를 저장할 뿐 내보내지 않으며 육부는 음식물을 소화시켜 내보내기만 할 뿐 저장을 하지 않는 속성을 지니고 있다.

그리고 오장 중 간장은 목에, 심장은 화에, 비장은 토에, 폐는 금에, 신장은 수에 속하며 또한 육부 중 담은 목에 소장과 삼초는 화에, 위는 토에, 대장은 금에, 방광은 수에 속하고 있다.

「좌전 소공원년 左傳 昭公元年」에서 하늘에서는 육기(六氣)가 있는데 이것이 내려와서 오미(五味)를 생성하고 퍼져서 오색(五色)이 되고 또한 모여 오성(五聲)이 되고 어지럽게 섞여 음(淫)하여 육질(六疾)이 발생하게 된다고 하고 있다(천유육기 강생오미 발위오색 정위오성 음생육질 天有六氣 降生五味 發爲五色 征爲五聲 淫生六疾).

오미(五味)또한 신(酸)맛은 목(木)에 속하는 간으로 들어가 해독 작용을 돕고 근육을 이완시키며 땀이나 대소변을 조절하는 작용을 하며 쓴(苦)맛은 화(火)에 속하는 심장으로 들어가 열을 내리고 살균작용과 이뇨작용을 한다.

그리고 단(甘)맛은 토(土)에 속하는 비장으로 들어가 몸을 보양하거나 이완시키고 독성을 중화시키는 작용을 하며 매운(辛)맛은 금(金)에 속하는 폐로 들어가 기운을 돋아주는 한편 가래를 삭히고 기침을 멎게 하는 작용을 하고 짠(鹹)맛은 수(水)에 속하는 신장으로 들어가 이뇨작용과 응어리진 것을 풀어주는 작용을 한다.

그리고 관규(官竅)중 눈(目)은 목(木)에 혀(舌)는 화(火)에 입(口)은 토(土)에 코(鼻)는 금(金)에 귀(耳)는 수(水)에 속한다.

방위(方位)와 오계(五季) 및 육기(六氣)와 색(色) 또한 오행 속성으로 추단연역하여 동(東)쪽과 봄(春)과 바람(風)과 청(靑)색은 목(木)에 남쪽(南)과 여름(夏)과 더위(暑) 및 화(火)와 적(赤)색은 화(火)에 중앙(中)과 환절기(長夏)와 습(濕)과 황(黃)색은 토(土)에 서(西)쪽과 가을(秋)과 건조(燥)와 백(白)색은 금(金)에 북(北)쪽과 겨울(冬)과 추위(寒)와 흑(黑)색은 수(水)에 분류하고 있다.

육절 장상론에서 황제의 물음에 기백은 심(心)은 생명의 근본이며 신(神)이 변화를 주관하는 곳이다.

폐(肺)는 기(氣)의 근본이며 백(魄)이 거처하는 곳이다.

신(腎)은 머물러 칩거하며 막아서 갈무하는 근본이며 정(精)이 거처하는 곳이다.

간(肝)은 극(極)을 깨뜨리는 근본으로 혼(魂)이 거처하는 곳이다.

비(脾)·위(胃)·대장(大腸)·소장(小腸)·삼초(三焦)·방광(膀胱)은 곡식을 저장하는 근본으로 영기(營氣)가 거처하는 곳이라 하고 있으며[131]

그리고 장부에 대하여 소문(素問)), 오장별론(五臟別論)에서는 음(陰)인 오장(五臟: 간 肝, 심 心, 비 脾, 신 腎)은 정기(精氣)를 저장하려 할 뿐 내보내지 않으므로 정기가 가득 차있어도 실하지 못하며

양(陽)인 육부(六腑: 담 膽 · 위 胃 · 소장 小腸 · 대장 大腸 · 방광 膀胱 · 삼초 三焦)는 음식물을 소화시켜 내보내기만 할 뿐 저장하지 않으므로 가득차게 되면 실하게 된다[132]고 하였으며 또한 영추(靈樞) 본장(本藏)에서는 오장(五臟)은 정(精)·신(神)·기(氣)·혈(血)·

---

131) 심자생지본신지변야, 폐자기지본백지처야
心者生之本神之變也, 肺者氣之本魄之處也
신자주칩봉장지본 정지처야 간자파극자본 혼지거야
腎者主蟄封藏之本 精之處也 肝者罷極之本 魂之居也
비, 위, 대장, 소장, 삼초 방광자 창름지본
脾, 胃, 大腸, 小腸, 三焦 膀胱者 倉廩之本 「육절 장상론」

132) 소위오장자 장정기이불사야 고만이불능실 육부자 전화물이불장 고실이불 능만야
所謂五臟者 藏精氣而不瀉也 故滿而不能實 六腑者 傳化物而不藏 故實而不 能滿也 「소문 오장별론」

혼(魂)·백(魄)을 저장하고 육부(六腑)는 음식물을 소화시키고 진액을 순환시킨다고 하고 있다[133].

한의학에서는 오행학설의 모형으로 인체의 장부를 5대 계통으로 나누었으며 또한 자연계의 사물과도 연계하여 설명하고 있다 「표 4-3」.

따라서 인체의 오장, 육부와 형태적으로는 부(府)이지만 생리적 기능은 장과 비슷한 기항지부(奇恒之府: 뇌 腦와 수髓 · 뼈 骨 · 맥 脈 · 담 膽 · 자궁 女子胞)를 살펴보면

1) 목(木, 나무) : 오장의 간(肝)과 육부의 담(膽). 그리고 오관의 눈(目)과 형체는 근(筋)이 이에 속하며 방위는 동(東)쪽이고 오계 중 봄(春)이며 오색은 청(靑)색이다. 그리고 육기(六氣)중 바람(風)이 이에 속한다. 또한 다섯가지의 맛 중(五味) 신맛(酸)이 해당되며 특성으로는 발생과 성장, 곡직(曲直) 등의 특성을 지니고 있다.

2) 화(火, 불) : 오장의 심장(心)과 육부의 소장(小腸) 및 기를 유지하고 물질을 소통시키는 기능을 하는 삼초(三焦: 상초, 중초, 하초) 그리고 오관의 혀(舌)와 형체의 맥(脈)이 이에 속하며, 방위로는 남(南)쪽이고 오계(五季) 중 여름(夏)과 오색 중 적(赤)색과 육기 중 더위(暑)가 이에 속한다. 또한 오미 중 쓴맛(苦)이 해당되며, 염상(炎上)과 성장 및 무성 등의 특성을 지닌다고 볼 수가 있다.

3) 토(土, 흙) : 오장 중 영양소를 흡수하고 퍼트리는 비장(脾)과 육부의 위(胃) 그리고 오관 중 입(口)과 형체 중 육(肉)이 이에 속하며 방위는 중앙이며 오계 중 환절기(長夏)와 오색 중 황(黃)색이 이에 해당된다. 그리고 육기 중 습(濕)과 오미 중 단맛(甘)이 이에 속하며 조화와 매개 및 생양(生養)과 가색(稼穡) 등의 특성을 지니고 있다고 볼 수가 있다.

4) 금(金, 쇠) : 오장 중 폐(肺)와 육부의 대장(大腸) 그리고 오관 중 코(鼻)와 형체 중 피모(皮毛)가 이에 속하며 방위로는 서(西)쪽이며 오계 중 가을(秋)과 오색 중 백(白)색이 이에 속한다. 그리고 육기 중 건조(燥)와 오미 중 매운(辛)맛이 이에 속하며 수렴과 변혁과 조절 및 청정 등의 특성을 지니고 있다고 볼 수가 있다.

---

133) 오장자, 소이장정신기혈혼백자야 육부자, 소이화수곡이행진액자야
五臟者, 所以藏精神血氣魂魄者也 六腑者, 所以化水穀而行津液者也 「영추 본장」

선천의 정은 부모한테 받아 죽을 때까지 유지되며 음식물에서 생긴 정은 생명을 유지하는 영향물질이다. 신장은 정(精)을 저장하며 발육과 생식의 근원이다. 뼈를 주관하고 골수를 만들며 체내 수액 대사의 평형을 유지한다.

5) 수(水, 물) : 오장 중 신(腎)장과 육부의 방광(膀胱) 그리고 오관 중 귀(耳)와 형체 중 골(骨)이 이에 속하며 방위로는 북(北) 쪽이며 오계 중 겨울(冬)과 오색 중 흑(黑)색이 이에 해당된다. 그리고 육기 중 추위(寒)와 오미 중 함(鹹)맛이 이에 속하며 침정(沈靜) 하향(下向) 윤하(潤下)와 장(閉藏)의 특성을 지니고 있다고 볼 수가 있다.

「표 4-3」 오행과 장부

	목	화	토	금	수
오장	간(肝)	심(心)	비(脾)	폐(肺)	신(腎)
육부	담(膽)	소장(小腸), 삼초(三焦)	위(胃)	대장(大腸)	방광(膀胱)
색	청(靑)	적(赤)	황(黃)	백(白)	흑(黑)
오관	눈(目)	혀(舌)	입(口)	코(鼻)	귀(耳)
육기	바람(風)	서(暑)	습(濕)	조(燥)	한(寒)
미	산(酸)	고(苦)	단맛(甘)	신(辛)	함(鹹 짠맛)
방위	동(東)	남(南)	중앙	서(西)	북(北)
오계	봄(春)	여름(夏)	환절기(長夏)	가을(秋)	겨울(冬)
특성	곡직(曲直), 발생, 성장	염상(炎上), 성장, 무성	가색(稼穡), 조화, 매개, 생양(生養)	종혁(從革), 수렴, 변혁, 조절, 청정	윤하(潤下), 하향(下向), 폐장(閉藏), 침정(沈靜)
오화	생(生)	장(長)	화(化)	수(收)	장(藏)
형체	근(筋)	맥(脈)	육(肉)	피모(皮毛)	골(骨)

3. 상생(五行相生)과 상극(相克)

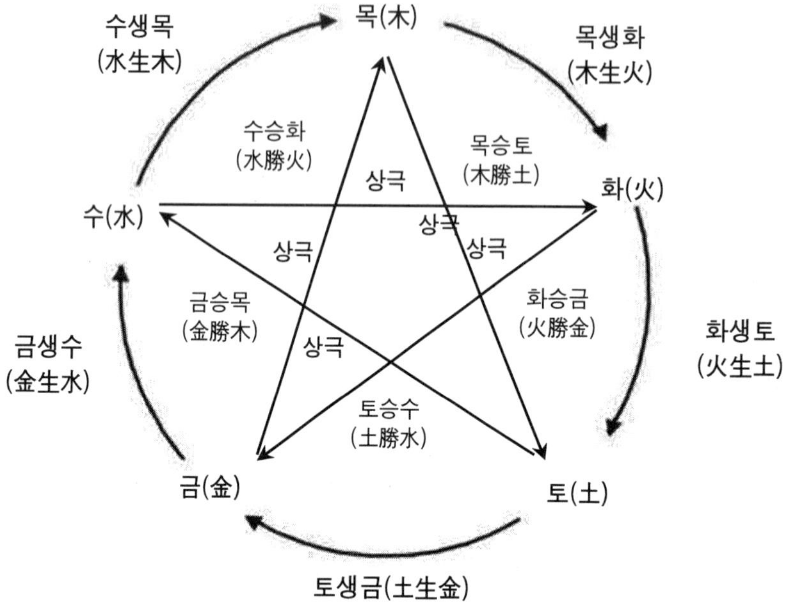

「그림 4-3」 오행의 상생과 상극

이웃하는 오행 간에는 서로 자생(資生)하고 조장(助長)하며 촉진(促進)하는 관계를 맺고 있으며 서로 이웃하고 있지 않는 오행 간에는 상호제약과 극승(克勝)의 관계로 상극(相剋) 관계를 맺는다고 보고 있다「그림 4-3」.

이러한 상생과 상극 관계를 오행이 상징하는 사물을 대비하여 설명하여 본다면

1) 상생(相生)

나무(木)는 자신을 태워 불(火)을 낳으며 (목생화 木生火)

불(火)는 재가 되어 흙(土)를 낳는다 (화생토 火生土)

그리고 흙(土)은 굳혀 쇠(金)을 낳으며 (토생금 土生金)

쇠(金)는 자신을 녹여 물(水)을 낳고 (금생수 金生水)

물(水)은 나무(木)에 영양분을 공급하여 나무를 생장시킨다 (수생목 水生木)

고 보며 또한 이들의 상생 관계를 어머니와 아들과 같은 모자(母子) 관계라 하고 있다. 따라서 나무(木)의 자(子)는 불(火)이 되고 불(火)의 어머니는 나무(木)가 된다.

황제내경 소문 음양응상대론(素問 陰陽應象大論)에는 간은 근을 생하고 근은 심을 생

하며 심은 혈을 생하고 혈은 비를 생한다. 그리고 비는 육을 생하고 육은 폐를 생하며 폐는 피모를 생하고 피모는 신을 생한다. 신은 골수를 생하고 골수는 간을 생한다. 라고 하였으며,

소문 옥기진장론(素問 玉機眞藏論)에서는 오장은 자기가 생한 장으로부터 기를 받는다고 하며 간(肝)은 심(心)에서 심(心)은 비(脾)에서 비(脾)는 폐(肺)에서 폐(肺)는 신(腎)에서 신(腎)은 간(肝)에서 기(氣)를 받는다고 하고 있다[134].

2) 상극(相克)

나무(木)는 땅(土) 속에 뿌리를 내려 뻗어나아가 흙(土)을 제압하며 (목극토 木克土)

불(火)은 쇠(金)를 녹여 제압을 한다 (화극금 火克金)

또한 흙(土)은 제방을 쌓아 물(水) 길을 막는 역할을 하여 물(水)을 제압하고 (토극수 土克水)

쇠(金)는 나무(木)를 자름으로써 나무(木)을 제압을 하게 되고 (금극목 金克木)

물(水)은 불(火)을 끄므로 제압을 하게 된다 (수극화 水克火)

134) 간생근 근생심 심생혈 혈생비 비생육 육생폐 폐생피모 피모생신 신생골수 수생간
肝生筋 筋生心 心生血 血生脾 脾生肉 肉生肺 肺生皮毛 皮毛生腎 腎生骨髓 髓生肝
오장개수기 간기소생
五臟皆受氣 干其所生

Ⅲ. 경락(經絡)과 경혈(經穴)

1. 경락

경락이란 경맥(經脈)과 낙맥(絡脈)을 줄여서 일컫는 말로써 보통 맥(脈)이라고도 한다.

또한 경락은 인체를 순환하는 기(氣)와 혈(血)의 통로로써 생명 활동의 근본 작용을 이루는 줄거리이며 인체의 병변은 이곳에 나타난다고 보고 있다.

경맥은 크게 정경(正經)과 기경(奇經)으로 나눈다.

「영추靈樞 본장本藏」에는 경맥은 기혈을 운행시킴으로써 인체의 내부와 외부를 영양하고 근골(筋骨)을 자양하고 관절의 움직임을 원활하게 한다고(경맥자 소이행혈기이영음양 근골이관절자야 經脈者 所以行血氣而營陰陽 筋骨利關節者也) 경맥의 기능을 말하고 있다.

그리고 정경은 십이경맥(十二經脈) 또는 십이정경맥(十二正經脈)으로 기경은 기경팔맥(奇經八脈)으로 이루어졌으며 낙맥(絡脈)들이 서로 연락하여 유기적으로 기능을 조절하며 장부(臟腑: 五臟六腑)와 오관(五官: 눈目, 코鼻, 입口, 귀耳, 혀舌)과 칠규(七竅: 눈구멍 2개, 콧구멍 2개, 귓구멍 2개, 입) 그리고 피부(皮膚)와 근육(筋肉) 및 사지(四肢: 팔다리) 등 장부와 조직 사이를 연결하고 영양을 운반시켜 주며 이것은 일주야에 50회를 순회하며 그것이 원활치 못할 때에는 병이 난다고 한다.

십이정경맥(十二正經脈)은 심장을 싸고 있는 막인 심포(心包)를 포함한 간(肝), 심(心), 비(脾), 폐(肺), 신(腎)의 오장(五臟)과 담(膽), 소장(小腸), 위(胃), 대장(大腸), 방광(膀胱), 삼초(상초上焦, 중초中焦, 下焦)의 육부(六腑)와 집접 연관되어 있어 십이(十二)라 하며 경맥의 이름 또한 오장육부의 이름 즉 수태음폐경(手太陰肺經), 수양명대장경(手陽明大腸經), 족양명위경(足陽明胃經), 족태음비경(足太陰脾經), 수소음심경(手少陰心經), 수태양소장경(手太陽小腸經), 족태양방광경(足太陽膀胱經), 족소음신경(足少陰腎經), 수궐음심포경(手厥陰心包經), 수소양삼초경(手少陽三焦經), 족소양담경(足少陽膽經), 족궐음간경(足厥陰肝經) 등의 이름을 붙였으며 경락의 대부분은 체내 깊은 부위에서 순행(順行)을 하고 상·하로 운행하는 것을 위주로 하고 있다.

기경팔맥(奇經八脈)은 대부분이 십이경정맥에서 갈라져 나온 큰 지맥(支脈)으로 충맥(衝脈), 임맥(任脈), 독맥(督脈), 대맥(大脈), 음유맥(陰維脈), 양유맥(陽維脈), 음교맥(陰蹺脈), 양교맥(陽蹺脈)으로 이루어져 있으며, 12경맥을 통솔하고 연락조절하는 작용을 하며 대부분이 종행(從行))을 하며 좌우대칭적이지만 횡행(横行)을 하는 것과 몸의 정중앙(정중선 正中線)에 분포된 것도 있다.

낙맥(絡脈)은 경맥에서 갈라지는 지맥(支脈)으로 12개 경맥의 12개 별락(別絡)과 임맥(任脈)과 독맥(督脈)이 각각 하나씩의 별락(別絡)을 그리고 비(脾)장의 대락(大絡)까지 포함한 15개 별락과 체표(體表)에 떠올라와 나타나는 부락맥(浮絡脈)과 낙맥에서 갈라진 작고 가느다란 낙맥인 손락맥(孫絡脈)을 포함하고 있다.

2. 경혈

경혈(經穴)은 경락 위에 분포되어 있는 구멍 같은 것으로써 보통 혈(穴)이라 불리우며 외계와 체내를 연결짓는 기(氣)의 문호(門戶)라고 볼 수 있다. 이해를 돕자면 우리가 기차 여행을 할 때 경부선, 경춘선, 경원선과 같이 우리 몸에는 오장육부에 속한 경락(경맥)이 있으며 여행객들이 타고 내리는 기차역이 있듯이, 우리 몸에도 천지간의 정기(精氣)를 체내로 끌어들이고 내보내는 구실을 하며 인체의 장부기능이 손상되어 질병이 발생하는 등의 이상변화(異常變化)가 나타나는 반응점인 경혈(經穴)이 있다고 보면 될 것이다.

이러한 경혈은 전기자극에 민감하고 열 자극에도 민감하며 모든 자극이 일반 체표(體表) 부위보다 몇배나 반응이 빠르므로 동양에서는 이곳을 자극하는 방법으로 침, 뜸, 지압 등으로 치료에 활용하여 왔으며 무도인들은 이를 강하게 잡거나 일격을 가하여 적을 제압하는 급소로도 이용되어 왔다.

경력과 경혈에는

1) 수태음폐경(手太陰肺經, 11개 경혈)

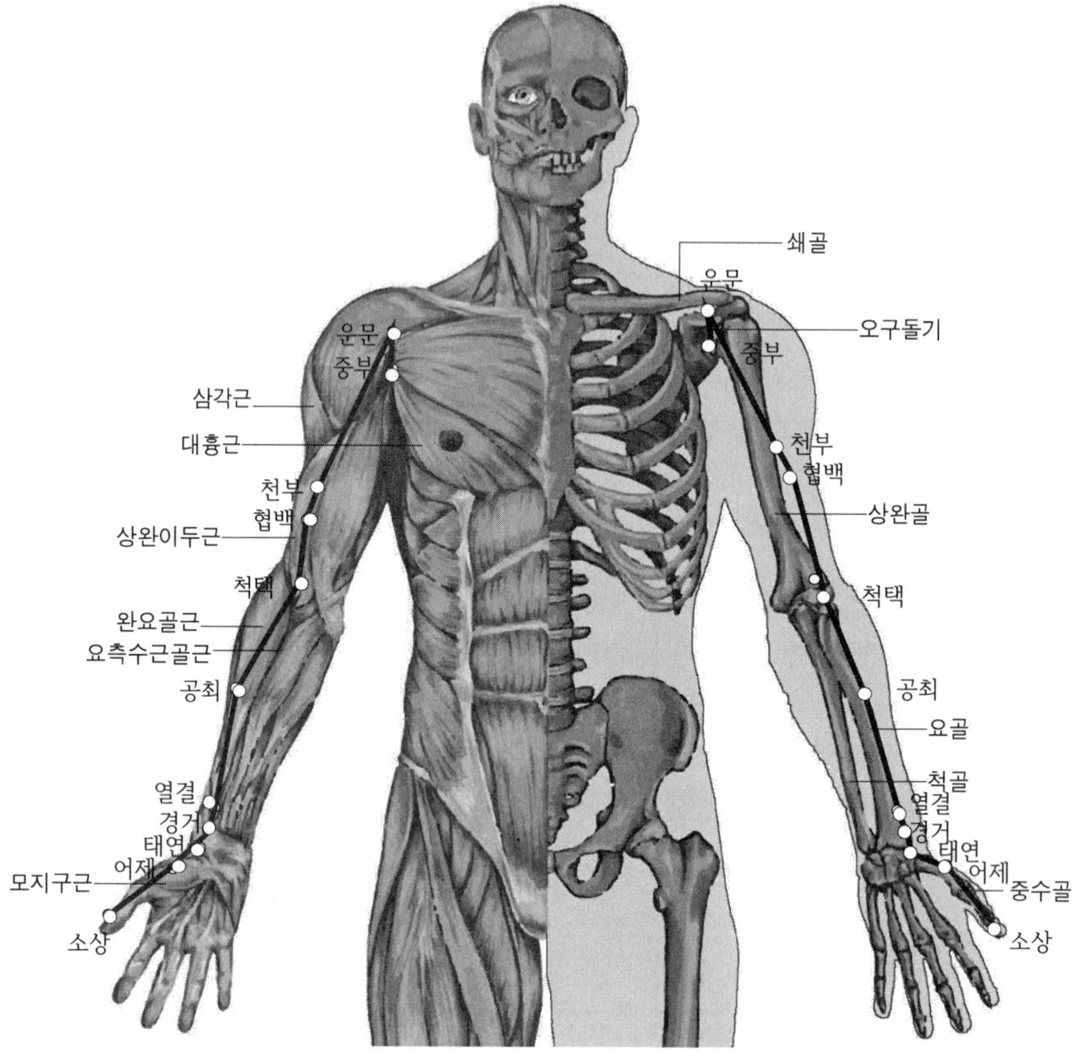

폐경은 앞가슴의 중부(中府)에서 시작되어

운문(雲門) → 천부(天府) → 협백(俠白) → 척택(尺澤) → 공최(孔最) → 열결(列缺) → 경거(經渠) → 태연(太淵) → 어제(魚際) → 엄지손톱 밑의 소상(少商)까지 11개의 경혈로 구성되어 있다.

일반적으로 폐의 기능이 저하되면 얼굴이 달아오르거나 기침이 나고 입이 마르거나 가슴이 답답하거나 뛰고, 숨이 차며 팔과 손목이 저리고 아픈 등의 증상이 나타나게 되며 폐경 또한 흐름이 원활하지 못하게 되어 이상증세가 11개의 경혈 중에 나타나게 된다고 보고 있다.

2) 수양명대장경(手陽明大腸經, 20개 경혈)

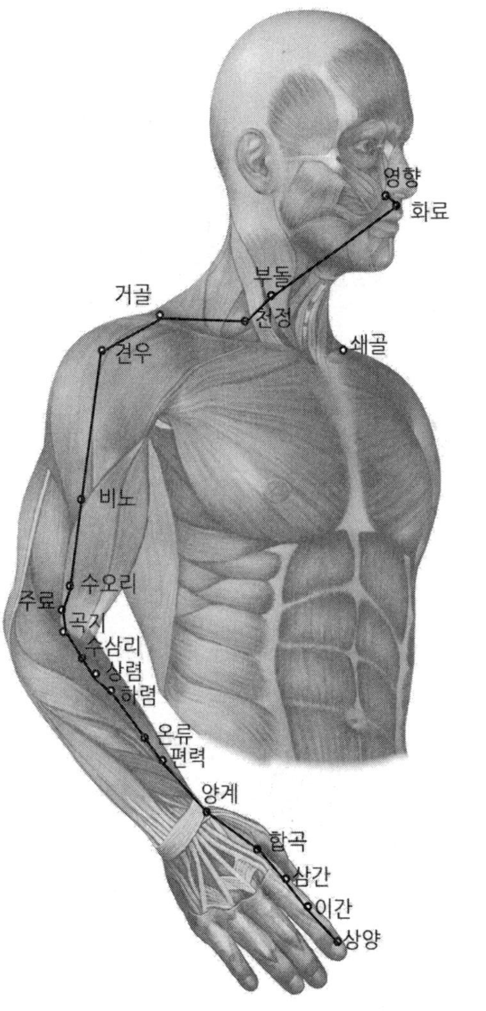

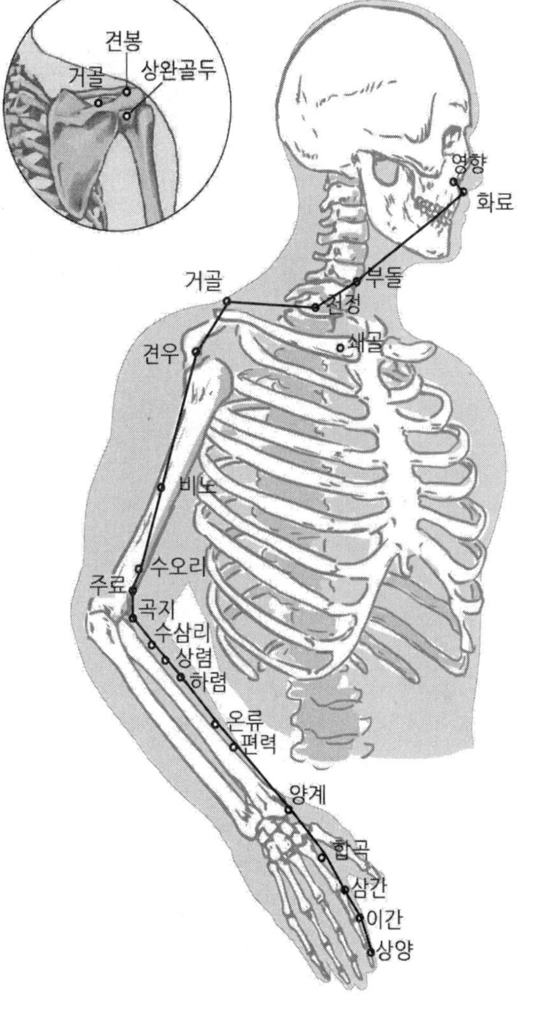

대장경은 둘째손가락의 손톱밑인 상양(商陽)에서 시작하여 이간(二間) → 삼간(三間) → 합곡(合谷) → 양계(陽谿) → 편력(偏歷) → 온류(溫溜) → 하렴(下廉) → 상렴(上廉) → 수삼리(手三里) → 곡지(曲池) → 주료(肘髎) → 수오리(手五里) → 비노(臂臑) → 견우(肩髃) → 거골(巨骨) → 천정(天鼎) → 부돌(扶突) → 화료(禾髎) → 영향(迎香)까지 20개의 경혈로 구성되어 있다.

대장과 대장경에 이상이 생기게 되면 눈동자의 흰자위가 누렇게 변하며 입이 마르고 목이 아프게 되는 등의 증상이 나타나게 된다.

3) 족양명위경(足陽明胃經, 45개 경혈)

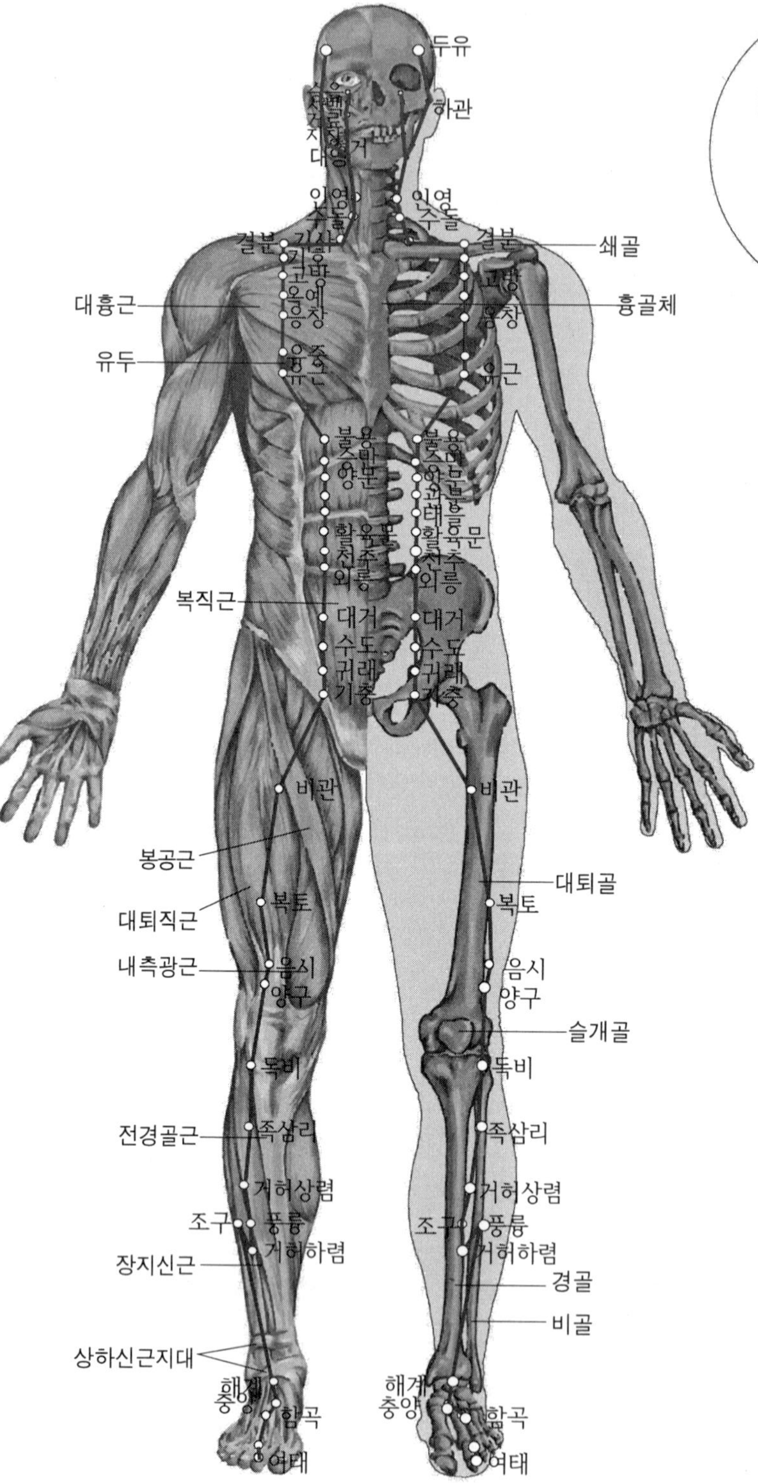

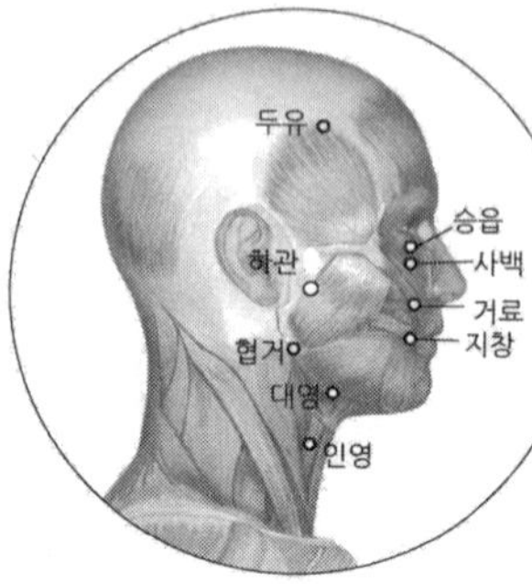

위경은 대장경의 영향(迎香)에 이어 눈아래로 승읍(承泣) → 사백(四白) → 거료(巨髎) → 지창(地倉) → 대영(大迎)에서 한갈래는 이마 쪽인 협거(頰車) → 하관(下關) → 두유(頭維)로, 다른 하나는 인영(人迎) → 수돌(水突) → 기사(氣舍) → 결분(缺盆) → 기호(氣戶) → 고방(庫房) → 옥예(屋) → 응창(膺窓) → 유중(乳中) → 유근(乳根) → 불용(不容) → 승만(承滿) → 양문(梁門) → 관문(關門) → 태을(太乙) → 활육문(滑肉門) → 천추(天樞) → 외능(外陵) → 태거(太巨) → 수도(水道) → 귀래(歸來) → 기충(奇衝) → 비관(髀關) → 복토(伏兎) → 음시(陰市) → 양구(梁丘) → 독비(犢鼻) → 족삼리(足三里) → 거허상렴(巨虛上廉) → 조구(條口) → 거허하렴(巨處下廉) → 풍륭(豊隆) → 해계(解谿) → 충양(衝陽) → 함곡(陷谷) → 내정(內庭) → 둘째 발가락 끝의 여태(厲兌)에 이르기까지 45개의 경혈로 구성되어 있다.

위경의 이상은 두통과 입술이 마르고 입가의 부스럼이 생기는 등의 증상이 나타난다.

4) 족태음비경(足太陰脾經, 21개 경혈)

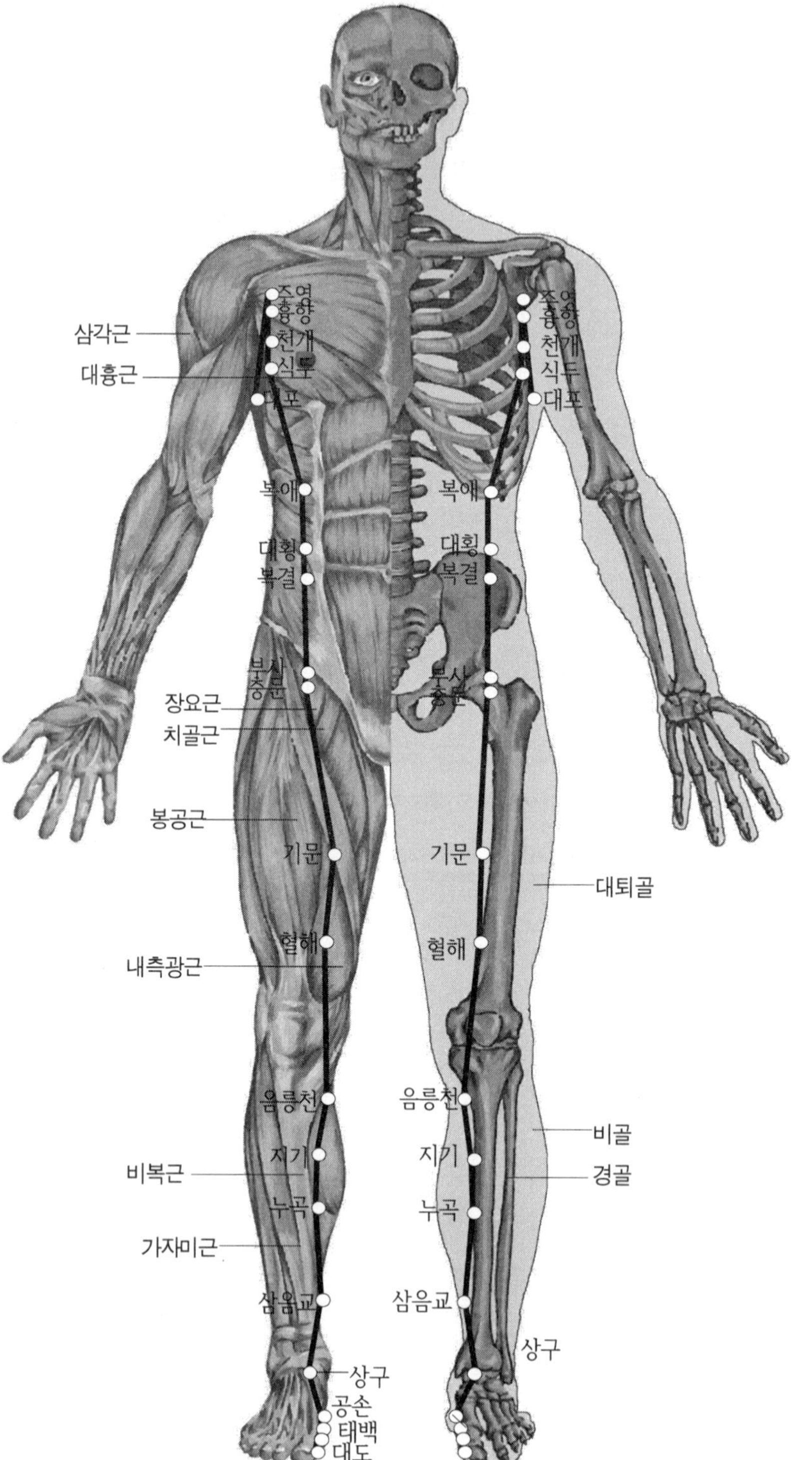

비경은 엄지 발가락의 은백(隱白)에서 시작하여 대도(大都) → 태백(太白) → 공손(孔孫) → 상구(商丘) → 삼음교(三陰交) → 누곡(漏谷) → 지기(地機) → 음릉천(陰陵泉) → 혈해(血海) → 기문(箕門) → 충문(衝門) → 부사(府舍) → 복결(腹結) → 대횡(大橫) → 복애(腹哀) → 식두(食竇) → 천계(天谿) → 흉향(胸鄉) → 주영(周榮) → 앞가슴의 옆구리 쪽의 대포(大包)에 이르는 21개의 경혈로 구성되어 있다.

비경은 췌장(膵臟)을 포함한 비장(脾臟)을 중심으로 이루어진 경락으로, 비경의 이상 증상으로는 명치 밑이나 위의 언저리가 묵직하거나 통증을 느끼며 속이 메스껍고 트름이 나고 설사나 변비 등의 증상이 나타나게 된다.

5) 수소음심경(手少陰心經, 9개 경혈)

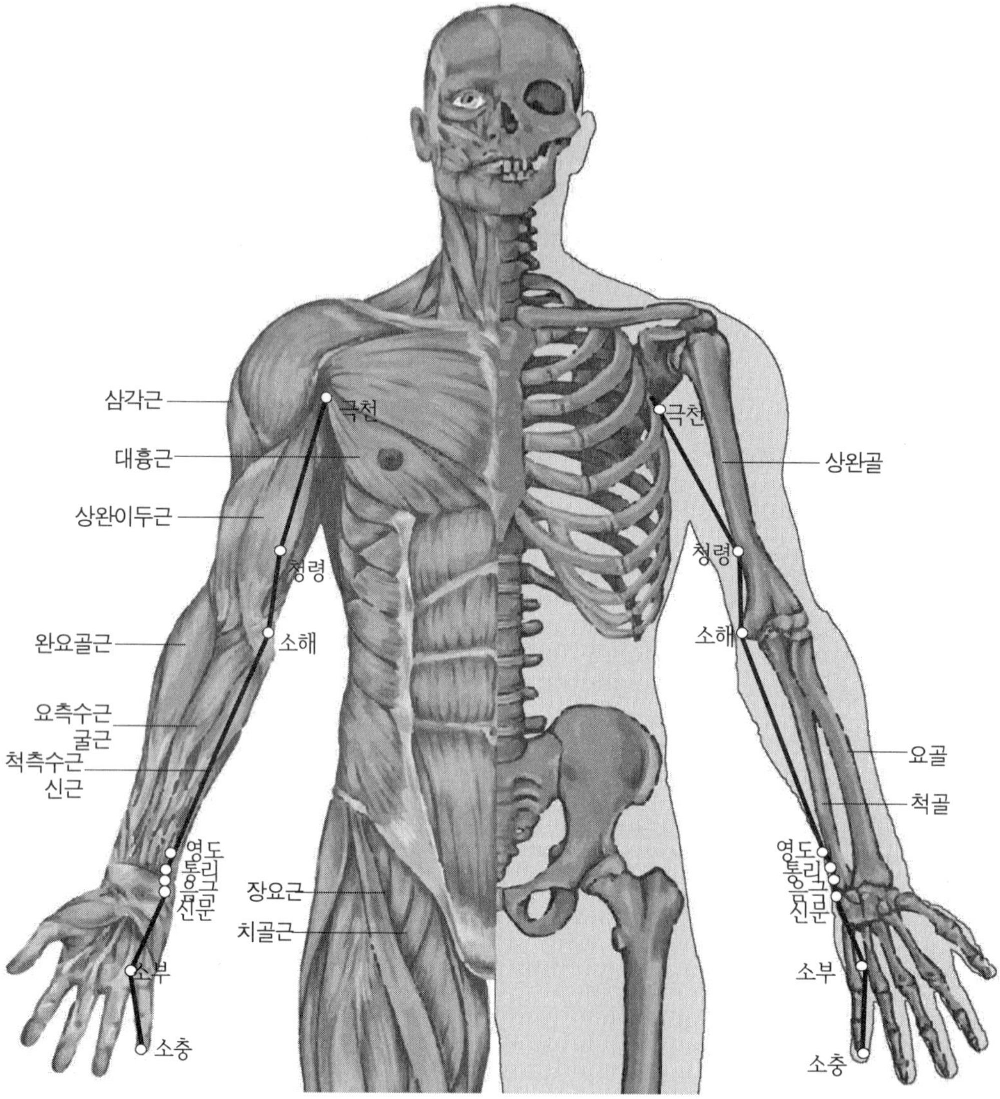

심경은 심장에서 폐로 올라가 겨드랑이 밑의 극천(極泉)에서 청령(靑靈) → 소해(少海) → 영도(靈道) → 통리(通里) → 음극(陰郤) → 신문(神門) → 소부(少府) → 새끼손가락 안쪽의 손톱 밑 소충(少衝)에 이르는 9개의 경혈로 이루어져 있다.

심경은 심장의 기능을 좌우하는 경락으로 이에 이상이 생기게 되면 눈이 자주 충혈이 되고 목이 마르거나 명치 밑이 아프고 팔에서 새끼손가락 쪽으로 저리고 아픈 증상이 나타나게 된다.

6) 수태양소장경(手太陽小腸經, 19개 경혈)

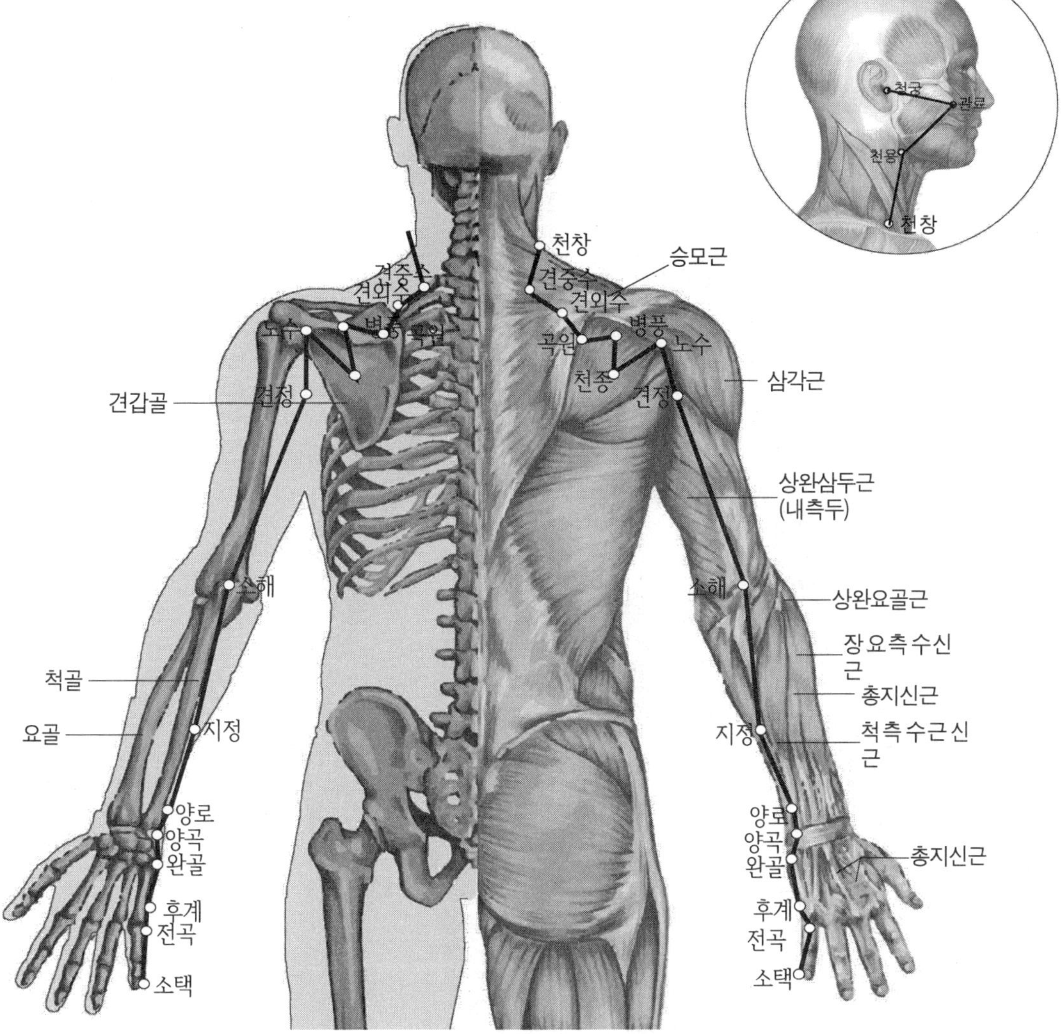

소장경은 새끼손가락 바깥쪽의 손톱 밑 소택(少澤)에서 시작되어 전곡(前谷) → 후계(後谿) → 완골(腕骨) → 양곡(陽谷) → 양로(養老) → 지정(支正) → 소해(小海) → 견정(肩貞) → 노수(臑兪) → 천종(天宗) → 병풍(秉風) → 곡원(曲垣) → 견외수(肩外兪) → 견중수(肩中兪) → 천창(天窓) → 천용(天容) → 관료(顴髎) → 귀 앞쪽의 청궁(聽宮)에 이르는 19개의 경혈로 이루어져 있다.

소장은 위와 대장 사이에 있는 장부로 소화와 흡수작용을 하며 기능이 저하되거나 이상이 생기게 되면 눈의 흰자위가 누렇게 변하며 귀가 잘 안들리게 되고 머리가 무겁고 팔이 아프거나 저리게 되는 등의 증상이 나타나게 된다.

7) 족태양방광경(足太陽膀胱經, 67개 경혈)

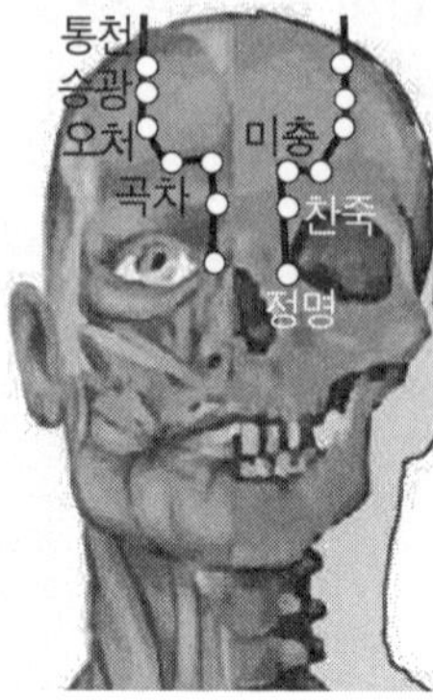

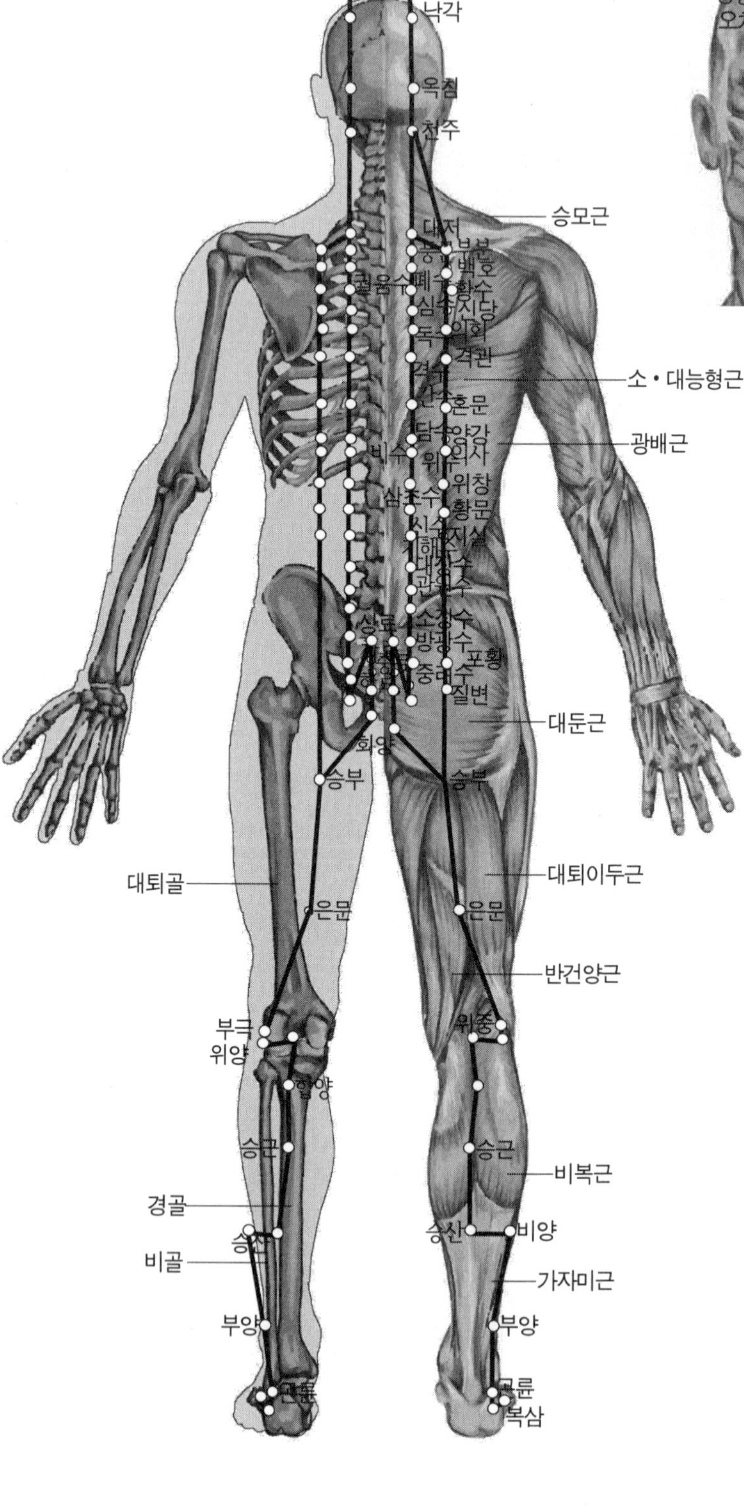

방광경은 눈의 안쪽 정명(睛明)에서 시작하여 정수리 쪽으로 찬죽(攢竹) → 미충(尾衝) → 곡차(曲差) → 오처(五處) → 승광(承光) → 통천(通天)을 지나 머리 뒤쪽의 낙각(絡却) → 옥침(玉枕) → 천주(天柱)에서 갈라져 하나는(배부2행) → 대저(大杼) → 풍문(風門) → 폐수(肺兪) → 궐음수(闕陰兪) → 심수(心兪) → 독수(督兪) → 격수(膈兪) → 간수(肝兪) → 담수(膽兪) → 비수(脾兪) → 위수(胃兪) → 삼초수(三焦兪) → 신수(腎兪) → 기해수(氣海兪) → 대장수(大腸兪) → 관원수(關元兪) → 소장수(小腸兪)에 이르며 배부 2행의 끝에서 일부는 방광수(膀胱兪) → 중려수(中膂兪) → 백환수(白環兪) → 상료(上髎) → 차료(次髎) → 중료(中髎) → 하료(下髎) → 회양(會陽) → 승부(承扶) → 은문(殷門) → 부극(浮郄) → 위양(委陽) → 위중(委中)으로 들어가고 다른 한줄기(배부 3행)는 천주(天柱)에 이어 부분(附分) → 백호(魄戶) → 고황(膏肓) → 신당(神堂) → 의희(譩譆) → 격관(膈關) → 혼문(魂門) → 양강(陽綱) → 의사(意舍) → 위창(胃倉) → 황문(肓門) → 지실(志室) → 포황(胞肓) → 질변(秩邊)에 이른다.

그리고 위중에서 합양(合陽) → 승근(承筋) → 승산(承山) → 비양(飛揚) → 부양(跗陽) → 곤륜(崑崙) → 복삼(僕參) → 신맥(申脈) → 금문(金門) → 경골(京骨) → 속골(束骨) → 족통곡(足痛谷) → 새끼 발가락의 바깥쪽 끝부분의 지음(至陰)에 이르는 67개의 경혈로 이루어져 있다. 방광경에 이상이 생기면 팔다리의 관절통, 좌골신경통, 그리고 뒷목에서부터 등과 허리와 종아리 뒤꿈치에 이르는 통증 등의 증상이 나타난다.

8) 족소음신경(足少陰腎經, 27개 경혈)

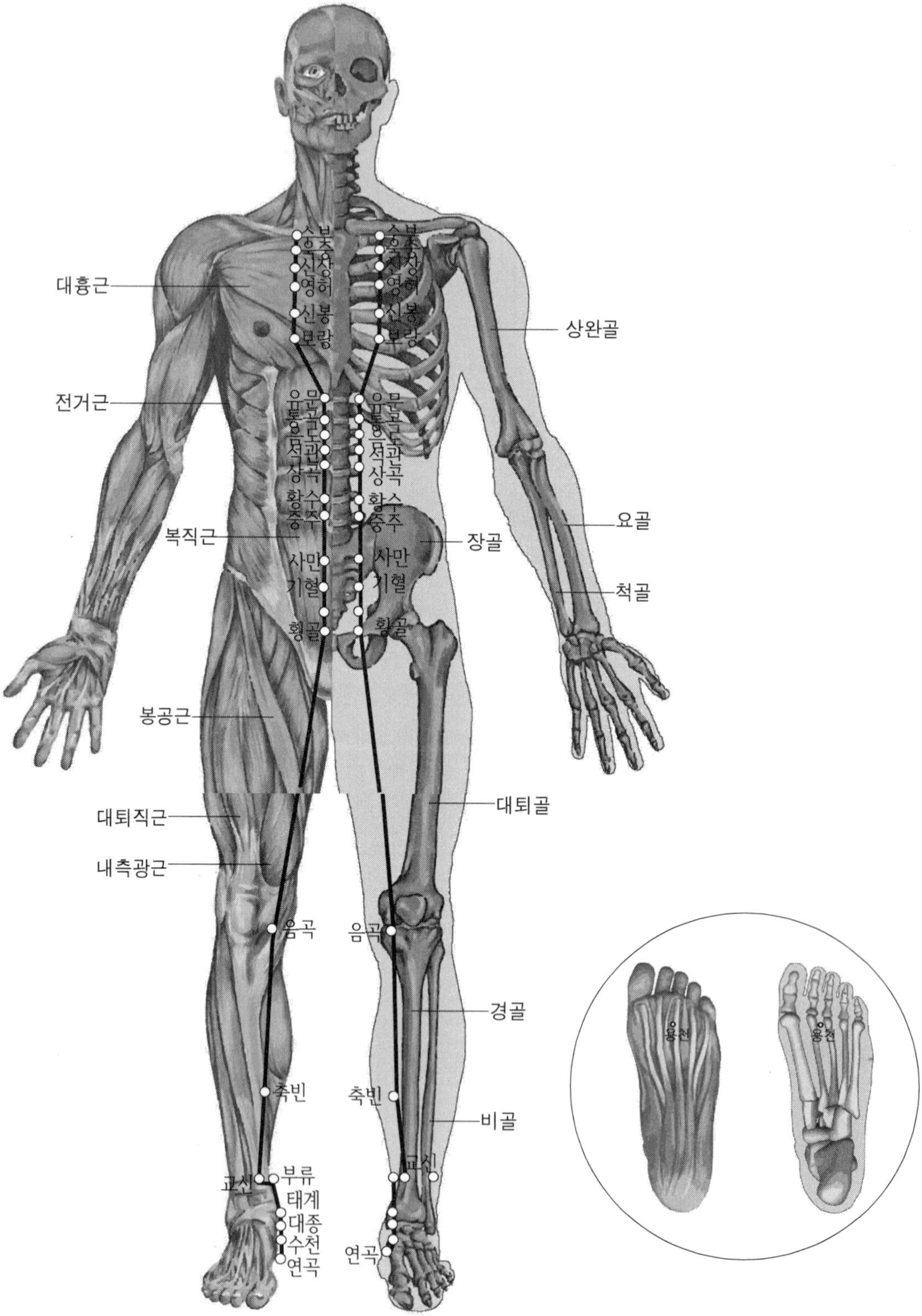

신경은 새끼 발가락에서 시작하여 발바닥 가운데에 있는 용천(湧泉) → 연곡(然谷) → 태계(太谿) → 대종(大鐘) → 수천(水泉) → 조해(照海) → 부류(復溜) → 교신(交信) → 축빈(築賓) → 음곡(陰谷) → 횡골(橫骨) → 대혁(大赫) → 기혈(氣穴) → 사만(四滿) → 중주(中注) → 황수(盲兪) → 상곡(商曲) → 석관(石關) → 음도(陰都) → 통곡(痛谷) → 유문(幽門) → 보랑(步廊) → 신봉(神封) → 영허(靈墟) → 신장(神藏) → 욱중(彧中) → 가슴이 쇄골 뼈 밑의 수부(兪府)에 이르기까지 27개의 경혈로 이루어져 있다.

신(腎)은 사람이 태어날 때 부모로부터 이어받은, 즉 선천적으로 가지고 태어나는 선천의 기(元氣)를 간직하고 있는 곳으로 신의 기능이 저하되면 식욕이 없으며 목이 허약하게 되고 허리를 쓰지 못하고 설사를 자주하게 된다. 얼굴빛이 어둡게 되며 목이 붓고 숨이 차는 증상이 나타나게 된다.

9) 수궐음심포경(手厥陰心包經, 9개 경혈)

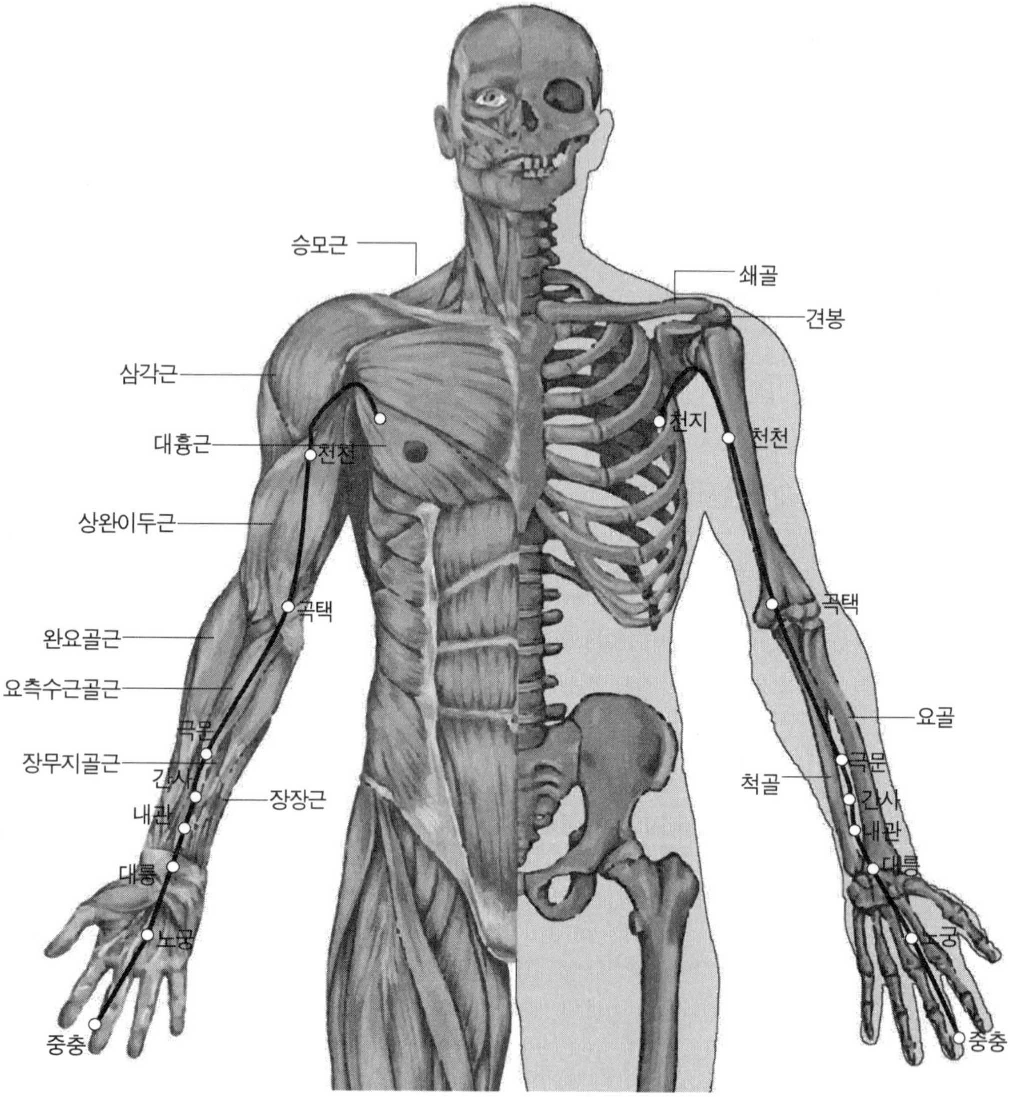

심장을 감싸고 있는 심포막을 관장하는 심포경은 젖꼭지의 옆가슴쪽에 있는 천지(天池)에서 시작하여 겨드랑이 속을 지나 → 팔의 천천(天泉) → 곡택(曲澤) → 극문(郄門) → 간사(間使) → 내관(內關) → 대능(大陵) → 노궁(勞宮) → 가운데 손가락의 엄지손가락 쪽 손톱 밑 중충(中衝)에 이르는 9개의 경혈로 이루어져 있다.

심포경이 이상이 생기게 되면 얼굴이 상기되고 가슴이 뛰며 가슴과 옆구리가 땡기고 팔이 저리는 등의 증상이 나타나게 된다.

10) 수소양삼초경(手少陽三焦經, 23개 경혈)

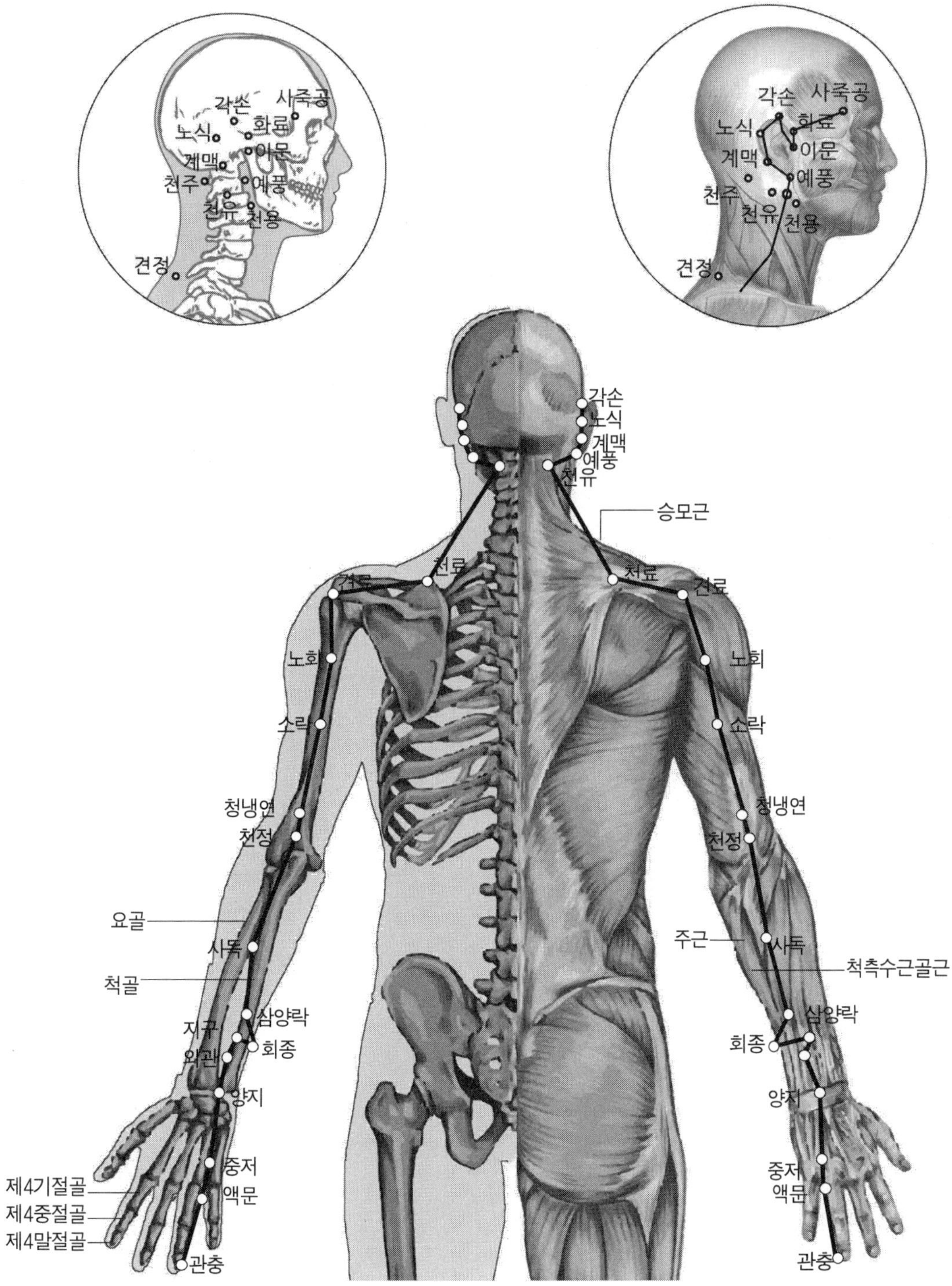

삼초는 사람들이 곡물류를 섭취 및 소화하여 얻어진 땅의 기(地氣)인 후천의 기(氣)가 들어가는 곳으로 선천의 기를 보하고 키워주는 역할을 하는 기관으로 상초(목 아래부터 명치까지의 부분)와 중초(명치 밑에서부터 배꼽까지의 부분), 하초(배꼽아래부터 동체(同体)까지의 부분)를 삼초(三焦)라 하고 있다.

삼초경은 넷째 손가락의 새끼 손가락쪽 손톱 밑에 있는 관충(關衝)에서 시작하여 어깨쪽으로 → 액문(液門) → 중저(中渚) → 양지(陽池) → 외관(外關) → 지구(支溝) → 회종(會宗) → 삼양락(三陽絡) → 사독(四瀆) → 천정(天井) → 청랭연(淸冷淵) → 소락(消濼) → 노회(臑會) → 어깨의 견료(肩髎)와 → 천료(天髎) 그리고 → 귀 뒤의 천유(天牖) → 예풍(翳風) → 계맥(瘈脈) → 노식(顱息) → 각손(角孫) → 이문(耳門) → 화료(和髎) → 눈썹 바깥쪽 부분의 사죽공(絲竹空)에 이르는 23개의 경혈로 이루어져 있다.

11) 족소양담경(足少陽膽經, 44개 경혈)

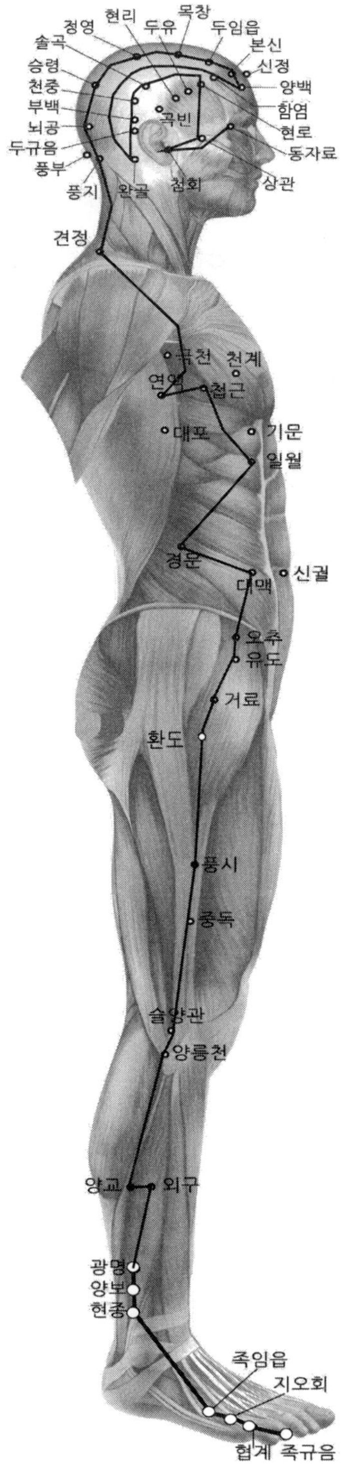

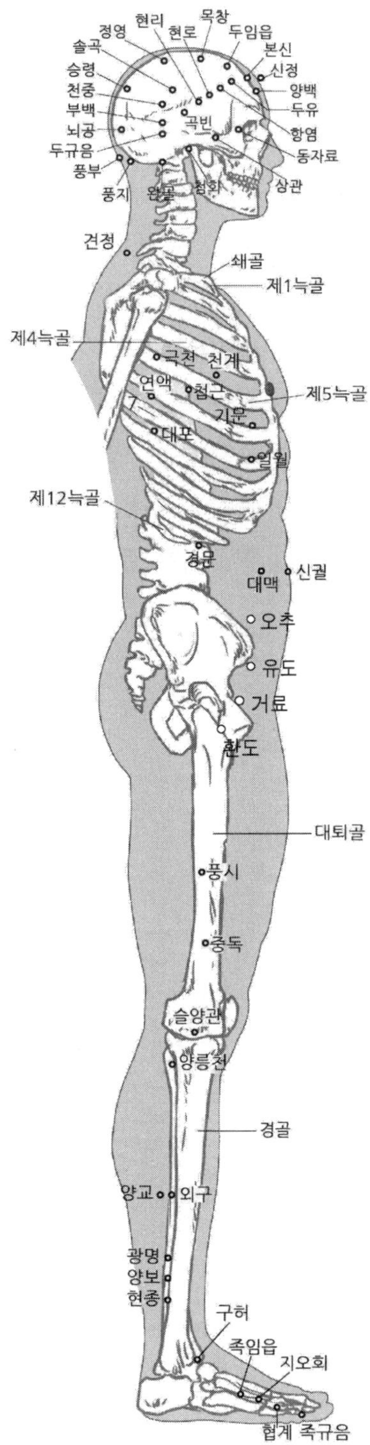

담을 감싸고 있는 담경은 눈꼬리 바깥쪽의 동자료(瞳子髎)에서 시작하여 → 귓불 앞의 청회(聽會) → 객주인(客主人) → 함염(頷厭) → 현로(懸顱) → 현리(懸釐) → 곡빈(曲鬢) → 솔곡(率曲) → 귀 뒤의 천충(天衝) → 부백(浮白) → 두규음(頭竅陰) → 완골(完骨)에서 이마쪽으로 빠져 본신(本神) → 양백(陽白)에서 다시 → 임읍(臨泣) → 목창(目窓) → 정영(正營) → 승령(承靈)을 지나 → 귀 뒤쪽의 뇌공(腦空) → 풍지(風池) → 견정(肩井) → 겨드랑이 밑의 연액(淵液) → 첩근(輒筋) → 제9늑골 끝의 일월(日月) → 제10늑골 끝의 경문(京門) → 대맥(帶脈) → 오추(五樞) → 유도(維道) → 거료(居髎) → 환도(環跳)를 거쳐 대퇴부의 바깥쪽으로 해서 다리로 내려가 → 풍시(風市) → 중독(中瀆) → 양관(陽關) → 양릉천(陽陵泉) → 양교(陽交) → 외구(外丘) → 광명(光明) → 양보(陽輔) → 현종(懸鍾) → 구허(丘墟) → 임읍(臨泣) → 지오회(地五會) → 협계(俠谿) → 넷째 발가락의 발톱 밑 규음(竅陰)에 이르는 44개혈로 이루어져 있다.

담은 담즙을 저장하며 간이나 담에 이상이 생기게 되면 기름진 음식이나 시큼한 것을 좋아하게 되고 눈의 흰자위가 푸르스름 하게 보이게 되기도 한다.

12) 족궐음간경(足厥陰肝經, 14개 경혈)

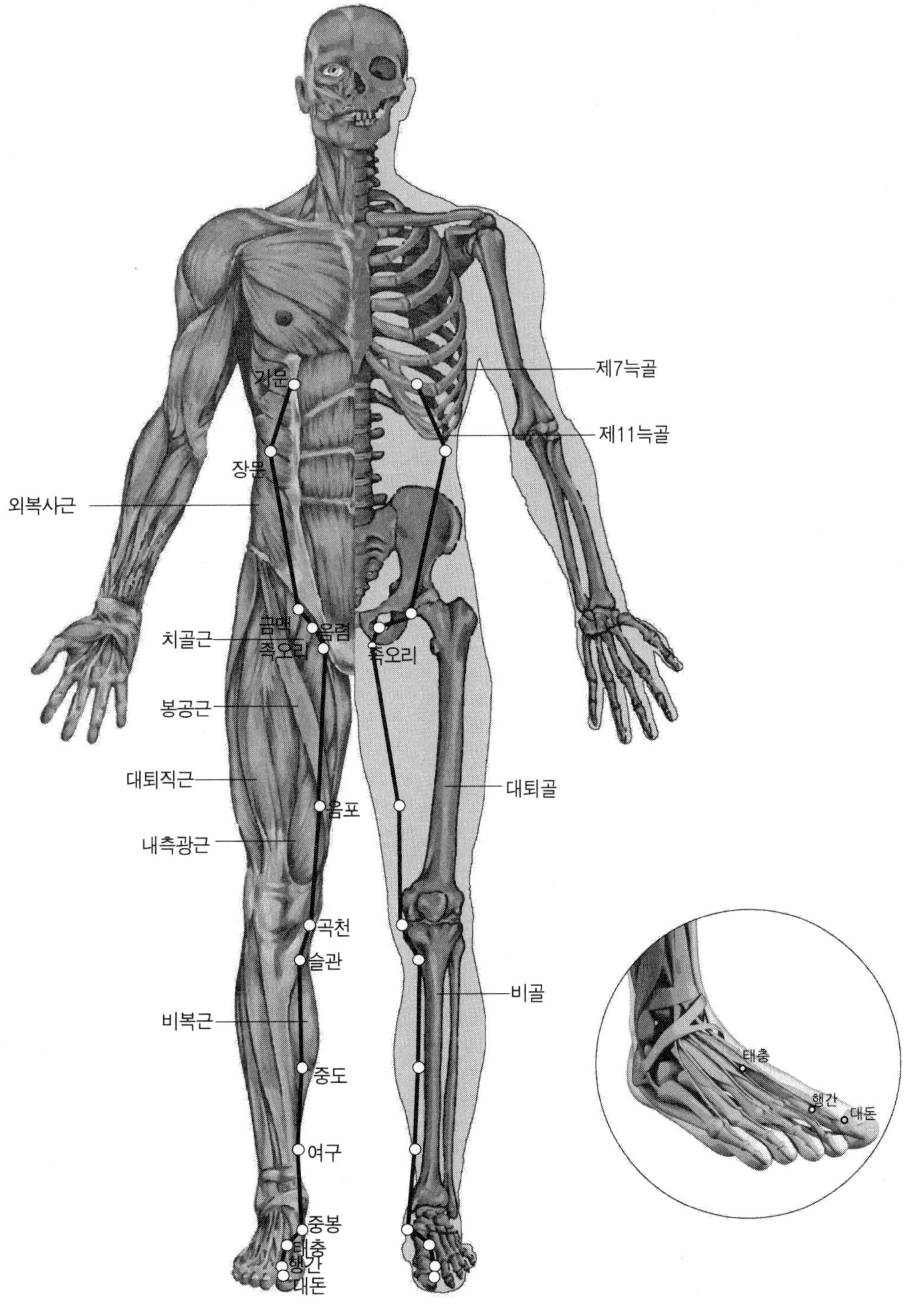

간경은 엄지발가락의 새끼발가락쪽 발톱 밑에 있는 대돈(大敦)에서 시작되어 → 행간(行間) → 태충(太衝) → 중봉(中封) 등 안쪽 복숭아 뼈 앞을 지나 무릎 안쪽과 허벅지 쪽으로 여구(蠡溝) → 중도(中都) → 슬관(膝關) → 곡천(曲泉) → 음포(陰包) → 오리(五里) → 음렴(陰廉) → 급맥(急脈)을 지나 → 제11늑골 끝의 장문(章門) → 제9번째 늑골 시작 부위의 기문(期門)에 이르는 14개의 경혈로 이루어져 있다.

간경의 장해로 인하여 결단력의 부족과 아울러 초조하게 되고, 가슴이 답답하거나 속이 메스껍고 음부가 땅기는 등의 증상이 나타날 수도 있게 된다.

13) 독맥(督脈, 28개 경혈)

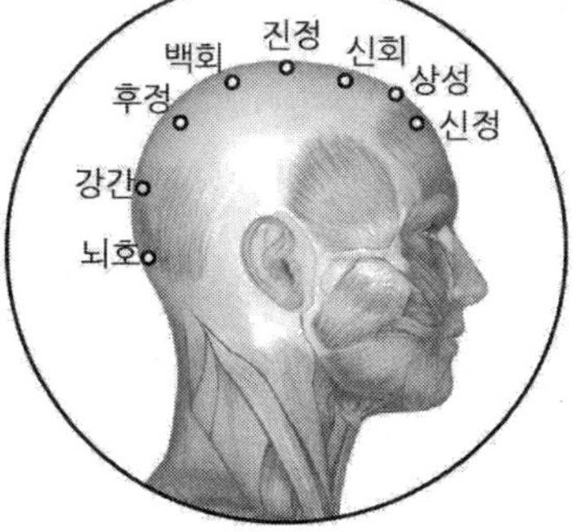

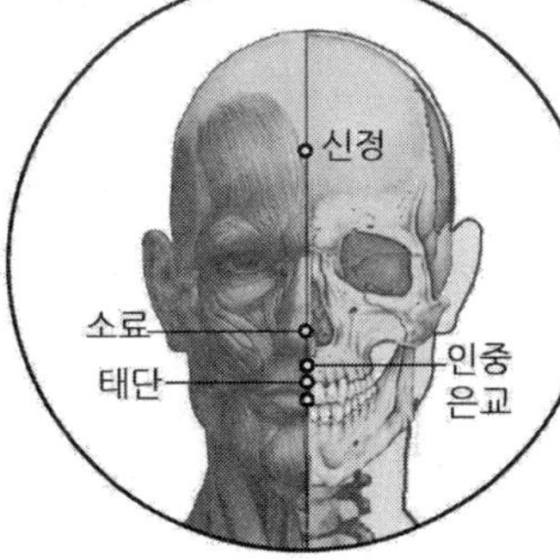

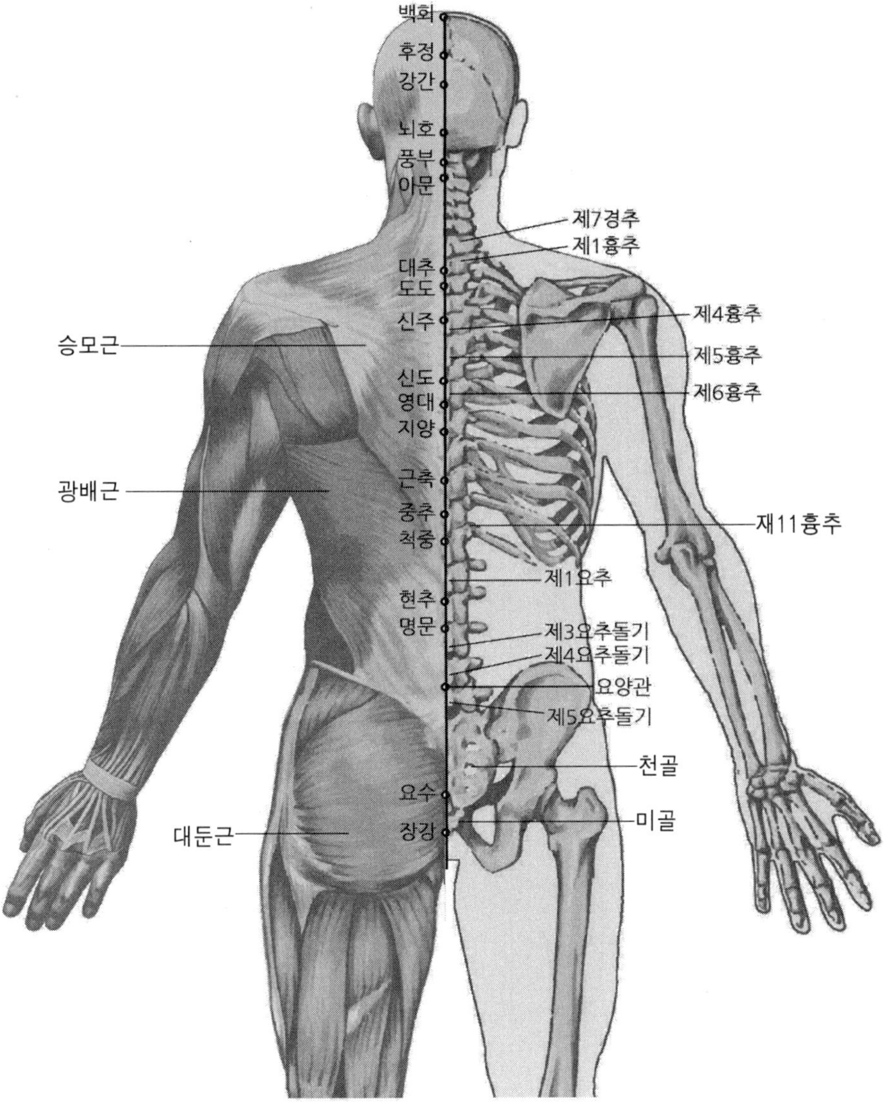

독맥은 사람의 허리와 등과 목과 머리의 정중앙을 흐르는 경맥으로 꼬리뼈라 일컫는 장강(長强)에서 시작되어 머리쪽으로 → 요수(腰兪) → 양관(陽關) → 명문(命門) → 현추(懸樞) → 척중(脊中) → 중추(中樞) → 근축(筋縮) → 지양(至陽) → 영태(靈台) → 신도(神道) → 신주(身柱) → 도도(陶道) → 대추(大椎) → 뒷목의 아문(瘂門) → 풍부(風府) → 뇌호(腦戶) → 강간(强間) → 후정(後頂) → 머리 정수리의 백회(百會)에서 머리 앞쪽으로 → 전정(前頂) → 신회(顖會) → 상성(上星) → 신정(神庭) → 소료(素髎) → 수구(水溝) 또는 인중(人中) → 태단(兌端) → 윗잇몸 중앙의 은교(齗交)에 이르는 28개 혈로 이루어져 있다.

14) 임맥(任脈, 24개 경혈)

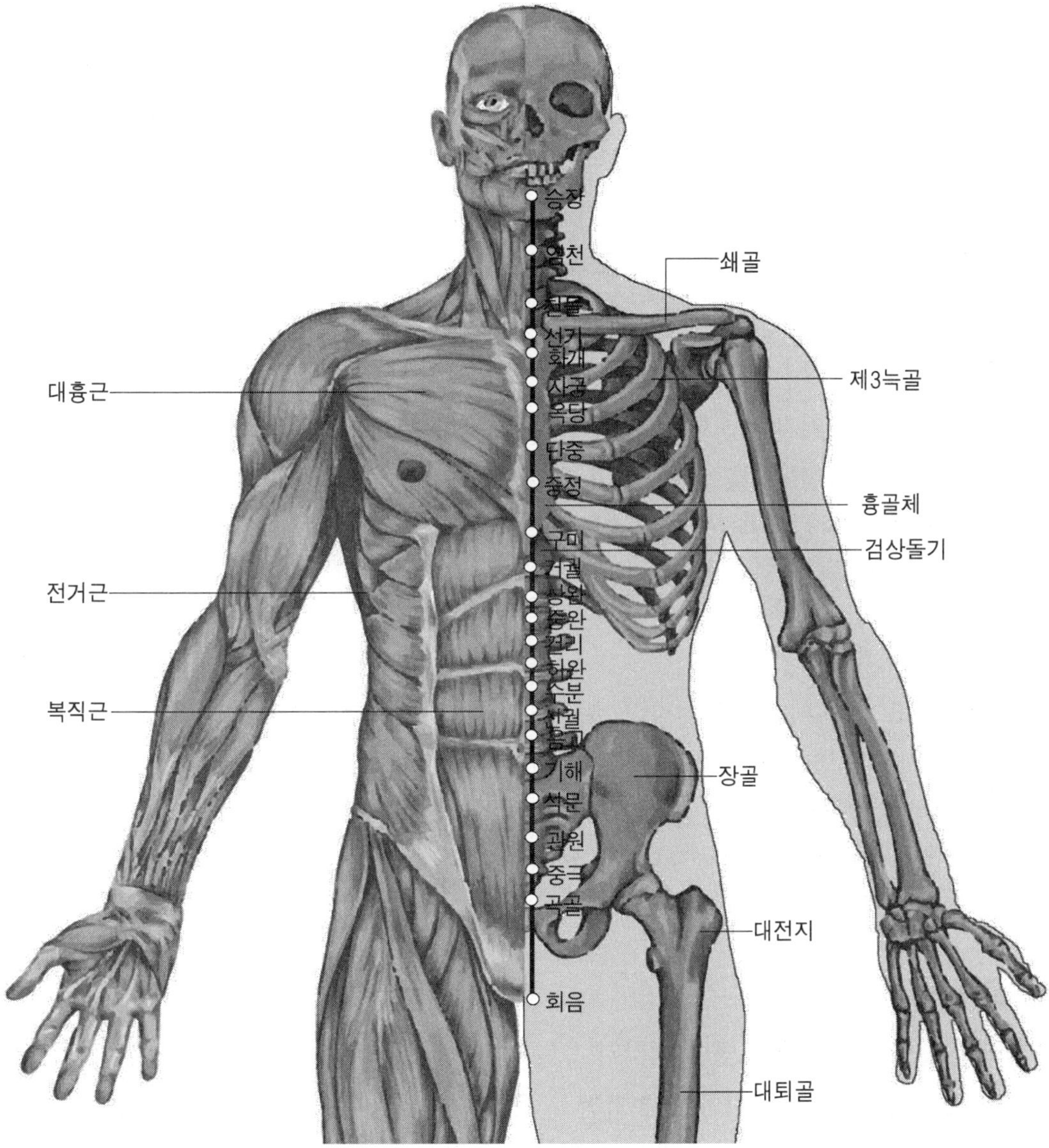

임맥은 회음부에 있는 회음(會陰)에서 시작되어 몸의 앞쪽 중앙으로 올라가는 경맥으로 → 곡골(曲骨) → 중극(中極) → 관원(關元) → 석문(石門) → 단전 또는 기해(氣海) → 음교(陰交) → 신궐(배꼽 神闕) → 수분(水分) → 하완(下脘) → 건리(建里) → 중완(中脘) → 상완(上脘) → 거궐(巨闕) → 구미(鳩尾) → 중정(中庭) → 전중(膻中) → 옥당(玉堂) → 자궁(紫宮) → 화개(華蓋) → 선기(璇璣) → 천돌(天突) → 염천(廉泉) → 입술 밑의 승장(承漿)에 이르는 24개의 경혈로 이루어져 있다.

Ⅳ. 체질론(體質論)

체질은 사람이 부모로부터 이어받은 선천적인 유전인자와 음식물을 섭취하여 얻게 되는 정기(精氣) 및 지리와 기후와 사회적 외부 환경에 적응을 하면서 개인적으로 나타나는 신체적 특성이라 할 수 있을 것이다.

「황재내경 영추」에서는 인체를 5종(목형인, 화형인, 토형인, 금형인, 수형인)으로 나누고 이를 다시 세분하여 25종의 체질로 나누었다. 「황제내경 영추」에는

1. 목형인(木型人)

안색이 푸르고 머리가 작으며 얼굴이 길다. 어깨와 등이 크고 몸이 꼿꼿하며 손발이 작다. 재주가 많고 정신노동을 많이 하며 힘은 적으며 근심이 많아 일에 매달린다.

(목형지인 기위인 창색소두장면대견배 직신, 소수족, 호유재, 노심소력다우노어사
木型之人 基爲人 蒼色小頭長面大肩背 直身, 小手足, 好有才, 勞心少力多憂劳於事)

2. 화형인(火刑人)

안색이 붉고, 잇몸이 넓고, 얼굴이 뾰족하고, 머리가 작으며 어깨와 등과 대퇴부와 복부의 발육이 좋다. 또한 믿음이 부족하고 걱정이 많으며 사리에 밝다. 얼굴이 좋고 마음이 조급하며 오래 살지 못하고 갑자기 요절한다.

(화형지인 기위인 적색 광신탈면 예면 소두 호견배비복, 소신, 다려, 견사명, 호안, 급심, 불수폭사
火刑之人 基爲人 赤色 廣朋肉滿 銳面 小頭 好肩背髀腹, 小信, 多慮, 見事明, 好顔, 急心, 不壽暴死)

3. 토형인(土型人)

안색이 노랗고 얼굴이 둥글며 머리가 크다. 어깨와 등이 예쁘고 배가 나오며 다리와 정강이가 잘생겼다. 남을 위하기를 즐기며 권세를 달가워하지 않고 사람과 쉽게 사귄다.

(토형지인 기위인, 황색, 원면, 대두, 미견배, 대복 미고경, …심호이인, 불희권세, 선부인야
土型之人 其爲人, 黃色, 圓面, 大頭, 美肩背, 大腹 美股脛, …心好利人, 不喜權勢, 善附人也)

4. 금형인(金型人)

얼굴이 모가나고 안색이 하얗고 머리가 작다. 어깨와 등이 작고 배가 작으며 몸이 청렴하며 마음이 급하고 고요하며 날래다.

(금형지인 기위, 방면, 백색, 소두, 소견배, 소복, … 신청렴, 급심정한
金型之人 其爲, 方面, 白色, 小頭, 小肩背, 小腹, … 身淸廉, 急心靜悍)

5. 수형인(水刑人)

안색이 검고 얼굴이 평평하지 않다. 머리가 크고 턱이 각이 진다. 어깨가 작고 배가 크며 손발을 잘 움직이다. 남을 공경할 줄 모르고 잘 속여서 죽임을 당할 수 있다.

라고 하고 있다.

(수형지인 기위인 흑색면불평, 대두, 렴이 소견, 대복, 동수족, …불경외, 선기태인육사
水刑之人 其爲人 黑色面不平, 大頭, 廉頤 小肩, 大腹, 動手足, …不敬畏, 善欺紿人戮死)

V. 사상의학(四象醫學)

「황제내경 영추」에는 음양이 많고 적음에 따라 구분하고 있는데 음이 지나치게 많은 편성(偏盛) 체질(태음인), 음이 많고 양기가 적은 체질(소음인), 양기는 많고 음기가 적은 체질(소양인), 양기가 지나치게 많은 편성(偏盛) 체질(태양인), 음과 양이 화평한 체질(음양화평인)으로 구분하고 이에 따른 성격을 말하였다.

1. 태음인(太陰人)

탐욕스럽고 어질지 못하며 숨기는 것을 좋아하고 드러내지 않는다.

(태음지인. 탐이불인 호내이악출 太陰之人. 貪而不仁 好內而惡出)

2. 소음인(少陰人)

욕심은 적지만 도적같은 마음이다. 남들이 망하면 자기가 무엇을 얻은 듯이 좋아하여 남들을 해치고 싶은 마음이 있다. 마음이 왜곡되고 은혜를 모른다.

(소음지인 소탐이적심, 견인유망, 상약유득 호상호해 심질이무은
少陰之人 小貪而賊心, 見人有亡, 常若有得, 好傷好害 心疾而無恩)

3. 태양인(太陽人)

호언장담이나 큰일을 말하기를 즐기며 능력도 없으면서 헛소리만 하고 세상일에 모두 나선다.

(태양지인, 호언대사, 무능이허설, 지발어사야
太陽之人, 好言大事, 無能而虛說, 志發於四野)

4. 소양인(少陽人)

일을 세세하게 살피며 스스로 귀하다고 생각을 한다. 아무리 하찮은 일도 높이 여기며 자신에 적합한 일이라고 여기며 외부와 사귐을 즐기고 안으로는 무심하다.

(소양지인 체체호자귀, 유소소관, 즉고자의, 호위외교, 이불내부
少陽之人 諟諦好自貴, 有小小官, 則高自宜, 好為外交, 而不內附)

5. 음양화평인(陰陽和平人)

거처가 안정되고 두려워하는 마음이 없으며 자만하지 않고 높은 위치에서도 겸손하다.

(음양화평인 거처안정, 무위구구, 무위흔흔, 존칙겸겸
陰陽和平人 居處安靜, 無爲懼懼, 無爲欣欣, 尊則謙謙) 이라 하였다 「임진석역 2001」.

그리고 이제마(李濟馬, 1837년~1900년)는 1894년 동의수세보원(東醫壽世保元)이란 의서를 저술하였는데, 그의 사상의학(四象醫學)은 「내경」의 오태인론(五態人論)과 장중경(張仲景)의 상한론(傷寒論) 등의 의서 연구와 자신의 풍부한 임상경험을 바탕으로 창안된 것으로 보여진다. 이제마는 양이 지나치게 많고 폐가 크고 간이 작은 사람을 태양인(太陽人)이라 하고 음이 지나치게 많고 간이 크고 폐가 작은 사람은 태음인(太陰人)이라 하였으며 양이 약간 많고 비장이 크고 신장이 작은 사람을 소양인(少陽人)으로 음이 약간 많은 사람으로 신장이 크고 비장이 작은 사람을 소음인(少陰人)으로 구분하였다. 그리고 이제마는 장부(臟腑)의 크고 작음과 음양의 많고 적음에 따라 질병이 발생하고 발전하는 근본 원인이라 여기고 음양의 평형이 회복하도록 하는 것을 질병의 치료과정으로 보았다.

이제마가 분류한 체질유형을 살펴보면

1. 태양인(太陽人) : 양이 아주 많은 사람으로 폐(肺)와 대장(大臟)이 크고 간(肝)과 담(膽)이 작은 체질이다. 체형은 얼굴은 둥글고 머리는 크며 상체는 실한 반면에 허리 부분과 하체가 약하다. 키가 크고 마른 편이며 명석한 두뇌와 사고력을 지니고 있고 또한 추진력과 지구력을 지니고 있다. 영웅심이 많으며 직선적이고 상좌에 오르려는 성격으로 자만심이 너무 커서 안하무인인 경우이기도 한다.

2. 소양인(少陽人) : 양이 약간 많은 사람으로 비장(脾腸)과 위(胃)가 크고 신장(腎腸)과 방광(膀胱)이 작은 체질이다. 얼굴은 역삼각형이며 가슴부위가 발달하여 상체가 크

고 하체는 비교적 약한 편이다. 보통적인 체구에 성격은 명랑하나 조급하며 매사에 체계적이거나 계획적이지 못하여 마무리를 잘 못한다. 외향적이며 언행에 있어 과대 포장 하는 경우가 많다.

3. 태음인(太陰人) : 음이 아주 많은 사람으로 간(肝)과 담(膽)이 크며 폐(肺)와 대장(大腸)이 작은 체질이다. 건강한 체격으로 몸통과 머리통이 크며 배와 허리와 엉덩이가 두툼하고 체형은 삼각형 모양을 이루고 있다. 고집이 세며 과묵하고 침착하나 자신을 잘 드러내지 않고 음흉하고 욕심이 많다. 지구력이 강하고 성질이 느긋하다. 겁이 많고 조심스러운 편이다.

4. 소음인(少陰人) : 음이 약간 많은 사람으로 신장(腎腸)과 방광(膀胱)이 크고 비장(脾腸)과 위(胃)가 작은 체질이다. 달걀형의 얼굴이며 키가 작고 아담하다. 하체가 튼튼하나 상체는 약한 편이다. 침착하고 내성적인 성품으로 입이 짧고 편식이 심하며 몸에 열이 적기 때문에 찬 음식을 싫어한다.

제4장 명리학

우주에는 건(乾)인 하늘(天)에 신공(神功)이 있어 이를 부도(父道)라 하고 곤(坤)인 땅(地)에는 지덕(地德)이 이어 이를 모도(母道)라 하며 건(乾)과 곤(坤) 사이에는 정기(正氣)가 있어 천(天)의 신공(神功)과 땅(地)의 덕기(德氣)와 오기(五氣: 木, 火, 土, 金, 水)의 기운이 합기(合氣)함으로써 만물이 화생(化生) 한다고 보고 있다. 따라서 이러한 기운(氣運)에 따라 인간의 정해진 운명 또한 흥망성쇠를 거듭하고 있다고 생각을 한다. 명리학은 사람이 태어난 생년월일, 즉 해(年)와 달(月)과 일(日)과 시간(時)의 네 간지(干支), 즉 사주(四柱)의 여덟글자에 나타난 음양(陰陽)과 오행(五行)의 배합(상생相生과 상극相剋)을 보고 그 사람의 부귀와 빈천·부모형제·직업·질병 등 길흉화복을 판단하는 것이다.

명리학은 여덟 글자로 운명을 추리한다고 해서 팔자학(八字學) 또는 추명학(推命學)이라고도 한다.

십간(十干)과 십이지(十二支)를 조합하여 60주기로 시간과 방위(方位)·각도(角度) 등을 나타내는 간지(干支)는 중국의 상(商)나라 때부터 나타났다.

1. 천간(天干)

간(干: 天干)은 천기(天氣)로써 하늘의 오운(五運: 목, 화, 토, 금, 수)으로 기상(氣象)을 이룬다.

「표 4-4」 십간(十干)과 음양

	1	2	3	4	5	6	7	8	9	10
천간	갑(甲)	을(乙)	병(丙)	정(丁)	무(戊)	기(己)	경(庚)	신(辛)	임(壬)	계(癸)
음양	양(陽)	음(陰)	양(陽)	음(陰)	양(陽)	음(陰)	양(陽)	음(陰)	양(陽)	음(陰)

2. 지지(地支)

지(支: 地支)는 지기(地氣)로서 땅의 형체를 이룬 것이다.

「표 4-5」 십이지(十二支)와 동물

	1	2	3	4	5	6	7	8	9	10	11	12
지(支)	자(子)	축(丑)	인(寅)	묘(卯)	진(辰)	사(巳)	오(午)	미(未)	신(申)	유(酉)	술(戌)	해(亥)
동물	쥐(鼠)	소(牛)	호랑이(虎)	토끼(兎)	용(龍)	뱀(蛇)	말(馬)	양(羊)	원숭이(猴)	닭(鷄)	개(狗)	돼지(猪)
	서	우	호	토	용	사	말	양	후	계	구	저

3. 간지(干支)와 오행(五行)

「표 4-6」 간지와 오행

천간(天干)	갑(甲)을(乙)	병(丙)정(丁)	무(戊)기(己)	경(庚)신(辛)	임(壬)계(癸)
지지(地支)	인(寅)묘(卯)	사(巳)오(午)	진(辰)술(戌) 축(丑)	신(申)유(酉)	해(亥)자(子)
오행(五行)	목(木)	화(火)	토(土)	금(金)	수(水)

한(漢)나라 이후에는 하루 24시간을 12지(支)로 나타내면서 사주(四柱)의 구분이 더욱 체계화되었으며 춘추전국시대에는 간지(干支)와 음양오행설을 결합하여 길흉화복을 점치는 명리학이 발달하기 시작하였다.

이후 당나라 때 이허중(李虛中)은 개인의 사주를 근거로 길흉화복을 알아보는 방법을 체계화하였는데 이를 당사주(唐四柱)라 하고 있다.

송나라때 서자평(徐子平)은 오행의 상생과 상극이론을 결합하여 명리학을 더욱 체계화하였으며 간지(干支) 여덟글자에 나타난 음양과 오행의 배합으로 길흉화복을 점친다하여 그의 명리학을 팔자학, 또는 자평팔자학(子平八字學)이라고 한다.

조선시대에는 중인 계급들이 응시할 수 있는 과거시험 중 잡과(雜科)에는 음양과가 있었으며 3년마다 초시에 천문학 10명, 지리학 4명, 명과학 4명씩을 선발하고 선발된 인원 중에서 복시에서 천문학 5명, 지리학(풍수지리) 2명, 명과학 2명을 뽑았다.

명과학의 시험과목에는 원천강(袁天綱), 서자평(徐子平), 응천가(應天歌), 범위수(範圍數), 극택동서(剋擇通書), 경국대전(經國大典) 등으로 사주팔자에 능통한 자들이었다.

제5장 인상 (관상 觀相)

황제내경소문 보명전형론에는 인간은 천지의 기에 의존하여 태어나며 사시(四時)의 법(변화)을 통하여 이루어진다고 하고 천(天)·지(地)의 기를 합하여(合氣) 태어난 것을 사람이라 한다고 말하고 있다.

따라서 인간은 부모로부터 이어받은 선천의 정기인 원기(元氣) 또는 진기(眞氣)와 음식물을 소화흡수하여 얻은 영기(營氣) 및 위기(衛氣) 그리고 대지로부터 얻게 되는 지기(地氣)와 호흡을 통하여 받아들인 자연계의 청기(淸氣) 등을 융합하여 기해(氣海)에 쌓인 종기(宗氣) 등으로 삶을 영위해 나간다고 볼 수가 있다.

또한 효경 개종명의장(孝經 開宗明誼章)에는 신체발부수지부모(*身體髮膚受之父母*)라 하여 신체와 머리카락과 피부는 모두 부모에게서 물려받은 것으로 이를 소중히 여기는 것을 효도의 시작이라 말하고 있다.

사람의 얼굴은 그 사람이 살아온 삶과 마음은 물론 건강 상태를 보여주는 거울이라고 할 수가 있다.

흔히들 면접이나 맞선을 보거나 사회생활을 하면서 처음 만난 사람에 대한 소감을 말할 때면 순진하게, 인자하게, 청순하게, 듬직하게, 경박스럽게, 사기꾼이나 범죄자같이, 살차게, 청승맞게 생겼다 등의 평을 하게 된다.

그리고 오랜만에 만난 지인들에게는 얼굴의 기색 등을 살피면서 좋은 일들이 많았는지 얼굴이 화사하니 좋아졌다거나 몸이 좋지 않았는지 병색이 있어 보인다거나 수척해진 것 같다는 등의 인사를 나누곤 한다.

물론 전문의사도 관상가도 아니지만 삶을 살아오면서 나름대로 쌓아온 경륜에 의한 판단이겠지만 말이다.

또한 시대와 사람에 따라 다소의 차이는 있겠으나 미인에 대한 조건을 옛 사람들은 키가 크고 손가락과 머리카락이 길며 입과 입술은 작고 가늘어야 하고 피부와 치아는 희고 입술과 뺨은 빨갛고 눈동자와 눈썹은 검어야 하며 가슴과 허벅지와 엉덩이가 통통해야 하며 가슴과 이마와 눈썹과 눈썹 사이의 미간은 넓어야 한다고 보았다.

따라서 사람의 얼굴에 대하여 한의학과 관상학 등에서는 어떻게 설하고 있는지 살펴보고자 한다.

Ⅰ. 얼굴의 기색(氣色)

기색이란 우리 몸속의 오장육부에서 발하여 피부에 나타나 보이는 색(色)과 피부 속에 숨어있는 기(氣)로써 기가 허약하게 되면 나타나는 색이 선명치 못하게 된다.

피부에 나타나는 여러 가지의 색 중

1. 파란색(청색)은 오행 중 목(木)에 해당되며 또한 목(木)은 간(肝)과 담(膽)에 속하고 있다.
   심하게 검푸른 색을 띄게 되면 간 병변을 의심해볼만하다.
   간은 눈과 통하여 몸이 피로하게 되면 간장이 허약하게 되어 눈이 침침하고 나아가 간장이 붓거나 염증이 생기면 눈빛이 노랗게 변하게 된다.
2. 적색은 오행 중 화(火)에 해당되며 또한 화(火)는 심장(心臟)과 소장(小腸) 및 삼초(三焦)에 속하고 열증일 때 나타난다.
3. 황색(黃色)은 오행 중 토(土)에 해당되며 또한 토(土)는 비장(脾腸)과 위장(胃臟)에 속하여 얼굴과 눈, 피부 등이 누런 황달은 대부분이 비위(脾胃)와 간담(肝膽)에 습사가 막혀있거나 담액이 제대로 순환하지 못하고 넘치기 때문이다.
   얼굴이 황금색을 띠면 급성 간염이나 담낭염, 담석 등을 그리고 어두운 황색을 띠고 광택이 없는 경우에는 강병변이나 간암, 췌장암 등을 의심해볼만하다.
4. 백색(白色)은 오행 중 금(金)에 해당되며 금(金)은 폐(肺)와 대장(大藏)에 속하고 피부에 윤기가 없으면서 푸른빛을 띠는 창백한 얼굴은 일단 폐의 이상유무를 알아보는 것이 좋을 것이다.
5. 흑색은 오행 중 수(水)에 해당되며 또한 수(水)는 신장(腎臟)과 방광(膀胱)에 속하고 얼굴이 어슴프레한 검정색을 띠면 신장의 병변을 의심해보는 것이 좋을 것이다.

Ⅱ. 얼굴

1. 얼굴의 유형

황제내경 영추에는 사람의 외모를 목(木)형, 화(火)형, 토(土)형, 금(金)형, 수(水)형으로 구별하여 성품 등을 설명하고 있으며 롬브르조(Cesare Lombrose, 1836~1909)는 사형이 집행된 383명의 범죄자들의 두개골과 5907명의 범죄인들의 체격을 측정한 결과 범죄자는 일정한 신체적, 정신적 특징을 가지고 있으며 이러한 특징을 지닌 사람은 선천적으로 범죄인이 될 수밖에 없다는 격세유전설(Atavism)을 주장하여 형법학에 실증주의적 방법론을 도입하였다.

또한 독일의 정신의학자인 에른스트 크체취머(Emst kretschmer)는 그의 저서 신체구조와 성격(korperball and charakter 1922)은 인간의 체형을 세장형, 투사형, 비만형, 발육부전형으로 구분하고 또한 기질을 통한 구분을 하여 체형과 기질과의 연관성을 연구하였다.

그 결과 범죄자들 중 폭력범죄는 투사형이 많고 세장형에는 단순강도와 사기 또는 중대 범죄를 저지르는 경우가 많았으며 비만형은 사기 범죄가 많았다고 주장하였다. 「이윤호 2011」

얼굴의 여러 유형 중 몇 가지 유형「그림 4-4」을 살펴보면

1) 둥근형

2) 계란형

3) 정사각형

4) 삼각형

5) 역삼각형 6) 직사각형 7) 갑자형

[그림 4-4] 얼굴의 유형

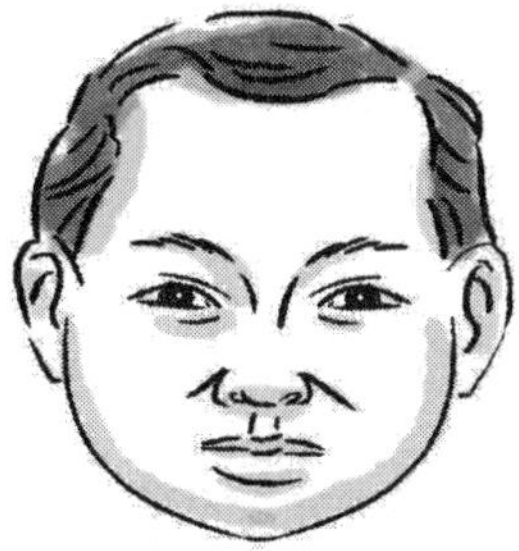

1) 둥근형

호인형으로 명랑하고 낙천적인 성격으로 대인관계가 좋은 편이나 확고한 주관이 없고 무절제한 성생활이나 도박 등으로 패가망신을 당하기도 한다.

2) 계란형

남자는 무뚝뚝하고 거만해보이나 여자는 침착하고 냉담한 성격으로 대인관계가 원만한 편이다.

3) 정사각형

얼굴의 네 모서리가 풍만하고 강골에 근육질인 유형으로 성격이 급하고 거칠며 용감하고 부지런한 편이나 얼굴에 살집이 없어 뼈가 두드러지게 나오거나 흰 빛이 과하게 되면은 술을 좋아하고 시비가 잦으며 건달 신세를 피하지 못하게 되는 수가 있다.

4) 삼각형

이마 부위가 좁고 뾰족한 편이나 아래로 내려가면서 넓어지고 턱 부위가 발달한 유형으로 고집이 세고 건강하며 생활력이 강한 편이다.

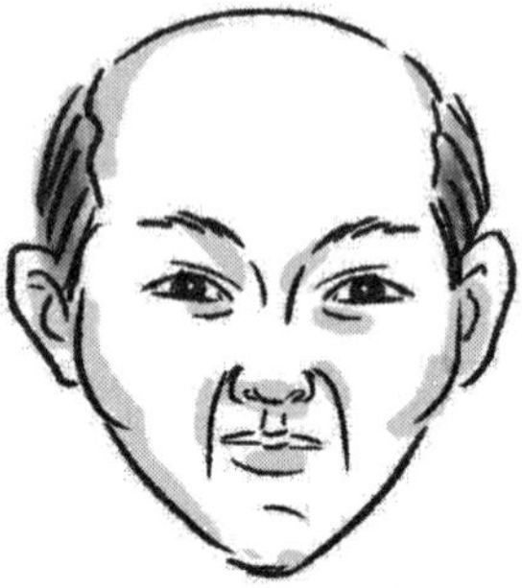

5) 역삼각형

삼각형을 거꾸로 한 형태로 이마 부위가 넓고 아래로 내려가면서 좁아져 턱이 뾰족한 유형으로 성질이 급하고 까다로우며 신경질적인 편이다.

6) 직사각형

얼굴이 길게 네모진 유형으로 온화하고 대범한 성격으로 정·재계 모두에서 빛을 볼 수 있는 유형이다.

7) 갑(甲)자형

이마 부위와 관골(광대뼈) 및 볼 부위는 넓고 좋으나 턱이 뾰족한 유형으로 성품이 변덕스러운 면이 있으며 대인관계 또한 원만하지 못한 편이다.

2. 이마

이마는 오행 중 화(火)에 속하며 눈썹 위로부터 머리털이난 경계면까지의 상·하·좌·우의 부분으로써 보통 손가락 세 개를 겹친 넓이를 기준으로 하여 이마의 넓고 좁음을 구별하고 있다.

또한 이마는 귀천과 관운 및 부모와의 관계 등을 가리는 부위로써 이마가 넓고 두둑하게 솟아 가지런하며 요철이나 흉터가 없어야 좋은 이마로 보고 있다.

이렇듯 이마가 넓고 풍만하면서 요철이나 흉터가 없는 이마는 수재형으로 관운이 좋고 창의력이 뛰어나며 대인관계가 원만하고 운세 또한 순탄하다고 보나 요철이나 흉터가 있게되면 복이 반감된다고 한다.

그리고 이마가 좁고 살이 적으며 요철이나 상처가 있으면 고지식하고 보수적이며 사회성이 떨어진다고 보며 손윗사람과의 대립이 잦고 귀인과 덕이 없으며 고생을 많이 하는 편이라 한다.

이마의 형태에 따른 몇 가지 유형「그림 4-5」를 살펴보면

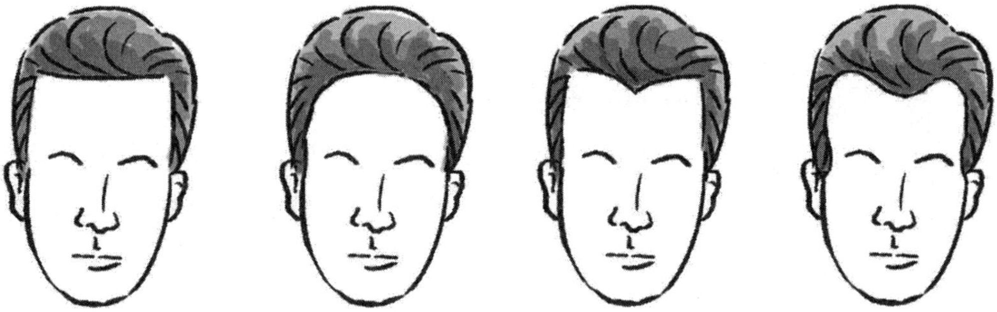

네모진 이마 둥근 이마 꼭지형 이마 M자형 이마

[그림 4-5] 이마의 유형

1) 네모진 이마

네모진(각진) 이마는 대체로 직선적이며 사리가 분명하고 고생끝에 성공하는 편이며 여자는 자립심이 강하고 고집이 센 편이다.

2) 둥근 이마

둥근 이마는 꼼꼼하게 책임감을 가지고 열심히 일하는 형으로 경제관념이 투철한 편이다.

3) 꼭지형 이마

꼭지형 이마는 머리(털)가 난 중심부위가 제비 꼬리처럼 내려온 모양으로 남자는 여성적인 성품에 부드러운 성격이나 때로는 손윗사람에게 반항을 하는 특징을 나타내기도 한다.

4) M자형 이마

M자형 이마의 남자는 임기응변과 섬세한 감각에 창조력이 뛰어나며 여자는 섬세하고 부드러운 성격이나 다소 신경질적인 면이 있는 편이다.

3. 눈썹 (미모尾毛)

눈썹은 신(신장 腎臟)과 폐(肺)의 외후로써 눈썹이 짙고 굵으며 길고 검으면서 윤택이 나는 것은 신기(腎氣)가 충만하고 건강하며 장수할 수 있다고 보고 있다.

또한 관상학(觀相學)에서는 눈썹을 형제궁이라 하며 그 사람의 지능과 의지와 능력과 형제관계 등을 판단하기도 한다.

따라서 남자의 경우 왼쪽 눈썹은 남자형제를 그리고 오른쪽 눈썹은 여자 형제관계를(여자의 경우 반대) 나타낸다고 보고 있다.

그리고 눈썹의 숱이 짙은 사람은 겁이 많은 편으로 모험이나 변화보다는 일을 꼼꼼하게 챙기는 완벽주의를 추구하는 형으로 혈육간의 정이 두텁고 배우자나 주변 사람들에게 신용과 믿음을 주는 형이라 할 수가 있으며, 숱이 옅은 사람은 순발력과 임기응변이 좋은 편으로 일에 대한 적극성과 응용력과 추진력 등이 뛰어나다고 볼 수가 있다. 그리고 눈썹에 윤기가 흐르면 마음이 바르고 진취적이며 대인관계가 좋다고 보나, 윤기가 없이 푸석한 경우에는 성격이 급하고 부정적이며 거친 사람으로 보일 수가 있게 된다.

또한 숱이 가지런하지 못하고 뒤엉켜있거나 드문드문 난 경우에는 성격이 부정적인 반골의 기질로 형제간에 불화가 있거나 대인관계에 있어서 긁어 부스럼을 만드는 경향이 있는 경우가 있게 된다.

그리고 눈썹이 거칠거나 흩어져있는 경우에는 성격이 과격하거나 성급하며 정서적으로 안정감이 부족할 수가 있다고 보고 있다.

따라서 눈썹이 가지런하고 수려하면서 빛이 고은 여자인 경우에는 품행이 방정하고 정조가 있으며 어진 남편을 만나 부귀를 누린다고 보는 반면에 눈썹이 많으면서 엉켜있거나 듬성 듬성하고 거칠면서 산만한 경우에는 남편의 덕이 부족하고 삶에 있어 풍파가 많을 수 있다고 보고 있다.

1) 눈썹의 형태

여러 형태의 눈썹 중에서 초승달, 일자, 팔자, 역팔자 형태를 예로 들어 보면

초승달 눈썹 : 초승달과 같이 둥근 형태의 눈썹인 경우에는 대체로 심성이 곱고 감성이 풍부하며 지혜가 뛰어난 편이다.

일자눈썹 : 한일(一)자 형태의 눈썹으로 성격은 직선적이며 솔직 담백하고 외곬적인 편이며 가정은 화목하고 평안한 편이다 여성은 남편을 극한다고 해 부부의 운이 불길하다고 보기도 한다.

팔자눈썹 : 여덟(팔자 八)형태의 눈썹으로 두뇌가 명석하고 원만한 성품이나 다소 우유부단한 성격으로 끝 마무리를 못 하는 경우가 있으며 재산은 풍족한 편이다.

역팔자눈썹 : 눈썹이 거꾸로 된 팔자인 경우에는 대체로 성격이 흉포한 편이라 보고 있다.

2) 눈썹의 길이(크기)

눈썹의 길이가 눈보다 길수록 성품이 온화하고 정의로우며 부귀가 따르고 형제간의 우

애와 부부간의 애정과 대인관계가 좋다고 보고 있으며 또한 눈썹의 길이가 짧은 경우에는 빈궁하기 쉽고 부모, 형제의 덕이 적으며 부부관계와 혈육관계가 그리 좋은 편이 아니라 보고 있다. 그리고 추진력과 경쟁심과 자존심이 강한 열혈 성격으로 주변을 불안하게 하기도 한다.「그림 4-6」

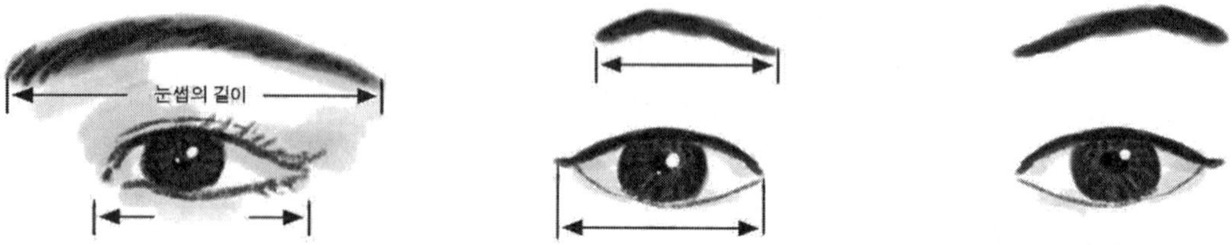

눈의 길이　　눈 길이보다 짧은 눈썹　　눈 길이와 비슷한 눈썹

[그림 4-6] 눈썹의 길이

3) 눈과 눈썹(눈꺼풀)의 간격

눈과 눈썹의 간격이 넓은 사람은 개방적이고 낙천적인 성격으로 사교성과 융통성이 있으며 여유롭고 인정 또한 많은 편이나 간격이 좁은 사람은 시기심이 강하고 매사에 조심스러운 편이며 눈꺼풀이 늘어진 경우에는 매사에 조심스럽고 꼼꼼하며 인색하고 타산적이다.「그림 4-7」

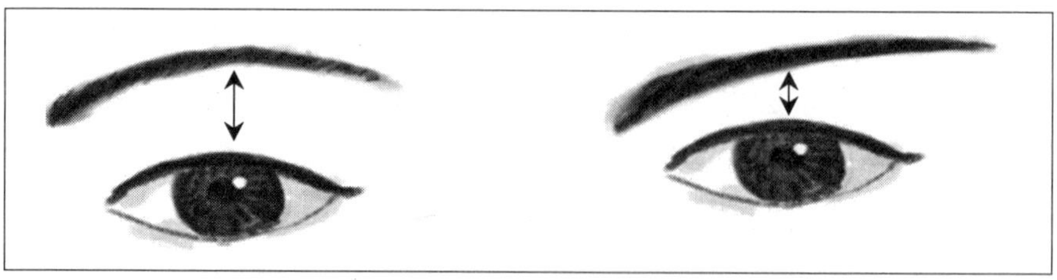

눈썹과 눈사이의 폭이 넓은 경우와 좁은 경우

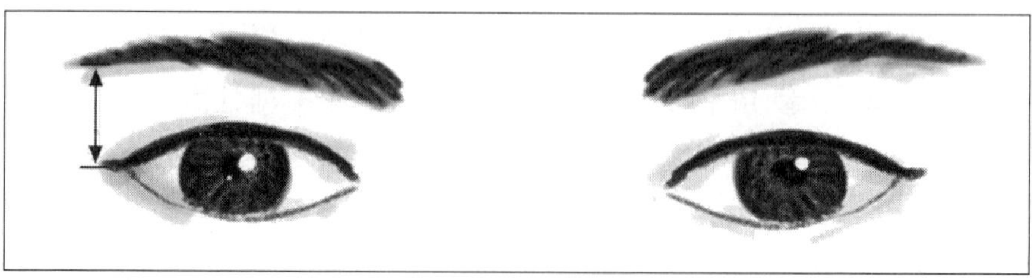

눈 두덩이가 좁은 눈

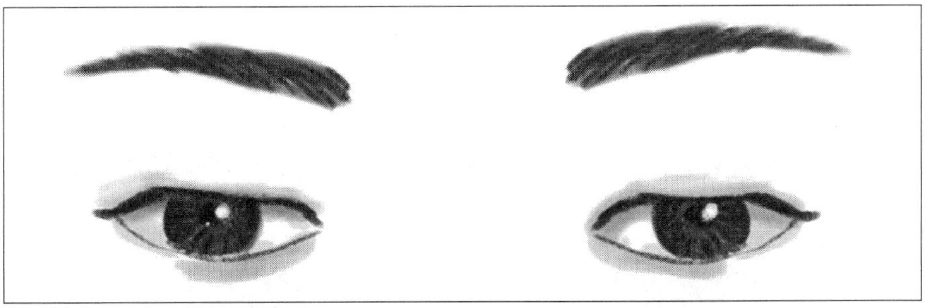

눈 두덩이가 늘어진 눈

[그림 4-7] 눈과 눈썹의 간격

4. 미간 (인당 印堂)

눈썹과 눈썹의 간격(인당 印堂)을 미간 또는 명궁이라고도 하며 간격(넓이)는 지장을 찍듯이 자신의 엄지손가락 보다 약간 넓어야하고 털이나 점 또는 상처(흉터)가 없이 살빛이 맑고 윤택하여야 길상(吉相)으로 보고 있다. 「그림 4-8」

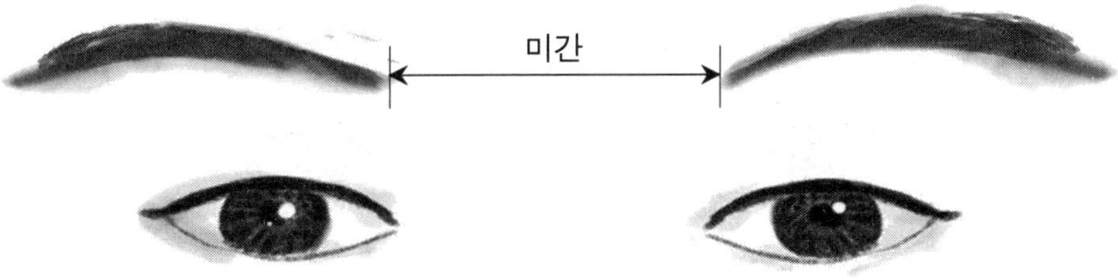

넓은 인당

좁은 인당

[그림 4-8] 미간

1) 미간(인당)이 넓은 경우

미간이 너무 넓으면 성격이 치밀하지 못하고 집중력이 부족하여 매사에 용두사미 격이 되기 쉬우나 미간이 넓으면서 눈썹이 짙은 사람은 지능이 좋고 호방한 성격으로 아량이 넓고 이해심이 많은 편이며 미간이 넓으면서 눈썹이 옅은 경우는 짙은 경우보다 지능이 좋고 순발력과 적응력이 좋으며 추진력이 좋은 편이다.

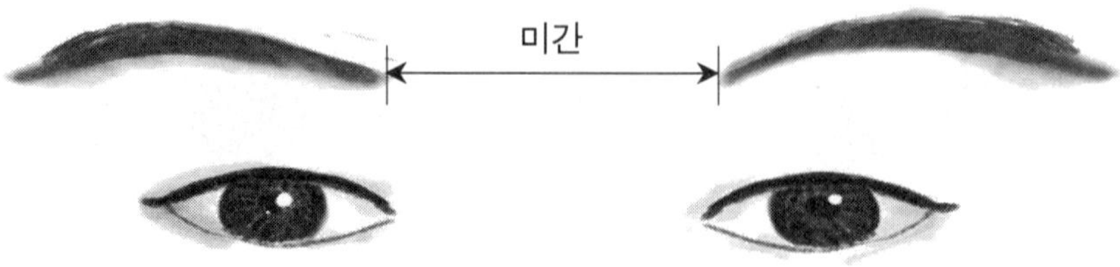

넓은 인당

2) 미간이 좁은 경우

미간(인당)의 넓이가 좁은 경우 우리는 미련하게 보인다고 하고 있다. 이는 눈썹(미 眉)이 잇닿아(련 連) 있듯이 보인다는 의미를 뜻하고 있다고 본다.

따라서 고지식하고 걱정이 많으며 소심하고 고집이 세면서 집중력이 강하고 노력하는 형이라 보고 있다.

좁은 인당

3) 미간(인당)의 주름

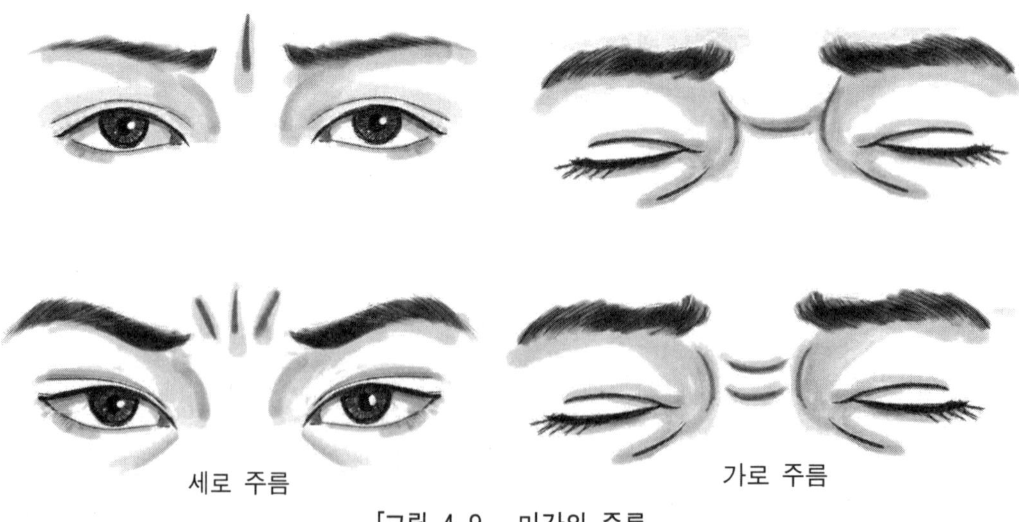

「그림 4-9」 미간의 주름

미간에 주름이「그림 4-9」 있는 사람은 담이 작고 우울한 성격으로 신경쇠약과 소화불량에 쉽게 걸릴 수 있다고 보고 있다.

세로주름 : 주로 세로주름은 남녀간의 오랜 갈등이나 사별 또는 고지식하거나 완고한 성격과 뜻하고 있는 일들이 제대로 풀리지 않을 때 등으로 생기게 된다고 볼 수가 있다. 이렇게 미간에 한가닥의 세로로 주름이 있는 경우에는 부모·형제나 손윗사람과의 관계가 원만치 못하고 고생을 하게 되며 두 줄인 경우 40대까지는 운이 열리지 않으며 세 줄인 경우 더 나쁘며 소심한 성격인 경우가 많으며 서너개인 사람은 신경질적이고 치밀한 성격으로 양심적이며 노력형의 인간으로 보고 있다.

세로 주름

가로주름 : 미간에 한 줄의 가로주름이 있는 경우에는 중병에 걸리거나 한 번 정도는 빈곤한 생활을 하게 될 상이라고 보며 두 줄의 주름이 있는 경우에는 남의 부탁을 거절하지 못하는 성격으로 남의 일로 고생을 하게 된다고 본다. 그리고 세 개의 주름이 있는 사람은 분수를 지키며 사고력과 판단력이 뛰어나고 일의 추진력이 있다고 보고 있다.

가로 주름

5. 눈

눈을 보면 그 사람의 성품이나 감성과 건강 등을 알 수가 있다고 한다.

성공을 하거나 활력있는 사람의 눈을 보면 활력이 있어 빛을 발하고 있으나 그렇지 못한 경우에는 눈빛에 힘이 없으며 더욱이 심약하거나 불안한 경우에도 주위를 자주 살피거나 상대를 정면으로 바라보지 못하는 것을 볼 수가 있다.

한의학에서는 눈에 관하여 건강한 사람의 눈은 밝고 형형한 빛을 내며 흰자위는 윤택이 나고 검은자위는 깨끗하다.

눈꺼풀(안검 眼瞼)은 비(脾)에 속하며 눈꼬리와 눈구석은 심(心)에 속하고 흰자위는 폐(肺)에 속하며 검은자위는 간(肝)에 속하며 동공이나 수정체 등의 동신(瞳神)은 신(腎)에 속한다고 보고 있으며 눈꺼풀(안검)에 암흑색이나 암회색이 나타나는(다크서클) 것은 과로나 수면부족과 지나친 성생활 등에 의해 신(腎)의 본색(흑색)이 나타나는 것으로 보고 있다.「그림 4-10」

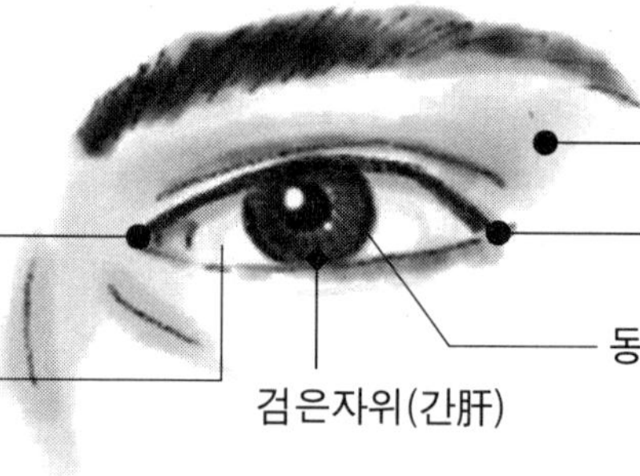

[그림 4-10] 눈

1) 눈의 크기와 간격

관상학에서는 눈의 크기를 보통 3cm 정도로 보고 그보다 크고 작음에 따라 큰눈과 작은눈으로 구별을 하고 있다.「그림 4-11」

그리고 대체로 큰눈인 경우에는 온화하고 개방적인 성격으로 감정이 풍부하고 매사 긍정적이나 이성의 유혹에 쉽게 넘어가며 항상 눈이 촉촉하게 젖어 있는 여성은 고운 성품으로 인정에 약하며 이성의 유혹에 약하다고 본다.

그리고 작은 눈은 보편적으로 의지가 굳고 고집이 세며 내성적인 성격이다. 여성인 경우에는 정조관념과 모성본능과 질투심이 강한편이라 할 수가 있다.

그리고 눈과 눈 사이의 간격(폭)은 보통 엄지손가락 굵기의 한배반 정도로 보고 이보다 폭이 넓은 경우는 부드러운 성격에 기분파의 기질이 있다고 보며 폭이 좁은 경우에는 앞일을 내다보는 재주는 있으나 지구력이 부족하여 직업을 자주 바꾸는 경향이 있다고 보고 있다.

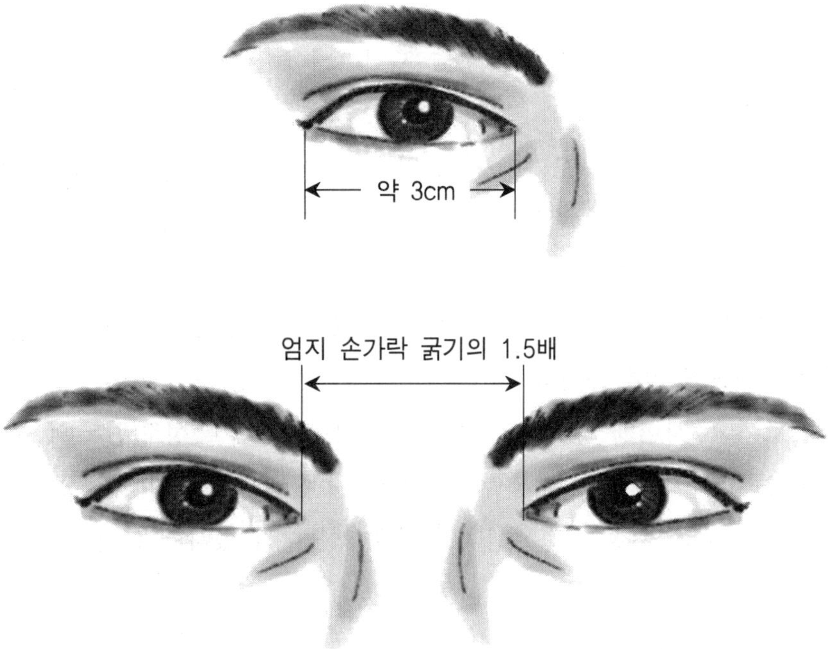

[그림 4-11] 눈의 크기와 간격

보통 검은 눈동자를 기준으로 좌·우에 흰자위가 있는 이백안이 일반적이라 할 수 있으나 검은 눈동자의 좌·우와 아래에 흰자위가 싸고 있는 삼백안의 경우에는 자존심과 고집이 센 편으로 처자복이 없고 여자는 남자를 잡는다고 한다.

특히 검은 눈동자가 아래로 치우쳐있어 흰자위가 좌·우와 위에 있는 사백안 일명 뱀눈인 경우는 음험하고 도벽과 범죄의 눈이라 하고 있다. 그리고 흰자위가 검은 눈동자의 좌·우와 위·아래를 감싸고 있는 사백안이나 삼백안은 겉과 속이 다를 수 있어 배신을 당할 수 있다 하고 있다.「그림 4-12」

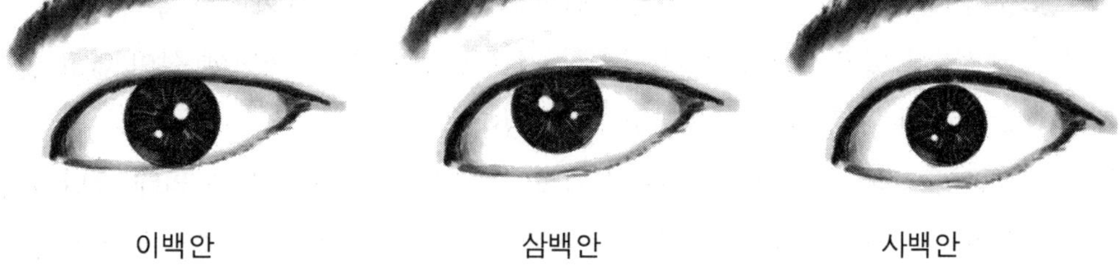

[그림 4-12] 눈동자

2) 눈초리 (꼬리)

눈초리가 올라가 있는 경우 용기가 있고 두뇌회전이 좋으나 남자는 성격이 날카로운 편이며 여자는 신경과민과 고집과 대가 세서 불화가 잦은 편으로 남편을 얕보려는 경향이 있다고 하겠으며 반대로 눈꼬리가 쳐저 있는 경우에는 소극적인 성격으로 마음이 느긋하고 선비적인 성품이라 하겠으며 남자는 권좌와 인연이 많으나 여자는 고독한 경향이 짙다 하겠다.

그리고 눈초리에 주름이 여러개 있으면 다정다감한 반면에 유혹을 하기도, 유혹을 당하기도 좋아해 스캔들이 많은 편이다.

또한 눈과 코 뿌리 사이에 점이 있는 경우에도 남녀불문하고 정조(간통)에 문제가 발생할 수 있으며 눈 아래 반월형 부분인 누당에 살이 많은 경우에는 정력이 왕성하다보며 젊어서 누당이 쳐저 있는 여성은 결혼생활이 불행해질 수가 있다고 본다.

6. 코 (鼻)

한의학에서 코는 비장(脾腸)의 부위로 토(土)에 속하고 황(黃)색이다. 또한 코가 작으면 폐기(肺氣)가 부족하다고 보는 등 폐의 허와 실을 알 수가 있다.

관상학에서 코는 재백궁이라 하고 있으며 재력과 섹스 능력 등을 알 수 있는 부위로 보고 있다.

따라서 코 끝(준두 準頭)이 둥글고 콧구멍이 정면에서 바라볼 때 보이지 않으며 콧망울이 가지런하고 두둑하면서 콧대가 반듯하면서 밝고 윤택이 나야 길상이라 한다.

코의 길이(크기)는 일반적으로 얼굴 길이의 약 3분의 1 정도를 표준으로 하여 이보다 짧을수록 사고력과 생활능력과 융통성이 부족하나 융화력과 처신이 뛰어나다고 보며 반대로 긴 코의 경우에는 보수적이고 자존심이 강한 편으로 융통성이 부족하고 자기주장과 고집이 센 편으로 보고 있다.

또한 콧등의 뼈가 솟아서 층을 이루게 되면 아집이 강하고 융화력이 부족하며 이기적이다. 명당(明堂)이 넓고 크며 코뼈가 웅기한 것은 장수(長壽)를 명당에 살이 없고 좁거나 코뼈가 함몰된 것은 요절을 나타낸다고 보고 있다.

그리고 코끝이 꼬부러진 매부리코는 이기적이고 타산적이며 목적을 위해 수단과 방법을 가리지않는 처세술로 부유하게 사나 덕망이 부족하고 인색한 편이다. 콧대가 솟아 높은 경우 강직하고 고집이 센 편이며 융화가 힘든 편이다. 콧구멍이 큰 사람은 성품이 낙천적이며 스케일이 크나 콧구멍이 들여다보이는 들창코는 경제활동이 시원치 않거나 재산이 모이지 않으며 콧구멍이 작은 경우에도 한정된 금전만 갖게 된다.

콧잔등이 바르고 코끝(준두)에 살이 동그라니 풍만하고 피부색이 밝아 윤기가 흐르면 융통성이 많고 대인관계가 원만하고 덕을 베풀며 재산도 모으며 안정적인 생활을 할 수 있으나 반대로 코 끝이 뾰족하고 가늘면 잔꾀에 능하고 융통성이 부족하며 아집이 강한 편이다.

좌우 콧방울(콧날개)는 재력과 정력의 강·약을 나타내는 부위로 콧날개가 두툼하게 살이 찌고 코 끝이 둥그스름한 사람은 부유한 삶과 아울러 가정생활이 원만하고 성적능력 또한 강한 편이라고 보며 반면에 콧날개에 살이 없는 작은 코는 금전 운이 따르지 않으며 소심하고 고지식한 편이라 보고 있다「그림 4-13」.

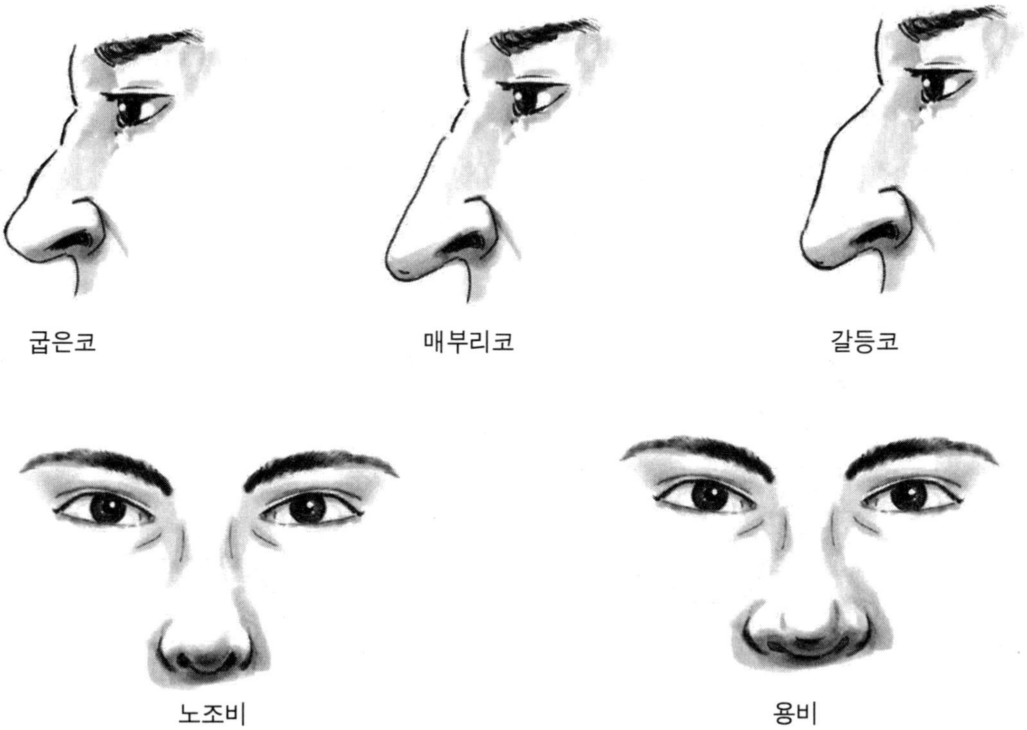

「그림 4-13」 코의 형태

7. 입

입은 오행의 수(水)에 해당하고 입술(구순 口脣)은 비장(脾腸)과 위장(胃臟)의 상태를 나타내며 사람의 성격과 생활력 성욕 등을 판단하는 부위이다.

또한 말 한마디에 천량의 빚을 갚는다는 말과 같이 입은 단정하고 무거워야 하며 함부로 생각없이 말하지 말아야 한다(구덕 口德).

만약에 말이 많고 남을 비방하거나 험담하기를 좋아하며 아집 만을 추구한다면 그야말로 굴러들어오는 복을 스스로 쫓아내는 격이 되어 불행을 자초하게 된다(구적 口賊).

입은 모가 지고 크며 삐뚫어지지 않고 입술이 붉고 윤기가 나며 두꺼우면서 입술의 양쪽 끝 모서리 구각(口角)이 미소를 짓듯이 위로 올라간 형이 대길하다고 보며 입이 매우 작으며 얇고 검푸르거나 검붉고 뾰족하며 흠집이 있는 것은 좋지 않다고 보고 있다.

1) 입술의 형태

입술은 코 끝과 턱과의 면보다 밖으로 나간 입(돌출형)은 외향적인 성격을 지니고있어 승부욕과 지배욕이 강한 편으로 여자는 수다스럽고 가정에 소홀한 면이 있을수 있으며 입술이 들어간(후진형) 경우에는 내성적인 성격으로 추진력과 인내력이 부족한 면이 있지만 정직하고 충실한 편이다. 입술의 형태에 따라「그림 4-14」 구별을 하여 보면

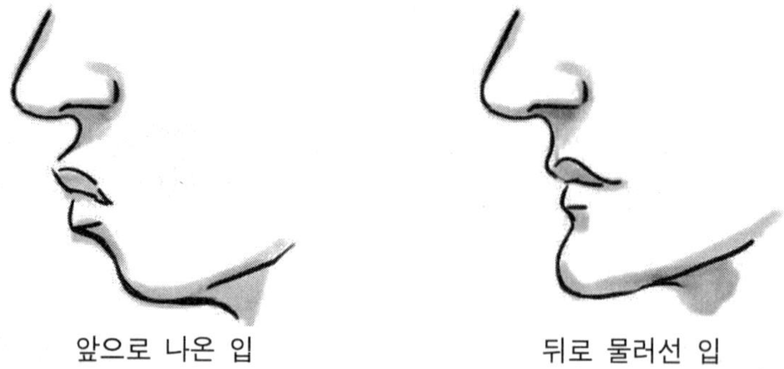

[그림 4-14] 입술의 형태

(1) 넉사자(四)입 (사자구 四子口)

입이 크고 네모져서 넉사자처럼 생겼으며 입의 양 끝(구각)이 위로 약간 올라간 듯한 모양으로 총명하고 재주가 많은 편으로 부귀를 겸하는 최고의 길상으로 보고 있다.

(2) 모난 입(방구 方口)

사자 입과 흡사하게 모가난 듯 단정하며 붉고 윤택한 입으로 정직하고 점잖으며 부귀와 명예가 따른다.

(3) 반달입(앙월구 仰月口)

초승달과 같이 입의 양 끝 구각이 위로 향하고 입술이 붉고 얇은 편으로 문학적 재능과 금전운이 좋은 편이다.

(4) 활입(만궁구 彎弓口)

입모양이 활을 잡아 당긴듯한 모양으로 입술이 도톰하다. 정신이 맑고 건강하며 재산도 풍족하며 특히 중년에 이름을 날린다.

(5) 용입(용구 龍口)

입술이 두껍고 가지런하며 밝고 입술의 양 끝이 야무지고 수려한 입으로 통솔력이 뛰어나고 높은 자리에 오르는 형이다.

(6) 호랑이 입(호구 虎口)

입술이 주먹이 들어갈 정도로 크며 야무지게 다물어져 있는 입으로 덕망과 위엄이 있고 귀하게 되거나 큰 부자가 된다.

(7) 앵두입(앵도구 櫻桃口)

입술이 붉고 도톰하며 입은 크나 다물면 작게 보이는 입으로 마음씨가 온유하고 두뇌가 명석하며 벼슬길에 오르고 재물을 쌓는다.

(8) 주름진 입(추문구 皺紋口)

입술이 주름이 잡히고 우는 소리와 같은 말을 한다. 비록 장수를 하나 초년에 부모의 덕으로 안락한 생활을 할지라도 말년에 모두 잃게 되는 편이다.

(9) 불 부는 입(취화구 吹火口)

불을 부는 모양으로 입을 항상 동그랗게 앞으로 벌리고 있는 모양이다. 노력에 비하여 소득이 적어 빈곤한 삶을 사는 편이라 하겠다.

2) 입의 크기

입의 크기는 보통 좌·우 눈동자의 중심 사이의 길이보다 길면 큰 입으로 짧으면 작은 입으로 구별을 하고 있다.

대체로 큰 입을 가진 사람은 실천력과 포용력이 있으며 큰 입의 여자는 활달하고 생활력이 강하며 대범한 편으로 이성관계나 성행위 또한 보다 적극적이다. 그리고 입이 작은 사람은 소심하고 사고의 폭이 적은 편으로 성실하고 안정된 생활을 하며 여자는 얌전하고 근면하다. 그러나 입이 너무 작게 되면 빈천하고 박복한 편이다.

3) 입술의 두께

입술은 도톰하여 두터워야 좋다고 보나 너무 두터우면 야심이 많고 자제력이 부족하며 여자의 경우에는 성욕에 갈증을 느끼거나 남편을 극하여 과부가 되기 쉽다고 본다. 대체로 남자는 코를 보고 여자는 입을 보아 음부를 미루어 짐작할 수가 있다 한다. 코가 크면 음경도 크며 입이 크면 여자의 음부 또한 크다고 하며 일반적으로 음순은 입술의 두께와 반비례하는 경향이 있다고 한다.

상·하 입술이 모두 도톰한 형은 충성스럽고 신의가 있으며 또한 추진력이 강하고 정열적이며 여자는 조숙한 편이다.

그리고 윗 입술이 도톰한데 반하여 아랫입술이 얇은 형의 남자는 순박한 면은 있으나 의지가 약하고 여자는 모성애가 강한 편이다.

상·하 입술이 모두 얇은 형은 냉정하고 금전에 애착이 많으며 자기 주관이 확실하나 망령된 말을 잘하거나 인간성이 졸렬할 수가 있으며 너무 엷은 남자는 소극적이고 여자는 신경질이 많을 수가 있다. 그리고 윗 입술이 엷으면 말솜씨가 간사하고 아랫 입술이 엷으면 빈궁이 따를 수 있으며 상·하 입술은 가지런히 포개져있는 것이 좋으나 아랫 입술이 앞으로 나온 경우에는 독불장군으로 안하무인일 수 있으나 이재에 밝고 찬스에 민감한 편이며 윗 입술이 앞으로 나온 경우는 온화하고 융화력이 좋으나 개성이 없고 겁이 많을 수가 있다.

4) 입술의 색

입술이 붉고 윤기가 있으면 충맥이 성하여 아이를 잘 낳는다고 하며 건강하고 가정이 원만하다고 본다.

그리고 입술이 자색을 띠면 재물을 탐하나 방해가 따르게 되고 쾌락과 의식을 즐기며 음란하여 정조관념이 약하다고 보며, 남색을 띄어 푸른 빛을 나타내면 재앙이 많거나 건강이 약하여 단명을 할 수가 있으며 검푸른 빛은 냉(冷)이 극심한 경우에 나타날 수 있으나 검푸른 빛을 띠게 되면 가산을 탕진하고 떠돌이 생활을 할 수가 있다.

그리고 입술이 어둡고 검은색을 띠면 질병과 애정에 문제가 있을 수 있다.

8. 광대뼈(관골 灌骨)

관골은 독립심과 투지 등을 판단하는 부위로 남자는 관골이 높이 솟고 살이 두터워야 길상이며 권세를 누린다고 한다.

그리고 관골이 높이 솟아 있더라도 뼈가 불거지면 고단하며 관골이 얕거나 깎이고 옆으로 뻗은 것은 좋지 않다고 보고 있다. 또한 큰 관골의 소유자는 의지력이 강하고 뜻과 이상이 높다고 보나 여자의 경우에는 남편을 극하는 경우가 많은 편이며 관골이 너무 크면 성격이 흉폭한 면이 있으며 이상만을 추구하는 경향이 있다.

그리고 관골이 튀어나온 것은 기력이나 체력이 좋은 편이나 지나치게 튀어 나온 사람은 허세가 심하고 불평불만이 많으며 대인관계가 원만하지 않다고 보며 작은 관골의 소유자는 온순하고 현실적이나 인덕이 없어 자수성가를 해야 한다고 보고 있다.

9. 볼(검단 瞼蛋)

볼에 살이 풍만하고 발그레하며 윤기가 나면 폐(肺)기능이 좋다는 것을 의미하며 살과 지방이 적고 홀쭉한 사람은 폐 기능이 약하다고 보고 있다. 볼에 살이 도톰하게 올라있는 경우에 현모양처 상으로 부자집 맏며느리 감이라 말들을 한다. 그러나 살이 너무 쪄서 축 늘어진 볼은 심술이 많고 고집불통인 경향이 있으며 홀쭉한 볼은 부지런하고 꼼꼼한 일벌레로 인덕은 좋지 않은 편이다.

10. 턱

입 아랫부분을 턱(지각 地閣)이라 하며 애정 및 가정의 운을 판단하고 말년의 운을 나타내는 부위로 보고 있다.

턱은 둥글고 풍만하며 폭이 넓은 것을 길상이라 한다.

대체로 큰 턱은 원만한 성격에 건강하고 가정 운이 좋은 편이며 작은 턱은 지구력이 부족하고 체력이 약하며 이성적이고 냉정한 성격이 많은 편이다.

그리고 턱이 길며 넓은 사람은 인정에 약하고 남을 돕기를 좋아하며 매우 가정적이라 할 수 있으며 턱이 짧은 사람은 순발력이 좋으며 성격이 소극적이고 신경질적인 편이며 여자는 애교가 많으며 밖으로 나다니는 것을 좋아하는 경향이 있다.

턱의 여러 형태 중 몇 가지 유형「그림 4-15」을 살펴보면

1) 턱의 유형

(1) 둥근 턱 : 턱에 살이 풍부하며 둥근 모양을 하고 있는 사람은 마음이 관대하며 재물이 들어오고 말년 운이 좋은 편이다.

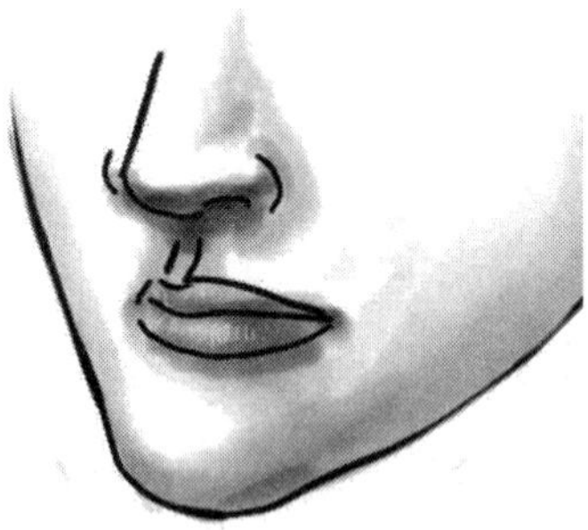

(2) 뾰족한 턱 : 지적인 성향이 강하며 순발력이 뛰어나나 기회주의적인 성격으로 달면 삼키고 쓰면 뱉는 경향이 있는 편이다.

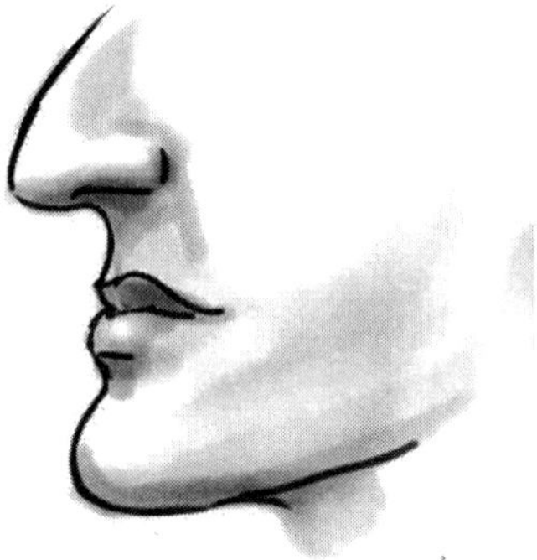

(3) 주걱턱 : 턱 밑이 앞으로 나온 형으로 정에 약하고 봉사정신이 강한 편이며 자신감이 넘친다.

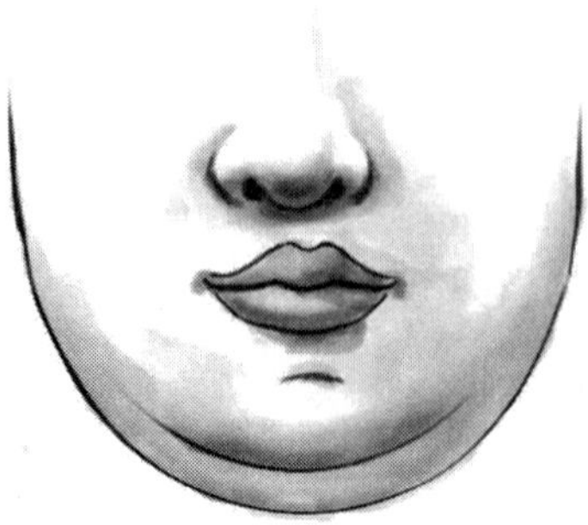

(4) 이중턱 : 턱이 이중으로 보이는 형태로 사고성이 좋으며 금전운도 좋은 편이다. 여자는 성욕이 강한 편이다.

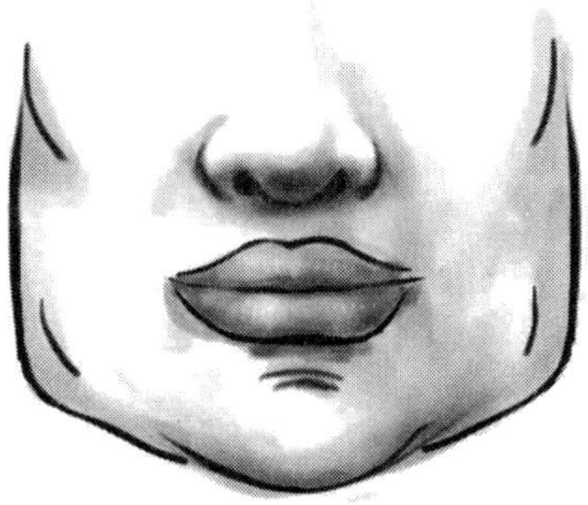

(5) 사각턱 : 완고하고 남에게 지기 싫어하는 성격으로 체력과 집념이 강하며 어려운 일이 닥칠지라도 극복해나가는 형이다. 그러나 자신의 희로애락을 잘 나타내지 않으며 애정표현 역시 서투른 편이라하겠다. 턱이 작고 뾰족하며 얼굴의 상부와 중부가 대칭이 되지 않는 사람은 심신이 쇠약하고 의지가 약하다고 본다. 이러한 사람은 항상 머리가 무겁고 어지러우며 손발이 차고 빈혈에 잘 걸리고 몸이 약해 병이 많다고 보고 있다.

둥근턱

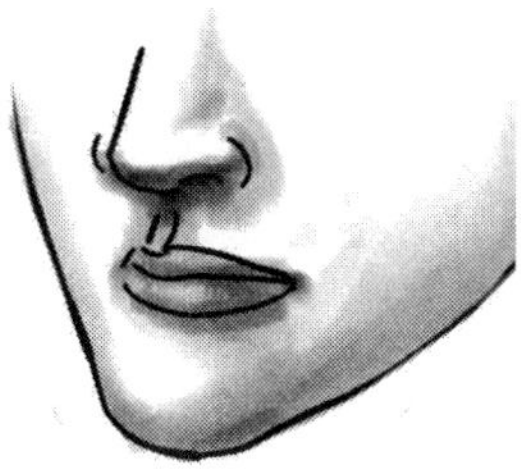

뾰족한턱

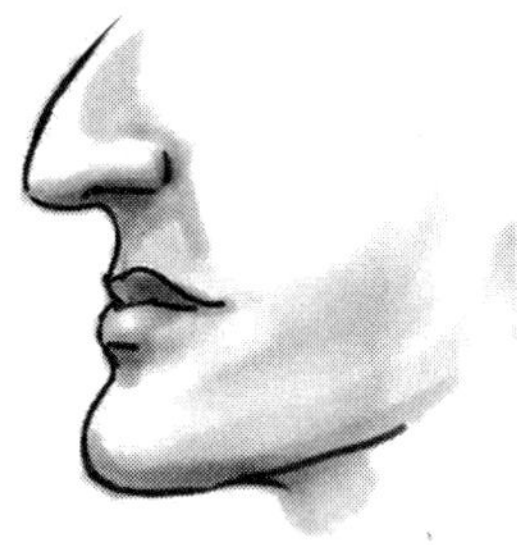

주걱턱

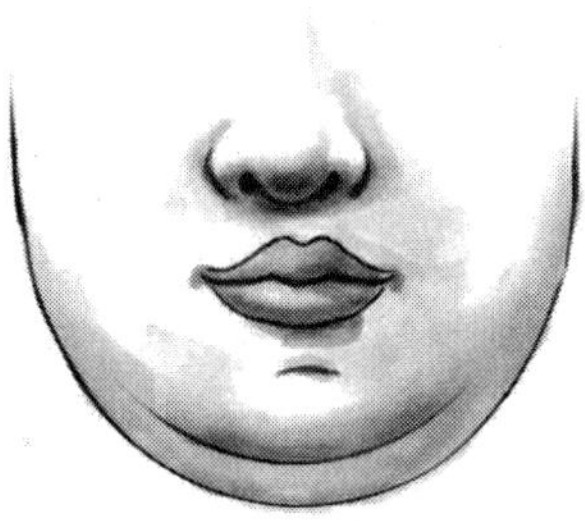

이중턱

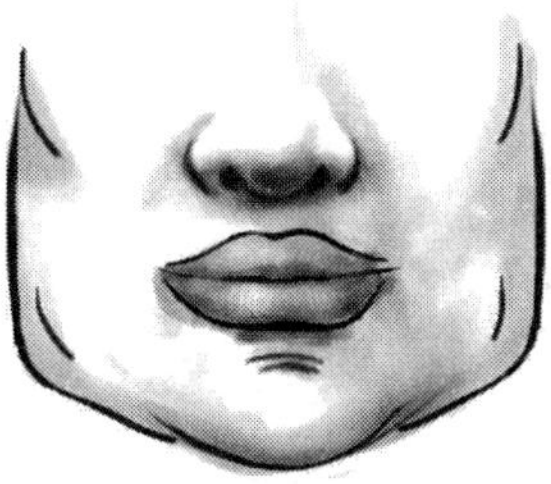

사각턱

「그림 4-15」 턱의 유형

제 5 부

합 기(合氣)

합 기(合氣)

어릴적 여름철도 아닌데 수영복 차림으로 집의 정원이나 공원 등에 누워 즐기는 외국의 풍경들을 보고 의아해한 적이 있었다. 허기사 사계절이 뚜렷하고 일조량이 풍부한 나라에서 그것도 하루에 왕복 한 시간 반 정도를 비포장 도로의 시골길을 걸어 학교를 오가면서 산으로 들로 냇가로 뛰어 다니며 놀던 어린시절이라 피부는 햇빛에 검게 그을려 아프리카에서 온 사람 같다는 놀림을 받았던 상황에서 어찌 햇빛의 고마움을 알고 일조량이 부족하여 일광욕을 한다는 사실을 상상이나 하였겠는가. 그저 소풍날이나 운동회날 비가 올까 걱정을 하였지.

옛 어른들은 거 뉘집 자식인지 이(耳) 목(目) 구(口) 비(鼻)가 반듯한 것이 잘생겼다는 말을 하곤 하였다.

사람들은 귀로는 즐겁고 좋은 소리를 들으려 한다. 오랜만에 만난 남자들은 무엇을 먹었는지 젊어진 것 같다고 하고 여자들은 예뻐졌다고 인사를 하는 것과 같이 그것이 비롯 인사치레로 하는 말이라 할지라도 그 소리를 듣고 싫어하는 사람은 없을 것이다. 그리고 눈으로는 좋은 것을 보려하고 입으로는 금강산 구경도 식후경이라는 말처럼 맛있는, 좋은 음식을 먹으려 하고 코로는 향기로운 냄새를 맡으려고 한다.

그러나 살면서 어찌 그렇게만 할 수가 있겠는가. 사람들은 좋지 않거나 싫은 소리를 듣게 되면 화를 내거나 인상을 찌푸리게 된다.

옛날 어느 선비는 좋지 않은 소리를 듣게 되어 귀가 더러워졌다 하며 맑은 냇물로 귀를 씻었다는 이야기가 있으며, 세종(1397~1450)때 영의정을 지냈던 황희(1362~1452)는 젊은 시절 시골길을 지나가다 잠시 쉬던 중 모내기를 하기 위해 두 마리의 소에게 쟁기를 메어 논을 갈고 있던 농부에게 두 마리의 소 중 어느 소가 일을 잘 하느냐고 묻게 되었다. 이에 농부는 일을 멈추고 논둑에 앉아있는 황희에게 다가와 낮 말은 새가 듣고 밤 말은 쥐가 듣는다는 속담이 있듯이 귓속말로 누런 소는 말도 잘듣고 일을 잘하나 검은 소는 말도 안듣고 꾀만 부린다고 속삭였다.

황희는 무슨 큰 비밀도 아닌데 일을 멈추고 여기까지 와서 귓속말로 속삭이냐고 하였고, 농부는 말 못하는 짐승이라도 자기의 허물을 꼬집는 소리를 들으면 좋겠느냐고 하였다.

이에 황희는 잘못을 하였다며 정중하게 사과를 하였다는 이야기가 전해지고 있다.

사람들은 좋지 않은 것을 보게되면 못볼 것을 보았다 하며 시선을 돌리거나 눈을 버렸다 하고 좋지 않은 냄새를 맡게 되면 코를 틀어 막기도 한다.

또한 입으로는 할말 안할말을 구별하지 못하고 거칠고 험악한 말을 하였다가 패가 망신을 당하거나 다 된 밥에 재를 뿌린다는 속담처럼 다 이겨가던 선거판에 극소수의 몰지각한 사람의 막말로 인하여 전체 선거판의 판세가 기울여지는 것을 우리들은 심심치않게 목격하곤 한다.

「표 5-1」 년도별 1인당 국민소득(GNP) - (1960년~2010년)

(단위 : 천원, $)

구분 / 연도		1960	1970	1980	1990	2000	2010
1인당 GNP	천원	99	90	1,010	4,460	12,770	24,000
	$	79	255	1,660	6,303	11,292	20,759

자료 : 한국은행 국민계정, 통계청 한국통계연감 2012

격세지감이라고나 할까 우리나라의 1인당 평균 GNP는 「표 5-1」과 같이 1960년대와 1970년대만 하여도 먹을거리가 없어 끼니를 굶어야만 했던 시절이 있었다.

간혹 어린학생들에게 어려웠던 시절의 이야기를 들려주면 슈퍼에서 라면이라도 사먹지 왜 굶느냐는 황당한 질문을 받기도 하지만 말이다.

어찌되었던 그 시절에는 배가 나왔거나 살이 찐 사람을 보면 돈을 많이 벌었나 보라고 부러워하였던 시절이었다. 그러나 요즈음에는 경제성장과 더불어 음식문화 또한 서구화 되어 인스턴트 음식이 넘쳐나고 있는 시대가 되었다. 더구나 먹는 즐거움의 유혹을 못이겨 음식물의 섭취량보다 활동량이 적다보니 섭취한 에너지가 지방으로 축적이 되어 비만과 성인병을 유발하여 많은 문제가 되고 있는 상황이다.

비만의 원인에는 여러 요인들이 있을 수 있겠으나 주로 가정의 식습관과 생활환경에 따른 영향에 기인한다고 할 수 있을 것이다.

따라서 섭취량을 줄이고 운동 등을 통하여 활동량을 늘려 섭취한 에너지의 양보다 소비한 에너지의 양을 많게 하면 될 것인데 인위적으로 약을 복용하거나 지방 흡입술 등을 통하여 해결을 하려다보니 부작용 등으로 어려움을 겪고 있는 사람들이 늘어나고 있다는 것이다.

사람은 하늘의 기(天氣)와 땅의 기(地氣)가 합하여져 태어난다고 하고 있다. 그리고 부모로부터 물려받은 선천의 정기(先天精氣)인 원기(元氣) 또는 진기(眞氣)와 지기(地氣)를 받아 자란 음식물을 섭취하여 얻게 되는 수곡정기(水穀精氣)인 영기(營氣)와 위기(衛氣)가 있다하며 영기와 위기가 결합하여 기해(氣海) 또는 단전(丹田)에 쌓인 종기(宗氣)가 있다 한다.

영기는 비장(脾)과 위(胃)에 근원하며 밤낮으로 맥(脈) 속을 흐르면서 전신에 영양을 공급하며 위기는 맥의 밖으로 다니면서 하루에 전신을 50바퀴씩 돌면서 영양을 공급하고 체표를 보호하며 나쁜 기운에 저항을 하는 기능을 한다.

그리고 호흡을 통하여 받아들이게 되는 자연계의 청기(淸氣)가 있다 하며 「황제내경소문」 장상론에서는 하늘은 사람에게 오행(木火土金水)의 기를 먹게 하며 심장과 폐에 저장하고 땅은 사람에게 다섯 가지의 맛(오미 : 신맛, 매운맛, 쓴맛, 짠맛, 단맛)을 먹게 하여 장과 위에 저장되어 오기를 길러준다 하고 있다.

본장 에서는 기를 받거나 모으는 방법 즉 합기(合氣)에 있어 옛 사람들의 여러 방법들을 살펴보고자 한다.

제1장 지기(地氣)를 받은 영기(營氣)와 위기(衛氣)

간혹 농어촌과 관련된 TV프로를 보다 보면 등장하는 농어민들이 생산된 농수산물을 가지고 홍보하기를 남자들 그것에 아주 좋다 하고 여자들에게는 예뻐지고 피부 미용에 그만이라고 유창하게 선전하는 모습을 보게 된다.

그럴때마다 의문스러운 것이 바보스럽게도 남자들 그것이 정확하게 무엇인지는 모르겠으나 왜 남자들 그것에는 그렇게 좋은데 여자들 그것에는 좋지 않은지 그리고 여자들에게는 예뻐지고 피부에 좋은데 남자들에게는 그렇지 않은지 말이다.

아마도 그 저변에 남자는 동물적인 힘과 정력(종족번식력)을 여자는 예쁨과 아름다운 미의 추구가 심리적으로 잠재하고 있기 때문일 것이다.

한 때 매스컴 등에서 매실이나 오리 또는 혐오식품을 불문하고 몸에 좋다하면 재고가 바닥나고 씨가 말랐다고 할 정도로 선풍적으로 유행한 적이 있었다. 지금도 그러하겠지만 말이다. 허기사 젊고 예뻐지고 정력에 좋으며 나아가 건강하고 오래도록 산다고 한다면 그 어떤 사람이 마다하겠는가.

요즈음 자연인이라는 어느 TV 프로에는 건강을 해친 사람들 심지어는 오래 살지 못할 것이라는 진단을 받은 사람들까지 자연속(산)으로 들어가 현대 문명의 혜택이라고 할 수 있는 수도와 전기 전화, TV, 냉장고 등이 없는 생활 속에서 마음의 욕망과 갈등을 내려놓고 산을 오르내리며 자연에서 주어지는 싱싱한 제철 채소와 약용 식물 등을 먹으면서 잃었던 건강을 회복하였다는 출연자의 말을 듣다보면 생각되는 바가 적지 않다.

지기를 받는 방법에 있어 명당에 집을 마련하여 생활을 하면서 받는 방법도 있겠으나 이렇듯 자연의 선물인 후천의 정기 즉 영기와 위기를 얻어 건강해지는 방법 또한 존재하고 있다.

Ⅰ. 사상의학(四象醫學)

사상의학에서는 사람을 4가지 유형의 체질로 태어난다고 보고 크게 태양인, 소양인, 태음인, 소음인으로 구별하고 그에 따라 장부 즉 5장인 간장, 폐장, 심장, 비장(췌장), 신장과 육부인 소장, 대장, 담낭(쓸개), 위, 심포, 방광 등의 크기(대, 소)와 기능(강, 허)을 구별하였으며 나아가 각 체질에 따른 생김새와 성격을 구별하고 좋은 음식과 그렇지 않은 음식물까지 분류하여 권하고 있다.

1. 태양인(太陽人)

보통 태양인은 폐와 대장이 크고 실한 반면 간과 담(쓸개)이 작고 허하다. 성격은 저돌적이고 영웅심이 많으며 선동적이고 안하무인으로 화와 열이 안생기게 하는 것이 좋다.

음식으로는 기름진 것보다는 담백하고 신선한 생선이나 녹·황색 채소류 위주의 식습관을 권하고 있다.

이로운 음식	해로운 음식
멥쌀, 메밀, 배추류, 상추, 고사리, 포도, 다래, 머루, 모과, 송화, 감, 앵두, 생선류, 문어, 낙지, 오징어, 새우, 조개류, 게, 해삼 등	육류, 깨, 콩, 땅콩, 호두, 잣 및 지방질이 많은 육류와 과채류 등

2. 소양인(少陽人)

일반적으로 소양인은 비장(췌장)과 위가 크고 실한 반면 신장과 방광이 작고 허하고 상체 내에 열이 많은 체질이다. 성격은 화가 많고 급하며 직선적이고 행동이 빠른 편이다. 평소 많이 먹어도 살이 잘 안찌는 소양인은 화와 열을 내려주는 찬 성질의 오리고기나 돼지고기 그리고 시원한 채소나 과일과 생선 등을 권한다.

이로운 음식	해로운 음식
쌀, 보리, 옥수수, 팥, 녹두, 메밀, 배추, 가지, 상추, 오이, 당근, 호박, 비듬나물, 참외, 딸기, 바나나, 토마토, 수박, 포도, 우엉, 방풍, 구기자, 결명자, 인동초, 돼지고기, 오리고기, 가물치, 잉어, 가자미, 복어, 계란, 우렁, 새우, 전복, 생굴, 게 등	닭고기, 소고기, 개고기, 염소, 우유, 꿀, 인삼, 엿, 땅콩, 고추, 생강, 파, 마늘, 후추, 겨자 및 맵거나 자극성 있는 조미료 등

3. 태음인(太陰人)

태음인은 간과 담(쓸개)이 크고 실하나 폐와 대장이 작고 허하다. 체격은 우람하고 건장한 편이나 목덜미 부위가 좀 가늘고 허약한 반면 허리는 굵고 꿋꿋하다.

그리고 성격은 느긋하고 속이 깊은 편으로 무엇이든 잘먹고 욕심이 많으며 고집이 센 편이다.

음식의 소화 흡수력은 강한편이나 배설기능은 약하여 과식을 하지 말고 고단백과 저칼로리 위주의 식습관을 가질 것을 권하고 있다.

이로운 음식	해로운 음식
현미, 밀, 수수, 율무, 우유, 버터, 콩, 두부, 무, 가지, 도라지, 연근, 마, 버섯, 더덕, 당근, 고사리, 토란, 고구마, 들깨, 씀바귀, 호두, 은행, 잣, 땅콩, 칡, 사과, 배, 자두, 매실, 살구, 수박, 녹용, 오미자, 소고기, 뱀장어, 청어, 대구, 미역, 김, 우렁 등	닭고기, 계란, 개, 연소, 돼지 등

4. 소음인(少陰人)

소음인은 신장과 방광이 크고 실한 반면 비장(췌장)과 위는 작고 허한 편이다. 대부분 체격이 작고 아담하여 얼굴 모습이 단아하고 얌전한 편으로 꼼꼼하고 정확하며 남에게 싫은 소리를 하지 않는 편이다.

소음인의 소화기능은 약하여 기름진 음식이나 칼로리가 높은 음식 그리고 찬 음식은 잘 먹지 못하고 조금만 먹어도 배가 불러서 많이 먹지를 못한다. 따라서 소화 흡수가 가능하다면 육류를 먹는 것이 좋다.

이로운 음식	해로운 음식
찹쌀, 차조, 들깨, 감자, 양배추, 쑥갓, 시금치, 미나리, 당근, 대추, 사과, 복숭아, 토마토, 오렌지, 꿀, 인삼, 파, 마늘, 생강, 겨자, 후추, 닭, 양, 염소, 노루, 개, 꿩, 명태, 조기, 도미, 민어, 멸치, 미꾸라지 등	메밀, 배추, 고구마, 팥, 오이, 녹두, 보리, 수박, 참외, 풋과일, 호두, 밤, 소고기, 돼지고기, 우유 등

Ⅱ. 소화흡수

1. 소화의 개념

소화기 계통은 입으로부터 항문에 이르는 소화관과 부속기관으로 타액선, 간, 췌장 등이 있으며 우리가 섭취한 음식물(단백질, 탄수화물, 지방, 비타민 등)과 같은 분자가 큰 화학구조물을 작은 분자로 변환하는 소화와 분해산물을 혈액 내로 이동시키는 과정인 흡수로 나누어 볼 수가 있다.

음식물의 섭취는 시상하부(hypothalamus)에 있는 음식물 섭취중추(intake center)에 의해 이루어지는데 식용중추(feeding center)는 음식물의 섭취를 촉진하며 포만중추(satiety center)는 음식물의 섭취를 억제한다.

1) 입

옛 사람들은 치아는 오복 중에 하나라고 하였다. 이가 튼튼하여야 섭취한 음식물을 작게 분쇄해주는 맷돌과 같은 역할(저작)을 충실히 하여 이후에 진행되는 소화와 흡수에 도움이 되어 건강해질 수가 있었기 때문일 것이다.

그리고 침 또는 타액을 선인 들은 진액(津液)이라 하였다.

동의보감에 침은 소화작용을 돕고 피부의 종양을 없애며 눈을 밝게 한다고 하며 침을 삼키면 사람의 정기가 몸 속에 보존이 되어 얼굴에 광택이 나면서 장수한다고 하고 있으며, 또한 당(唐)나라 때 사마승정(司馬承禎, 647~735)은 「천은자후서구결 天隱子後序口訣」에서 고치(叩齒) 법으로 앞니부터 작은 소리가 나도록 고치를 한 후 어금니를 큰 소리가 나도록 고치를 한다고 하였으며 또한 혀로 침을 굴리고 진액이 생기면 삼킨다. 침을 삼킬 때에는 내쉬는 숨이 안정됨을 살펴 삼키고 삼킨 후에 숨을 들이 쉰다고 하고 있으며 옛 선인 들은 침을 함부로 뱉지 말고 음식물은 천천히 오래도록 씹어 삼키라고 강조를 하였다.

침은 저작과 연하를 촉진시켜주며 말을 하기 쉽게 해준다. 정상인의 경우에는 외분비선인 타액선(이하선, 악하선, 설하선 등)에서 맛이나 냄새 등의 자극에 의해 아밀라제, 당단백질(mucin 포함), 무기이온, 유기화합물 등이 함유된 타액을 하루 1L~1.5L를 분비한다.

구강 내 침의 산도(PH)는 7.0정도이며 침의 성분 중 탄수화물의 분해 효소인 아밀라제(amylase)는 녹말을 엿당(맥아당 maltase)과 덱스트린(dextrine)으로 분해한다.

그리고 외부로부터 침입하는 병원성 세균과 싸울 수 있는 면역글로불린 A(lgA)와 리소자임(lysozyme)이라는 당 단백질이 함유되어 있어 세균의 침입을 막아준다.

또한 과산화 물을 분해시키는 효소인 퍼옥시디아제(peroxidase)와 비타민C가 침의 소독 효과를 두드러지게 해준다. 그리고 발암성 물질인 아플라톡신(Afla toxin) B1과 일부 음식물이 탈 때 생기는 벤조피렌(benzopyrene) 등을 비활성화 시키는 능력과 다른 독성 물질도 무력화 시키는 기능을 한다.

2) 위

위는 횡경막 바로 밑 복강의 왼쪽에 위치하고 있는 큰 주머니 모양의 장기로써 윗부분의 넓은 곳을 위저(fundus)라 하며 아래쪽 십이지장에 연속되어 있는 좁은 부위는 유문부(Pyloric portion)라 하고 위저와 유문부 사이를 체부(body)라 한다.

위에서는 알코올은 흡수가 되지만 다른 음식물들은 흡수가 되지 않으며 식후 2~6시간 정도 지나게 되면 수프와 같은 유미즙의 상태로 소장으로 넘어간다.

위점막에는 관상선(管狀腺)인 위선이(벽세포, 주세포, 점액성경세포) 있어 위액을 분비하여 음식물을 소화시키는데 벽세포(par ietal sells)에서는 염산(Hcl)을 매일 1~3L씩 분비하며 그리고 위내인자를 분비하고 주세포(Chief Cells)에서는 소화효소인 펩시노겐(pepsinogen)을 분비한다.

그리고 점액성경세포(mycous neck cells)에서는 점액(musin)을 분비하고 있다.

(1) **염산(Hcl)** : 주세포에서 분비된 펩시노겐(pepsinogen)을 펩신(pepsin)으로 전환시켜 단백질 분해 효소로 작용하게 하며 펩신의 활성화를 위해 위내 산성환경(ph2)을 유지시켜준다. 그리고 염산은 육류속의 결합조직을 파기시키고 음식물 속의 세균들을 죽이는 살균작용을 한다. 그러나 염산이 점액층을 뚫고 들어가게 되면 위벽이 헐게되어 궤양이 되기도 한다.

(2) **펩신(pepsin)** : 단백질을 분해하여 유단백질(protase)이나 펩톤(pepton)이 되게 한다. 따라서 단백질보다 아미노산이 적은 화합물로 만들어 소화를 쉽게할 수 있게 하고 육류속의 섬유질을 분해하여 세포와 세포 사이의 연결을 풀어 세포막을 분해함으로써 내용물이 흘러나오게 된다.

(3) **레닌(rennin)** : 유아기의 위액에 특히 많이 들어있는 것으로 유즙 속에 들어있는 카제인(casein)이라는 수용성 단백질을 응결시켜 펩신(pepsin)의 작용을 받기 쉽게 한다.

3) 소장

소장은 직경이 약 3cm로 대장의 직경 7.5cm보다 작기 때문에 붙여진 이름이지만 그 길이는 대장(약 1.5m)보다 소장(약 6~8m)이 더 길다.

소장은 12지장(약 25~30cm)과 공장(空腸, 약 2.5m)과 회장(回腸, 약 3.5m)으로 나뉘며 12지장의 벽세포는 신경분비물질인 세크레틴(secretin)과 콜레시스토키닌(cholecystokinin, cck)이라는 호르몬을 생산하며 소장의 표면적은 테니스장 정도의 크기이다.

소장은 한 개의 관을 통하여 간으로부터 담즙을 췌장으로부터는 췌장액을 받아들인다.

담즙은 작은 지방 방울을 물속에 분산시키며(유화) 췌장액은 유미즙을 중성화시키는 탄산수소나트륨(NaHCO3)이 들어있기 때문에 소장은 약한 염기성을 띠고 있게 된다. 그리고 소장의 벽에는 융모가 있어 소장벽을 부드럽게 해주는데 융모의 외층은 원주 상피세포이며 각 세포에는 수천 개의 미세융모가 있어 양분흡수를 위하여 융모의 표면적을 크게 증가시킨다. 우리가 섭취하여 소화시킨 음식물의 영양분은 주로 소장 특히 소장 상부에서 흡수가 되는데 이는 소장벽의 융모 속에 있는 관(모세혈관, 림프모세혈관 또는 유마림프관)으로 흡수가 된다.

당과 아미노산은 융모의 모세혈관으로 들어가(흡수) 문맥을 통해 간으로 운반이 되고 지방은 글리세롤과 지방산으로 분해되어 주로 공장과 회장의 점막 세포에서 흡수가 되어 다시 작은 지방 단백질 방울로 결합되어 유미 림프관으로 들어가 유미조 흉관을 통해 혈액으로 들어가거나 일부는 문맥으로 모여 간으로 간다. 단백질은 아미노산으로 분해되어 흡수된 후 대부분이 문맥을 통해 간으로 간다.

4) 췌장(비장, 이자)

일제강점기에 서양의학이 들어오면서부터 원래 쓰이던 용어인 비장(脾臟)이 췌장(膵臟)으로 바뀌어 쓰이거나 비장=췌장=이자와 같이 혼용되어 사용되고 있다.

췌장(비장)은 장기중 가장 깊숙한 곳에 자리 잡고 있는 장기로 위장의 뒤쪽에 가로로 누워 밑 부분이 12지장과 맞닿은 길이 15~25cm, 폭 3~5cm, 무게 70~100g 정도의 크기로 내분비와 외분비 기능을 하는 길쭉하며 약간 납작한 기관으로 하루에 약 500~800ml 정도의 약 알카리성(ph8.5) 췌장액을 분비하고 분비된 췌액은 12지장으로 들어간다.

식이성 탄수화물에는 녹말과 설탕, 포도당 중합체인 글리코겐(glycogen)과 섬유소 그리고 이당류인 젖당(lactose)과 맥아당(maltose)이 있으며 단당류인 포도당(glucose)과 과당(fructose)등이 있다. 그러나 우리 몸에는 소와 같은 초식동물들이 가지고 있는 섬유소 분해 효소가 없어 섬유소는 변을 통해 몸 밖으로 배출하게 된다.

(1) 아밀라아제(amylase) : 기다란 포도당중합체를 쪼개서 짧은 포도당 사슬과 전분을 분해해서 맥아당(maltose)과 엿당 등의 이당류로 만든다. 소장에서 탄수화물을 수송할 때에는 단당류로 분해되어야한다. 따라서 이당류 분해효소인 말타아제, 수크라아제, 락타아제에 의해 단당류로 분해되어야 한다.

(2) 말타아제(maltase) : 이당류인 맥아당(maltose)을 단당류인 포도당(glucose)으로

(3) 락타아제(lactase) : 유당을 글루코스(glucose)와 갈락토스(galactose)로 분해한다.

(4) 리파아제(lipase) : 중성지방을 지방산과 글리세린으로 분해

(5) 트립신(trypsin)과 키모트립신(chymotrypsin) : 단백질을 작은 폴리뎁티드(polypeptide)로 분해하고 카복시펩티다아제는 이들 폴리펩티드를 아미노산까지 분해한다.

(6) 글루카곤(glucagon) : 체내의 혈당이 저혈당일 경우 간에서 글루코젠을 포도당으로 분해해 혈당량을 높이는 작용을 한다.

(7) 인슐린(Insulin) : 췌장의 랑게르한스섬의 β세포에서 합성되며 식사 후 혈당량이 높아지면 인슐린이 분비된다. 인슐린은 에너지원으로 사용하기 위해 포도당의 세포유입을 촉진하고 지방조직에서는 포도당의 저장과 지방산으로의 전환을 도우며 지방산의 분해를 늦춘다. 또한 근육에서는 단백질을 합성하기 위해 아미노산의 흡수를 촉진한다.

5) 간

간은 약 1500~1800g 정도의 적갈색 장기로 4엽(좌엽, 우엽, 방상엽, 미엽)으로 구분되며 우엽에는 한 개의 담낭이 붙어있으며 하루에 약 500~1000ml의 담즙을 분비한다. 담즙은 담즙색소, 담즙산염, 무기염 등을 포함하고 있는 알카리성 액체로써 담즙산염은 지질(lipid)을 유화시키고 소화된 지방산을 물에 잘 녹게 하여 소장에서 흡수를 쉽게 하게 한다.

혈액은 장의 모세혈관에서 간문맥을 지나 간으로 들어간 후 여러 과정을 거쳐 간정맥을 경유하여 하대정맥 속으로 들어간다.

(1) 간의 작용

혈액이 간을 통과할 때

① 독성물질을 제거하고 대사시킴으로써 혈액을 해독한다.

② 혈액성분과 혈액량을 일정하게 유지한다.

③ 철분이나 지용성비타민(A, D, E, K)를 제거하거나 저장을한다.

④ 아미노산을 이용하여 알부민이나 섬유소원과 같은 혈장단백질을 만들거나 혈액속의 콜레스테롤의 양을 조절한다.

⑤ 과도한 혈당은 글리코겐 형태로 간에 저장을 한다.

⑥ 식후에서 다음 식전까지 글리코겐은 포도당으로 분해되어 간문맥으로 들어감으로써 일정한 혈당량을 유지한다.

⑦ 글리코겐의 공급이 고갈되면 지방으로부터 글리세롤과 아미노산을 포도당 분자로 전환하며 아미노산이 분해될 때 생성된 질소 노폐물인 요소는 신장에서 배출한다.

⑧ 헤모글로빈의 분해물질인 빌라루빈을 제거하여 담즙으로 배출한다.

(2) 간질환

간은 뛰어난 재생능력을 가지고있어 손상률이 재생률을 넘지 않는다면 회복할 수가 있다. 그러나 간이 수행하지 못할 경우 스스로가 치유할 시간적인 여유가 없을 것이다.

① 황달 : 눈의 흰자위와 피부의 색깔이 누렇게 되는 현상으로 헤모글로빈의 분해물질인 황녹색의 빌리루빈이 비정상적으로 많게 되면 피부에 축적하게되어 나타나는 현상이다. 황달은 감염으로 인하여 일어날 수 있으며 적혈구가 비정상적으로 많이 파괴되는 용현성 황달과 담관이 폐쇄되거나 간세포가 손상을 입었을 경우의 폐쇄성 황달로 구별할 수가 있다.

② 감염

· A형 감염 : 오염된 물을 마셨을 때 보통 일어난다.

· B형 감염 : 성접촉에 의해 보통 감염이 되며 수혈이나 오염된 주사 바늘에 의해서도 감염이 되는 접촉성 감염이다.

· C형 감염 : 감염된 혈액에 의해 보통 전염이 되며 만성 감염이나 간암으로 사망에 이를 수도 있다.

③ 간병변 : 지방간이 되며 그리고 나서 간조직은 비활성 섬유조직으로 된다.

6) 담낭(담 膽, 쓸개)

간에서 만들어진 여분의 담즙을 저장한다.

담즙은 적혈구의 붉은 색소인 헤모글로빈이 분해될 때 생성되는 빌리루빈으로 인하여 황록색을 띤다. 담즙은 진한 점액성 물질로 총수담관을 경유하여 십이지장으로 들어간다. 또한 담즙에 들어있는 콜레스테롤은 분리되어 결정체로되며 결정체가 커지게 되면은 담석이 된다.

그리고 담석이 총수담관을 막게 되면 폐쇄성 황달이 나타나게 된다.

7) 대장

대장은 회장으로부터 계속되는 직경 6.5cm, 길이 1.5~2m에 이르는 소화관으로 맹장, 결장, 직장, 항문에 이르는 소화관이다.

대장은 수분과 염류 및 일부 비타민을 흡수하며 소화되지 않은 물질을 항문으로 배출할 때까지 저장을 하는 곳이다. 직장은 길이 20cm 정도의 항문으로 끝난다.

대변은 빌리루빈으로 갈색을 띄게 되며 세균이 소화되지 않은 찌꺼기에 작용할 때 생기는 물질로 인하여 냄새가 난다. 그리고 결장에 서식하고 있는 세균의 99% 이상은 절대혐기성 생물(산소가 존재하면 죽는다)이며 소화되지 않은 물질을 분해할 뿐 아니라 일부 비타민과 분자 물질을 만들기도 한다.

섬유성 음식물은 수분을 흡수하고 장을 확장시켜주는 물질을 제공한다. 규칙적인 배변은 대변에 있는 발암성물질에 결장벽이 노출되는 시간을 줄여주는 효과를 가져다줄 것이다.

제2장 천기(청기 淸氣)

Ⅰ. 호흡순환

학기중 학생들이나 수련중인 수련생들에게 세상에서 가장 힘든 것이 무엇이라 생각하느냐는 질문을 한다.

물론 각자의 처해진 상황에 따라 취업이나 각종의 자격시험 또는 돈버는 일과 건강 등의 여러 가지 대답들이 나오곤 하지만 숨쉬는 일이 가장 힘든 일이 아니겠냐는 물음에 이들은 다소 의아해 하기도 한다.

우리들 주변의 가족이나 친지들 중에 위독하여 중환자실에서 인공호흡기에 의지하여 생명을 유지하고 있는 일을 한 번 쯤은 본 경험이 있었을 수도 있을 것이다.

들숨과 날숨이 연결되지 않고 끊어진다면 생명체들은 삶과 죽음의 경계를 넘어서게 될 것이다.

또한 학생들에게 단전호흡을 해본 사람이 있느냐고 물어보면 대부분의 학생들이 들어는 봤으나 해본적은 없다는 대답을 한다.

그러나 호흡이라는 것이 살아 움직이는 생명체라면 모두가 할 수밖에 없는 것이고 단전호흡이라는 것 또한 어느날 갑자기 혜성처럼 만들어진 것이 아니며 오랜 세월동안 어떻게 하면 효과적으로 호흡을 하여 건강하게 삶을 영위할 수 있겠는가라는 생각으로 연구를 거듭하여 개발되고 발전되어 온 것이 단전호흡법이라 하겠지만 우리들 모두가 해본 기지개를 펴는 것이 단전호흡에서 말하는 내공법이라며 부연설명을 해주면서 밤길을 갈 때나 시험이나 면접을 볼 때 긴장되고 불안하여 망치게 될 것 같으면 숨을 크게 들이신 후 멈추고 아랫배(단전)에 힘을 주었다가 천천히 내쉬는 것을 몇 번 해보면 한결 안정이 되고 자신감이 생겨날 것이며 산책을 할 때에도 몇 걸음을 걷는 동안 숨을 들이쉬고 단전에 힘을 주면서 몇 걸음을 옮기고 내쉬면서 몇 걸음을 걷는 방법으로 산책을 하라고 권하고 싶다. 물론 정확한 호흡법을 배워 활용을 한다면 금상첨화이겠지만 그래도 많은 효과를 보게 될 것이라 권하곤 한다.

생명체들은 앉으나 서나 잠을 잘 때는 물론 걷거나 일을 할 때에도 숨을 멈출 수가 없다.

따라서 인간들은 보다 효과적인 호흡을 통하여 하고자하는 일의 능률을 높이거나 건강한 삶을 꾀하고 장수를 위하여 그 방법을 연구하고 필요한 동작들을 개발하여 왔다고 볼 수 있다.

이는 농부나 어부들이 공동 작업에서 부르던 노래를 통하여 활력을 불어넣고 장단에 맞춰 호흡을 고르고 동작을 통일하였으며 또한 줄다리기를 할 때와 무거운 물체를 옮기거나 밀 때 영차와 으쌰 등의 구호를 외치면서 호흡과 함께 힘을 모으고 동작을 통일하였음을 알 수가 있다.

특히 대표적인 무산소 운동이라고 할 수 있는 100m 달리기에서 세계적인 선수들은 출발전 숨을 크게 들이 마신 후 출발과 동시에 대·여섯 발짝을 뛰는 동안에 짧고 빠르게 숨을 내쉰 후 일체의 호흡을 하지 않고 결승점까지 달리는 것으로 알려져있다. 그리고 이에 반하여 42.195km를 달리는 대표적인 유산소운동이라 할 수 있는 마라톤에서는 산소공급이 충분히 이루어지지 않을 경우에는 젖산이 근육에 축적되어 피로감과 함께 스트레스를 높이는 요인이 될 수 있다.

따라서 호흡의 방법 또한 한 번의 들이마쉬는 들숨을 함에 있어 몇 번에 걸쳐 마시냐와 내쉬는 날숨 또한 몇 번에 걸쳐 내쉬냐는 방법들이 개발되어 선수에 따라 활용되고 있다.

대기중의 성분구성은 대략 질소(N) 79.04%, 산소(O2) 20.93%, 이산화탄소(CO2) 0.03% 등으로 이루어져 있다고 보고 있다.

그러나 해발 0m에서 온도가 15℃일 때 기압은 1013헥토파스칼(hpa)이고 산소농도가 100%로 물의 끓는 온도가 100℃이던 것이 해발 1000m에서는 온도가 8.5℃가 되며 기압은 899헥토파스칼(hpa)이 되고 산소농도는 88%로 물의 끓는 온도는 97℃로 낮아지게 된다.

또한 해발 2000m에서 온도는 2.0℃로 낮아지고 기압 또한 795헥토파스(hpa)로 낮아지고 산소농도는 78%가 되며 물의 끓는 온도 또한 94℃로 낮아진다.

그리고 해발 3000m일 때 기압은 더욱 낮아져 701헥토파스(hpa)가 되며 산소농도 또한 68%가 되며 물의 끓는 온도는 92℃로 낮아지게 된다. 온도 또한 고도가 100m씩 높아질수록 0.67℃씩 낮아지게 된다.

따라서 고도가 높은 산을 오를 때 적응을 하지 못한 산악인 중에 고산병으로 인하여 흔하게 주어지지 않는 등정의 기회를 눈물을 머금으며 포기할 수밖에 없는 상황에 처하게 되는 일을 겪게 되기도 한다.

호흡은 생명체가 생명활동에 필요한 대기중의 산소를 들여마셔 조직까지 공급하는 흡기작용과 물질대사 과정에서 발생된 이산화탄소(CO2)를 몸 밖으로 내보내는 호기작용을 이르는 말로써 보통 안정시 성인이 1회에 들여마시거나 내쉬는 공기의 양은 500ml 정도이며 1회에 공기를 들여마신 후 최대로 들여 마실 수 있는 예비흡기량은 약 3000~3200mL정도이며 1회에 공기를 내쉰 후 최대로 내쉴 수 있는 예비호기량은 약 1000~1200mL정도로 보고 있다.

호흡작용은 늑간근에 의존하는 흉식호흡과 횡경막의 운동에 의존하는 복식호흡으로 구분을 할 수가 있다.

이는 외늑간근의 수축으로 흉곽의 전·후·좌·우의 폭이 증가되거나 횡경막의 수축으로 흉곽의 상·하 길이가 증가됨으로써 흉강의 용적이 증가되고 흉강내압이 감소되어 폐가 확장하게 된다. 따라서 폐포내압이 감소됨으로써 폐로 공기가 유입되는 흡기작용과 횡경막과 외늑간근이 이완됨으로써 흉강의 용적이 감소됨에 흉강내압이 증가하게 된다. 따라서 폐포내압의 증가로 폐 밖으로 가스가 내보내지는 호기작용이 이루어지게 된다.

호흡은 폐포 내에서 공기와 혈액 사이의 분압차에 의한 확산으로 가스교환을 하는 외호흡 또는 폐호흡과 혈액과 조직세포 사이의 가스교환을 하는 내호흡으로 구분할 수가 있다.

이는 입과 코를 통하여 들여마셔진 산소가 기도를 통하여 좌우의 폐에 있는 3억개 이상의 폐포에 이르게되면 마치 포도송이에 달린 포도알과 같이 직경이 0.1mm~2mm정도 크기의 공기주머니인 폐포와 포도알을 감싸고 있는 껍질과 같이 이를 감싸고 있는 모세혈관 사이에 가스교환이 이루어진다.

즉 폐포 내의 산소는 모세혈관 속으로 모세혈관 속의 이산화탄소(CO2)는 폐포 내로 교환이 이루어져 이산화탄소는 호기과정을 통하여 몸 밖으로 내보내지게 된다.

또한 모세혈관 속으로 들어간 산소는 혈장에 의해 용해된 상태로 안정시 분당 산소 소비량인 250ml~300ml의 3~4% 정도가 운반되고 대부분의 산소는 적혈구 내로 확산되어 산화 헤모글로빈(HbO2)의 형태로 운반(97%)된다.

이는 헤모글로빈 1g당 산소 1.34mL과 결합을 할 수가 있는데 혈액 100mL당 헤모글로빈의 함량은 약 15g정도(남자: 14g~16g, 여자: 12g~14g)로 안정시 혈액 100mL당 10.1ml의 산소를 운반할 수가 있다.

운반된 산소는 혈액과 조지세포 사이의 가스교환(내호흡)으로 산소(O2)는 조직세포 내로 에너지 생성을 위해 소비되며 대사산물인 이산화탄소(CO2)는 모세혈관 내로 확산되어 정맥혈의 혈장 내의 용해된 상태로(9%) 운반되고 중탄산이온(HCO3)의 형태로 78%정도가 운반된다. 그리고 나머지 13%정도의 이산화탄소 중 헤모글로빈(90%)과 카바민화합물(10%) 형태로 운반되어 호기과정에 의해 몸 밖으로 배출을 하게 된다.

Ⅱ. 단전호흡

생명체에게 있어 호흡은 필수불가분한 것이다. 이는 인간이 천기(天氣)와 지기(地氣)를 합하여 태어난 것이라고 할 때 소우주(小宇宙)인 인체의 생성(生成)과 활동은 인기(人氣)가 경락을 순환함으로써 이루어지는 것으로 볼 수가 있으며 이는 사람은 부모로부터 이어받은 선천의 정기(精氣)인 진기(眞氣)와 음식물을 통해 얻게되는 수곡정기(水穀精氣)인 영기(營氣)와 위기(衛氣) 그리고 자연계에 존재하고 있는 청기(淸氣)를 흡입하고 탁기(濁氣)를 내보내는 토고납신(吐故納新)의 호흡작용을 통하여 근원한다고 할 수가 있다.

단전(丹田)이란 단(丹: 생명의 상징, 생체에너지)이 모이는 생겨나는 밭(田)이라는 뜻으로써 한의학에서는 단전을 상단전(머리 정수리의 백회(百會)과 중단전(명치 끝 부분의 단중(膻中)과 하단전(기해 氣海)으로 구분하고 있으나 보통 기해(氣海) 즉 기(氣: 생명체의 에너지원)가 바다처럼 모이는 흐른다는 뜻으로 배꼽 아래 1치(寸) 되는 부위를 말한다.

편작(扁鵲)은 「황제팔십일난경 黃帝八十一難經」에서 사람의 기는 진원(眞元)으로부터 생생한다 하고 진원은 배꼽밑의 단전(丹田) 또는 기해(氣海)로 생명의 근본이며 기를 만들어내는 원천이라 하였다. 이렇듯 단전은 인체 내의 모든 힘의 근원이 되기 때문에 호흡을 통하여 우주에 존재하고 있는 청기(淸氣)를 단전에 모으고 이를 튼튼히 함으로써 적재적소에 활용함은 물론 체내의 각 기관들을 보다 강하게 해주고자 하는 것이다.

이러한 호흡에 관련하여 「관자 管子」 내업(內業)에서는 무릇 사람이 태어날 때 하늘은 정(精)을 내고 땅은 형(形)을 내는데 이 둘이 합해짐으로써 사람이 된다. 정이란 기 가운데 정미한 것이다.

천지 사이는 정기로 가득차 있는데 사람이 이 정기를 흡수할 수 있다면 건강하고 지혜롭게 변한다. 내면의 마음이 안정되면 귀와 눈이 총명해지고 사지가 견고해지니 정이 머무를 수 있다 하고 있으며[135]

진치허(陳致虛, 호: 上陽子)는 정욕이 움직이지 않으면 정기는 저절로 생긴다. 기가 충만한 사람은 병이 적고 안으로는 뜻이 크고 뼈가 튼튼하며 밖으로는 근력이 좋고 용기가 있고 민첩하여 신체는 꽃이 피고 열매가 맺는다 하였다

---

135) 범인지생야 천출기정 지출기형 합차이위인 정야자 기지정자야 정심재중 이목총명 사지견고 가이위정사 凡人之生也 天出其精 地出其形 合此以為人 精也者 氣之精者也 定心在中 耳目聰明 四枝堅固 可以為精舍 「유염」

욕정부동즉정기자상생의 기지성자소병 내즉지견골강 외즉근력용예 신골풍수실
欲情不動則精氣自相生矣 氣之盛者少病 內則志堅骨強 外則筋力勇銳 身骨豊秀實

「운급칠점 雲笈七籤」의 원기론(元氣論)에서는 사람이 태어날 때는 천지의 원기를 부여받아 정신(新)이 되고 형체(形)가 되며 원일지기를 받아 액(液)이 되고 정(精)이 된다 하며 천기가 소모되면 정신이 흩어지고 지기(地氣)가 소모되면 형체가 병들며 원기가 소모되면 수명이 다하면서 원기는 양에 속하기 때문에 영기(靈氣)가 되며 혈맥은 음에 속하기 때문에 음기는 위기(衛氣)가 된다. 영기와 위기가 항상 흐르면 영원히 산다 하고 영기는 맥 속을 다니고 위기는 맥 바깥을 다니며 낮에는 몸 표면을 다니고 밤에는 장속을 다닌다. 이들은 하루에 50회를 도는데 아침이 되면 양손의 촌(寸) 관(關) 척(尺)에서 크게 만나 음양이 서로 소통을 한다.

영기와 위기는 이처럼 항상 쉬지 않고 온 몸을 돌아다녀 시종일관 끊어지지 않는다. 이들이 끊어지면 죽고 흘러다니면 산다.

수련을 통해 정(精)을 단련하여 기(氣)로 변화시키고 기를 단련하여 신(神)으로 변화시키며 신을 단련하여 텅빔(虛)으로 환원시켜 천지와 하나가 되고자 한다 하고[136]

그리고 「태상구요심인묘경 太上九要心印妙經」에는 진일(眞一)의 진(眞)은 순결하고 아무것도 섞이지 않는 것이며 영겁토록 변하지 않고 보존되는 것을 일(一)이라 하고 있다.

또한 사람의 몸 속에서 진(眞)은 사람의 신(神)이고 일(一)은 사람의 기(氣)이다. 오랫동안 신은 기에 감싸여 있고 기는 신에 싸여있어 신과 기가 서로 감싸고 있다.

기해(氣海)에서 굳게 자리잡아 신구(神龜)를 조화하는 것이 사람의 명(命)이다. 신은 사람의 성(性)이며 성이 남방의 적사(赤蛇)라면 명은 북방의 흑구(黑龜)이다.

구와 사가 서로 얽혀 있으며 이 두 기를 삼켜 관통하여 하나의 기가 되면 두루 통하여

---

136) 인지소생야 품천지지원기위신위형 수원일지기위액위정 천기감모 신장산야 지기감모 형장병야 원기감
人之所生也 稟天地之元氣爲神爲形 受元一之氣爲液爲精 天氣減耗 神將散也 地氣減耗 形將病也 元氣減
모 명장갈야
耗 命將竭也
이원기속양 양위영이 혈맥속음 음위위 영위상류 소이상생야
以元氣屬陽 陽爲榮以 血脈屬陰 陰為衛 榮衛常流 所以常生也
영행맥중 위행맥외 주행우신 액행우장 일백각오십주 지평단대회양수촌관척
榮行脈中 衛行脈外 晝行于身 夜行于藏 一百刻五十周 至平旦大會兩手寸關尺
음양상관 상류여순기환 종시불절 절즉인사 류즉인생
陰陽相貫 常流如循其環 終始不絕 絕則人死 流即人生 「운급칠점 원기론」

위아래로 흐르며 통하지 않는 곳이 없다. 이것이 진실한 포원수일(抱元守一)의 도라고 하고 있으며,

황정경은 위화존(魏華存, 252년~334년)부인이 전수하였다고 하는데 「황정경(黃庭經)」에는 황정외경경(黃庭外景經)과 황정내경경(黃庭內景經) 두 편으로 이루어져 있는데 황정은 사람의 원정(元精) 원기(元氣) 원신(原神)을 저장하니 정을 황정에 이르게하고 기를 황정에 돌아가게하며 신을 황정에 들어가게 하여 오랫동안 머무르게 하여야 한다고 한다.

황정외경경에는 노자가 조용히 머물면서 칠언시를 짓는데 위에는 황정(黃庭)이 있고 아래로는 관원(關元: 배꼽 세 치 아래)이 있으며 뒤에는 유궐(幽闕: 배꼽 또는 신궐 神闕)이 있고 앞에는 명문(命門)이 있네 여간(廬間: 코)으로 호흡하여 단전에 이르고 옥지(玉池: 입)의 청수(淸水: 침)가 영근(靈根: 혀)을 적시네 자세히 살펴서 이것을 수련하면 장생불사하리라고 하고 있다[137].

「노자 하상공장구 老子 河上公章句)」에서는 내 몸에서 도를 닦고 기를 아끼고 신(神)을 기르면 장수할 수 있으니 그 덕을 이와 같이 하면 진인이 된다고 하며[138],

「태상노군양생결 太上老君養生訣」에서는 노자가 현빈(玄牝)의 문은 천지의 뿌리이니 끊어질 듯 끊어질 듯 이어져 아무리 써도 다함이 없다고 하였는데 입과 코는 천지의 문으로 음양과 생사의 기운을 들여마시고 내쉬는 곳이라는 말이다.

매일 아침부터 정오가 될 때까지 무릎 위에 두 손을 펴서 지긋이 양쪽 관절을 누르면서 입으로는 탁한 기를 토해내고 코로는 맑은 기를 들여마시니 이것이 토고납신이라 하고 있다[139].

---

137) 노자한거작칠언 상유황정하관원 뒤유유궐전병문 호흡여간입단전 옥지청수관영근
老子閑居作七言 上有黃庭下關元 後有幽闕前命門 呼吸廬間入丹田 玉池淸水灌靈根
심능수지가장존
審能修之可長存 「황정경

138) 노군왈 현빈문천지근 면면약존 용지부근 언구비천지지문 이토납음양생사지기
老君曰 玄牝門天地根 綿綿若存 用之不勤 言口鼻天地之門 以吐納陰陽生死之氣
매단면향오 전양수어슬상 서서안날양절 구토탁기 비인정기 소위토고납신
每旦面向午 展兩手於膝上 徐徐按捺兩節 口吐濁氣 鼻引淸氣 所謂吐故納新
「태상노군 양생결」

139) 수도어신 애기양신 익수연년 기덕여시 내위진인
修道於身 愛氣養神 益壽延年 其德如是 乃為真人 「노자 하상공장구」

그리고 후한말의 최식(崔寔, 103년~170년)의 「정론(政論)」에서는

배꼽 아래 두치 부위를 관(關)이라고 한다. 관은 호흡의 기를 저장하는데 이렇게 함으로써 네 가지 기운을 제공하게 된다. 그러므로 숨을 오래 쉬는 사람은 관으로 숨을 쉬고 호흡이 짧은 사람은 숨이 차츰 가쁘게 되고 맥은 점점 빨라지며 신(神)이 점점 달아나니 어깨로 숨을 쉬어야 비로소 퍼진다.

신(神)을 차츰 전일하게하여 관으로 숨을 쉬는데 이르면 기가 넘치게 될 것이다. 그러므로 도를 닦는 사람은 항상 기를 관에 이르게 해야 한다고 하였으며[140],

유염(兪琰, 1258년~1314년)은 송나라 말에서 원나라 초의 도교학자이자 내단가로써 선천육십사괘적도를 그리고 인체의 내기(內氣)가 운행하는 노선과 내단수련의 화후를 표시하고 서술을 하였다.

그는 한 번 오르고 한 번 내려서 상ㆍ하 왕래함이 순환하여 끝이 없다. 천지가 이와 같고 사람의 몸도 이와 같다면서

자시(子時, 23:00~01:00)에 기(氣)가 미려(尾閭)에 있고 축시(丑時, 01:00~03:00)와 인시(寅時, 03:00~05:00)에는 허리(요간 腰間)에 있으며,

묘시(卯時, 05:00~07:00)와 진시(辰時, 07:00~09:00)와 사시(巳時, 09:00~11:00)에는 척추의 척려(脊膂)에 있고

오시(午時, 11:00~13:00)에는 니환(泥丸)에 있다.

미시(未時, 13:00~15:00)와 신시(申時, 15:00~17:00)와 유시(酉時, 17:00~19:00)에는 가슴(胸膈)에 있고 술시(戌時, 19:00~21:00)와 해시(亥時, 21:00~23:00)에는 뱃속(腹中)으로 들어오니 이것은 하루동안 진행되는 기의 오르내림이다.

140) 인제이촌위지관 관자 소이관장호흡지기 이품수사기야 고기장자이관식 기단자기식초승 기맥초촉
鄰臍二寸謂之關 關者 所以關藏呼吸之氣 以稟授四氣也 故氣長者以關息 氣短者其息稍升 其脈稍促
기신초월 지우이견식이기서 기신초전 지우이관식이기연의 고도자상 치기우관
其神稍越 至於以肩息而氣舒 其神稍專 至于以關息而氣衍矣 故道者常 致氣于關 「정론」

숨쉬는 것도 그러하다. 숨을 들여마시며 아래로부터 위로 올라가고 내쉬면 위로부터 아래로 내려간다고 기의 운행시간을 말하고 있다[141].

Ⅲ. 호흡의 형태

호흡을 하는 형태로는 움직임이 없이 하는 정공법(正攻法)으로 좌선(坐禪)또는 참선(参禪)이나 명상(冥想)과 양신(養神) 등을 들 수 있으며 동작과 함께 호흡을 조절하면서 정신을 집중하는 동공법(動功法) 또는 행공법(行功法)으로 나누어 구별을 해볼 수가 있을 것이다.

그리고 이러한 형태의 방법들로 인도 요가의 호흡법인 프라나야마(pranayama)에서 불교에 도입된 호흡을 조절하는 조식법(調息法)은 선정(禪定)에 이르는 기초 단위로 보고 있으며 수(隋)나라 때 천태지의(天台智顗, 538~597)는 선법(禪法)을 온갖 상념들을 멈추고 마음을 하나의 대상에 집중시키고 그것에 의지하여 바른 지혜를 일으켜 대상을 보는 지관(止觀)을 바탕으로 재편성하여 체계화하였다.

그리고 당(唐)나라 때 도교 상청파 13대 종사로 정일(貞一)이라는 시호를 받은 사마승정(司馬承禎, 647~725)은 몸을 바르게 하고 조용히 앉아 숨을 고르고 자신의 육체적 속박으로부터 자유로와지고 생각과 존재감이 없이 대도(大道)와 일체가 된 경지인 좌망(坐忘)론을 찬술하였다.

또한 좌망과 유사한 도교의 수일법(守一法)은 자신의 정(精)을 소비하지 않고 시각이나 청각은 물론 지각과 인식 작용까지도 폐쇄를 하여 의식을 일(一)에 집중시키고 외계와의 교섭을 상상하는 방법인 존사법(存思法)과 교착하면서 상청파 도교의 장생술로 발전을 하였다.

행공(行功)또는 동공(動功)법은 도인법(導引法)과 아울러 수많은 무술들의 발생과 더불

---

141) 일승일강 상하왕래 개순환이무궁야 천지여차 인신역여차 자시기도미려 축인재요간
日升一降 上下往來 盖循環而無窮也 天地如此 人身亦如此 子時氣到尾閭 丑寅在腰間
묘진사재척려 오재니환 미신유재흉격 술해즉우귀우복중 차일일지승강연야 일식역연
卯辰巳在脊膂 午在泥丸 未申酉在胸膈 戌亥則又歸于腹中 此一日之升降然也 一息亦然
흡즉자하이승우상 호즉자상이강우하
吸則自下而升于上 呼則自上而降于下 「유염」

어 무술들의 특성에 따라 여러 형태로 발전되어 내려오고 있다.

수십년간 합기도를 수련하여온 본인 또한 호흡을 함에 있어 다소 이견이 있을 수는 있겠으나 숨을 들이쉬고 내쉬는 것을 생각하거나 느끼지 않는 무념무상의 상태로 마치 꽃봉오리에서 꽃이 피어나듯이 미세하게 호흡을 하는 방법인 외공법(外功法)과 외공법과 동일하게 숨을 들이마신 후 멈춘 상태에서 여러 동작과 함께 단전에 기를 모은 후 외공법과 같이 숨을 내쉬는 방법인 내공법(內功法) 그리고 내공법과 같이 숨을 들이쉰 후 멈춰 기를 단전에 모았다가 폭탄이 폭발하듯 일순간에 기합과 함께 내쉬는 방법인 파공법(破功法) 등을 활용하고 있다.

1. 정공(靜功)

내 · 외단에 관한 최초의 문헌 기록으로는 「대정장大正藏 권46」의 남악사대선사입 원문(南岳思大禪師立 願文)에서 불교 天台宗의 제삼조인 혜사(慧思, 515년~577년) 선사가 외단의 힘을 빌려 내단을 닦고 중생을 편안히 하고자 먼저 내자신이 편안하게 되기를 바란다는 데서 찾아볼 수가 있을 것이다(차외단력수내단 욕안중생선자안 借外丹力修內丹 欲安衆生先自安).

정공 또는 성공(性功)은 주로 마음의 고요함과 안정을 찾아 성(性)을 기르고 덕을 쌓는 수련법이다. 불가에서 참선을 하는 것과 같이 가부좌를 틀어 앉은 자세에서 눈은 지그시 내리감아 실눈을 뜬 상태에서 혀 끝을 위 잇몸에 대고 호흡은 미세하게 들여마시고 내쉬는 방법이다.

1) 내단법(內丹法)

사람의 정 · 기 · 신(精 · 氣 · 神)을 단련하는 공법들을 내련(內煉)이라하며 그 결과물을 내단(內丹)이라고 한다. 주자는 참동계고이(參同契考異)에서 내단이란 약의 힘을 빌리는 것이 아니라 몸 속의 힘을 강화하는 것이라 보았으며 당나라 때 도사 소현랑(蘇玄朗)은 하늘과 땅이 준 내몸보다 더 좋은 영초가 없으니 한결같은 뜻을 세워서 보물을 만들라고 내단수련을 강조하였다.

복기(服氣)는 호흡을 위주로 하는 수련법 으로 행기(行氣) 조식(調息) 또는 토납(吐納)이라고도 하며 인체 내에 금액(金液침)을 입안에 모아 단을 만들어 전신에 돌게 하는 호흡법으로 조식법(調息法) 또는 폐식(閉息)이라고 하는 호흡법과 체내의 기를 임맥과 독맥이라고 하는 기맥에 따라 돌게 하는 행기법(行氣法) 등이 있으며 용호비결(龍虎秘訣)을 지었던 북창 정렴(鄭磏)은 폐기(閉氣)란 숨을 들이 쉬고 잠시 참는 동작이라 하고 있다.

(1) 호흡법의 원리는 토고납신(吐故納新)이라하여 더렵혀진 숨(濁氣)을 토해내고 신선한 공기(淸氣)를 코를 통하여 최대한 들여마시는 호흡으로 「포박자」에서는,

명의 길고 짧은 것은 실제로 만나는 바로 말미암는 것이다. 기를 받아 태를 맺게 되면 각각 담당하는 별이 있게 된다고 하여 탄생한 날의 성좌와의 관계에 의하여 운명이 결정된다고 말하고 있다.

그리고 사람이 태어날 때에는 먼저 정신을 천지에서 받고 후에 기혈을 부모에게서 이어 받는다고 하며 호흡을 하는데 있어 밤 12시부터 낮 12시까지 생기시간에 하는 것이 효과적이라고 말하고 있다.

즉 대저 행기를 행하는데 있어서는 마땅히 생기 때에 하여야 하며 사기 때에는 하지 않아야 한다.

하루 낮과 밤에는 열 두시가 있다. 그 반야(밤12시)에서부터 일중(낮 12시)까지 여섯시간(실제 12시간)을 생기라 하고,

일중(낮 12시)부터 야밤(밤 12시)까지 여섯시간(실제 12시간)을 사기라 하며 사기의 시간에는 행기를 하여도 이익이 없다고 말했다[142].

(2) 호흡을 하는 방법으로는 태식을 얻는 사람은 능히 코와 입을 가지고 허흡을 하지 않고 포태 속에 있을 때와 같에 하게 되면 바로 도가 이루어진 것이라 할 수 있다. 처음 기행을 배울 때에는 코로 기를 들여 마신다음 이것을 멈춤 후에 조용히 마음속으로 수를 120까지 센 후 입을 통해서 조용히 기를 내쉰다. 기를 내쉬고 들여 마시는데 있어서는 그 기의 출입하는 소리가 들리지 않도록 한다.

그리고 항상 많이 들여 마시되 적게 내쉬어야 하며 홍모(기러기 털)를 코와 입 사이에 붙여놓고 기를 내쉴 대에 홍모(기러기 털)이 움직이지 않는지 살펴야 한다. 점차 이 훈련이 익숙해지면 마음 속에 헤아리는 수가 천에 달하게 된다.

142) 명지수단 실유소치 수기결태 각유성숙 부인생선수정신어천지 후품기혈어부모
命之脩短 實由所值 受氣結胎 各有星宿 夫人生先受精神於天地 後稟氣血於父母
부행기당이생기지시 물이사기지시야 일일일야유십이시 기종반야이지일중육시위생기
夫行氣當以生氣之時 勿以死氣之時也 一日一夜有十二時 其從半夜以至日中六時為生氣
종일중지야반육시 위사기 사기지시 행기무익야
從日中至夜半六時 為死氣 死氣之時 行氣無益也 「포박자」

그리고 천에 달하게 되면은 늙은 사람이 다시 젊어지게 되는데 날마다 하루 하루 젊어지는 것이다 라고 하고 있다[143].

또 다른 방법으로 베개를 베고 편안하게 바로 누운 자세에서 눈을 감고 무념무상으로 호흡은 가벼운 새털을 코 끝에 대었을 때 움직이지 않을 정도로 미세하게 행하는 것으로

장과(張果)는 「장과선생복기법 張果先生服氣法」에서 무념무상의 상태로 주먹을 쥐고 소리가 나지 않게 누워 소리가 나지않게 미세하게 코로 들이쉬고 입으로 토해낸다고 하고 있으며 사손(嗣孫)은 「상동심단경결 上洞心丹經訣」에서 내단을 수련하는 목적은 연년익수(延年益壽)라 하고 내단수련의 제일단계는 환정보뇌로써 그 방법은 반드시 자시(子時, 23:00~01:00)에서 오전 육양시(六陽時, 자시부터 사시까지)에 행하거나 혹은 자시(子時, 23:00~01:00)에서 축시(丑時, 01:00~03:00)사이에 혹은 몸 가운데 양(陽)이 생겨날 때 행하는 것이 좋다고 하고 있다. 그리고 제2단계는 태식(胎息)으로 안팎을 바르고 깨끗이 하며 어린아이처럼 기를 전일(專一)하게 하고 유연함을 이루어야한다. 그런 후에 마치 자식이 어머니의 뱃속에 있는 것처럼 현빈(코와 입)의 뿌리에서 들이마시고 내쉬기를 끊임없이 이어가며 오래도록 계속 행하여 13500번의 호흡에 이르고 태아와 같이 호흡하기를 하루 열두 때 백각(白刻)동안 지속하여 매 시각마다 조화를 잘 이룬다면 작게는 뼈가 바르게 되고 근육이 부드러워지며 피부를 기름이 응긴 것처럼 희어진다. 온갖 병이 침범하지 못하며 수명이 늘어나 죽음에 이르지 않는다고 하였으며

도교의 종파인 전진교의 도사인 구처기(丘處機, 1148년~1227년)는 「대단직지 大丹直指」에서 사람의 욕심과 잡념으로 인하여 생기는 각종의 환영(幻影)을 마(魔: 육욕마六欲魔, 칠정마七精魔, 부마富魔, 귀마貴魔, 은애마恩愛魔, 재난마災難魔, 도병마刀兵魔, 성현마聖賢魔, 기악마 妓樂魔 여색마女色魔)로 구별하고 각종의 이상한 경지와 묘한 광경은 모두 허황되고 망령된 환각이니 그것을 참된 것으로 믿어서는 안 되고 집착하여 추구해서도 안 된다고 하고 있다.

---

143) 득태식자 능불이비구 허흡여재포태지중 즉도성의 초학행기 비중인기이폐지 음이심수지일백이십
得胎息者 能不以鼻口 噓吸如在胞胎之中 則道成矣 初學行氣 鼻中引氣而閉之 陰以心數至一百二十
내이구미토지 토지급인지 개불욕령기 이문기기출입지성 상령입다출소 이홍모저비구지상 토기이홍모
乃以口微吐之 吐之及引之 皆不欲令己 耳聞其氣出入之聲 常令入多出少 以鴻毛著鼻口之上 吐氣而鴻毛
불동위후야 점습전증 기심수구구가지천 지천즉노자갱소 일환일일의
不動為候也 漸習轉增 其心數久久可至天 至千則老者更少 日還一日矣 「포박자」

또한 생물연대는 정확하지 않으나(1247년 생으로 추정) 원나라와 명나라 때의 무당파를 만든 무술가이자 도교의 진인인 장삼봉(張三丰)은 「장삼봉선생전집 권3」 현기직해(玄機直解)에서 모든 세계가 모두 삿된 경계이며 사면에 귀신들이 호곡하는 소리가 들리고 팔방에 살기가 난무하는데 이는 바로 대개관 공부로서 여기에 이르면 모두를 물리쳐 버리며 마음에 공포를 품어서는 안 된다고 하고 있다(편세계도시아경 사면신호귀곡 팔방살기낭연 차정시대개관공부 도차십개구개도하 심불가유공포 遍世界都是訝境 四面神號鬼哭 八方殺氣狼煙 此正是大開關功夫 到此十個九個都嚇 心不可有恐怖).

2) 참선(參禪)

불교는 히말라야 남쪽 산기슭, 오늘의 네팔 타라이 지방에 석가족(釋迦族)이 세운 카필라 왕국의 정반왕(淨飯王)과 마야(摩耶) 왕비 사이에 기원전 624년 4월 8일에 태어난 싯다르타(Siddhartha) 태자에 의해 성립되었다.

마야 왕비는 출산을 위해 친정인 꼴리성으로 가던 도중 룸비니(籃毘尼) 동산의 아소까(無憂) 나무 아래에서 싯다르타를 낳은 후 칠일 만에 세상을 뜨고 말았다.

이후 이모 마하빠자빠띠(Mahapajapati)에 의해 엄격한 교육을 받으며 성장한 싯다르타는 꼴리아(Koliya)의 공주 야소다라(Yasodhara)와 결혼을 하여 라훌라 왕자를 낳았으며 29세 되던 해인 기원전 595년 2월 8일에 늙고 병들어 죽어야만 하는 고통과 근심을 해결하지 못한다면 돌아오지 않겠다는 결심과 함께 최상의 진리를 얻기 위해 성을 몰래 빠져나와 숲속에 들어가 왕자의 옷을 벗어버리고 머리를 자른 후 수도자가 되었다.

이후 35세 되던 해인 기원전 589년 12월 8일 새벽녘에 핍팔라나무(Pippala) 아래에서 악마로 상징되는 번뇌를 완전히 제거하고 깨달음을 이루었다.

싯다르타 태자, 즉 석가모니가 성불한 곳을 보리장(菩提: 깨달음) 혹은 부다가야(菩提伽耶)라 불러 오고 있으며 핍팔라나무 역시 보리수(菩提樹)라 부르고 있다.

석가모니는 지금의 사르나드(Sarnath)인 와라나시(Varanasi)의 선인들이 머무는 사슴동산 녹야원(鹿野苑))에서 가르침을 펼친 후 80세에 입적을 할 때까지 설법을 하다 기원전 545년 2월 15일 쿠시나가라(현. 인도연합성의 Kasia)의 두 그루의 살라 나무 아래에서 입적을 하였다「대한불교조계종교육원, 2010」.

현대 상존하고 있는 모든 종교는 사람이 만든 것이라 할 수 있다. 부처란 깨달은 사람이란 뜻으로 나. 곧 우주의 진리를 깨달았다는 뜻으로 나의 몸은 무엇이고 나의 마음은 무엇인가. 이것이 불도를 수행하는 최고의 목적이라 할 것이다.

생로병사의 고통에서 해탈할 수 있는 도를 찾기 위해 석가모니는 출가를 하였던 것이다.

춘성스님(春城, 1891-1977)은 법어에서 사람이 죽어서 근심, 걱정과 생사고(生死苦)가 딱 끊어졌다면 그 자리가 바로 극락이다.

사람은 지(地), 수(水), 화(火), 풍(風)의 사대(四大)로 되어있는데 이것이 병들거나 사고에 의해 호흡이 끊어지게 되면 죽었다고 하게 된다.

이러한 사대(지, 수, 화, 풍) 가운데 없어지지 않는 것은 나의 주인공인 마음이라 하고 마음이 나타난 것이 음성(音聲)이며 이 음성이 곧 나라 할 수 있다고 하였다.

따라서 불교에서 수행은 마음자리를 찾는 것이라 할 수 있을 것이다.

선(禪)이란 인도의 고대어인 범어(산스크리트어 댜나 dhydna)의 음역인 선나(禪那)의 약칭으로 깊이 생각하여 닦는다는 뜻의 사유수(思惟修) 또는 고요히 생각한다는 정려(靜慮)의 뜻을 의미하고 있다.

선의 방법이 구체적으로 제시된 것은 고대 인도의 선인(仙人)들이 명상을 통해 몸과 마음을 극복하고 예지를 얻는 데서 비롯되었다고 할 수 있을 것이다.

불교에서는 선을 선정(禪定)이라고도 한다.

선정은 한 가지 대상에 집중하여 더 이상 사유할 수 없는 경지에 이르러 시간과 공간이 끊어진 몰입상태를 말하며 선정에 들고자 힘쓰는 것을 참선이라 하고 있다. 또한 참선은 부처님 마음자리인 본성(견실심 堅實心)을 보는 공부이며 부처님 마음자리(본성)을 깨치면 생사가 없고 일체에 뛰어난 대해탈인이 된다고 하고 있다.

참선에는 화두를 가지고 참구하는 간화선의 방법과 화두를 가지지 않고 공부를 하는 묵조의 방법이 있으며 우선 조용하고 정갈한 장소를 택하여 편안한 복장으로 앉아 결가부좌(結跏趺坐)를 취한다.

결가부좌에는 석가여래가 성도를 이룰 때 취하고 있었다는 길상좌(吉祥坐)와 불교가 중국에 전래되면서 변형되어 오늘날까지 우리나라와 함께 주를 이루고 있는 항마좌(降魔座)를 들 수가 있다.

(1) 길상좌 : 오른발을 왼쪽 허벅지 위에 올려 놓은 후 왼발을 오른쪽 허벅지 위에 올려

놓으며 오른손은 왼발 위에 놓고 왼쪽 손등은 오른손 손바닥 위에 놓아 두 손의 엄지손가락 끝을 맞대어 준다.

(2) 항마좌 : 길상자와 반대로 왼발을 오른쪽 허벅지 위에 올려놓은 후 오른발을 왼쪽 허벅지 위에 올려 놓으며 왼손을 오른발 위에 놓고 오른손 손등은 왼손 손바닥 위에 놓아 두손의 엄지손가락 끝을 맞닿도록 하여 기의 흐름을 원활하게 해준다.

이러한 자세의 차이는 인도에서는 깨끗한 오른발이 부정한 왼발을 누른다는 의미에서 길상좌를, 그리고 중국이나 우리나라에서는(항마좌) 음(陰)이면서 정(靜)인 왼쪽의 발을 양(陽)이면서 동(動)적인 오른쪽 발 위에 올려놓아 제압을 한다는 의미를 지니고 있다고 볼 수가 있다.

어찌되었든 결가부좌의 자세에서 허리를 곧게 펴 등과 머리가 일직선이 되게 하며 귀와 어깨는 수평을 이루게 하고 코와 단전(배꼽)은 일직선이 되도록 한다.

그리고 입은 다문 상태에서 혀끝은 윗잇몸에 대고 눈은 지긋이 감은 듯 실눈을 뜬 것과 같이 하여 편안한 자세를 유지하도록 한다.

탄허스님(呑虛, 1913-1983)은 선(禪)의 기본 방법인 관법(觀法)에는 정관(靜觀), 환관(幻觀), 적관(寂觀)이 있으며,

- 정관은 한 생각이 일어나는 데서 고요히 관하기를 이 한 생각이 어디서 일어났는가, 일어나는 자리가 없는 것을 보면 고요해지니 고요한 것이 극치에 이르게 되면 마침내 맑아진다 하고
- 환관은 보고 듣는 그 모두를 헛것이라 보는 것으로 우주만상이 환임을 보게 되면 집착에서 여의고 자성이 밝아온다. 거기서 온갖 착한 일을 행하는 것이다. 또한
- 적관은 정관과 환관이 하나가 되는 것으로 안으로 일어나는 것도 없고 밖으로 모든 물상이 다 빈 것이다. 여기에서 적연 부동한 경지를 얻게 되어 마침내 깨닫는다고 하였다.

그리고 천태지의(天台智顗)는 천태소지관(天台小止觀)에서 선정에 이르는 공부로서 조식(調食) 조수면(調睡眠) 조식(調息) 조심(調心)으로 수양단계를 설정하고 조식(調息)에 관해서 숨은 풍상(風相 숨을 쉴 때 소리가 나는 것)과 천상(喘相 소리는 없지만 들숨과 날숨이 막히고 끊기는 일이 되풀이 되는 것)과 기상(氣相 숨이 가늘지 않는 것), 식상(息相

얕고 희미한 호흡)으로 구별하고 사념을 없애고 마음을 안정시키기 위해서는 식상(息相)에 의지하여야 한다고 하였다「안반수경경 安般守竟經 」「대정장경」.

천태선문(天台禪門)의 구결(口訣)은 호흡조절을 수행의 요점으로 여기며 조식문과 육조문으로 구별할 수가 있다.

조식문(調息門)은 육묘문(六妙門), 십육특승(十六特勝), 통명관(通明觀) 등이 있다.

그리고 육묘문은 내적인 수행의 근본이며 수행자가 도(道)를 얻는 긴요한 방법으로 수(數)·수(隨)·지(止)·관(觀)·환(還)·정(淨) 등이 있다.

(1) 수(數) : 수수(修數)와 수상응(數相應)으로 나눌 수 있으며

① 수수 : 수행자가 편안한 가운데 하나에서 열까지 수를 세면서 숨을 들이쉬거나 또는 내쉬면서 수를 세는 방법으로 호흡을 잘 조화시켜 마음을 숫자에 집중하여 흩어지지 않게 하는 방법이다.

② 수상응 : 마음을 자연스럽게 하여 하나에서 열까지 호흡을 세되, 힘을 들이지 않고 마음과 호흡이 저절로 조절되는 것이다.

(2) 수(隨) : 수수와 증수가 있다.

① 수수 : 수를 세는 것을 버리고 자연스러운 호흡의 출입에 의지해 마음을 거두고 호흡을 조절하는 것으로 호흡이 드나듦만 알면 마음이 호흡에 머물게 되고 흩어지지 않으므로 이것을 수수라 한다.

② 증수 : 마음이 이미 미세해져 안정되고 어지럽지 않으면 호흡이 길고 짧음을 깨닫게 되어 호흡이 온몸에 두루 드나들게 된다.

(3) 지(止) : 수지(修止)와 증지로 나누어진다.

① 수지 : 모든 상념하는 바를 끊고 수와 수의 수행을 생각하지 않으며 그 마음을 집중시켜 고요하게 하는 것을 말한다.

② 증지 : 선정에 들어가서 몸과 마음이 없어짐을 느끼며 안팎의 형상을 볼 수 없고 선정으로 마음을 지탱하면서 아무런 걸림이 없고 흔들림도 없다.

(4) 관(觀) : 수관과 증관으로 나누어진다.

① 수관 : 선정 가운데 지혜로 분별하는 것으로 미세하게 드나드는 호흡의 양상을 관조하는 것으로 선정 중에 심식(心識)이 무상하며 생명이 찰나여서 머물지 않음을 관조하면 집착할 곳이 없다. 또 선과 악을 관해보면 모두 인연법에 속하는 것이므로 자성이 없으며 이것을 수관이라 한다.

② 증관 : 관조할 때 호흡의 드나듦이 모든 모공에 두루한 것을 깨닫고 마음의 눈이 밝아지면 근육이며 오장육부 등의 기관과 몸의 구멍 등을 꿰뚫어 보게 되는데 육신의 안팎이 깨끗하지 않고 모든 괴로움이 몸을 압박하여 찰나 간에도 변화함을 깨닫게 된다. 일체의 모든 법은 자성이 없으므로 마음에서 기쁨과 슬픔이 일어나도 의지할 바가 없으니 이것을 가리켜 관상응이라고 한다.

(5) 환(還) : 수환(修還)과 환상응(還相應)으로 나누어진다.

① 수환 : 관조하는 마음자체가 본체 생겨남이 없어 존재하지 않으므로 공(空)이며 따라서 관조하는 마음이 없다. 그러므로 관조되는 경계와 지혜 둘다를 잊는 것이 근원으로 돌아가는 요점이므로 이것을 가리켜 수환이라고 한다.

② 환상응 : 수환으로부터 마음의 지혜가 개발되어 힘들이지 않고도 마음대로 스스로를 분석할 수 있으며 그 근본으로 뒤돌아 갈 수 있으므로 이것을 환상응이라 한다.

(6) 정(淨) : 수정(修淨)과 정상응(淨相應)으로 나누어진다.

① 수정 : 망상의 때를 쉬는 것과 마음이 항상 청정한 것을 수정이라 하며 또한 닦는 주체와 닦이는 대상과 깨끗하거나 더러운 모습을 얻을 수 없는 것을 수정이라 한다.

② 정상응 : 수행을 할 때 갑자기 마음이 지혜와 상응을 하여 방편에 걸림이 없이 자유자재로 수행이 열리게 되면 마음에 의지할 것이 없으므로 이것을 정상응이라고 한다.

2. 마(魔)

혜암 현문스님(玄門, 1886-1985)은 수행자가 어떤 공안을 들어 의심을 참구해나가는데 있어 무슨 생각이든지 일어날 때마다 그 의심으로 반성을 해야 한다. 그 반성하는 실력이 충분하면 나중엔 스스로 무명(無明)이 타파된다.

그리고 그 의심을 차차로 자리가 잡히면 그때에는 마가 저것을 가만히 두어서는 안되겠다 하고 살며시 마군이가 덤비게 된다.

옛글에 도가 높으면 마가 성행한다고 하였다. 마라고 하는 것은 나고 죽는 생사를 일으키는 귀신의 이름이다. 악마는 항상 중생의 선근을 파괴하여 생사윤회하게 하는 것을 일로 삼는다.

옛조상들은 호사다마(好事多魔)란 말과 같이 좋은 큰일을 앞두고 근신을 하여왔다. 마에는 크게 번뇌마(煩惱魔)와 음입계마(陰入界魔)와 사마(死魔)와 귀신마(鬼神魔)가 있으며 번뇌마, 음입계마, 사마는 사람의 마음에서 생기는 것으로 마음을 바르게 한다면 마땅히 제거할 수가 있다.

귀신마에는 다시 정매(精魅)와 퇴척귀(堆剔鬼)와 마뇌(魔惱)로 구별이 된다.

1) **정매** : 열두가지의 짐승이 갖가지 형상으로 변화하는 것으로 소녀나 늙은이의 모습 또는 무서운 괴물 등으로 수행자를 괴롭히고 현혹한다. 정매가 수행자를 괴롭힐 때에는 시간에 따라 해당되는 동물의 형태를 나타내므로 이름을 불러 꾸짖으면 사라진다고 말하고 있다(표 5-2).

「표 5-2」 시간별 나타나는 마괴

동물	시간	동물	시간
쥐(子時)	23:00~1:00	말(午時)	11:00~13:00
소(丑時)	1:00~3:00	양(未時)	13:00~15:00
호랑이(寅時)	3:00~5:00	원숭이(申時)	15:00~17:00
토끼(卯時)	5:00~7:00	닭(酉時)	17:00~19:00
용(辰時)	7:00~9:00	개(戌時)	19:00~21:00
뱀(巳時)	9:00~11:00	돼지(亥時)	21:00~23:00

2) **퇴척귀** : 벌레나 전갈처럼 사람의 얼굴을 찌르거나 여러 가지 짐승의 모습을 만들기도 하며 그 형상은 각기 다르지만 수행자를 괴롭힌다. 이럴 때에는 눈을 감고 그것을 꾸짖거나 경을 독송한다면 귀신들을 물리친다고 하고 있다.

3) **마뇌** : 마뇌는 호랑이나 승냥이(개)와 같은 두려워할만한 형상을 하여 수행자에게 무서움을 느끼게 하거나 남녀의 모습 등 애착할만한 오진을 만들어 수행자의 마음이 집착하도록 하기도 하며 수행자를 혼란스럽게 하거나, 착한 마음을 파괴하며 사람을 미혹하게 하고 모든 번뇌를 일으킨다. 또한 마가 수행자의 정신을 미치게 하기도 하고 기뻐하거나 근심하게 하여 질병이 되고 죽음에 이르게 하기도 한다. 따라서 초심의 수행자는 반드시 선지식과 가까이 하여 올바른 지도를 받아 수행에 정진하도록 하여야 할 것이다「남민수 역 1999」.

3. 행공(行功)·동공(動功)

1) 도인법(導引法)

무도 수련에서 주로 활용하고 있는 방법으로 외공법과 동일하게 숨을 들이쉬고 내쉬는데 다만 숨을 들어마신 후 멈추고 동작과 함께 단전에 기를 모은 후 내쉬는 수련 방법이다.

이러한 단전 호흡을 통하여 자연에 있는 청기(淸氣)를 단전에 모으는 것은 물론 동작을 통하여 기(氣)를 운위함으로써 체내에 있는 내기(內氣)를 원활히 순환시켜 온몸에 활력을 불어넣고자 하는 것이다. 따라서 선인들은 호랑이, 뱀, 사마귀, 원숭이, 학, 독수리 등 동물들의 공격과 방어 등의 동작에 착안하여 신체를 건강하게 하는 다양한 수련법들을 만들었다.

특히 의성이라 불리우는 화타(華佗)는 호랑이와 사슴, 곰, 원숭이, 새들의 동작을 본따 오금희(五禽戱)를 만들었다.

단전호흡과 함께 이루어지는 이러한 동작들은 심신수련을 통하여 적의 공격으로부터 자신을 지키고 나아가 몸의 유연성과 함께 튼튼히 하고자 하는 하나의 무술로 발전하게 되었다. 이는 동작을 통하여 관련 근육에 부하를 줌으로써 근육을 튼튼하는 효과를 볼 수가 있다.

(1) 행기(行氣)의 방법

정신을 안정시키고 타고난 원기(元氣)를 잘 보존함으로써 생명력을 극대화시키고자 하는 석기(惜氣)법과 의식적으로 몸안의 사기를 배출하여 건강을 지키고자하는 산기(散氣)법, 그리고 일정한 동작과 호흡을 통하여 잘못된 자세를 교정하고 몸안의 생기를 보존하고자하는 오늘날 건강체조와 유사한 도인(導引)법으로 도(道), 즉 도기령화(導氣令和)는 기(氣)를 이끌어(導) 고르게(和) 하는 것(令)을 뜻하며 인(引)은 인체령유(引體令柔)의 몸(體)을 길게 뻗어(引) 부드럽게(柔) 하는 것(令)을 의미하는 것으로, 도인(導引)이란 호흡(氣)과 몸의 동작을 일치시키는 수련의 방법이라고 할 수가 있을 것이다.

포박자는 도인을 통하여 영위(榮衛)를 조절하고 소화를 도우며 풍사(風邪)를 제거하고 혈기를 왕성하게 한다고 하고 있다.

이러한 도인법으로 동물의 동작을 모방하여 일정한 자세와 동작을 통하여 체내의 기(氣)를 유통시키고 원기를 보존하고자 하는 동공법 등이 있다.

동공 수련법으로 대우는 새가 이상한 걸음으로 궤적을 그리면서 걷는데 주위의 돌들이 새의 걸음걸이에 따라 움직이는 것을 보고 우보(禹步)를 창안하였으며 한(漢)나라 말 삼국시대의 화타(華佗, 145년~280년)는 동물의 행동에서 착안한 오금(五禽)의 희(戲)라는 호랑이(호세희虎勢戲), 곰(웅세희熊勢戲), 사슴(녹세희鹿勢戲), 원숭이(원세희猿勢戲), 새(조세희鳥勢戲)의 동작을 모방하여 만든 공동수련법들이 있다.

그리고 토납법(吐納法)이나 식기법(食氣法)과는 달리 태식법(胎息法)은 태아의 내호흡을 모방한 일종의 양생법으로 갈홍(葛洪)은 코와 입으로 호흡을 하는 것이 아니라 어머니의 태내에 있을 때와 같은 상태가 되는 것이라고 말한다.

내단(內丹)이라는 성명쌍수(性命雙修)의 수련방법은 한나라와 위진(魏晉)시대에 이미 나타나고는 있었지만, 수·당(隋·唐)시기에는 행기(行氣) 수련법에서 내단(內丹) 수련법으로 발전하게 된다.

특히 당나라 말기에는 외단(金丹術)의 폐혜가 극에 달하면서 내단(內丹)을 주장하는 서적들이 나오기 시작하였으며 종리권(鍾離權)과 여동빈(呂洞賓) 등은 내단수련을 중시하게 되고 송(宋)나라 때에는 이러한 경향이 뚜렷해졌다.

양생의 방법으로는 양손으로 얼굴을 문지르는 안면마사지와 머리를 두드려주는 두피마사지, 그리고 관절을 흔들어주는 관절운동과 몸의 근육을 이완시켜주는 여러 스트레칭의 동작(체조) 등의 방법들이 있으나 일반인들이 일상생활속에서 손쉽게 할 수 있는 몇가지를 소개해보면 다음과 같다.

합기도를 수련하기 전 준비운동 과정에서 행하여지고 있는 단전 호흡의 방법들을 살펴보면 다음과 같다.

4. 내공

1 앞으로

① ② ③

시선은 정면의 한 지점에 두고 양손은 경문혈 부분에서 시계의 반대 방향으로 원을 그리면서 숨을 최대한 들이마신 후 멈추고(그림 ①) 단전에 기를 집약하면서 기마 자세를 취하는 동시에 양손 손바닥을 마주보게 하여 앞으로 내밀어 양손 모지가 눈과 일직선이 되게 한 후(그림 ②, 그림 ③) 숨을 천천히 내쉬면서 원래의 자세를 취한다(그림 ①).

① ② ③

차렷자세에서(그림 ①) 양손의 수도를 옆구리에 붙여 숨을 최대한도로 들여마시면서 수도로 늑골을 쓰다듬듯이 들어올린 후 멈추고(그림 ②), 단전에 기를 모으면서 오른손 모지와 인지는 살리고 중지 이하의 손가락을 구부려 왼손 손바닥으로 오른손 수도를 받친 상태에서(그림 ③) 오른손 장저를 앞으로 내밀면서 시선은 오른손 인지의 손톱에 두는 동시에 왼손 역시 모지와 인지를 살리고 중지이하의 손가락을 구부려 왼쪽 옆구리에 댄 후(그림 ④) 다시 왼손 장저를 앞으로 내밀면서 오른손은 오른쪽 옆구리에 붙여 주고(그림 ⑤, 그림 ⑥) 숨을 내쉬면서 왼손을 왼쪽 옆구리에 붙여 준다(그림 ⑦).

④ ⑤ ⑥ ⑦

② 위로

① ② ③

시선은 정면의 한 지점에 두고 양손은 경문혈 부분에서 시계의 반대 방향으로 원을 그리면서 숨을 최대한 들이마신 후 멈추어(그림 ①) 시선을 정면 15도 위에 두고 단전에 기를 집약하면서 기마 자세를 취하는 동시에 양손 손바닥이 귀를 스치듯이 올려 팔을 펴준 뒤(그림 ②, 그림 ③) 숨을 천천히 내쉬면서 원래의 자세를 취한다(그림 ①).

3 밑으로

① ② ③

시선은 정면의 한 지점에 두고 양손 수도가 늑골을 스치듯이 올리면서 숨을 최대한 들여 마신 후 멈추고(그림 ①) 단전에 기를 집약하면서 기마 자세를 취하는 동시에 양손 손바닥으로 젖가슴을 쓰다듬듯이 돌려(그림 ②) 명치와 단전 앞을 거쳐 낭심 앞까지 내린 후(그림 ③) 숨을 천천히 내쉬면서 양손을 양쪽 옆구리에 대주어 원래의 자세를 취한다(그림 ①).

4 벌려서

① ② ③

시선은 정면의 한 지점에 두고 양팔을 옆으로 벌린 상태에서 양팔을 뒤로 제끼면서 숨을 최대한 들이마신 후 멈추고 (그림 ①) 단전에 기를 집약하면서 기마 자세를 취하는 동시에 양손을 정면으로 서서히 틀어(그림 ②) 양손 손등을 마주보게 한 후(그림 ③) 숨을 천천히 내쉬면서 원래의 자세를 취한다(그림 ①).

5. 파공(破功)

일명 기합술이라고도 하며 무술에서는 주로 공격할 때 활용되는 방법이다. 수련 방법은 내공법과 같이 숨을 들이쉰 후 멈추고 단전에 기를 모았다가 폭탄이 터지듯이 일순간에 기합과 함께 숨을 내쉬는 수련법이다.

일상생활속에서 물건을 당기거나 밀 때 또는 옮길 때 영차 또는 으쌰라는 구호와 함께 힘을 쓰는 것이 일종의 파공법이라 할 수가 있을 것이다.

1 앞으로 튕기기(파공법)

①

②

③

④

⑤

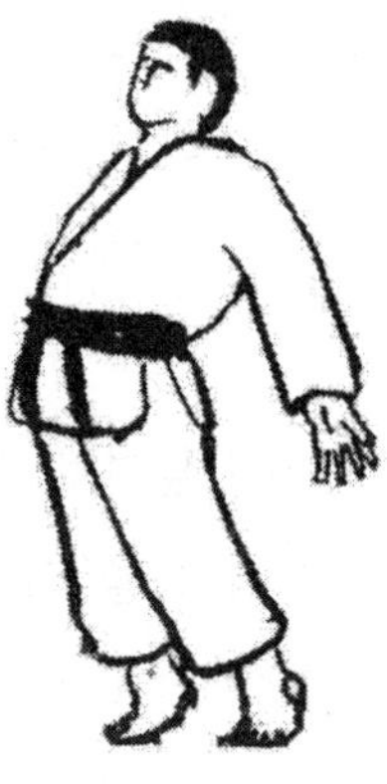
⑥

양발을 어깨 넓이로 벌리고 양손 손바닥은 정면을 향하게 한 자세에서(그림 ①) 양팔을 뒤로 제끼면서 숨을 최대한도로 들여마신 후 숨을 멈추고 단전에 기를 모으면서 기마자세를 취하며 양손 손가락을 서서히 말아 주먹을 쥐면서 팔굽관절을 구부리고(그림 ②, 그림 ③) 양손 손목관절을 돌려 양손 주먹을 마주보게 한 후(그림 ④) 기합과 함께 양손을 뒤로 제끼면서 뒤꿈치를 들어 활모양으로 배를 앞으로 내민다(그림 ⑤, 그림 ⑥)

2 좌 · 우로 뿌리기 (파공법)

①

②

③

④

⑤

⑥

⑦

양발을 어깨 넓이로 벌리고 양손 손바닥은 정면을 향하게 한 자세에서(그림 ①) 양팔을 뒤로 제끼면서 숨을 최대한도로 들여마신 후 숨을 멈추고 단전에 기를 모으면서 기마자세를 취하며 양손 손가락을 서서히 말아 주먹을 쥐면서 팔굽관절을 구부리고(그림 ②, 그림 ③) 양손 손목 관절을 돌려 양손 주먹을 마주보게 한 후(그림 ④) 기합과 함께 몸을 왼쪽으로 틀어 왼발 전굴 자세를 취하면서 왼손 손가락은 표창을 던지듯 뿌리며 오른손은 왼팔 팔꿈치에 대준 후(그림 ⑤) 빠른 동작으로 몸을 오른쪽으로 틀어 오른발 전굴 자세를 취하면서(그림 ⑥) 오른손 손가락은 표창을 던지듯 뿌리며 왼손은 오른팔 팔꿈치에 대준다(그림 ⑦).

③ 수도로 내려치기 (파공법)

①

②

③

④

⑤

⑥

⑦

⑧

⑨

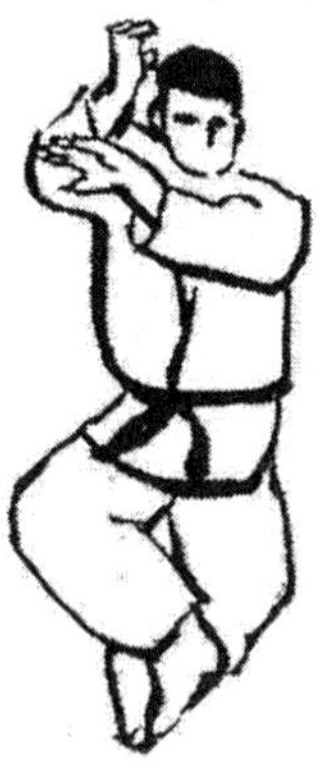

⑩

⑪

차렷자세에서(그림 ①) 숨을 천천히 최대한도로 들여마시면서 오른발을 어깨 넓이로 옆으로 벌리고 양손 손바닥이 얼굴을 향하게 X자로 올린 후(그림 ②) 손목 관절을 돌려 양손 손바닥이 지면을 향하게 하여(그림 ③) 양팔을 벌리고(그림 ④) 숨을 멈춰 단전에 기를 모으면서 기마자세를 취하고 양손으로 공을 들어올리듯 올려(그림 ⑤, 그림⑥) 기합과 함께 양무릎으로 젖가슴을 차올리 듯이 점프를 하여(그림 ⑦) 오른손 수도로 수평으로 치고(그림 ⑧) 상단을 막듯이 올린 후(그림 ⑨) 수직으로 내려치면서(그림 ⑩) 엉덩이를 뒤로 빼주고 양발을 꼬아 왼발이 오른발 뒤에 위치하게 착지를 한다(그림 ⑪).

Ⅲ. 양생술

사람이 세상에 태어나 늙지 않고 건강하게 오래도록 산다는 것은 많은 이들의 바람일 것이다. 도교에서는 이러한 늙지 않고 오래도록 사는 것은 물론 죽지 않고 신선이 되는 것을 목표로 삼고 있다고 보아도 무방할 것이다. 또한 신선(神仙)이 되는 여러 방법들 중에서 크게 나누어 살펴본다면, 선약을 만들어 복용을 함으로써 신선이 되거나 불로장생을 하고자 하는 환단(還丹) 또는 금단(金丹) 술(術)과 내단(內丹) 수련을 통한 방법, 그리고 남·녀의 교접을 통하여 환정보뇌(還精補腦)하는 방중술(房中術)을 들 수가 있을 것이다. 좀 더 살펴보면 다음과 같다.

1. 환단술(還丹術 또는 금단술 金丹術)

고대인들은 약물로 병을 치료하는 것은 물론 장생불사(長生不死)를 할 수 있다고 생각하였다.

진시황제는 불사약을 구하기 위해 사람들을 각지로 보냈다.

제주도 서귀포시 정방폭포 옆에는 진시황제의 명으로 서복(徐福)이 불로초를 구하러 왔다가 한라산자락에서 영지버섯 등 다양한 약초를 구해서 돌아갔다고 하여 서귀포(서복이 서쪽으로 떠난 포구)의 지명이 유래되었다 하고 그에 대한 기념관을 세워놓았다.

한나라 무제는 신선방술을 강구토록 하였다. 외단(外丹)은 연금술(鍊金術) 또는 금단(金丹)으로 불리우는데, 단사(丹砂) 등의 광물질을 여러차례 불로 녹여 만드는 것이다.

사람들은 단약을 복용하면 병을 치료하는 것은 물론 사악한 것을 물리치고 나아가 불로장생(不老長生)한다고 믿었다.

이러한 방법들은 진·한시대부터 시작되었다고 볼 수가 있는데, 위백양은 연단(금단)의 방법을 체계적으로 이론화하여 크게 행하여졌으며 도교 단정파의 주된 수련 방법이 되었다.

한나라 때 만들어진 황제구정신단경「黃帝九鼎 神丹經」에는 초목으로 만든 약은 땅에 묻으면 썩고 삶으면 문드러지며 태우면 재가 되어 자생력이 없는데 어떻게 불로장생에 큰 영향을 미칠 수가 있겠는가라고 회의를 품고 오래되어도 변하지 않는 광물질 약물(운모(雲母), 석영(石英), 옥석(玉石), 황금(黃金) 등)에 관심을 가지기 시작했다고 하였다.

연단에 가장 좋은 원료는 단사(丹砂)로 여러번 불로 정제를 하면 수은 성분이 많은 물질로 변하고 이를 정제하면 다시 단사로 변한다. 이것을 환단(還丹)이라 하는데 이러한 과정을 아홉 번 반복한 것을 구전금단(九轉金丹)이라 하고 단정파에서는 최상의 불사약으로 삼았다.

그러나 단정가가 만든 선단은 대개가 수은, 납, 유황, 비소 등의 독극물을 함유하고 있어 전신이 마비되거나 사망하는 사태가 발생하였다.

이는 진시황제와 한무제는 물론 당나라의 많은 황제들 역시 단약으로 인한 중독으로 죽음을 맞기도 하였다.

갈홍은 장생불사 할 수 있는 신선의 도를 이루기 위해서는 약의 복용이 필요하다 하며 약을 상약(上藥), 중약(中藥), 하약(下藥)으로 나누고 상약은 신체를 편안하게 하고 수명을 연장시키며 신선이 되게 하는 약을 말하고, 중약은 성(性)을 양생하고 하약은 병을 치료할 수 있는 약을 말하며, 승(升)은 상약이고 옥지(玉芝)는 중약이며 초목(草木)은 하약으로 삼았다. 또한 지(芝)라고 하는 선약을 다섯가지로 나누어 오지(五芝)라 하고(석지(石芝), 목지(木芝), 초지(草芝), 육지(肉芝), 균지(菌芝)), 이를 복용하면 불로장생한다고 말한다.

금단파는 「주역 참동계」의 이론에서 비롯되었다고 볼 수가 있다. 한(漢), 위(魏), 양진(兩晉) 시기의 금단파는 연단(煉丹)하는 것을 수도와 포교의 주요 형식으로 한 유파이다.

갈홍(葛洪)의 포박자 내편에 좌원방(左元放)이 신인(神人)으로부터 금단선경(金丹仙經)을 받았고 이를 갈홍의 종조(從祖)인 갈현(葛玄, 164년~224년)에게 전수하고 종조부인 갈현은 정은(鄭隱)에게, 정은은 이를 갈홍에게 전수하였다 말하고 있다.

최상의 약은 금단으로 단중에도 일전(一轉)부터 아홉 번을 굴린 구단이 최고라 하며 구단(九丹)은 단화(丹華), 신부(神符), 선단(還丹), 이단(餌丹), 연단(煉丹), 유단(柔丹), 복단(伏丹), 한단(寒丹)의 아홉가지를 말한다.

그리고 제일의 단을 단화라 하며 신선이 되려면 현황(玄黃)을 만들고 그것에 웅황수(雄黃水 계관석), 반석수(礬石水 백반), 융염(戎鹽 식염), 노염(鹵鹽), 역석(礜石황니黃泥를 탄화炭化를 써서 불에 태워 녹인다), 모려(牡礪석굴), 적석지(赤石脂 오석지 청·황·백·흑·적 중의 하나), 활석(滑石 담석淡石 중 경도가 낮고 미끌미끌한 것), 호분(胡粉 납을 변화시켜 만든 것) 등을 사용하여 육일니(六一泥)를 만들고 이것을 36일 동안 불에 구운 후 만들어진 것을 7일 동안 복용하면 신선이 된다고 한다.

또한 주사(朱砂) 또는 단사(丹砂)는 수은과 유황의 천연 화합물로써 유화수은(流化水銀)을 말하며 이것을 소련시키면 수은이 나온다. 「포박자」에서는 유주(流珠수은)를 아홉 번 불에 구워 변화를 이루게 하는 것은 부자지간에도 말하지 않는다 하고 또한

이르기를 주사를 변화시켜 금을 만들어 복용하고 승천하여 신선이 되는 자는 상사이며
지초를 먹고 도인술을 하고 기를 흡입하여 장생을 하는 자는 중사이고
약초를 복용하고 천년에 돌아오는 자는 하사라 하고 있다[144].

2. 방중술(房中術)

갈홍은 포박자에서 방중술이 도를 닦아 신선이 되는 데 필수불가결한 수단이라고 강조하고 사람은 음양교접을 하지 않을 수 없으니 그대로 두면 질병을 초래하게 되고 반면에 욕정에 이끌려 절제를 하지 않으면 수명을 줄이게 된다고 하였다. 그 술법에 능한이는 사정을 억제함으로써 내장에 혈액을 충실하게 하며 금지(金池)에서 옥액(玉液)을 채취하고 상단전에 콩팥의 수기(水氣)와 심장의 원신(元神)을 합친 담과 의(意)를 주관하는 비장(脾臟)의 기운인 오를 인도하여 늙어도 아름다운 용모를 갖추어 천수를 누린다고 하고 있다.

또한 남녀가 부부관계를 맺는 것은 하늘과 땅이 상생하는 것과 같다 하며 천지는 교접의 도리를 얻어 그 수명이 다함이 없지만 사람은 교접의 도리를 상실하여 쉽게 요절을 한다고 말하고 있다.

방중술은 음(陰)을 취하여 양(陽)을 보(補)하는 방법과, 밖으로 나가려는 정액을 뒤돌려 뇌(腦)를 보강한다는 환정보뇌(還精補腦)의 방법 등으로 장생불사와 신선이 되고자 하는 방법들이다.

황제(皇帝)는 전설적인 제왕인 삼황(三皇) 중 한사람으로 사서에는 기원전 255년 황하 유역 부락 연합체의 수장이었다고 하고 있다.

소녀방중경(素女房中經)은 황제가 소녀(素女)나 구천현녀(九天玄女) 또는 채녀(采女) 등에게 성에 관한 것을 질문하면 이에 답하는 형식으로 구성되어 있다.

---

144) 우왈주사위금복지 승선자상사야 又曰朱砂爲金服之 昇仙者上士也
여초도인 구인기장생자중사야 茹芝導引 口因氣長生者中士也
찬식초목 천세이환자하사야 餐食草木 千歲以還者下士也 「포박자」

황제는 방중술에 정통하게 되어 1200명의 여자와 관계를 맺고 우화등선(羽化登仙)하였다고 하며 오두미파(五斗米派)가 창립된 후에도 방중술은 주요 수련법의 하나로 삼았으며, 단정파(丹鼎派) 역시 남녀가 함께 수련을 했다.

소녀는 사람이 쇠약해지는 까닭은 음양교접(陰陽交接)의 도리가 잘못된 데 있다고 하면서 대개는 여자(수성水性)의 정력이 남자(화성火性)보다 넘쳐나면 물이 불을 끄듯이 남자는 맥을 못 추게 된다.

그러므로 호흡법과 도인법(導引法)을 행하고 또한 이러한 호흡을 방중술에 활용하여 정기의 사정을 억제하고 여성의 정기를 흡수하는 환정법(還精法)을 구사하여 정기를 체내에 비축하게 되면 원기가 왕성해져 연명장수(延命長壽) 할 수 있다고 말한다.

옥방지요(玉房指要)에는 교접을 하되 사정을 하지 않는 방법으로 회음(會陰)을 누르거나 숨을 크고 길게 내쉬도록 하고 또는 머리를 제끼고 숨을 멈추었다가 크게 숨을 내쉬면서 주위를 둘러보고 배를 오그라뜨리는 등의 방법을 소개하고 있다.

또한 소녀는 남녀가 교접하는 교접의 법도에는 그 형태나 상태라는 것이 있다고 하면서 남성은 이것에 의해 정기를 축적하고 여성은 질병을 제거하게 된다고 말하며 남성은 오랜시간 교접을 하더라도 위축되지 않도록 단련을 하는 것이 중요하다고 말한다.

단련을 하는 방법으로는 마음을 안정시키고 심기를 온화하게 가진 후 얕게 진입시켜 서서히 움직여서 출입을 적게 하게 되면 여성은 점차 쾌감을 느끼고 남성은 원기가 충만하며 위축되지 않는데 이것이 절도라고 말한다.

오상(五常)이란 남성의 옥경이 흥분하는 단계를 인·의·예·지·신(仁·義·禮·智·信) 오덕에 비교하여 설명하였으며, 여성에게는 얼굴이 붉어지고, 유방이 단단해지고, 침을 삼키는 등의 다섯가지 변화인 오징(五徵)과 여성의 욕정이 나타내는 생리적 변화로 안기고 싶으면 숨을 몰아쉬며 국부가 남성을 맞이하고 싶게되면 코와 입이 벌어지는 등의 오욕(五欲)과 십동(十動)이 있다며 이는 변화를 관찰하면 알 수 있다고 말한다.

그리고 방중술에는 7손8익(七損八益)이 있다 하며 칠손(七損)은 절기(絶氣), 일정(溢精), 탈맥(奪脈), 기설(氣泄), 기관(機關), 백폐(百閉), 혈갈(血渴) 등을 말하며, 마음이 내키지 않거나 취중이나 배가 부른 상태 또는 피로가 회복되기 전 등에 교접을 하게 되면 손상을 입을 우려가 있다면서 이러한 금기(今期)를 피하고 아울러 이러한 손상으로부터 치료할 수 있는 체위 등을 소개하고 또한 건강증진에 도움을 줄 수 있는 여덟가지의 체위

(8익八益)를 말하였다.

현녀(玄女)는 여성은 아홉가지 기운(구기九氣)이 있다고 하며 이를 살펴서 알아야 하며 또한 아홉가지의 체위와 교접의 방법을 용, 호랑이, 원숭이, 매미, 봉황, 거북이, 토끼, 물고기, 학의 이름과 동작을 빌려 용이 날고 있는 모습인 용번(龍飜)과 호랑이가 걷는 모습인 호보(虎步) 등으로 설명하고 있다.

수·당(隋·唐) 시대의 옥방비결(玉房秘訣)에는 교접에 있어 팔천일심(八淺一深)이라 하여 여덟 번은 얕게 하여 상대를 애타게 하고 한 번은 깊게 한다고 하고 사왕생환(死往生還)으로 긴장상태에서 꺼냈다가 유연해졌을 때 삽입시킨다 하고 우왕좌왕(右往左往) 또는 좌삼우삼(左三右三)과 같이 좌우측면을 마찰하는 것을 말하고 있다.

반고는「한서」예문지에서 방중이란 성정(性情)의 극치이고 지극한 도의 경계다 라고 하며 이를 즐기면서 절도가 있으면 화평하고 장수한다. 미혹된 이들이 이를 돌보지 않아서 병이 나고 성명(性命)을 해친다고 말하고 있다.

또한 팽조(彭祖)는 음기의 영향에서 정을 북돋아 흥분시키지만 정을 소모하지 말 것을 강조하고 정을 소모하는 것은 허약해지고 수명이 줄어드는 원인이 된다고 말하며

도홍경은「양성연명록」에서 남자에게 여자가 없거나 여자에게 남자가 없으면 마음을 안정시킬 수 없고 정신이 피로해져서 수명이 줄어드는 결과를 초래할 수 있으며, 또한 독신으로 지내면서 교접을 하는 것을 생각하는 자는 수명이 줄고 온갖 병이 생기게 된다고 한다「현대인의 건강비전 方 권 12」.

제3장 운동과 건강

Ⅰ. 운동의 생활화

1. 부뚜막의 소금도 넣어야 짜다

초등학교의 수업시간은 40분씩이며 중고등학교는 45분이고 대학교는 50분이다. 이는 해당 연령대의 집중력과 수업의 능률 등을 고려하여 정해진 것으로 알고 있다. 그리고 고속도로 변에 위치하고 있는 휴게소 또한 약 한 시간 정도의 주행거리마다 설치되어 있는 것으로 알고 있다.

그럼 이들이 의미하고 있는 것은 무엇일까. 그것은 정해진 시간동안 수업을 하거나 운행을 한 후에는 꼭 휴식을 취하라는 의미일 것이다. 그러나 일반 직장에서는 어떠한가. 분업화된 생산직이나 사무직에서는 어찌보면 단순 노동으로 일부 근육만이 집중적으로 사용되고 더욱이 일에 쫓기거나 집중을 하다보면 휴식시간 없이 몇 시간씩 일을 계속하는 것이 다반사이다보니 특유의 직업병들로 인하여 알게 모르게 고통을 받고 있는 것이 현실이라 할 것이다.

물론 목구멍이 포도청이라 어쩔 수 없다 하겠지만 내 몸이 병들면 돈이나 명예 등이 무슨 소용이 있겠으며 그 누가 대신하여 아파 주겠는가. 아직은 쌩쌩하여 괜찮다는 자만심은 버리고 본인 스스로가 건강을 지켜야지 않겠는가. 일하는 중간이라도 틈틈이 기지개를 펴주고 목 운동과 허리운동 그리고 다리 운동 등을 하여 경직된 근육을 풀어주면 좋을 것이다.

물론 운동은 사람들의 성품과 취향이 다르듯이 운동을 하고자하는 사람이 의도하는 목적과 아울러 평소 관심있는 종목(분야)를 택하여 전문적인 지도자의 지도를 받으면서 즐거운 마음으로 꾸준히 지속하는 것이 최상의 방법이라 할 수 있을 것이나 경제적이나 시간적 여유 등이 여의치 못할 경우라도 전문가의 자문을 구하여 개천가나 공원 및 둘레길 등 주변에 설치되어있는 시설을 활용하여 운동을 생활화할 것을 강조하고 싶다.

2. 운동에 대한 인식의 변화

냉전시대였던 1957년 10월 소련이 최초의 인공위성인 스푸트리크(SAputnik) 1호를 성공리에 발사함에 따라 미국을 비롯한 서방국 또한 큰 충격에 휩싸이게 되었다.

이는 대륙을 넘어설 수 있는 로켓기술을 소련이 선점을 하게 되면서 핵탄두를 장착한 미사일로 선제공격을 가할 수 있다는 위기감 때문이었다.

미국은 다음해인 1958년 1월 익스플로러(Explorer) 1호의 발사에 성공을 하게 되었지만 이로부터 우주 경쟁의 시대가 시작되었다고 볼 수가 있을 것이다.

그리고 쇼크를 받았던 미국의 정치가와 교육자들은 학문중심교육과정을 채택하여 수학과 과학분야에 중점적으로 많은 교육적 투자를 하였으며 1961년 캘리포니아 주정부는 주내에 소재하고 있는 모든 대학의 학과들로 하여금 학문적 근거를 마련하도록하는 피셔법안을 통과시켰다.

이에 체육을 학문분야로 성립시키고 발전시키려는 많은 노력을 기울이게 되어 오늘에 이르고 있다. 그리고 요즈음 많은 사람들이 알고 있는 유산소운동은 1968년 미국의 내과의사였던 케네스쿠퍼(Kenneth cooper)가 심장병 치료를 위한 운동요법의 하나로 제창한 운동으로 에어로빅스(aerobics)는 운동에 필요한 에너지를 유산소호흡을 통해 지속적으로 할 수 있는 걷거나 달리기, 수영, 자전거타기, 에어로빅 댄스 등을 통해 지방의 연소를 도와 체지방 감소는 물론 심폐 지구력을 향상시키고자 행하는 운동이라 할 수가 있다.

그러나 1950~60년대의 우리나라는 36년간의 일제강점기의 갖은 수탈과 해방과 더불어 국가 기반을 다지기도 전에 김일성 괴뢰 도당의 남침으로 인한 동족간의 전쟁을 겪게 됨으로써 건강이나 운동 등에 눈 돌릴새 없이 그저 삶과의 전쟁이었던 시기였다.

오죽하였으면 자원이 변변치 않은 나라에서 쥐를 잡아 그 가죽으로 지갑 등을 만들어 수출까지 하였겠는가. 후에 해당 제품이 쥐 가죽으로 만든 것이라는 사실이 알려지게 되어 실험용 쥐처럼 깨끗하게 사용되는 것이라는 변명을 하고 결국 반품을 받았던 일이었지만 말이다.

본인이 합기도를 배우기 시작한 때만해도 무술에 대한 시선이 그리 곱지만은 않았다. 일반적으로 하라는 공부는 안하고 싸움기술을 배워 깡패가 되려고 하느냐는 인식들이었다.

그래도 운동은 배우고 싶은데 어찌하겠는다. 궁하면 통한다는 말처럼 도장의 수련비를 마련하기 위하여 전차비와 버스비를 절약하기 위해 걸어서 등하교를 하고, 매달 이발은 이발 학원에 찾아가 연습 모델이 되어줌으로써 절약을 하는 등 절치부심을 하였다.

그리고 도복은 반평이 안 되는 공용 화장실에서 빨아 널어두었다가 월요일 등교 때 걸어 입는 등 사범생활을 하기전까지는 집에는 모르게 하였다.

물론 어느정도 눈치는 챘겠지만 뚜렷한 물증이나 단서가 없는 상태에서 그렇다고 학교 성적이 나쁘거나 싸움 등 문제를 일으키는 것도 아니고 학생화 간부로써 충실히 학교생활을 하고 있는데 굳이 문제 삼지 않고 넘어갔을 것이다.

이후 합기도 지도자 생활을 하면서 승단심사장에 나가게되면 간혹 외국인 응심자들 중에 한가족이 모두 참가하여 심사를 보는 모습을 볼 때가 있었다.

무척이나 부러웠었지만 그들은 서로를 격려하면서 심사 자체를 즐기는 모습이었다. 실수를 하여 감점을 받더라도 말이다.

이러한 외국인의 모습과는 달리 80년도 초에 본인이 운영하던 수련도장에 중학교 2학년에 재학중이었던 여학생이 등록을 하였다. 어머니는 무남독녀인 딸아이가 형제도 없이 외롭게 세상을 살아가야 할 텐데 보다 강하게 키우고 싶다 하고 아버지는 여자가 피아노나 무용을 배울 것이지 무술을 배워 나중에 남편을 때려잡을 일 있냐면서 반대를 하여 결국 부부싸움 끝에 냉전상태에서 입관을 하게 되었단다.

또한 비슷한 시기에 지역에서 개인사업을 하던 당시 42살이었던 40년 생이 입관을 한 경우도 있었다. 지금 같으면 코웃음을 치겠지만은 당시만 해도 환갑잔치를 하는 것이 일반적이었던 시절인지라 주책맞게 몇 살까지 살려고 다 늙어서 무슨 운동이냐고 빈정거림이 싫어 아예 도장에 다니는 것을 가급적 감추고 있다고 하였다.

이러한 사회적 분위기는 90년도에 들어서면서 많은 변화를 가져와 수련생 중 50~60대의 수련생이 늘어나게 되고 부자 또는 부녀와 함께 운동을 하는 사례가 늘어나게 되었으며 2000년도에 들어서면서 모자와 모녀가 함께 등록을 하여 운동하는 사례가 늘어나고 당시 68세인 36년 생이 5층에 있는 도장 앞까지 여러번에 걸쳐 올라왔다 뒤돌아 가는 등의 망설임 끝에 등록을 하여 수년 간의 노력으로 4단까지 승단을 하게 되었다.

이러한 변화는 비단 본인이 운영하는 도장만의 사례는 아닐 것이다.

더욱이 이명박 서울시장의 재임기간 중 청계천이 복원되고 아울러 각 하천들이 정비되면서 맑은 물이 흐르고 물고기와 새들이 서식하는 등 환경이 개선되고 이후 둘레길 등 우리들 생활주변에는 많은 체육시설 들이 설치돼 요즈음에는 남녀노소 할 것 없이 많은 시민들이 주위의 시선을 의식하지 않고 자신의 건강을 위해 열심히 운동을 하는 모습들을 쉽게 볼 수가 있어 체육인의 한 사람으로써 참으로 흐뭇하다.

3. 운동과 근육

사람의 근육에는 심장근과 평활근(내장근)과 골격근의 세가지 유형이 있으나 일반적으로 근육이라고 하면 골격근을 일컫고 있다. 우리 몸에는 400여 개 이상의 골격근이 있으며 수축과 이완작용으로 움직임을 원활하게 해주고 자세나 체위를 유지시켜준다.

그리고 골격근은 몸 속에서 가장 많은 글리코겐과 여러 물질을 저장하여 섭취 흡수한 영양소를 주로 연소하고 있다.

우리 몸의 근육(골격근)을 살펴보면

안면부에는 표정근과 저작근으로 대별할 수가 있다. 이마에 주름을 짓게 하는 전두근과 눈썹 부위의 안륜근 그리고 입술 부위의 구륜근과 관자놀이 위쪽 부분의 측두근 어금니 쪽 부위 즉 질긴 고기를 너무 많이 씹었더니 턱이 얼얼하다고 하는 교근 등이 있으며

목 부위에는 광경근과 목젖 양 옆 부위의 흉골설골근과 목(천돌혈 옆)에서 귀밑쪽 부위의 흉쇄유돌근 등이 있다. 또한 뒷덜미와 어깨 부위에는 승모근이 있어 잠을 잘 못자거나 스트레스를 너무 받았더니 뒷 목이 뻐근하고 아프다고 하기도 하며 장시간의 운전이나 컴퓨터 작업을 하였더니 어깨가 뻐근하고 결린다고도 한다. 그리고 어릴적 예방주사를 맞았던 부위의 삼각근과 등쪽 어깨 쭉지 밑 견갑골 부위에 있는 극상근과 극하근이 그리고 등뼈(흉추)에서 견갑골(겨드랑이) 방향의 대원근과 대능형근 및 광배근 등이 있다.

가슴 부위에는 대흉근과 가슴에서 어깨쪽 부분의 소흉근 그리고 가슴 옆 겨드랑이 밑(늑골) 부위에 전거근과 늑간근이 있으며 팔의 상완에는 흔히 알통이라 부르는 상완이두근과 상완삼두근 및 상완근이 있으며 또한 팔뚝이라 하는 하완에는 손바닥 쪽의 상완요골근과 요측수근굴근, 장장근, 척측수근굴근이 있으며 손등 쪽에는 주근, 척측수근신근, 요측수근신근 등이 있다.

그리고 배 부위에는 복직근과 외복사근 및 복횡근 등이 있으며 엉덩이 부위에는 대둔근과 중둔근이 있고 다리의 대퇴부에는 엉덩이 밑 대퇴 부위에 대퇴이두근과 반건양건과 반막양건 및 대내전근이 있으며 무릎 위쪽의 대퇴직근과 내측광근 및 외측광근이 그리고 허벅지 쪽 부위에는 봉근근, 장내전근, 박근 등이 있다. 하퇴부에는 종아리 부위의 비복근과 가자미근이 있으며 정강이 뼈 바깥쪽에는 장비골근과 장지신근, 전경골근 등이 있다.

이러한 근육들은 쓰지 않으면 약해지게 되며 운동을 하면 근육의 모세 혈관수가 증가되어 근섬유는 굵어지게 되고 또한 근육에 많은 혈액을 보내기 위해 심장은 빠르고 강하게 움직이기 때문에 자연 심근이 튼튼하게 된다.

근육의 구조 및 기능을 살펴보면 심장근은 횡문근 구조로 되어있으나 평활근과 같이 자율신경계에 지배되어 의지한 대로 조절을 할 수가 없기 때문에 불수의근이라고 하며 평활근은 여러 기관의 벽(위, 혈관, 장)을 형성하고 있어 내장근이라고 한다.

골격근은 가로 무늬가 규칙적으로 배열되어 있는 횡문근으로 체성신경계인 운동신경의 지배를 받으며 의도적인 동작이 가능하기 때문에 수의근이라고 한다.

또한 골격근은 체중의 약 40~50%를 차지하고 있으며 근의 기본 단위인 근섬유와 이를 결합하는 결체 조직으로 이루어져 있다.

근섬유는 수축 반응 속도에 따라서 속근 섬유와 서근 섬유로 나누어지며 서근 섬유는 산소 수송로인 모세혈관망이 발달되어 있으며 탄소화물이나 지방을 유산소적으로 분해하는 미토콘드리아 수가 많기 때문에 장시간 에너지를 생성하는 능력이 우월하다. 따라서 수축은 느리지만 지구성이 풍부하다. 그리고 철분이 주성분인 미오글로빈 함량이 많아 붉게 보여 적근이라고도 하며 미오글로빈은 세포 내 유입된 산소와 결합하여 산소를 임시로 저장을 하는 역할을 한다.

속근 섬유는 백근이라고도 하며 수축을 개시하게 하는 칼슘의 신속한 분비역할을 하는 근형질세망이 발달되어 수축 속도가 빠른 대신 서근 섬유에 비해 쉽게 피로해진다.

속근 섬유는 신속한 에너지를 생성하기 위한 탄수화물의 저장 형태인 글리코겐과 인원질량이 많으며 미오신 ATPase 활성도가 높기 때문에 무산소적 대사능력이 높다.

행동을 일으키는 근력은 보통 근섬유 1회의 수축에 의해 발현되는 최대의 장력으로 이는 수축에 참여하는 근섬유의 수와 근섬유에서 발사되는 신경충격(임펄스)의 빈도에 비례하게 된다.

근력의 평가는 최대 근육량에 의해 결정되는데 최대 근육은 근육의 두께(횡단면적)에 비례하며 보통 횡단면적 1㎠당 4~8kg 정도의 힘을 발휘한다고 보고 있다.

근력은 오래 매달리기와 같이 근의 길이가 변하지 않고 관절의 운동이 일어나지 않는 등척성(isometric)인 정적근력과 팔굽혀펴기와 넓이 뛰기와 같이 근의 길이와 관절의 각도(관절운동)가 바뀌는 등장성(isotonic)인 동적근력으로 구분할 수 있으며 행동을 지속시키는 힘인 지구력은 윗몸일으키기와 같이 신체 일부의 근육 또는 근육군이 일정의 운동을 강도를 바꾸지 않고 계속하는 능력인 근지구력과 오래 달리기와 같이 전신의 근육군을 이용해서 하는 전신 지구력으로 구분할 수가 있다.

하나의 근육이 가지고 있는 에너지는 한계가 있어 ATP는 1~2초 정도이며 크레아틴인산에서의 공급은 20초 정도이다. 그리고 근육 글리코겐을 무산소적으로 해당 과정을 거쳐 에너지를 방출하는 것은 40~60초 정도로 보고 있다.

따라서 전신 지구력은 산소와 영양소를 공급하는 호흡순환 기능에 의해 결정되는데 이는 최대 산소 섭취량에 의해 나타난다.

안정시 일반인의 1회 박출량은 여자가 약 50~70mL 정도이며 남자는 약 70~90mL 정도이다. 그리고 여자 선수인 경우에는 보통 70~90mL 정도이며 남자 선수는 100~120mL 정도이다.

운동시에는 여자 선수는 100~120ml정도이며 남자 선수는 150~170ml 정도로 심박출량이 증가되고 심박수 또한 증가된다.

그밖에 행동을 정확하게 하는 민첩성 · 평형성 · 교치성과 원활하게 할 수 있게 하는 힘인 유연성 등에 의해 인간이 삶을 영위할 수 있게 하는 신체적 능력(체력)이라 할 수 있을 것이다.

4. 당신의 건강을 위해 힘찬 박수를

속담에 사촌이 땅을 사면 배 아파한다는 말이 있다. 세상을 살다보면 남의 불행은 나의 행복이라는 놀부의 심보를 가진 사람들을 종종 만나게 된다.

이들은 남이 잘되면 사사건건 트집을 잡거나 그들을 비하하고 격하시키려고 한다. 남을 칭찬하게 되면 상대에게 자신감과 용기와 기쁨을 주는 것은 물론 자신 또한 즐거움과 행복함을 맛보게 될텐데 말이다. 칭찬과 더불어 박수 또한 마찬가지이다.

우리들의 손에는 여섯 개의 경락과 그에 따른 16개의 경혈이 있다. 즉 폐경의 어제혈과 소상혈, 대장경의 상양혈, 이간혈, 삼간혈, 합곡혈과 심경의 소부혈, 소충혈과 소장경의 소택혈, 전곡혈, 후계혈, 완골혈과 심포경의 중충혈 노궁혈과 삼초경의 관충혈, 액문혈, 중저혈이 그것이다. 그래서 우리들의 건강에 이상이 생기면 손에 자극을 주는 수지침이 발달되어 있지 않은가.

남에게 칭찬과 격려의 큰 박수를 칠 때 자신또한 손에 존재하고 있는 경혈에 자극을 주어 건강해진다는 사실을 간과해서는 안 될 것이다.

만약에 박수칠 일이나 대상이 없다면 산책이나 조깅을 할 때 자신에게 박수를 앞으로 한 번 치고 양팔을 뒤로 돌려 허리 쪽에서 한 번 치거나 양팔을 들어올려 머리 위에서 한 번 치고 팔을 내려 밑에서 한번 치는 동작을 반복하여 많은 박수를 친다면 건강에 도움이 될 것이다.

5. 족욕 또는 발 마사지를 즐겨라

옛날에 청승과부가 된 아낙이 갖은 고생을 하면서도 외동아들을 남부럽지 않게 성장시킨 가정에서 결혼을 하여 자식까지 둔 외동아들은 퇴근하여 집에 돌아오자마자 어머니를 찾고 어머니는 기다렸다는 듯이 대야에 따뜻한 물을 담아 오늘도 고생을 많이 하였다면서 아들의 발을 매일 씻어 주었단다.

어느날 이러한 광경을 목격하게 된 아들의 친구는 어머니께서 어떻게 자네를 키웠는데 불효막심하게 그럴수 있느냐며 아들을 질책하자 아들은 누가 그걸 모르겠는가 그러나 평생 나 하나를 바라보면서 모든 것을 베풀던 어머니인데 이제는 연로하시어 자식에게 길조심, 차조심하고 일찍 들어오라는 말 밖에 해줄 수 있는 것이라곤 아무것도 없이 자식에게 짐만 되고 있다고 생각하시는 어머니께서 그나마 퇴근한 아들을 위해 발을 씻어 주는 것이 유일한 낙으로 삼고 따뜻한 물을 준비하고 아들의 퇴근만을 기다리시는데 어찌 마다할 수 있겠느냐며 눈물을 머금었다는 이야기가 있다.

우리들의 발에는 여섯 개의 경락과 그에 따른 33개의 경혈이 있다. 위경의 해계혈, 충양혈, 함곡혈, 내정혈, 여태혈과 비경의 은백혈, 대도혈, 태백혈, 공손혈, 상구혈과 방경경의 곤륜혈, 복삼혈, 신맥혈, 금문혈, 경골혈, 속골혈, 통곡혈, 지음혈과 신경의 용천혈, 연곡혈, 태계혈, 태종혈, 조해혈, 수천혈과 담경의 규음혈, 협계혈, 지오회혈, 임읍혈, 구허혈과 간경의 태돈혈, 행간혈, 태충혈, 중봉혈이 그것이다.

퇴근 후 따뜻한 물에 발을 담가 마사지를 한다면 쌓인 피로를 풀고 경락의 흐름이 원활해져 건강에 많은 도움이 될 것이다.

6. 다리의 힘(각근력 脚筋力)을 키워라

70년대 말 경에 고향인 공주에 내려갔다가 아주머니들의 이야기를 옆에서 듣게 되었었다.

이야기인즉 한 아주머니가 서울의 자식집에 가셨다가 얼마안되어 내려오셨던 모양이었다. 오랜만에 자식집에 갔으면 맛있는 것 많이 먹고 푹 쉬다 내려오지 바로 내려왔느냐의 물음에 서울은 사람 살 곳이 못 된다며 닭장 같은 집에 답답하게 갇혀 활동도 못하고 끼니마다 기름진 음식을 해주는데 처음 한 두끼는 맛있었는데 그것도 몇 끼를 먹다보니 소화가 안 되고 속이 메스꺼워 바깥바람이라도 쐬면 괜찮겠지 하고 나갔다가 그만 자식집의 동과 호수를 기억하지 못해 그집이 그집같아 집을 찾느라 애를 먹었단다.

요즘은 길을 가다보면 간혹 상체는 너무 비대하고 하체는 부실하여 상체의 무게를 지탱하기가 버거운 듯 걸음걸이마저 불안전하여 몇 걸음을 걷지 않았는데도 숨이 가쁘다며 쉬고 있는 분들을 보게된다.

아무리 값비싼 기계라 해도 사용을 하여 길이 들어야만 제 성능을 발휘할 수 있듯이 비싸고 아깝다하여 소중하게 모셔만 두게 되면은 얼마 지나지 않아 녹이 슬게 되고 삐끄덕거리면서 제 성능을 발휘할 수가 없듯이 사람의 몸 또한 같은 이치일 것이다.

귀한 몸이라고 고급 침대에 누워 하인의 시중을 받으면서 맛있는 음식을 먹어보라 과연 몇 일 만에 어떠한 변화가 오는지를.

오늘날 경제성장과 더불어 현대문명의 발달로 인하여 생활의 편리함 속에 젖어 있다보니 신체의 성장에 비해 체력은 저하되어 달리는 것은 고사하더라도 불과 몇 층의 계단을 오르는 데에도 다리가 후들거린 다거나 숨이 가쁘다고 하는 사람들이 늘어나고 있는 현실이다.

2002년 도에 합기도 술기교본 1단 편과 2단 편 및 3단 편 세 권을 저술하고서 모 신문사의 기자와 인터뷰를 하던 중 기자에게 앉았다 일어서기를 연속으로 헐떡이지 않고 50회 이상을 할 수 있겠는가를 물은 적이 있었다. 이에 가소롭다는 표정을 짓던 젊은 기자는 실제로 해보라는 권유에 못이겨 해보고난 후에 자신의 생각과는 달리 체력이 저하되었음을 공감하고는 그 후 동료기자와 내기를 하여 점심을 얻어먹었단다.

직립 보행을 하며 살아가고 있는 사람에게 있어 다리의 중요성은 이루 다 말할 수가 없을 것이다.

그러나 현대 기계 문명의 혜택 속에서 편안함만을 추구하다 보니 한 층을 올라가는데도 엘리베이터나 에스컬레이터를 이용하게 되고 불과 몇 분 걸리지 않는 거리임에도 마을버스나 승용차 등을 이용하다보니 운동량(활동량)의 부족으로 체력은 저하된 반면 영양상태는 좋아 과체중과 성인병 등으로 고민하는 사람들이 늘어나고 있는 현실이다.

바쁘다는 핑계로 자신의 게으름을 정당화 하려 들지말고 자신을 위하여 쉬는 시간이나 화장실을 갈 때만이라도 잠시 짬을 내어 경직된 근육을 풀어주고 몸에 활력을 넣어 주었으면 하는 바램으로 아주 간단한 동작을 소개 하고자 한다. 기지개를 자주 펴주는 동작과 함께 무릎을 「사진 5-1」과 같이 들어올리면서 발등을 펴준 후 무릎 관절을 곧게 펴주는 동시에 발등을 몸 쪽으로 제껴주는 동작으로 앉은 자세에서 책상 밑으로 또는 길에서 친구나 차를 기다리면서도 남모르게 충분히 할 수 있는 동작이다.

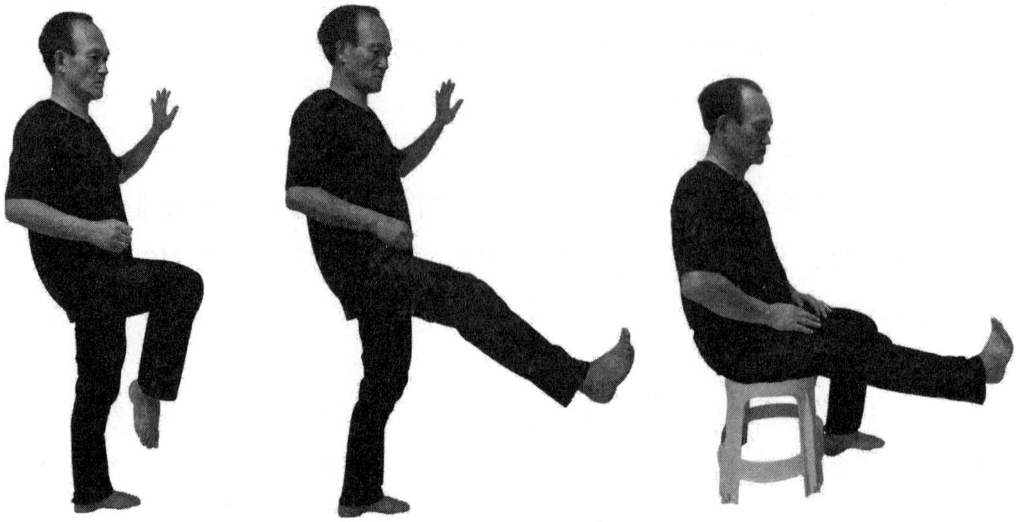

「사진 5-1」 뒤꿈치 차올리기

그리고 양 발을 어깨 넓이로 벌린 상태에서「사진 5-2」와 같이 무릎 관절을 구부려 앉았다 일어나는 기마자세 동작으로 처음에는 무리하지 말고 횟수를 많이 한다는 생각을 가지고 살짝 앉았다 일어나기를 반복하여 여러 번을 하다가 점차 자세를 낮추는 것이 좋을 것이다.

또한 양발을 어깨 넓이로 벌려 선 후 한 발이 앞으로 나가 무릎 관절을 굽혔다 펴는 전굴 자세 동작으로 이 동작 역시 처음에는 살짝 구부렸다 펴는 정도로 여러번 반복하였다가 점차 보폭을 크게 하거나 굽히는 각도를 크게(90°)해주는 것이 좋을 것이다.

「사진 5-1」 전굴 및 기마자세

7. 기지개를 자주 펴줘라

공부를 하거나 사무를 보다가 몸이 묵직하거나 집중이 안 될 때 또는 어깨가 불편한 사람들은 기지개를 자주 펴주게 되면 몸에 활력을 넣어주게 되어 한결 나아지게 될 것이다.

특히 잠에서 깨어나면 곧바로 일어나지 말고 꼭 기지개를 편 후 일어날 것을 권한다.

이는 사람이 잠을 잘 때에는 인체의 기관과 조직들은 생명유지에 필요한 최소한의 활동만을 하기 때문이다. 따라서 기지개를 펴줌으로써 휴면 상태에 있던 몸의 기관과 조직들이 깨어나 활력을 얻게 됨으로 몸의 상태가 좋아질 것이다.

그리고 양 팔을 올려 「사진 5-3의 ①」과 같이 머리 뒤쪽에서 한 손으로 반대 손목을 잡아 지그시 당겨주게 되면 잡힌 팔의 근육이 이완되어 부드럽고 시원하게 되며 또한 「사진 5-3의 ②」과 같이 한쪽 팔을 반대 가슴쪽으로 펴준 후 다른 팔로는 펴준 팔의 팔굽관절 위를 받친 후 당겨 반대 팔의 근육을 부드럽게 해주게 되면 많은 도움이 될 것이다.

①　　　　②

「사진 5-3」 팔근육의 이완운동

8. 안짱다리 교정

누웠을 때 양쪽 다리의 길이가 같은 경우에는 양 발의 엄지 발가락을 맞닿게 하고 뒷꿈치를 45˚가 되게 벌려준 후 양 무릎을 구부려 기마자세를 취하였다 일어서기를 100회 정도 하고 난 후 차렷 자세를 취해보라 「사진 5-4」 변화된 다리의 모습을 눈으로 직접 확인을 할 수가 있을 것이다.

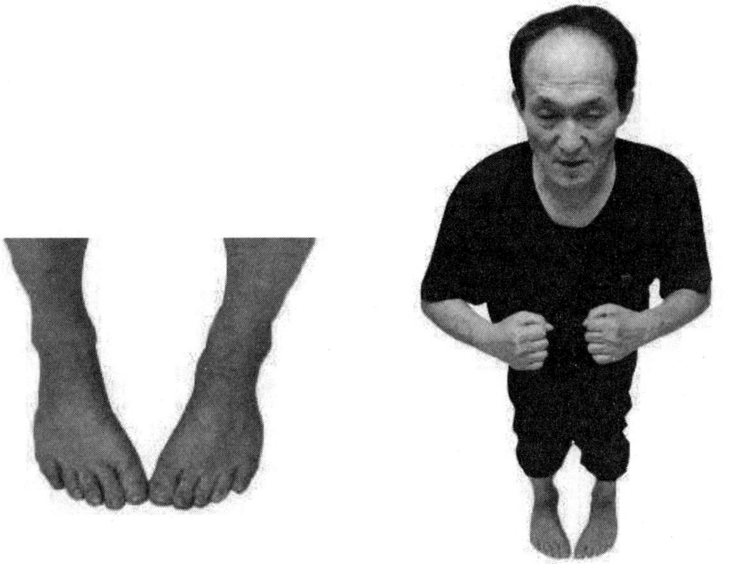

「사진 5-4」 안짱다리교정 (다리의 길이가 같은 경우)

그리고 누웠을 때 양쪽 다리의 길이가 다를 경우에는 짧은 다리의 엄지발가락이 긴 다리의 엄지발가락 관절 아래쪽에 오게 하고 뒷꿈치를 45˚가 되게 벌려준 후 양무릎을 구부려 기마자세를 취하였다 일어서기를 100회 정도 한 후 위와 같은 방법으로 확인을 해보라「사진 5-5」.

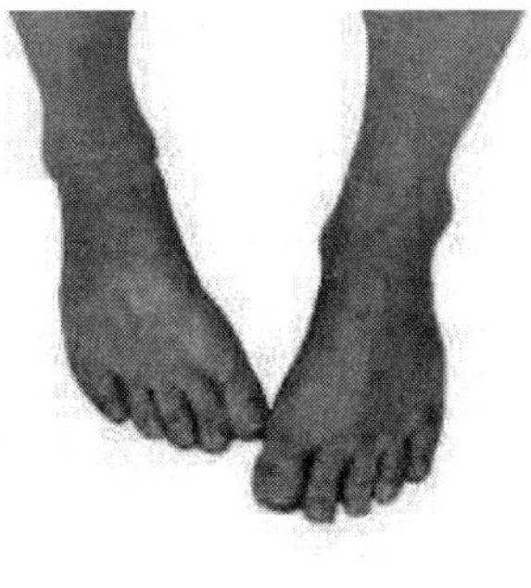

「사진 5-5」 안짱다리교정 (다리의 길이가 다른 경우)

Ⅱ. 기 탐구 여행을 반추(反芻)하며

한민족 만큼이나 신과 함께 하며 흥(神)이 많은 민족은 그리 많지 않을 것이다.

그래서인지 우리들은 생활 속에서 신나 죽겠다 신바람난다 신명난다, 신들린 것 같다는 등의 말을 자주 하고 있으며 더욱이 국토의 약 70%가 산인 우리나라는 사찰의 대웅전 뒤편에 자리하고 있는 산신각을 비롯하여 전국의 명산에 산신을 모신 산신각이 만 여개가 넘게 존재하고 있다.

그리고 옛 조상들은 하늘에 제사를 지냈는데 부여(영고 迎鼓), 예맥(무천 舞天), 고구려(동맹 東盟), 백제(교천 郊天), 신라와 고려(팔관회 八關會) 등이 있었으며 특히 신라는 크고 작은 산에서 산신제인 국사(國祀)를 지냈으며 산신제를 지낸 곳을 국사당이라 하고 그 산의 정상을 국사봉(國祀峯 또는 國士峯)이라 하고 있다. 그리고 산신은 본래 하늘에서 내려온 천왕(천신)이었는데 오늘날에도 명산의 정상을 청왕봉이라 이름하고 있다.

또한 마을 어귀에는 마을의 수호신으로 서낭을 모셔놓은 서낭당(성황당 城隍堂)이 있으며 집터를 지키는 터주대감과 집을 수호한다는 성주신(城主神)이 있고 부엌을 맡고 있는 조왕신(竈王神)과 자손을 점지해주고 산모와 아기를 건강하게 돌봐준다는 삼신(三神)할멈 등이 우리들과 함께 하고 있다.

기(氣)의 어원을 살펴보면 「설문해자」에 기는 운기이니 모습을 본 떠 만든 상형자(기운기야 상형 氣雲氣也 象形)라 하고 또한 기는 손님에게 대접하는 꼴과 쌀이다. 미(米)를 따르고 발음은 기다(기궤객지추미야 종미 기성 氣饋客之芻米也 從米 氣聲)라고 하고 있다.

그리고 「장자」 제물론에는 무릇 대지가 기를 내뿜음에 이를 일러 바람이라(부대괴억기 기명위풍 夫大塊臆氣 其名爲風)한다 하고 있으며 「여씨춘추」 음률에서는 하늘과 땅의 기운이 만나 바람이 일어난다고 하고(천지지기 합이생풍 天地之氣 合而生風) 순자(荀子)는 우주만물은 음(陰)과 양(陽)의 두 기가 결합하여 생성하고 변화한다고(만물각득기화이생 萬物各得其和以生) 보았으며 동중서(董仲舒)는 「번로」에서 만물은 각기 그 시원이 있는데 그 시원을 원(元)이라 하고 원은 만물의 근본으로써 천지가 생기기 이전부터 존재하고 있었으며 하늘과 땅 사이에는 기(음 · 양의 기)로 꽉 차 있다고 하고 자연에는 오행(五行)이 있어 상생(相生)과 상극(相極) 관계를 이루고 있다고 하였다. (고원자 위만물지본 이인지원재언 내재호천지지전 시천지지간 약허이실 故元者 爲萬物之本 而人之元在焉 乃在乎天地之前 是天地之間 若虛而實)

왕충(王充)은 우주 본체인 하나의 기 즉 원기가 분화해서 하늘과 땅과 음과 양의 두기

(二氣)가 되고 음·양의 기가 스스로 교합을 해서 만물을 생성한다고 하였다.

그리고 장재(張載)는 「장횡거집」에 우주의 시원을 기(氣)라 보고 기의 근원을 형체도 없이 드러나지 않은 상태인 태허(太虛)라 하고 태허가 바로 기(태허즉기 太虛卽氣)라 하였다. 그리고 태허로부터 기의 이합집산을 통하여 모든 만물이 생멸한다고 하고 있다.

(태허무형 기지본체 기불능불취 이위만물 만물불능불산 이위태허 太虛無形 氣之本體 氣不能不聚 而爲萬物 萬物不能不散 而爲太虛)

따라서 기가 모이면 생겨나고 흩어지면 죽게 되는데 사람에게 있어 혼백은 기가 일생동안 붙어있다가 죽은 뒤에 떠돌아 흩어지는 것을 혼(魂)이라 하고 모여서 형질(形質)이 되어 흩어지지 않는 것을 백(魄)이라고 하였다.

또한 소옹(邵雍)은 「성리대전」에 마음이 태극이며 또한 도가 태극이라 하고 태극이 천지를 창조하고 천지가 만물을 창조한다 하고 태극이 양의(음·양)를 생성하고 음양의 화합으로 사상(四象: 태양, 태음, 소양, 소음)이 생겨나고 강(剛) 유(柔)의 화합으로부터 땅의 사상(태강, 태유, 소강, 소유)이 생겨나고 이에 팔괘가 이루어진다고 하였으며[145]

주돈이(周敦頤)는 「태극도설」에 무극이 태극이며 태극이 동(動) 정(靜)을 통해 양의(음·양)가 생겨나며 음양의 혼합으로 오행(五行)이 생겨나고 양의가 교차하여 모든 만물이 생성된다고 하였다[146].

또한 노자(老子)는 「노자」에서 천지가 생겨나기 이전에 뒤섞여 이루어진 것에서 만물이 생성되는데 그것을 억지로 이름 하여 도라 할 뿐이다 하고 도는 하나를 낳고 하나는 둘을 낳으며 둘은 셋을 낳고 셋은 만물을 낳는다고 말한다[147].

그리고 「주역」 계사전에서는 한 번 음하고 한 번 양하는 것을 도라 하여(일음일양지위

---

145) 심위태극 우왈도위태극 수능조만물자천지야 능조천지자 태극야
心僞太極 又曰道僞太極 誰能造萬物者天地也 能造天地者 太極也
태극생양의 양의생사상 양교어음 음교어양 이생천지사상 강교어유 유교어강
太極生兩儀 兩儀生四象 陽交於陰 陰交於陽 而生天之四象 剛交於柔 柔交於剛
이생지지사상 어시팔괘성의
而生地之四象 於是八卦成矣 「성리대전」

146) 무극이태극 태극동이생양 정이생음 양변음합 양생수화목금토 이기교감 화생만물
無極而太極 太極動而生陽 靜而生陰 陽變陰合 陽生水火木金土 二氣交感 化生萬物 「태극도설」

147) 유물혼성 선천지생 오불지기명 자지왈도 도생일 일생이 이생삼 삼생만물
有物混成 先天地生 吾不知其名 字之曰道 道生一 一生二 二生三 三生萬物 「노자」

도 一陰一陽之謂道) 음양이기(陰陽二氣)를 우주의 본체이자 인간과 만물을 화생(和生)하는 근본으로 보고 있다.

주희(朱熹)는 정이(程頤)의 이기론(理氣論)을 받아들이고 주돈이(周敦頤)의 무극이면 태극이라는 사상을 받아들여 이기이원론(理氣二元論)을 수립하였다.

주희는 「주자전서」에 태극은 단지 하나의 리(理)이며 천지가 아직 있기 전에 반드시 리가 먼저 있었다고 한다.

(태극지시일개이자 미유천지지선 太極只是一箇理字 未有天地之先)

그리고 인간과 만물은 생성될 때에 반드시 리를 받은 후에 성(性)을 갖게 되고 기(氣)를 받은 후에야 형체를 갖게 된다고 하며 이(理)의 총화를 천리(天理) 또는 태극(太極)이라고 하였다.

(시이인물지생 필품비리 연후유형 是以人物之生 必稟比理 然後有形)

주희는 기(氣)가 움직이고(動) 머물면서(靜) 음과 양의 두 기를 낳고 두 기가 화합하여 오행의 질(質)을 낳고 이들에 의해 만물이 생성되고 변화한다고 보았으며 하늘과 땅은 음과 양의 기였으나 빠르게 회전을 하면서 순수한 기는 하늘과 해와 달과 별과 대기가 되고 탁한 것은 뭉쳐 땅이 되었다고 한다.

(천지초한 지시음양지기 기지청자편위천 天地初閒 只是陰陽之氣 氣之淸者便爲天
위일월위성진 편결성개지재중앙 爲日月爲星辰 便結成箇地在中央)

위에서 살펴본 바와 같이 기(氣)는 만물의 근원으로 또는 생명의 에너지로써 대체로 천지가 생겨나기 이전의 기(氣)를 원기(元氣), 태허(太虛), 도(道), 태극(太極) 등으로 이름하고 있지만 기(氣)의 움직임(動)과 고요함(靜) 으로 음기(陰氣)와 양기(陽氣)가 생겨남과 천(天)지(地)가 생겨나고 음기와 양기의 교합으로 모든 만물들이 생성된다고 보고 있다.

이러한 기(에너지)와 우주론에 대해 현대과학에서는 우주 초기에 알 수 없는 대폭발(빅뱅)로 구성 물질들이 사방으로 흩어지게 되었는데 그중 밀도가 높은 곳에서는 중력이 발생하여 주위의 먼지 등을 끌어당겨 거대한 크기를 이루게 되고 또한 이들의 수축으로 에너지가 발생하여 온도를 높이게 되어 수소핵융합을 함으로써 빛을 발하게 되는데 우리는 이것을 별이라 부르고 있으며

태양 또한 약 58억 년 전에 우주에 퍼져있던 먼지와 가스 등이 모인 혼합물이 타기 시작하여 탄생하게 되었다고 보고 있다.

태양은 우주 공간으로 빛의 형태로 에너지를 방출하고 있는데 그중 지구에 도달하는 빛(에너지)은 5억 분의 1 정도인 1㎢당 150만kw로 엄청난 양의 에너지가 지구에 상존하고 있는 모든 생명체의 동력으로 작용하고 있다고 보고 있다.

그리고 전자기파인 빛은 그 진동수(헤르츠 Hz)의 범위에 따라 우리들의 눈으로 볼 수 있는 가시광선과 볼 수 없는 적외선, 자외선, 마이크로파, X-선, 감마(γ)선 등으로 구별을 하고 있다.

지기에 있어 산 좋고 경치가 좋으며 물이 많고(맑고) 인심이 좋아 살기가 좋은 고장이라고 자랑을 하던 때가 있었다.

농경민족인 우리나라에서 산이 깊고 산세 또한 좋으면 자연히 계곡에 물이 마르지 않고 흘러 가뭄의 피해 없이 농사를 짓게 되어 농작물의 수확 또한 많을 것이다. 옛말에 곡간에서 인심이 난다고 하지 않았던가.

먹을 것이 많은데 인심이 좋지 않을 수가 있겠는가.

풍수란 장풍득수(藏風得水)의 줄임말로 기(氣)는 바람을 타면 흩어지고 물을 만나게 되면은 멈추기 때문에 기(氣)가 흩어지지 않도록 바람막이가 되어 있는 곳으로 물의 흐름이 막혀 기(氣)가 취결(聚結)되어 있는 곳을 길지(吉地)라 하며 이러한 곳에 집(양택 陽宅)을 짓거나 묘지(음택 陰宅)를 만들어 행복과 번영을 누리고자 하는 것이라고 한다.

땅의 기운인 지기(地氣)에 대하여 풍수지리에서는 산을 용(龍)으로 표현을 하고 있다. 마치 용이 기의 변화 속에서 살아 움직이는 것과 같이 상・하・좌・우로 움직이는 것을 생룡(生龍)이라 하고 죽은 용과 같이 기를 잃고 변화를 이루지 못하는 것을 사룡(死龍)이라 하고 있다.

그리고 명당이란 지기(地氣)가 뭉쳐있는 곳(혈 穴)의 바로 앞마당을 말하고 있다.

땅(흙) 또한 생기가 있는 땅은 윤기가 있으며 자황색이나 황색과 백색 등의 색깔을 띠며 풀이나 나무 또한 연두색 등의 밝은 빛을 띠며 바위의 표면은 백색을 띠고 껍질을 벗으며 흙과 연결이 되어 있으나 죽은 땅은 검은 색을 띠고 음습하거나 힘이 없는 조토(燥土)이며 풀이나 나무 또한 진한 녹색이나 검은색에 가깝고 바위 또한 어둡고 검정색에 가깝다고 말한다.

인기 또한 「황제내경」의 보명전형론에는 인간은 천지의 기에 의존하여 태어나며 사시(四時)의 변화를 통하여 이루어진다고 하고 천기와 지기를 합하여 태어나는 것이라 하고 있다.

인이천지지기생 사시지법성 천지합기명지왈인
人以天地之氣生 四時之法成 天地合氣命之曰人

또한「장자」지북유에는 사람이 태어나는 것은 기(氣)가 모인 것이어서 기가 모이면 삶이 되고 기가 흩어지면 죽는다고 한다.

인지생 기지취야 취즉위생 산즉위사 人之生 氣之聚也 聚則爲生 散則爲死

옛 사람들은 자손을 얻기 위해 좋은날을 택일하여 몸을 정갈히 함은 물론 조신하여 정해진 날에 부부가 합방을 하여 교접을 함으로써 건강하고 훌륭한 자손을 얻고자 하였다. 그래서 우리들의 몸은 부모로부터 물려 받았다(身體髮膚受之父母 신체발부수지부모)하여 항상 귀히 여겨 관리토록 하였다.

인체의 기인 인기(人氣)는 부모로부터 물려받은 선천의 정기(先天精氣)인 원기(元氣) 또는 진기(眞氣)와 후천의 정기(後天精氣)인 음식물을 소화 흡수하여 얻은 영기(營氣) 및 위기(衛氣) 그리고 호흡을 통해 받아들인 자연의 청기(淸氣)와 이들이 결합하여 기해(氣海)에 쌓인 종기(宗氣) 등으로 나눌 수가 있다.

「황제내경」소문 육절 장상론에서는 하늘은 사람에게 오행(五行: 木, 火, 土, 金, 水)의 기를 먹게 하고 땅은 사람에게 오미(五味: 신맛, 매운맛, 쓴맛, 짠맛, 단맛)를 먹게 한다 하며 오행의 기는 코로 들어와 심장과 폐에 저장을 하고 오미는 입으로 들어와 장과 위에 저장되어 오기(五氣)를 길러주고 오기가 생성작용을 하고 진과 액이 성취되어 신기가 스스로 생성된다 하고 있다.

천식인이오기 지식인이오미 오기입비 장어심폐 오미입구 장어장위 미유소장 이양오기 기화이생 진액상성 신내자생
天食人以五氣 地食人以五味 五氣入鼻 藏於心肺 五味入口 藏於腸胃 味有所藏 以養五氣 氣和而生 津液相成 神乃自生

소우주(小宇宙)라 할 수 있는 인체의 생성(生成)과 활동은 인기(人氣)가 경락을 유주순환(流注循環)함으로써 이루어지는 것으로 우리 몸의 경락은 경맥(經脈)과 낙맥(絡脈)을 줄여 일컫는 말로 경맥은 크게 십이경맥(十二經脈)과 기경팔맥(奇經八脈)으로 이루어져

있으며 낙맥들이 서로 유기적으로 기능을 조절하며 오장육부와 오관(눈, 코, 입, 귀, 혀)과 칠규(눈, 코, 입, 귓구멍) 그리고 피부 및 근육과 사지(팔과 다리) 등 장부와 조직사이를 연결하고 영양물질을 운반시켜주며 하루에 50회를 순회하고 있다고 한다.

동의 수세 보원을 저술한 이제마(李濟馬) 선생은 사람을 태양인, 소양인, 태음인, 소음인으로 구분하고 같은 질병이라 할지라도 체질과 성격 및 습관 등에 따라 증상의 차이를 보인다고 하며 장부의 크기와 음・양의 많고 적음에 따라 질병이 발생하고 발전하는 근본이라 여기고 음양의 균형을 이루도록 하는 것을 질병의 치료 과정으로 보았으며 체질에 따라 맞는 음식물 또한 다르다고 보고 체질에 맞는 음식물 또한 구분을 하였다.

그리고 우리는 어르신들에게 만수무강(萬壽無疆)하시라고 축원을 한다. 오래도록 무병장수하시라는 의미이겠지만 그래도 만년을 살라는 인사는 좀 과하지 않나 싶기도 하지만 사람이라면 누구나가 건강하고 행복하게 사는 것이 바람일 것이다. 더욱이 신선이 되어 불로장생을 한다면 어떠하겠는가. 그래서인지 과학문명이 고도록 발달한 오늘날에도 정력에 좋고 예뻐진다고 하면 그것이 무엇이 되었던 물불을 가리지 않고 찾는 사람들이 많지 않은가. 때론 잘못되어 패가망신을 하고 인생을 망치는 일들이 일어나고 있지만 말이다.

현대에도 이러할진대 과거시대라고 별반 다르겠는가.

남녀의 교접을 통해 여성의 음기(陰氣)를 취해 환정보뇌(還精補腦)를 하는 방중술(房中術)들이 발달하였으며 환단술(還丹術) 또는 금단술(金丹術)이라 하고 단사(丹砂)를 불로 아홉 번을 정제한 것을 구전금단이라 하여 단정파에서는 최상의 불사약으로 삼았으나 이를 복용한 왕을 비롯한 많은 사람들이 수은 등 중금속의 중독으로 피해를 입은 것은 물론 죽게 되자 이들은 인체 내에도 원기(元氣)가 있다는 사실을 깨닫고 불로장생의 방법으로 호흡수련을 하는 내단(內丹)으로 그 시선을 돌리게 되었다. 「황제내경」에서 정기신(精氣神)은 생명의 근본으로 신(神)은 기(氣)에서 나고 기(氣)는 정(精)에서 난다고 하며 사람은 정, 기, 신이 충만할 때 건강한 정신과 육체를 가질 수 있다고 한다.

그리고 정(精)은 생명의 기원 물질로 정(精), 혈(血), 진(津), 액(液)으로 구분되며 정(精)은 남녀의 교합으로 정이 합해지면 신체가 이루어지는데 부모로부터 받은 선천지정(先天之精)과 섭취한 음식물로부터 얻게 되는 후천지정(後天之精))으로 자생하고 신체 또한 발육을 하게 된다. 혈(血)은 섭취한 음식물의 정미(精微: 핵심적인 물질)에서 변화한 물질로 전신을 봉양하며 진액(津液)은 음식에서 유래한 체액의 하나로 진(津)은 피부를 윤택하게 하며 땀이나 소변으로 배출을 하게 되고 액(液)은 관절을 매끄럽게 하고 뇌수(腦髓)를 보

하며 이(耳)목(目)구(口)비(鼻)를 적셔준다 하고 있으며 또한

기(氣)는 원기(元氣), 영기(營氣), 위기(衛氣), 종기(宗氣) 등으로 구별할 수 있으며 원기는 생명력을 만드는 원천으로 선천적인 정(精)에서 생기며 후천적 영양에 의존을 한다. 그리고 영기와 위기는 음식물의 섭취로 얻어지는 것으로서 영기는 혈액을 만들며 장부에 영양을 주고 근(筋), 골(骨), 피(皮), 모(毛)를 윤택하게 하며 위기는 피부를 보호하고 사기에 저항을 한다.

종기는 음식물의 섭취를 통해 생기는 영기와 위기 및 호흡을 통해 얻어지는 자연의 청기가 합하여 기해(氣海)에 쌓이게 되면 종기가 되며 선천의 원기와 종기가 결합되면 이를 진기(眞氣)라 한다.

신(神)은 생명활동 현상을 총칭하는 것으로 선천적인 정에서 생기며 후천적으로 자양을 받아야 한다. 따라서 음식물의 정기가 충분하고 오장이 정상적일 때 신(神)도 왕성하게 되고 몸 또한 강건하게 된다고 할 수 있다.

정, 기, 신을 단련하는 공법들을 내련(內煉)이라 하는데 이는 더럽혀진 숨을 토해내고 신선한 공기(청기)를 최대한 들여마시는 방법으로 천태지의는 선정에 이르는 공부로서 조식(調食), 조수면(調睡眠), 조식(調息), 조심(調心)의 수양 단계를 설정하였다.

그리고 화타(華佗)는 호랑이, 사슴, 곰, 원숭이, 새 등의 동작들을 본 따 오금희(五禽戱)라는 도인법(導引法)을 만들어 자연의 맑은 기운인 청기(淸氣)를 단전에 모으는 것은 물론 동작을 통하여 기를 운위함으로써 체내의 내기(內氣)를 원활하게 순환을 시켜 온 몸에 활력을 불어 넣고자 하였다.

이러한 호흡법은 심신수련을 통하여 건강은 물론 몸을 강건하게 하고 나아가 호신의 방법인 무술로 발전하게 되었다고 할 수 있을 것이다.

참고문헌

MOIM 역. 2010. 사기. 경기. 서해문집.

강명관. 2011. 성호세상을 논하다. 서울. 자음과 모음.

강신주. 2004. 장자의 철학. 서울. 태학사.

경제기획원. 인구주택 총조사. 서울. 경제기획원.

경제기획원. 1970. 총 인구 및 주택보고서. 서울. 경제기획원.

경제기획원. 1978. 사회 지표. 서울. 경제기획원.

경제기획원. 1980. 사회 지표. 서울. 경제기획원.

고구려 연구재단. 2004. 고구려사. 경기. 고구려 연구재단.

고영규 외 역. 2009. 생리학. 서울. 라이프사이언스.

고재석 역. 2017. 상산어록. 서울. 세창출판사

고재승 외 역. 2002. 인체발생학. 서울. ㈜ 법문사.

고전연구실 역. 2002. 신편고려사2. 서울. 신서원.

고정일 역. 2015. 성호사설. 서울. 동서문화사.

곽신환 윤원혁 추기연 역. 2009. 태극해의. 서울. 소명출판사.

곽영직 역. 2011. 과학AllThatContents. 서울. Gbrain.

권오영. 1999. 최한기의 학문과 사상연구. 셔울. 집문당.

권오영외4. 2000. 혜강 최한기. 경기. 청계출판사.

권태문 외. 2003. 초음파의 신비를 찾아서. 서울. 예문당.

권태훈. 1978. 천부경의 비밀과 백두산 민족. 서울. 정신세계사.

권혁재. 1999. 자연지리학. 서울. 도서출판 법문사.

권혁재. 2001. 지형학. 서울. 법문사.

기세춘 역. 2007. 장자. 서울. 바이북스.

기세춘. 2008. 노자강의. 서울. 바이북스.

김경일. 2013. 유교탄생의 비밀. 서울. 바다출판사.

김경희 역. 2015. 장자. 서울. ㈜이학사.

김경희. 2008. 아동심리학. 서울. 박영사.

김광일. 2014. 관상학 길잡이. 서울. 책 만드는 집.

김광진 외. 1998. 인체생리학. 서울. 정문각.

김교빈 외. 2003. 동양철학과 한의학. 서울. 아카넷.

김근역. 2012. 여씨춘추. 서울. ㈜글항아리.

김기선. 1997. 풍수지리학 개론. 서울. 형설출판사.

김낙필 외 역. 2006. 내단1,2. 서울. 성균관대학교 출판부.

김낙필. 2000. 조선시대의 내단 사상. 서울. ㈜ 도서출판 한길사.

김달진 역. 1997. 장자. 서울. ㈜문학동네.
김덕삼. 2006. 도교Ⅰ. 서울. 시간의 물레.
김동규. 1995. 풍수지리학 이정표. 서울. 명문당.
김동일 외. 2000. 자연과학의 이해. 서울. 학문사.
김동춘. 1989. 천부경과 단군신화. 서울. 기린원.
김백희 역. 2000. 중국철학문제사상.하. 서울. 까치글방.
김병호 편저자. 2000. 기와 명당 풍수 인테리어. 서울. 태웅출판사.
김사엽. 2003. 현대 스포츠 사회학의 이해. 서울. 학문사.
김성수·정일규. 1995. 운동생리학. 서울. 도서출판 대경.
김성환. 2007. 회남자. 경기. ㈜살림출판사.
김세정. 2006. 왕양명의 생명철학. 경기. 청계출판사.
김수길 역. 2008. 중용상.하. 서울. 대유학당.
김수길, 윤상철. 2012. 주역입문2. 서울. 대유학당.
김수길,윤상철역. 2014. 동이 음부경 강해. 서울. 대유학당.
김승주. 1989. 현대인의건강비전권10. 서울. 성한출판 주식회사.
김승혜. 1997. 도가사상과 한국도교 사천성도교의 위치와 특성. 서울. 국학자료원.
김승혜. 2001. 유교의 뿌리를 찾아서. 서울. 도서출판 지식의 풍경.
김영진 역. 2008. 한권으로 읽는 도교. 서울. ㈜웅진씽크빅.
김용남. 2005. 이고. 서울. 성균관대학교출판부.
김용석. 2009. 우리집 한방백과. 서울. 풀로엮은 집.
김용옥. 2012. 맹자 사람의 길 下. 서울. 통나무.
김원일 역. 2002. 장자. 서울. 북마당.
김원중 역. 2002. 삼국유사. 서울. ㈜ 을유문화사.
김원중 역. 2010. 사기세가. 서울. ㈜민음사.
김원중 역. 2013. 사기본기. 서울. ㈜민음사.
김원중 역. 2014. 사기열전1,2. 서울. ㈜민음사.
김원중 역. 2015. 격몽요결. 서울. ㈜ 민음사.
김월희 역. 2009. 춘추좌전. 서울. 도서출판 풀빛.
김인수 역. 2010. 대륙과 해양의 기원. 경기. ㈜ 나남.
김일곤외. 1999. 지리학의 이해. 서울. 도서출판 법문사.
김재두. 2006. 음양오행의 우주세계. 서울. 대보학당.
김종권 역. 1995. 삼국사기상,하. 서울. 명문당.
김종서 외. 2004. 신편 고려사절요 상. 서울. 신서원.
김종성 역. 2014. 조선상고사. 경기. 위즈덤하우스.
김종혁. 2002. 조선의 관혼상제. 서울. 도서출판 중심.
김진희. 2010. 주역의 근원적 이해. 서울. 도서출판 보고사.

김창환 역. 2010. 장자Ⅰ. 서울. ㈜을유문화사.
김충열. 1998. 한국유학사. 서울. 도서출판예문서원.
김태임 외. 2007. 성장발달과 건강. 경기. ㈜ 교문사.
김태환. 2008. 율곡문답. 서울. 역사비평사.
김태훈 외. 2004. 지리지식101가지. 서울. 좋은 벗 출판사.
김필수 외 역. 2007. 관자. 서울. 소나무.
김학목 역. 2012. 노자 도덕경과 왕필의주. 서울. ㈜홍익출판사.
김학주 역. 2000. 노자. 서울. ㈜을유문화사.
김학주 역. 2000. 장자 상 · 하. 서울. ㈜을유문화사.
김학주 역. 2005. 전습록. 서울. 명문당.
김학주 역. 2006. 중용. 서울. 서울대학교 출파부.
김학주 역. 2011. 노자. 경기. 연암서가.
김학주 역. 2011. 순자. 서울. ㈜을유문화사.
김학주 역. 2012. 장자. 경기. 연암서가.
김학주. 1988. 한국고전명저정선 서화담문선. 서울. 명문당.
김학주. 2000. 열자. 서울. ㈜을유문화사.
김학주. 2002. 묵자. 서울. 명문당.
김현정 외 역. 2004. 청년심리학. 서울. 도서출판 박영사.
김형찬 역. 2013. 논어. 서울. ㈜홍익출판사.
김홍경. 2003. 노자. 서울. 도서출판 들녘.
나일성 이정복. 2002. 일식과월식이야기. 서울. 세종대왕기념사업회.
나준식 역. 2000. 맹자. 경기. 새벽이슬.
나창주 외. 2001. 한의학 총강. 서울도서출판 의성당.
남동원. 2002. 주역해의Ⅰ,Ⅱ,Ⅲ. 서울. ㈜나남출판.
남민수 역. 1999. 좌선 수행법. 서울. 불교시대사.
남상호 역. 1999. 원시유가,도가철학. 서울. 서광사.
남상호. 1997. 중국 철학 방법사. 강원. 강원대학교출판부.
남상호. 2003. 육경과 공자인학. 서울. 예문서원
노승현 역. 2000. 노자와 성. 서울. ㈜ 문학동네.
노태준 역. 2007. 주역. 서울. 홍신문화사.
단학회 연구부. 1998. 환단고기1,2,3. 서울. 도서출판 코리언북스.
대안. 2000. 알기쉬운 불교강좌. 부산. 보광 출판사.
대한불교 조계종. 2004. 불교의 이해와 신행. 서울. 조계종 출판사.
대한불교 조계종. 2009. 청소년 불교입문. 서울. 조계종 출판사.
대한불교 조계종. 2010. 부처님의 생애. 서울. 조계종 출판사.
동의학 연구소 역. 1994. 동의보감. 서울. 예강출판사.

리가원 허경진 역. 1998. 금오신화 매월당집. 경기. 한양출판.
목을수. 1988. 고려조선 능지. 서울. 문성당.
민영기 외. 2000. 교양천문학. 서울. 형설출판사.
민족문화추진회. 1988. 화담집(영인본). 서울. 민족문화추진회.
민족문화추진회. 2004. 신편 고려사 절요 상. 서울. 신서원.
박경애 외. 2010. 청소년 심리 및 상담. 경기. 공동체.
박경환 역. 2012. 맹자. 서울. ㈜홍익출판사.
박미정 외. 2012. 인체구조와 기능. 경기. 수문사.
박상태. 2004. 신산경표. 서울. 조선일보 출판부.
박상호. 2002. 풍수지리원리. 서울. 가교.
박성규 역. 2000. 중국 철학사 상. 서울. 까치글방.
박성규 역. 2001. 중국철학사 하. 서울. 까치글방.
박시형 외 역. 1991. 고려사. 서울. 영인 여강출판사.
박영규. 2008. 세종대왕실록. 서울. ㈜ 웅진씽크빅.
박완식 역. 1993. 송.명이학사1. 서울. 도서출판 이론과 실천.
박완식 역. 2006. 중용. 서울. 여강출판사.
박용수. 1998. 겨레말용례사전. 서울. 서울대학교 출판부.
박일붕. 2011. 노자 도덕경. 서울. 육문사.
박재범 역. 1999. 묵자. 서울. ㈜ 홍익출판사.
박정해. 2014. 풍수이야기. 서울. 도서출판씨아이알.
박종혁 장창호. 2009. 사서삼경의 이해. 서울. 국민대학교 출판부.
박진훈 역. 1994. 지봉유설. 서울. 을유문화사.
박홍식. 2006. 사주대성. 서울. 삼한출판사.
배병철 역. 2000. 기초한의학. 서울. 성보사.
배종호. 1983. 한국유학사. 서울. 연세대학교출판부.
백승현. 2002. 태양인 이제마의 동의수세보원. 서울. 하남출판사.
백영자·최해윤. 2004. 한국 복식의 역사. 서울. 도서출판 경운사.
법정 역. 2002. 불타 석가모니. 서울. 동쪽나라.
보경문화사역. 1994. 성리대전. 경기. 보경문화사
서경요 김유곤. 2009. 조선조 유학자의 중용읽기. 서울. 도서출판 문사철.
서민욱. 1998. 체질의학원론. 서울. 성보사.
서원화. 2000. 정주철학의 뿌리를 찾아서. 경기. 도서출판 동과서.
서정기 역. 2011. 새시대를위한예기1. 경기. 한국학술정보(주).
서정기. 2013. 새시대를 위한 맹자. 경기. 한국학술정보(주).
서해진 역. 2001. 용호비결. 서울. 도서출판 바나리.
선도문화 연구원. 2006. 한국 선도의 역사와 문화. 충남. 국제평화대학원 대학교.

성백효 역. 2004. 근사록 집해. 서울. 전통문화연구회.
성백효 역. 2010. 논어 집주. 서울. (사)전통문화연구회.
성백효 역. 2014. 맹자집주. 서울. 전통문화연구회.
성백효. 2011. 주역전의상.하. 서울. (사)전통문화연구회.
성한출판주식회사. 1989. 방(方)전10권. 서울. 성한출판주식회사.
손병욱 역. 2004. 기학. 서울. 통나무.
손병욱 역. 2013. 기학. 서울. 통나무.
손병욱. 2002. 사상의학. 서울. 행림출판.
송시열 역 외. 2010. 주자어류소분1~4. 서울. 심산출판사.
송영배 외. 2000. 한국유학과 리기철학. 서울. 예문서원.
송월. 2000. 사주학 핵심비결. 서울. 관음출판사.
송재용. 2007. 한국 의례의 연구. 서울. 제이앤씨.
송호수. 1989. 위대한 민족. 서울. 도서출판 보림사.
신광주. 2004. 정통풍수지리학원전. 서울. 명문출판사.
신동준 역. 2011. 춘추좌전1. 경기. ㈜ 도서출판 한길사.
신동준 역. 2012. 춘추좌전2. 경기. ㈜ 도서출판 한길사.
신동준 역. 2013. 춘추좌전3. 경기. ㈜ 도서출판 한길사.
신동준. 2007. 순자론. 경기. 도서출판 인간사랑.
신동준. 2009. 열자론. 경기. 인간사랑.
신문균 외. 1999. 해부생리학. 서울. 현문사.
신재용 역. 2002. 이제마의 사상체질. 서울. 학원사.
신재용. 2012. 신 동의보감. 서울. 북플러스.
신정근 역. 2005. 백호통의. 서울. 소명출판.
신정일 역. 2015. 택리지. 경기. 다음생각.
신하령, 김태환 역. 1999. 도교. 서울. 까치글방.
신해진, 김석태 역. 2011. 해동이적. 서울. 경인문화사.
신형식. 2003. 고구려사. 서울. 이화여자대학교 출판부.
심귀득 역. 2002. 맹자 읽기 Ⅰ. 서울. 도서출판 형설.
심규호 역. 2010. 노자. 서울. 시그마북스.
심규호 역. 2011. 도솔천하 주역. 서울. 시그마북스.
안경전 역. 2013. 환단고기. 대전. 상생출판.
안도균. 2015. 동의보감. 서울. 작은길 출판사.
안동림 역. 2000. 장자. 서울. 현암사.
안동준,런샤오리. 2012. 도교문화15강. 경기. ㈜알마.
안성재. 2008. 규명. 서울. 한솜미디어.
안은수. 2002. 정이. 서울. 성균관대학교출판부.

안호상. 간추린신라역사와 배달, 동이겨레의윤리, 도의관. 서울. 민족학회.
안홍배.이형목. 2001. 태양계와 우주. 부산. 부산대학교출판부.
야규·마코트. 2008. 최한기 기학 연구. 서울. 경인문화사.
양방웅. 2003. 노자. 서울. 도서출판 예경.
양재혁 최해숙 역. 2004. 중국고대철학사. 서울. 소명출판사.
양재혁, 최해숙역. 2004. 중국 고대 철학사. 서울. 소명출판사.
엄정인 외 역. 2003. 수학 없는 물리학. 서울. 홍릉과학출판사.
오석원. 2014. 유교와 한국 유학. 서울. 성균대학교출판부.
오인환 역. 1998. 중국철학사. 서울. ㈜을유문화사.
우재호 역. 2010. 맹자. 서울. ㈜을유문화사.
유교경전번역총서 . 2008. 맹자. 서울. 성균관대학교출판부.
유성선. 2008. 율곡철학의 이해. 강원. 강원대학교 출판부.
윤사순 역. 1999. 퇴계선집. 서울. 현암사.
윤용남외 역. 2018. 성리대전. 서울. 학고방
윤재근 역. 2002. 장자. 서울. 동학사.
윤재근. 2004. 논어Ⅰ,Ⅱ. 서울. 동학사.
윤진외2역. 1999. 아기를 기다리고 있어요. 서울. 도서출판 금토.
이가원,허경진역. 2010. 삼국유사. 경기. 도서출판 한길사.
이강래 역. 2004. 삼국사기1. 경기. ㈜ 도서출판 한길사.
이강래 역. 2006. 삼국사기2. 경기. ㈜ 도서출판 한길사.
이강민 역. 1989. 한국상고사. 서울. 케이출판사.
이강수, 이권역. 2005. 장자Ⅰ. 서울. 도서출판 한길.
이강수. 1999. 중국고대철학의 이해. 서울. ㈜지식산업사.
이경숙. 2004. 도덕경. 서울. 도서출판 명상.
이경자. 2003. 우리옷의 전통역사. 서울. 이화여자대학교 출판부.
이광호 역. 1987. 성학십도. 서울. ㈜홍익출판사.
이광호 역. 2004. 근사록 집해. 서울. 아카넷.
이권배. 2000. 기는 과학이다. 서울. ㈜새로운사람들.
이규행. 2000. 단전호흡과 정신문화. 서울. 중앙일보 이코노미스트.
이긍익. 연려실기술6,7,31권. 민족문화추진회.
이남희. 2014. 궁합,관상,손금. 서울. 도서출판 보고사.
이도학. 2003. 살아있는 백제사. 서울. 휴머니스트.
이동환 역. 2000. 대학 중용. 서울. ㈜나남출판.
이동희. 2007. 주자. 서울. 성균관대학교출판부.
이명훈. 2000. 왕릉 풍수와 조선의 역사. 서울. 대원미디어.
이민수 역. 2003. 공자가어. 서울. 을유문화사.

이민수 역. 2009. 조선유교연원. 서울. 명문당.
이병국 역. 2000. 경락이란 무엇인가. 서울. 도서출판 현대침구원.
이병국. 1999. 경혈도 하. 서울. 도서출판 현대침구원.
이병국. 2000. 경혈도 상. 서울. 한국의 침구.
이상룡·김종석역. 2007. 망진. 서울. 청홍(지상사).
이상익. 2011. 영남성리학연구. 서울. 심산출판사.
이석명 역. 2010. 회남자1,2. 서울. 소명출판.
이석명. 2003. 백서 노자. 서울. 청계출판사.
이석명. 2004. 회남자. 경기. ㈜사계절출판사.
이석영. 2009. 빅뱅우주론강의. 서울. ㈜사이언스 북스.
이성재. 1994. 천부경과 경전. 서울. 오정㈜.
이승연 역. 2003. 주자와 기 그리고 몸. 서울. 예문서원.
이승연 역. 2012. 주자어류선집. 서울. 예문서원.
이승헌. 1999. 단학. 서울. ㈜ 한문화.
이시우 안병호. 1997. 태양계 천문학. 서울. 서울대학교 출판부.
이우영 감수. 2013. 관상과 손금. 서울. 아이템북스.
이우영 역. 2013. 사서삼경. 서울. 글로북스.
이우재 역. 2002. 이우재의 맹자 읽기. 경기. ㈜북이십일21세기북스.
이우재 역. 2006. 이우재의 맹자읽기. 경기. 북이십일21세기북스.
이운구 역. 2006. 순자2. 경기. ㈜도서출판 한길사.
이윤호. 2011. 현대사회와 범죄. 서울. 박영사.
이이. 1978. 율곡전서(영인본)권10. 서울. 성균관대 대동문화연구원.
이이. 1987. 국역 율곡 전서. 경기. 한국정신문화연구원.
이이. 1987. 율곡전서권10,권29. 경기. 한국정신문화연구원.
이인모·이상목. 1999. 인체생리학. 서울. 형설출판사.
이재석. 2001. 기와생활풍수인테리어. 서울. 보성출판사.
이재호 역. 2006. 논어 정의. 서울. 솔출판사.
이정배·이한영역. 2013. 몸의 우주성. 서울. 도서출판 모시는 사람들.
이종란 역. 2014. 운화측험. 경기. 도서출판 한길사.
이종란. 2009. 최한기의 운화와 윤리. 서울. 도서출판 문사철.
이종미 역. 2011. 사기. 서울. 시그마북스.
이종오 외. 1991. 신비한 체질의 세계. 서울. 서원당.
이종욱 역. 1999. 화랑세기. 서울. 조합공동체 소나무.
이종욱. 2005. 고구려의 역사. 서울. 김영사.
이종은. 1999. 한국의 도교문학. 서울. 태학사.
이종호. 1999. 매월당 김시습. 서울. 일지사.

이주행 외 역. 2001. 주자어류. 서울. 조합공동체 소나무.
이준영 역. 2014. 중용. 서울. 도서출판 자유문고.
이준영 역. 2014. 포박자. 서울. 도서출판자유문고.
이중재 역. 2000. 산해경. 서울. 아세아문화사.
이중재. 1997. 새 고려사. 서울. 명문당.
이중재. 1998. 기란 물과 빛과 소리. 서울. 명문당.
이창일. 2007. 소강절의 철학. 서울. 심산출판사.
이한종. 2000. 풍수지리학. 서울. 오성출판사.
이혜경 역. 2011. 맹자사설. 경기. ㈜도서출판 한길사.
이화문화출판사역. 1996. 성리대전. 서울. 이화문화출판사
이황. 1985. 퇴게집(영인본). 서울. 성균관대 대동문화연구원.
이효걸. 2013. 장자 강의. 서울. ㈜홍익출판사.
이희승 편저. 2018. 국어대사전. 서울. 민중서관.
임동석 역. 2004. 사서집주언해 중용 대학. 서울. 학고방.
임동석 역. 2004. 잠부론. 서울. 건국대학교출판부.
임번장. 2000. 스포츠 사회학개론. 서울. 동화문화사.
임병주. 1998. 삼국왕조 실록. 서울. 도서출판 들녁.
임승국 역. 1987. 한단고기. 서울. 정신세계사.
임재우 역. 1998. 주역 왕필주. 서울. 도서출판 길.
임진석. 2001. 황제내경 개론. 서울. 법인문화사.
임채우 역. 2005. 왕필의 노자주. 경기. ㈜도서출판 한길사.
임현규 역. 2013. 답성호원. 서울. 책세상.
임현식·한상철. 2004. 청소년 심리의 이해. 서울. 학문사.
장백일 역. 1999. 삼국유사. 서울. 하서출판사.
장병인. 1999. 조선전기 혼인제와 성차별. 서울. 일지사.
장봉혁. 2011. 주역전의대정상.하. 서울. 도서출판 경학연구원.
장성환. 2004. 알기쉬운 경혈학. 서울. 성보사.
장수·조재흥외역. 2000. 광학. 서울. 도서출판 대웅.
장영훈. 2000. 왕릉 풍수와 조선의 역사. 서울. 대원미디어.
전명웅. 2015. 노자 쉽게 읽기. 서울. 도서출판 문사철.
전세철 역. 2005. 지구와 우주. 서울. 베텔스만코리아(주).
정대철. 2004. 노자의 마음으로 도덕경을 읽다. 광주. 한얼미디어.
정대철. 2004. 정역 노자 도덕경. 광주. 한얼미디어.
정대철. 2013. 노자독법. 서울. 안티쿠스.
정병섭 역. 2013. 예기집설대전1,2. 서울. 학고방.
정세근. 2002. 노장철학. 서울. 철학과 현실사.

정수호. 2002. 명리대정전. 서울. 도서출판 계백.

정옥분. 2009. 발달심리학. 서울. 학지사.

정옥분. 2015. 아동발달의 이해. 서울. ㈜ 학지사.

정완상. 2011. 흔들흔들 파동. 서울. 도서출판 이치사이언스.

정용환. 2007. 장재의철학. 서울. 경인문화사.

정재서. 2007. 한국 도교의 기원과 역사. 서울. 이화여자대학교출판부.

정지호. 2001. 명리입문. 서울. 삼한출판사.

정진일. 2000. 유교의 이해. 대구. 형설출판사.

정진일. 2001. 도가철학개론. 서울. 서광사.

정창현 외 역. 2008. 한의학의 원류를 찾다. 서울. 청흥(지상사).

정희원. 2011. 근육학 기초이론. 부산. KMFC 출판사.

제29차세계지리학회 조직위원회. 2000. 한국지리. 서울. ㈜교학사.

조동원 외 역. 2008. 고려도경. 서울. 황소자리 출판사.

주인덕. 1974. 알기쉬운침, 뜸, 지압. 서울. 국민출판사.

주자사상연구회 역. 2000. 주서백선. 서울. 도서출판 혜안.

㈜한국헤르만헤세. 2012. 빛과 소리. 서울. ㈜ 한국헤르만헤세.

지재희 역. 2000. 예기상·중·하. 서울. 자유문고.

차주환. 1997. 도가사상과 한국도교 한국 도교의 공동체관. 서울. 국학자료원.

천병두 역. 2000. 맹자의 철학. 서울. 예문서원.

최대림 역. 2009. 순자. 서울. 홍신문화사.

최상헌. 2002. 합기도 술기교본 2단편. 서울. 사)대한무림합기도협회.

최상헌. 2002. 합기도 술기교본 3단편. 서울. 사)대한무림합기도협회.

최상헌. 2002. 합기도 술기교본 초단편. 서울. 사)대한무림합기도협회.

최상헌. 2020. 할인. 서울. 사)대한무림합기도협회.

최상헌. 2020. 근육통증과 경락경혈. 서울. 사)대한무림합기도협회.

최성흠 역. 2008. 한 권으로 읽는 유교. 서울. ㈜웅진씽크빅.

최세민 역. 2012. 태양계의 놀라운신비. 경기. 21세기북스.

최영갑 역. 2014. 회남자. 서울. 도서출판 풀빛.

최영옥. 2010. 스포츠 심리학. 서울. 대경북스.

최영진 외. 2000. 최한기의 철학과 사상. 서울. 철학과 현실사.

최윤미 외. 1998. 현대청년심리학. 서울. 학문사.

최창조. 2001. 한국의 풍수사상. 서울. ㈜민음사.

최태웅 역. 2011. 노자의 도덕경. 서울. 새벽이슬.

최해숙 역. 2013. 중국 근대 철학사. 서울. 예문서원.

최형주 역. 2004. 황제내경소문상,중,하. 서울. 자유문고.

최형주 역. 2007. 주역참동계. 서울. 자유문고.

최희석. 2008. 태교신기. 서울. 한국학술정보.
통계청. 1980. 인구주택 총조사 보고서. 서울. 통계청.
통계청. 1990. 인구주택 총조사 보고서. 대전. 통계청.
통계청. 2000. 인구주택 총조사 보고서. 대전. 통계청.
통계청. 2010. 인구동태 통계연보. 대전. 통계청.
통계청. 2012. 인구동태 통계연보. 대전. 통계청.
통계청. 2013. 인구동태 통계연보. 대전. 통계청.
퇴계학연구원. 2007. 퇴계학보제121편집. 서울. 퇴게학연구원.
한국물리학회. 2006. 빛과 파동 흔들기. 서울. ㈜ 동아사이언스.
한국민족문화대백과사전. 1991. 조선왕조실록. 서울. 한국정신문화연구원.
한국지구과학회. 2000. 지구과학 개론. 서울. 교학연구사.
한국지리정보연구회. 2000. 지리학 강의. 서울. 도서출판 한울.
한국철학사편찬위원회. 2011. 한국철학사전. 서울. 도서출판 동방의 빛.
한국파스퇴르. 2004. 빛과 소리. 경기. 한국파스퇴르.
한동석. 2001. 우주변화의 원리. 서울. 대원출판.
한영우. 2013. 율곡 이이 평전. 서울. ㈜믿음사.
한창희 외. 2001. 우주와 물질 그리고 생명체. 서울. 형설출판사.
함현찬. 2003. 장재. 서울. 성균관대학교출판부.
함현찬. 2007. 주돈이. 서울. 성균관대학교출판부.
허탁 이요성 역. 1998. 주자어류. 경기. 도서출판 청계.
허혜경·김혜수. 2002. 청년 발달 심리학. 서울. 학지사.
현상윤. 2010. 조선유학사. 서울. 심산출판사.
현성용. 2009. 현대심리학의 이해. 서울. 학지사.
혜거. 2014. 좌선의. 경기. 책으로 여는 세상.
혜자 역. 2002. 영원한대자유2,3. 서울. 밀알.
홍성욱 역. 1994. 맹자. 서울. ㈜고려원.
홍승직 역. 1999. 대학 중용. 서울. ㈜고려원.
홍원식 역. 2003. 황제내경 소문. 서울. 사단법인 전통문화연구회.
홍원식 역. 2004. 황제내경 영추. 서울. 사단법인 전통문화연구회.
홍원식 외 역. 2008. 성리학의 개념들. 서울. 예문서원.
홍원식 외. 2008. 생리학의 개념들. 서울. 예문서원.
황광욱. 2009. 청소년을 위한 맹자. 서울. 도서출판 두리 미디어.
황의동 역. 2002. 율곡 이이. 서울. 예문서원.

삶과 기

인쇄/2020년 8월 7일

발행/2020년 8월 31일

지은이/최상헌

발행인/최상헌

펴낸곳/사단법인 대한무림합기도협회 출판부

등록번호/제6-0460호

주소/서울특별시 강북구 번동 429-67번지

전화/02-762-8600　　　Fax/02-900-1314

편집/도서출판 홍경

그림/조승현, 최양환　　　사진/이윤갑, 김성숙

입력/박한나, 박은지, 김용주

정가/45,000원

ISBN/978-89-953345-6-0 (13510)